Der Mann, der Angst hatte

Maksim Gorki

Writat

Diese Ausgabe erschien im Jahr 2023

ISBN: 9789359252940

Herausgegeben von
Writat
E-Mail: info@writat.com

Inhalt

EINLEITENDE HINWEISE.

AUS den dunkelsten Tiefen des Lebens, wo Laster, Verbrechen und Elend im Überfluss vorhanden sind, kommt der Byron des 20. Jahrhunderts, der Dichter des Vagabunden und des Proletariats, Maxim Gorki. Nicht wie der Bettler, der im Namen des Herrn demütig um eine Kruste bittet, noch wie der Juwelier, der seine Edelsteine zur Schau stellt, um das Auge zu blenden und zu verführen, kommt er zur Welt, – nein, im Tonfall von Tyrtaeus, diesem Bürger von Nischni Nowgorod spornt seine Truppen freiheitsliebender Helden an, sozusagen die ruhigen, selbstgefälligen Literaturen von heute zu erobern und blassen, blutleeren Körpern neues Leben einzuhauchen.

Wie Byrons leidenschaftliche Äußerungen, „getragen von den Tönen einer wilden und völlig kunstlosen Melodie“, ist Gorkis verrückte, ungezügelte, kraftvolle Stimme, wenn er vom „Wahnsinn der Tapferen“ der barfüßigen Träumer singt, die stolz auf sich selbst sind Müßiggang, die nichts besitzen und nichts fürchten, die fröhlich sind in ihrem Elend, aber elend in ihrer Freude.

Gorkis Stimme ist nicht die ruhige, kultivierte, ausgewogene Stimme Tschechows, des Russen De Maupassant, noch nicht einmal die apostolische, wohlmeinende, aber vergleichsweise schwache Stimme des Predigers Tolstoi: Es ist das Brüllen eines Löwen, der Krach des Donners. In seiner elementaren Kraft ist der herzzerreißende Schrei einer aufrichtigen, aber leidenden Seele, die die Brutalität des Lebens in all seinen Schrecken gesehen hat und nun ihre Erfahrungen mit beispielloser Sympathie und dem Mut eines Riesen ins Angesicht der Welt wirft.

Denn Gorki hat vor allem Mut; er wagt zu sagen, dass er den Vagabunden, den Ausgestoßenen der Gesellschaft, erhabener und bedeutsamer findet als die Gesellschaft selbst.

Sein Bosyak, die symbolische Inkarnation des Übermenschen, ist so naiv und kühn wie ein Kind – oder wie ein Genie. In den heftigen Leidenschaften des großmütigen, mitfühlenden Helden in Fetzen, in der Aristokratie seiner Seele und in seinem ständigen Durst nach Freiheit sieht Gorki den rebellischen und unversöhnlichen Geist des Menschen, des zukünftigen Menschen – darin sieht er etwas Schönes, etwas Mächtiges, etwas Monumentales und wird von ihrer seltsamen Psychologie mitgerissen. Denn das Leben des barfüßigen Träumers ist Gorkis Leben, seine Ideale sind Gorkis Ideale, seine Freuden und Schmerzen, Gorkis Freuden und Schmerzen.

Und Gorki, obwohl seine Gesundheit jetzt gebrochen ist, von den Stürmen des Schicksals gebeutelt, verletzt und verwundet auf dem Schlachtfeld des Lebens, immer noch wie Byron und wie Lermontov,

> *„– sucht den Sturm*
>
> *Als ob der Sturm Ruhe enthielte."*

Und mit löwenhafter Stimme schreit er trotzig:

> *„Lass den Sturm mit größerer Kraft und Wut wüten!"*

HERMAN BERNSTEIN.

20. September 1901.

KAPITEL I

Vor etwa sechzig Jahren, als auf der Wolga mit märchenhafter Geschwindigkeit Millionenvermögen gemacht wurden, arbeitete Ignat Gordyeeff, ein junger Bursche, als Wasserpumper auf einem der Lastkähne des reichen Kaufmanns Zayev.

Er war wie ein Riese gebaut, gutaussehend und keineswegs dumm und gehörte zu den Menschen, denen das Glück immer und überallhin folgt – nicht weil sie begabt und fleißig sind, sondern weil sie über einen enormen Energievorrat verfügen und es ihnen einfach nicht nehmen können Denken Sie auf dem Weg zu Ihren Zielen über die Wahl der Mittel nach, und außer ihrem eigenen Willen kennen sie kein Gesetz. Manchmal sprechen sie mit Angst von ihrem Gewissen, manchmal quälen sie sich wirklich damit, damit zu kämpfen, aber das Gewissen ist nur für schwache Nerven eine unbesiegbare Macht; Die Starken meistern es schnell und machen es zum Sklaven ihrer Wünsche, denn sie haben unbewusst das Gefühl, dass das Gewissen das Leben zerstören würde, wenn ihnen Raum und Freiheit gegeben würden. Sie opfern Tage dafür; und wenn es passieren sollte, dass das Gewissen ihre Seelen besiegte, werden sie selbst bei einer Niederlage nie zugrunde gehen – sie sind unter seiner Herrschaft genauso gesund und stark wie damals, als sie ohne Gewissen lebten.

Im Alter von vierzig Jahren war Ignat Gordyeeff selbst Besitzer von drei Dampfern und zehn Lastkähnen. An der Wolga galt er als reicher und kluger Mann, erhielt aber den Spitznamen „Frantic", weil sein Leben nicht wie das anderer Menschen seiner Art geradlinig verlief, sondern hin und wieder turbulent aufkochte Raus aus dem Trott, weg vom Gewinn – dem Hauptziel seiner Existenz. Es sah aus, als wären drei Gordyeeffs in ihm oder als wären drei Seelen in Ignats Körper. Einer von ihnen, der Mächtigste, war nur gierig, und als Ignat nach seinen Befehlen lebte, war er nur ein Mann, der von einer unbändigen Leidenschaft für die Arbeit erfasst wurde. Diese Leidenschaft brannte Tag und Nacht in ihm, er war völlig darin versunken, und als er überall Hunderte und Tausende Rubel erbeutete, kam es ihm vor, als könnte er vom Klirren und Geräuschen des Geldes nie genug bekommen. Er arbeitete die Wolga hinauf und hinunter, baute und befestigte Netze, in denen er Gold fing: Er kaufte in den Dörfern Getreide auf und ließ es auf seinen Lastkähnen nach Rybinsk treiben; er plünderte, betrog, manchmal bemerkte er es nicht, manchmal bemerkte er es und wurde triumphierend von seinen Opfern offen ausgelacht; und in der Sinnlosigkeit seines Geldhungers stieg er zu den Höhen der Poesie auf. Aber da er so viel Kraft für die Jagd nach dem Rubel aufgab, war er nicht im engeren Sinne gierig, und manchmal verriet er sogar eine unvorstellbare, aber aufrichtige

Gleichgültigkeit gegenüber seinem Eigentum. Einmal, als das Eis die Wolga hinuntertrieb, stand er am Ufer, und als er sah, dass das Eis seinen neuen Lastkahn zerbrach, nachdem er ihn an der steilen Küste zerschmettert hatte, rief er aus:

"Das ist es. Wieder. Zerstöre es! Jetzt noch einmal! Versuchen!"

„Nun, Ignat", fragte sein Freund Mayakin und kam auf ihn zu, „das Eis drückt ungefähr zehntausend aus deinem Geldbeutel, nicht wahr?"

"Das ist garnichts! Ich werde noch einhundert machen. Aber schauen Sie, wie die Wolga funktioniert! Äh? Bußgeld? Sie kann die ganze Welt mit einem Messer wie Quark spalten. Sieh an! Da haben Sie mein „Bojarinya!" Sie schwebte nur einmal. Nun, wir werden eine Messe für die Toten abhalten."

Der Lastkahn wurde in Splitter zerschmettert. Ignat und der Pate saßen in der Taverne am Ufer, tranken Wodka und schauten aus dem Fenster und beobachteten die Fragmente der „Boyarinya", die zusammen mit dem Eis den Fluss hinuntertrieben.

„Tut dir das Schiff leid, Ignat?" fragte Mayakin.

„Warum sollte es mir leid tun? Die Wolga hat es mir gegeben, und die Wolga hat es mir zurückgenommen. Es hat mir nicht die Hand abgerissen."

"Trotzdem."

„Was – trotzdem? Es ist zumindest gut, dass ich gesehen habe, wie alles gemacht wurde. Es ist eine Lektion für die Zukunft. Aber als mein „Wolgar" verbrannt wurde – es tat mir wirklich leid –, habe ich es nicht gesehen. Wie schön muss es ausgesehen haben, als solch ein Holzhaufen in der dunklen Nacht auf dem Wasser brannte! Äh? Es war ein riesiger Dampfer."

„Hat dir das auch nicht leid getan?"

„Für den Dampfer? Es stimmt, der Dampfer tat mir wirklich leid. Aber dann ist es reine Dummheit, Mitleid zu empfinden! Was ist der Nutzen? Ich hätte vielleicht weinen können; Tränen können kein Feuer löschen. Lassen Sie die Dampfgarer brennen. Und selbst wenn alles niedergebrannt wäre, würde ich darauf spucken! Wenn die Seele nur brennt zur Arbeit, wird alles neu errichtet. Ist es nicht so?"

„Ja", sagte Mayakin lächelnd. „Das sind starke Worte, die Sie sagen. Und wer so spricht, wird, auch wenn er alles verliert, dennoch reich sein."

Wenn man den Verlust von Tausenden Rubel so philosophisch betrachtet, kannte Ignat den Wert jeder Kopeika; Er spendete den Armen nur sehr selten und nur an diejenigen, die überhaupt nicht arbeiten konnten. Wenn ein mehr oder weniger gesunder Mann ihn um Almosen bat, sagte Ignat streng:

„Geh weg! Du kannst noch arbeiten. Geh zu meinem Dvornik und hilf ihm, den Mist zu entfernen. Ich werde dich dafür bezahlen."

So oft er von seiner Arbeit mitgerissen wurde, betrachtete er die Menschen mürrisch und mitleiderregend, und er gönnte sich auch keine Ruhe, während er nach Rubeln suchte. Und plötzlich – das geschah gewöhnlich im Frühling, wenn alles auf der Erde so betörend schön wurde und etwas vorwurfsvoll Wildes aus dem klaren Himmel in die Seele eingehaucht wurde – hatte Ignat Gordyeeff das Gefühl, nicht der Herr seines Geschäfts zu sein, sondern sein niederer Sklave . Er verlor sich in Gedanken, blickte unter seinen dicken, zusammengezogenen Augenbrauen neugierig um sich und lief tagelang wütend und mürrisch umher, als würde er im Stillen etwas fragen, was er laut zu fragen fürchtete. Sie erweckten seine andere Seele, die turbulente und lüsterne Seele eines hungrigen Tieres. Frech und zynisch trank er, führte ein verdorbenes Leben und machte andere Menschen zu Trunkenbolden. Er geriet in Ekstase und in ihm kochte etwas wie ein Vulkan aus Schmutz. Es sah aus, als ob er wie verrückt die Ketten zerriss, die er selbst geschmiedet und getragen hatte, und nicht stark genug war, sie zu zerreißen. Aufgeregt und sehr schmutzig, sein Gesicht war von Trunkenheit und Schlaflosigkeit geschwollen, seine Augen wanderten wie verrückt umher, und mit heiserer Stimme brüllte er durch die Stadt von einem Wirtshaus zum anderen, warf Geld weg, ohne es zu zählen, weinte und tanzte zu den traurigen Melodien der Volkslieder, oder kämpfte, fand aber nirgends Ruhe – in nichts.

Eines Tages geschah es, dass ein erniedrigter Priester, ein kleiner, untersetzter kleiner, kahlköpfiger Mann in einer zerrissenen Soutane, zufällig auf Ignat stieß und an ihm hängenblieb, so wie ein Stück Schlamm an einem Schuh kleben bleibt. Als unpersönliches, deformiertes und böses Wesen spielte er die Rolle eines Possenreißers: Sie schmierten seinen kahlen Kopf mit Senf ein, ließen ihn auf allen Vieren gehen, Mischungen verschiedener Schnäpse trinken und komische Tänze tanzen; Er tat dies alles schweigend, ein idiotisches Lächeln auf seinem faltigen Gesicht, und nachdem er getan hatte, was ihm gesagt wurde, sagte er immer und streckte seine Hand mit der Handfläche nach oben aus:

„Gib mir einen Rubel."

Sie lachten ihn aus und gaben ihm manchmal zwanzig Kopeken, manchmal gaben sie ihm nichts, aber manchmal warfen sie ihm einen Zehn-Rubel-Schein und noch mehr zu.

„Du abscheulicher Kerl", rief Ignat eines Tages zu ihm. „Sag mal, wer bist du?"

Der Priester fürchtete sich vor dem Ruf, verneigte sich tief vor Ignat und schwieg.

"WHO? Sprechen!" brüllte Ignat.

„Ich bin ein Mann, der missbraucht werden muss", antwortete der Priester, und die Gesellschaft brach bei seinen Worten in Gelächter aus.

„Bist du ein Schlingel?" fragte Ignat streng.

„Ein Schlingel? Aus Not und der Schwäche meiner Seele?"

"Komm her!" Ignat rief ihn an. „Komm und setz dich an meine Seite."

Zitternd vor Angst ging der Priester mit schüchternen Schritten auf den betrunkenen Kaufmann zu und blieb ihm gegenüber stehen.

„Setz dich neben mich!" sagte Ignat, nahm den verängstigten Priester bei der Hand und setzte ihn neben sich. „Du bist ein Mann, der mir sehr nahe steht. Ich bin auch ein Schlingel! Du, aus Not; Ich, aus Übermut. Ich bin ein Schlingel aus Trauer! Verstehen?"

„Ich verstehe", sagte der Priester leise. Die ganze Gesellschaft kicherte.

„Weißt du jetzt, was ich bin?"

"Ich tue."

„Nun, sagen Sie: ‚Du bist ein Schlingel, Ignat!'"

Der Priester konnte es nicht tun. Er blickte entsetzt auf die riesige Gestalt von Ignat und schüttelte verneinend den Kopf. Das Gelächter der Gesellschaft glich nun einem Donnergrollen. Ignat konnte den Priester nicht zwingen, ihn zu beschimpfen. Dann fragte er ihn:

„Soll ich dir Geld geben?"

„Ja", antwortete der Priester schnell.

„Und wofür brauchst du es?"

Er hatte keine Lust zu antworten. Da packte Ignat ihn am Kragen und schüttelte aus seinen schmutzigen Lippen die folgende Rede, die er fast flüsternd und vor Angst zitternd sprach:

„Ich habe eine sechzehnjährige Tochter im Seminar. Ich spare für sie, denn wenn sie herauskommt, wird es nichts mehr geben, womit sie ihre Nacktheit bedecken könnte."

„Ah", sagte Ignat und ließ den Kragen des Priesters los. Dann saß er lange Zeit düster und gedankenverloren da und starrte ab und zu den Priester an. Plötzlich begannen seine Augen zu lachen und er sagte:

„Bist du nicht ein Lügner, Trunkenbold?"

Der Priester machte schweigend das Kreuzzeichen und senkte den Kopf auf die Brust.

"Es ist die Wahrheit!" sagte einer aus der Gesellschaft und bestätigte die Worte des Priesters.

"WAHR? Sehr gut!" schrie Ignat, schlug mit der Faust auf den Tisch und wandte sich an den Priester:

„Äh, du! Verkauf mir deine Tochter! Wie viel wirst du nehmen?"

Der Priester schüttelte den Kopf und schreckte zurück.

"Eintausend!"

Die Gruppe kicherte, als sie sah, dass der Priester zusammenzuckte, als würde kaltes Wasser über ihn gegossen.

"Zwei!" brüllte Ignat mit blitzenden Augen.

"Was ist los mit dir? Wie ist das?" murmelte der Priester und streckte Ignat beide Hände entgegen.

"Drei!"

„Ignat Matwejitsch!" rief der Priester mit dünner, klingender Stimme. "Um Gottes Willen! Um Gottes Willen! Genug! Ich werde sie verkaufen! Um ihrer selbst willen werde ich sie verkaufen!"

In seiner kränklichen, scharfen Stimme war eine Bedrohung für jemanden zu hören, und seine Augen, die zuvor niemand bemerkt hatte, blitzten wie Kohlen. Aber die betrunkene Menge lachte ihn nur töricht aus.

"Schweigen!" rief Ignat streng, richtete sich zu seiner vollen Länge auf und ließ seine Augen blitzen.

„Versteht ihr nicht, Teufel, was hier los ist? Es reicht aus, einen zum Weinen zu bringen, während man kichert."

Er ging auf den Priester zu, kniete vor ihm nieder und sagte fest zu ihm:

„Vater, jetzt siehst du, was für ein Schlingel ich bin. Nun, spuck mir ins Gesicht!"

Etwas Hässliches und Lächerliches geschah. Auch der Priester kniete vor Ignat nieder und kroch wie eine riesige Schildkröte um seine Füße herum, küsste seine Knie und murmelte schluchzend etwas. Ignat beugte sich über ihn, hob ihn vom Boden auf und rief ihm befohlend und bettelnd zu:

"Spucke! Spuck mir direkt in die schamlosen Augen!"

Die Gesellschaft war für einen Moment von Ignats strenger Stimme verblüfft und lachte erneut, so dass die Scheiben in den Fenstern der Taverne klapperten.

„Ich gebe dir hundert Rubel. Spucke!"

Und der Priester kroch über den Boden und schluchzte vor Angst oder vor Glück, als er hörte, dass dieser Mann ihn anflehte, etwas Erniedrigendes für sich selbst zu tun.

Schließlich erhob sich Ignat vom Boden, trat den Priester, warf ihm ein Paket Geld zu und sagte mürrisch und lächelnd:

"Pöbel! Kann ein Mann vor solchen Menschen Buße tun? Manche haben Angst, von Reue zu hören, andere lachen über einen Sünder. Ich war kurz davor, mich völlig zu entlasten; das Herz zitterte. Lass mich, dachte ich. Nein, ich habe überhaupt nicht nachgedacht. Einfach so! Raus hier! Und sorge dafür, dass du dich mir nie wieder zeigst. Hörst du?"

„Oh, ein seltsamer Kerl!" sagte die Menge etwas bewegt.

Über seine Trinkgelage in der Stadt wurden Legenden geschrieben; Jeder tadelte ihn streng, aber niemand lehnte jemals seine Einladung zu diesen Trinkgelagen ab. So lebte er wochenlang.

Und unerwartet kam er nach Hause, noch nicht ganz vom Geruch der Kabaks befreit, aber bereits niedergeschlagen und still. Mit demütig gesenkten Augen, in denen jetzt Scham brannte, hörte er schweigend den Vorwürfen seiner Frau zu, und demütig und sanftmütig wie ein Lamm ging er in sein Zimmer und schloss sich ein. Viele Stunden hintereinander kniete er vor dem Kreuz, den Kopf auf die Brust senken; seine Hände hingen hilflos herab, sein Rücken war gebeugt und er schwieg, als ob er es nicht wagen würde zu beten. Seine Frau kam auf Zehenspitzen zur Tür und lauschte. Hinter der Tür waren tiefe Seufzer zu hören – wie das Atmen eines müden und kränklichen Pferdes.

"Gott! „Sehen Sie", flüsterte Ignat mit gedämpfter Stimme und drückte die Handflächen fest auf seine breite Brust.

In den Tagen der Buße trank er nur Wasser und aß nur Roggenbrot.

Am Morgen stellte seine Frau eine große Flasche Wasser, etwa anderthalb Pfund Brot und Salz an die Tür seines Zimmers. Er öffnete die Tür, nahm diese Lebensmittel herein und schloss sich wieder ein. Während dieser Zeit wurde er in keiner Weise gestört; Jeder versuchte, ihm aus dem Weg zu gehen. Ein paar Tage später tauchte er erneut an der Börse auf, scherzte, lachte, schloss mit der Scharfsichtigkeit eines Raubvogels Verträge über die

Lieferung von Mais ab, ein seltener Experte in allem, was seine Angelegenheiten betraf.

Aber in allen Stimmungen von Ignats Leben gab es einen leidenschaftlichen Wunsch, der ihn nie verließ – den Wunsch, einen Sohn zu haben; und je älter er wurde, desto größer wurde dieser Wunsch. Sehr oft kam es zwischen ihm und seiner Frau zu solchen Gesprächen. Morgens beim Tee oder mittags beim Abendessen starrte er seine Frau, eine beleibte, wohlgenährte Frau mit rotem Gesicht und schläfrigen Augen, düster an und fragte sie:

„Na, spürst du nichts?"

Sie wusste, was er meinte, aber sie antwortete immer:

„Wie kann ich das Gefühl lindern? Deine Fäuste sind wie Hanteln."

„Du weißt, wovon ich rede, du Narr."

„Kann man durch solche Schläge schwanger werden?"

„Es liegt nicht an den Schicksalsschlägen, dass du keine Kinder gebärst; Es liegt daran, dass du zu viel isst. Man füllt seinen Magen mit allen möglichen Nahrungsmitteln – und es gibt keinen Platz für die Zeugung des Kindes."

„Als ob ich dir keine Kinder geboren hätte?"

„Das waren Mädchen", sagte Ignat vorwurfsvoll. „Ich will einen Sohn! Verstehst du? Ein Sohn, ein Erbe! Wem soll ich mein Kapital nach meinem Tod schenken? Wer soll für meine Sünden beten? Soll ich es einem Kloster schenken? Ich habe ihnen genug gegeben! Oder soll ich es dir überlassen? Was für ein toller Pilger du bist! Selbst in der Kirche denkt man nur an Fischpasteten. Wenn ich sterbe, wirst du wieder heiraten und mein Geld wird irgendeinem Narren übergeben. Glaubst du, dass es das ist, wofür ich arbeite?"

Und er wurde von sardonischer Angst erfasst, denn er hatte das Gefühl, dass sein Leben ziellos wäre, wenn er keinen Sohn hätte, der ihm folgte.

Seine Frau hatte ihm in den neun Jahren ihrer Ehe vier Töchter geboren, die alle verstorben waren. Während Ignat zitternd auf ihre Geburt gewartet hatte, trauerte er nur wenig um ihren Tod – jedenfalls waren sie für ihn unnötig. Im zweiten Jahr ihrer Ehe begann er, seine Frau zu schlagen; Zuerst tat er es im Rausch und ohne Feindseligkeit, aber ganz nach dem Sprichwort: „Liebe deine Frau wie deine Seele und schüttle sie wie einen Birnbaum." Aber nach jeder Niederkunft, in seiner Erwartung getäuscht, wurde sein Hass auf seine Frau stärker, und er begann, sie voller Vergnügen zu schlagen, aus Rache dafür, dass sie ihm keinen Sohn geboren hatte.

Als er einmal geschäftlich in der Provinz Samarsk war, erhielt er von Verwandten zu Hause ein Telegramm, in dem er über den Tod seiner Frau informiert wurde. Er machte das Kreuzzeichen, dachte eine Weile nach und schrieb an seinen Freund Mayakin:

„Begrabe sie in meiner Abwesenheit; kümmere mich um mein Eigentum."

Dann ging er in die Kirche, um die Messe für die Toten zu feiern, und nachdem er für die Ruhe der Seele des verstorbenen Aquilina gebetet hatte, begann er zu denken, dass er so schnell wie möglich heiraten müsse.

Er war damals 43 Jahre alt, groß, breitschultrig, mit einer schweren Bassstimme, wie ein Erzdiakon; seine großen Augen blickten unter seinen dunklen Augenbrauen kühn und weise hervor; in seinem sonnenverbrannten Gesicht, überwuchert von einem dichten, schwarzen Bart, und in seiner ganzen mächtigen Gestalt lag viel wahrhaft russische, rohe und gesunde Schönheit; Sowohl in seinen leichten Bewegungen als auch in seinem langsamen, stolzen Gang war ein Bewusstsein der Macht zu erkennen – ein festes Selbstvertrauen. Er war bei Frauen beliebt und ging ihnen nicht aus dem Weg.

Noch bevor sechs Monate nach dem Tod seiner Frau vergangen waren, machte er der Tochter eines Uralkosaken den Hof. Obwohl Ignat selbst im Ural als „scherzhafter" Mann bekannt war, gab der Vater der Braut ihm seine Tochter zur Frau, und gegen Herbst kam Ignat Gordyeeff mit einer jungen Kosakenfrau nach Hause. Ihr Name war Natalya. Groß, gut gebaut, mit großen blauen Augen und einem langen kastanienbraunen Zopf, war sie eine würdige Ergänzung für den hübschen Ignat. Er war glücklich und stolz auf seine Frau und liebte sie mit der leidenschaftlichen Liebe eines gesunden Mannes, doch bald begann er, sie nachdenklich und mit wachem Blick zu betrachten.

Selten huschte ein Lächeln über das ovale, zurückhaltende Gesicht seiner Frau – sie dachte immer an etwas, das dem Leben fremd war, und in ihren ruhigen blauen Augen blitzte manchmal etwas Dunkles und Menschenfeindliches auf. Wann immer sie von Hausarbeit frei war, setzte sie sich in das geräumigste Zimmer ans Fenster und saß dort zwei oder drei Stunden lang schweigend. Ihr Gesicht war der Straße zugewandt, aber der Blick ihrer Augen war so gleichgültig gegenüber allem, was dort hinter dem Fenster lebte und sich bewegte, und gleichzeitig war er so fest und tief, als würde sie in ihre Seele blicken. Und auch ihr Gang war seltsam. Natalya bewegte sich langsam und vorsichtig durch den geräumigen Raum, als ob etwas Unsichtbares ihre Bewegungsfreiheit einschränkte. Ihr Haus war voller schwerem und derb prahlerischem Luxus; Alles dort war prächtig und schrie nach dem Reichtum des Besitzers, aber die Kosakenfrau ging schüchtern und etwas verängstigt an den kostbaren Möbeln und dem Besteck vorbei, als fürchtete sie, sie könnten sie ergreifen und ersticken. Offensichtlich interessierte das laute Leben der großen Handelsstadt diese schweigsame Frau nicht, und wann immer sie mit ihrem Mann unterwegs war, war ihr Blick auf den Rücken des Fahrers gerichtet. Wenn ihr Mann sie zu Besuch brachte, benahm sie sich dort genauso merkwürdig wie zu Hause; Wenn Gäste in ihr Haus kamen, servierte sie ihnen eifrig Erfrischungen, interessierte sich überhaupt nicht für das, was gesagt wurde, und zeigte keinem Vorzug. Nur Mayakin, ein witziger, lustiger Mann, zauberte manchmal ein Lächeln auf ihr Gesicht, so vage wie ein Schatten. Er pflegte von ihr zu sagen:

„Es ist ein Baum – keine Frau! Aber das Leben ist wie ein unauslöschlicher Holzstoß, und jeder von uns brennt manchmal in Flammen. Auch sie wird Feuer nehmen; warte, gib ihr Zeit. Dann werden wir sehen, wie sie blühen wird."

„Äh!" Ignat pflegte scherzhaft zu ihr zu sagen: "Über was denkst du nach? Hast du Heimweh? Mach dich ein bisschen auf!"

Sie würde schweigen und ihn ruhig ansehen.

„Du gehst viel zu oft in die Kirche. Du solltest warten. Sie haben genügend Zeit, für Ihre Sünden zu beten. Begehe zuerst die Sünden. Wissen Sie, wenn Sie nicht sündigen, bereuen Sie nicht; Wenn du nicht bereust, verwirklichst du deine Erlösung nicht. Du solltest besser sündigen, solange du jung bist. Sollen wir eine Fahrt machen?"

„Ich habe keine Lust rauszugehen."

Er setzte sich neben sie und umarmte sie. Sie war kalt und erwiderte seine Liebkosungen, aber sparsam. Er schaute ihr direkt in die Augen und sagte immer:

„Natalja! Sag mir – warum bist du so traurig? Fühlst du dich hier bei mir einsam?"

„Nein", antwortete sie knapp.

„Was ist denn? Sehnst du dich nach deinem Volk?"

"Nein, es ist nichts."

"Über was denkst du nach?"

„Ich denke nicht."

"Was dann?"

"Oh nichts!"

Sobald es ihm gelang, von ihr eine ausführlichere Antwort zu bekommen:

„In meinem Herzen ist etwas verwirrt. Und auch in meinen Augen. Und es kommt mir immer so vor, als sei das alles nicht real."

Sie wedelte mit der Hand um sich herum und zeigte auf die Wände, die Möbel und alles. Ignat dachte nicht über ihre Worte nach und sagte lachend zu ihr:

„Das hat keinen Zweck! Hier ist alles echt. All das sind kostspielige, solide Dinge. Wenn du diese nicht willst, verbrenne ich sie, ich verkaufe sie, ich verschenke sie – und ich besorge neue! Willst du, dass ich es tue?"

"Wozu?" sagte sie ruhig.

Schließlich fragte er sich, wie eine so junge und gesunde Person so leben konnte, als würde sie die ganze Zeit schlafen, sich um nichts kümmern, nirgendwo hingehen, außer in die Kirche, und jeden meiden. Und er tröstete sie immer:

"Warte einfach. Du wirst einen Sohn zur Welt bringen und dann wird ein ganz anderes Leben beginnen. Du bist so traurig, weil du so wenig Angst hast, und er wird dir Ärger machen. Du wirst mir einen Sohn gebären, nicht wahr?

„Wenn es Gott gefällt", antwortete sie und senkte den Kopf.

Dann begann ihre Stimmung ihn zu irritieren.

„Nun, warum trägst du ein so langes Gesicht? Du gehst wie auf Glas. Du siehst aus, als hättest du jemandem die Seele ruiniert! Äh! Du bist so eine saftige Frau und hast dennoch keinen Geschmack für irgendetwas. Narr!"

Als er eines Tages betrunken nach Hause kam, begann er, sie mit Zärtlichkeiten zu überhäufen, während sie sich von ihm abwandte. Dann wurde er wütend und rief:

„Natalja! Spielen Sie nicht den Narren, passen Sie auf!"

Sie drehte ihr Gesicht zu ihm und fragte ruhig:

"Was dann?"

Ignat wurde wütend über diese Worte und über ihren furchtlosen Blick.

"Was?" brüllte er und kam näher an sie heran.

„Willst du mich töten?" fragte sie, ohne sich von ihrem Platz zu rühren, noch mit der Wimper zu zucken.

Ignat war es gewohnt, Menschen vor seinem Zorn zittern zu sehen, und es war seltsam und beleidigend für ihn, sie ruhig zu sehen.

„Da", rief er und hob seine Hand, um sie zu schlagen. Langsam, aber rechtzeitig entkam sie dem Schlag; dann ergriff sie seine Hand, schob sie von sich weg und sagte im gleichen Ton:

„Wage es nicht, mich zu berühren. Ich werde nicht zulassen, dass du in meine Nähe kommst!"

Ihre Augen wurden kleiner und ihr scharfer, metallischer Glanz ernüchterte Ignat. An ihrem Gesichtsausdruck erkannte er, dass auch sie ein starkes Biest war, und wenn sie wollte, würde sie ihn nicht zu sich nehmen, selbst wenn sie dabei ihr Leben verlieren würde.

„Oh", knurrte er und ging weg.

Aber nachdem er sich einmal zurückgezogen hatte, würde er es nicht noch einmal tun: Er konnte es nicht ertragen, dass sich eine Frau, und noch dazu seine Frau, nicht vor ihm beugte – das hätte ihn erniedrigt. Dann wurde ihm klar, dass seine Frau ihm von nun an in keiner Angelegenheit mehr nachgeben würde und dass zwischen ihnen ein hartnäckiger Kampf um die Vorherrschaft beginnen musste.

"Sehr gut! Wir werden sehen, wer siegen wird", dachte er am nächsten Tag und beobachtete seine Frau mit strenger Neugier; und in seiner Seele wütete bereits der starke Wunsch, den Streit zu beginnen, damit er seinen Sieg schneller genießen könne.

Doch etwa vier Tage später verkündete Natalya Fominichna ihrem Mann, dass sie schwanger sei.

Ignat zitterte vor Freude, umarmte sie fest und sagte mit dumpfer Stimme:

„Du bist ein toller Kerl, Natalya! Natasha, wenn es ein Sohn sein sollte! Wenn du mir einen Sohn gebärst, werde ich dich bereichern! Ich sage dir klar: Ich werde dein Sklave sein! Von Gott! Ich werde mich zu deinen Füßen niederlegen, und du darfst auf mir herumtrampeln, wenn du willst!"

„Das liegt nicht in unserer Macht; Es ist der Wille des Herrn", sagte sie mit leiser Stimme.

„Ja, des Herrn!" rief Ignat verbittert aus und ließ traurig den Kopf hängen.

Von diesem Moment an begann er, sich um seine Frau zu kümmern, als wäre sie ein kleines Kind.

„Warum sitzt du am Fenster? Achtung. Du wirst dir eine Erkältung in der Seite holen; „Du könntest krank werden", sagte er immer streng und sanft zu ihr. „Warum hüpfst du die Treppe hoch? Du könntest dich verletzen. Und du isst besser mehr, iss für zwei, damit er genug hat."

Und die Schwangerschaft machte Natalya noch mürrischer und stiller, als würde sie noch tiefer in sich selbst blicken, vertieft in das Pochen des neuen Lebens in ihr. Aber das Lächeln auf ihren Lippen wurde klarer, und in ihren Augen blitzte manchmal etwas Neues, Schwaches und Schüchternes auf, wie der erste Strahl der Morgendämmerung.

Als endlich die Zeit der Entbindung kam, war es früh an einem Herbstmorgen. Beim ersten Schmerzensschrei, den sie ausstieß, wurde Ignat blass und wollte etwas sagen, winkte aber nur ab und verließ das Schlafzimmer, in dem seine Frau krampfhaft zusammenzuckte, und ging hinunter in das kleine Zimmer, das seiner verstorbenen Mutter als Zimmer gedient hatte Kapelle. Er bestellte Wodka, setzte sich an den Tisch und begann streng zu trinken, während er auf den Alarm im Haus und das Stöhnen seiner Frau lauschte, das von oben kam. In der Ecke des Raumes zeichneten sich die gleichgültigen und dunklen Bilder der Ikonen verwirrt ab, schwach beleuchtet vom schimmernden Licht der Bildlampe. Es gab ein Stampfen und Scharren von Füßen über seinem Kopf, etwas Schweres wurde von einer Seite des Bodens auf die andere bewegt, es gab ein Klappern von Geschirr, die Leute eilten geschäftig die Treppe hinauf und hinunter. Alles wurde in Eile erledigt, doch die Zeit verging langsam. Ignat konnte eine gedämpfte Stimme von oben hören,

„Wie es scheint, kann sie auf diese Weise nicht entbunden werden. Wir sollten besser zur Kirche schicken, um die Tore des Herrn zu öffnen."

Vassushka, einer der Mitläufer in seinem Haus, betrat das Zimmer neben Ignats und begann mit lautem Flüstern zu beten:

„Gott, unser Herr, steige herab vom Himmel in Deiner Güte, geboren von der Heiligen Jungfrau. Du erkennst die Hilflosigkeit der menschlichen Geschöpfe. Vergib Deinem Diener."

Und plötzlich übertönte ein übermenschlicher, seelenzerreißender Schrei alle anderen Geräusche, und ein ununterbrochenes Stöhnen schwebte leise durch den Raum und erstarb in den Ecken, die jetzt mit der Dämmerung erfüllt waren. Ignat warf einen strengen Blick auf die Ikonen, seufzte tief und dachte:

„Ist es möglich, dass es wieder eine Tochter ist?"

Manchmal stand er auf, stand dumm in der Mitte des Raumes, bekreuzigte sich schweigend und verneigte sich vor den Ikonen; dann ging er wieder an den Tisch, trank den Wodka, der ihn in diesen Stunden nicht schwindelig gemacht hatte, schlief ein und verbrachte so die ganze Nacht und den folgenden Morgen bis zum Mittag.

Und dann endlich kam die Hebamme hastig herunter und rief mit dünner, freudiger Stimme zu ihm.

„Ich gratuliere Ihnen mit einem Sohn, Ignat Matveyich!"

"Du lügst!" sagte er mit dumpfer Stimme. „Was ist los mit dir, Batuschka!" Mit der ganzen Kraft seiner riesigen Brust seufzte Ignat, ging auf die Knie, fasste die Hände fest an die Brust und murmelte mit zitternder Stimme:

"Gott sei Dank! Offensichtlich wolltest Du nicht, dass mein Stamm überprüft wird! Meine Sünden vor Dir werden nicht ohne Reue bleiben. Ich danke Dir, oh Herr. Oh!" und als er aufstand, begann er sofort lautstark zu befehlen:

„Äh! Lassen Sie jemanden zum Nikolaus gehen, um einen Priester zu holen. Sagen Sie ihm, dass Ignat Matveyich ihn gebeten hat zu kommen! Er soll kommen, um für die Frau zu beten."

Das Zimmermädchen erschien und sagte erschrocken zu ihm:

„Ignat Matveyich, Natalya Fominichna ruft dich an. Ihr geht es schlecht."

"Warum schlecht? Es wird vergehen!" er brüllte, seine Augen blitzten fröhlich. „Sag ihr, dass ich sofort da bin! Sag ihr, dass sie ein netter Kerl ist! Ich werde ihr einfach ein Geschenk besorgen und dann komme ich! Festhalten! Bereiten Sie etwas zu essen für den Priester vor. Schicken Sie jemanden hinter Mayakin her!"

Seine gewaltige Gestalt schien größer geworden zu sein, und voller Freude warf er sich dumm im Zimmer hin und her; er lächelte, rieb sich die Hände und warf leidenschaftliche Blicke auf die Bilder; Er bekreuzigte sich und streckte die Hand weit aus. Schließlich ging er zu seiner Frau.

Sein Blick fiel zunächst auf den kleinen roten Körper, den die Hebamme in einer Wanne badete. Als Ignat ihn bemerkte, stellte er sich auf die Zehenspitzen und ging, die Hände hinter dem Rücken verschränkt, auf ihn zu, wobei er vorsichtige Schritte machte und komisch die Lippen hervorstreckte. Der Kleine wimmerte und lag nackt, machtlos und mitleiderregend im Wasser.

„Pass auf da draußen auf! Gehen Sie vorsichtiger mit ihm um! Er hat noch keine Knochen", sagte Ignat leise zur Hebamme.

Sie begann zu lachen, öffnete ihren zahnlosen Mund und warf das Kind geschickt von einer Hand in die andere.

„Du gehst besser zu deiner Frau."

Gehorsam ging er auf das Bett zu und fragte unterwegs:

„Na, wie ist es, Natalya?"

Dann, als er sie erreichte, zog er den Bettvorhang zurück, der einen Schatten auf das Bett geworfen hatte.

„Ich werde das nicht überleben", sagte sie mit leiser, heiserer Stimme.

Ignat schwieg und starrte starr auf das Gesicht seiner Frau, versunken in dem weißen Kissen, über dem ihre dunklen Locken wie tote Schlangen ausgebreitet waren. Gelb, leblos, mit schwarzen Ringen um die großen, weit geöffneten Augen – ihr Gesicht war ihm fremd. Und der Blick dieser schrecklichen Augen, die bewegungslos irgendwo in der Ferne durch die Wand starrten – auch das war Ignat unbekannt. Sein von einer schmerzlichen Vorahnung bedrücktes Herz ließ sein freudiges Pochen nach.

"Das ist garnichts. Das ist garnichts. Das ist immer so", sagte er leise und beugte sich über seine Frau, um ihr einen Kuss zu geben. Aber sie stöhnte ihm direkt ins Gesicht:

„Ich werde das nicht überleben."

Ihre Lippen waren grau und kalt, und als er sie mit seinen berührte, begriff er, dass der Tod bereits in ihr war.

"Oh Gott!" stieß er in einem alarmierten Flüstern aus und hatte das Gefühl, dass die Angst ihm die Kehle zuschnürte und seinen Atem unterdrückte.

"Natascha? Was wird aus ihm? Er muss gestillt werden! Was ist los mit dir?"

Er fing fast an, seine Frau anzuschreien. Die Hebamme war geschäftig um ihn herum; schüttelte das weinende Kind in der Luft. Sie sprach beruhigend auf ihn ein, aber er hörte nichts – er konnte den Blick nicht von dem schrecklichen Gesicht seiner Frau abwenden. Ihre Lippen bewegten sich, und er hörte mit leiser Stimme gesprochene Worte, konnte sie aber nicht verstehen. Er saß auf der Bettkante und sprach mit dumpfer und schüchterner Stimme: „Denken Sie mal darüber nach! Er kann nicht ohne dich auskommen; er ist ein Kleinkind! Sammelt Kraft! Vertreibe diesen Gedanken von dir! Vertreibe es."

Er redete, aber er verstand, dass er nutzlose Worte sprach. Tränen stiegen in ihm auf, und in seiner Brust breitete sich ein Gefühl aus, schwer wie Stein und kalt wie Eis.

"Verzeihen Sie mir. Auf Wiedersehen! Aufpassen. Achtung. Trink nicht", flüsterte Natalja lautlos.

Der Priester kam, bedeckte ihr Gesicht mit etwas und begann seufzend, sanfte, flehende Worte vorzulesen:

„Oh Gott, allmächtiger Herr, der jede Krankheit heilt, heile auch deine Dienerin Natalya, die gerade ein Kind zur Welt gebracht hat; und befreie sie von dem Bett, auf dem sie jetzt liegt, denn mit den Worten Davids: „Wir frönen der Gesetzlosigkeit und sind böse in deinen Augen."

Die Stimme des alten Mannes wurde ab und zu unterbrochen, sein schmales Gesicht war streng und aus seinen Kleidern drang der Duft von Zistrosen.

„Beschütze das von ihr geborene Kind, behüte es vor jeder möglichen Versuchung, vor jeder möglichen Grausamkeit, vor allen möglichen Stürmen, vor bösen Geistern, Tag und Nacht."

Ignat hörte dem Gebet zu und weinte still. Seine großen, heißen Tränen fielen auf die bloße Hand seiner Frau. Aber die Hand spürte offensichtlich nicht, dass die Tränen auf sie tropften: Sie blieb bewegungslos, und die Haut zitterte nicht durch die herabfallenden Tränen. Nach dem Gebet wurde Natalja bewusstlos und einen Tag später starb sie, ohne ein weiteres Wort zu sagen – sie starb genauso leise, wie sie gelebt hatte. Nachdem er eine pompöse Beerdigung arrangiert hatte, taufte Ignat seinen Sohn, gab ihm den Namen Foma und übergab ihn widerwillig in die Familie seines Paten, seines alten Freundes Mayakin, dessen Frau ebenfalls kurz zuvor ein Kind zur Welt gebracht hatte. Der Tod seiner Frau hatte viele graue Haare in Ignats dunklen Bart gesät, aber im strengen Glanz seiner Augen erschien ein neuer Ausdruck, sanft, klar und mild.

KAPITEL II

MAYAKIN lebte in einem riesigen zweistöckigen Haus in der Nähe einer großen Palisade, wo kräftige, alte, ausladende Linden prächtig wuchsen. Die dichten Zweige bedeckten die Fenster mit einer dichten, dunklen Stickerei, und die Sonne lugte in gebrochenen Strahlen in die kleinen Zimmer, die mit diversen Möbeln und großen Koffern dicht gedrängt waren, weshalb dort stets ein strenges und melancholisches Halbdunkel herrschte. Die Familie war fromm – der Duft von Wachs, Zistrose und Bilderlampenöl erfüllte das Haus, und reuige Seufzer und Gebete hallten in der Luft. Religiöse Zeremonien wurden unfehlbar und mit Freude durchgeführt und beanspruchten die gesamte freie Kraft der Seelen der Bewohner des Hauses. Fast geräuschlos bewegten sich weibliche Gestalten in der halbdunklen, drückenden, schweren Atmosphäre durch die Räume. Sie waren schwarz gekleidet, trugen weiche Hausschuhe und hatten immer einen reumütigen Gesichtsausdruck.

Die Familie von Yakov Tarazovich Mayakin bestand aus ihm selbst, seiner Frau, einer Tochter und fünf Verwandten, von denen die jüngste vierunddreißig Jahre alt war. Diese waren gleichermaßen fromm und unpersönlich und Antonina Iwanowna, der Herrin des Hauses, untergeordnet. Sie war eine große, dünne Frau mit dunklem Gesicht und strengen grauen Augen, die einen herrischen und intelligenten Ausdruck hatten. Mayakin hatte auch einen Sohn, Taras, aber sein Name wurde im Haus nie erwähnt; Bekannte wussten, dass Jakow ihn verstoßen hatte, nachdem der neunzehnjährige Taras zum Studium nach Moskau gegangen war – er heiratete dort drei Jahre später gegen den Willen seines Vaters. Taras verschwand spurlos. Es wurde gemunkelt, dass er wegen irgendetwas nach Sibirien geschickt worden sei.

Yakov Mayakin war sehr eigenartig gebaut. Klein, dünn, lebhaft, mit einem kleinen roten Bart und schlauen grünlichen Augen, sah er aus, als würde er zu jedem einzelnen sagen:

„Macht nichts, Sir, machen Sie sich keine Sorgen. Auch wenn ich dich so kenne, wie du bist, werde ich dich nicht verraten, wenn du mich nicht nervst."

Sein Bart hatte die Form eines Eies und war ungeheuer groß. Seine hohe, von Falten bedeckte Stirn schloss sich seinem kahlen Scheitel an, und es schien, als ob er tatsächlich zwei Gesichter hätte – eines, ein offenes, durchdringendes und intellektuelles Gesicht, mit einer langen, knorrigen Nase, und über diesem Gesicht ein anderes, augen- und mundlos, mit Falten bedeckt, hinter denen Mayakin bis zu einer bestimmten Zeit seine Augen und

Lippen zu verbergen schien; und wenn diese Zeit gekommen war, würde er die Welt mit anderen Augen betrachten und mit einem anderen Lächeln lächeln.

Er war Besitzer einer Seilerei und betrieb ein Geschäft in der Stadt in der Nähe des Hafens. In diesem Laden, der bis zur Decke mit Seilen, Bindfäden, Hanf und Werg gefüllt war, hatte er einen kleinen Raum mit einer knarrenden Glastür. In diesem Raum stand ein großer, alter, heruntergekommener Tisch und daneben ein tiefer, mit Wachstuch bedeckter Sessel, in dem Mayakin den ganzen Tag saß, Tee trank und immer dieselbe „Moskowskija Wedomosty" las, die er Jahr für Jahr abonniert hatte und Jahr für Jahr, sein ganzes Leben lang. Unter Kaufleuten genoss er den Respekt und den Ruf eines „klugen" Mannes, und er prahlte gern mit dem Alter seiner Rasse, indem er mit heiserer Stimme sagte:

„Wir, die Mayakins, waren während der Herrschaft von ‚Mutter' Katharina Kaufleute, daher bin ich ein reinblütiger Mann."

In dieser Familie lebte der Sohn von Ignat Gordyeeff sechs Jahre lang. Als er sieben Jahre alt war, war Foma ein großköpfiger, breitschultriger Junge, der sowohl in seiner Größe als auch im ernsten Ausdruck seiner dunklen, mandelförmigen Augen älter zu sein schien als er. Ruhig, schweigsam und beharrlich in seinen kindlichen Gelüsten verbrachte er alle seine Tage mit seinen Spielsachen, zusammen mit Mayakins Tochter Luba, still umsorgt von einer der Verwandten, einer stämmigen, pockennarbigen alten Jungfer, die aus irgendeinem Grund … andere mit dem Spitznamen „Buzya". Sie war ein langweiliges, etwas schüchternes Wesen; und selbst zu den Kindern sprach sie mit leiser, einsilbiger Stimme. Da sie ihre Zeit darauf verwendet hatte, Gebete zu lernen, hatte sie keine Geschichten, die sie Foma erzählen konnte.

Foma war mit dem kleinen Mädchen befreundet, aber als sie ihn verärgerte oder neckte, wurde er blass, seine Nasenflügel blähten sich, seine Augen starrten komisch und er schlug sie dreist. Sie weinte, lief zu ihrer Mutter und beschwerte sich bei ihr, aber Antonina liebte Foma und sie schenkte den Beschwerden ihrer Tochter kaum Beachtung, was die Freundschaft zwischen den Kindern noch mehr stärkte. Fomas Tag war lang und gleichmäßig. Er stand auf, wusch sich, stellte sich vor das Bild und sprach unter dem Flüstern des pockennarbigen Buzya lange Gebete. Dann tranken sie Tee und aßen viele Kekse, Kuchen und Torten. Nach dem Tee – im Sommer – gingen die Kinder zur großen Palisade, die zu einer Schlucht hinabführte, deren Grund immer dunkel und feucht aussah und sie mit Schrecken erfüllte. Den Kindern war es nicht einmal erlaubt, bis an den Rand der Schlucht zu gehen, was ihnen Angst davor einflößte. Im Winter spielten sie von der Teezeit bis zum Abendessen im Haus, wenn es draußen sehr kalt war, oder gingen auf den Hof, um den großen Eishügel hinunterzurutschen.

Mittags aßen sie zu Abend, „im russischen Stil", wie Mayakin sagte. Zuerst wurde eine große Schüssel fette Sauerkrautsuppe mit Roggenkeksen, aber ohne Fleisch serviert, dann wurde dieselbe Suppe mit in kleine Stücke geschnittenem Fleisch gegessen; dann aßen sie gebratenes Fleisch – Schweinefleisch, Gans, Kalbfleisch oder Lab, mit Brei –, dann wieder eine Schüssel Suppe mit Fadennudeln, und danach gab es meist einen Nachtisch. Sie tranken Kwas aus roten Heidelbeeren, Wacholderbeeren oder aus Brot – Antonina Iwanowna hatte immer einen Vorrat verschiedener Kwassorten dabei. Sie aßen schweigend und stießen nur ab und zu einen erschöpften Seufzer aus; Die Kinder aßen jeweils aus einer separaten Schüssel, die Erwachsenen aßen aus einer Schüssel. Betäubt von solch einem Abendessen schliefen sie ein; und zwei oder drei Stunden lang war Mayakins Haus von Schnarchen und schläfrigen Seufzern erfüllt.

Als sie aus dem Schlaf erwachten, tranken sie Tee und unterhielten sich über lokale Nachrichten, die Chorsänger, die Diakone, Hochzeiten oder das unehrenhafte Verhalten dieses oder jenes Kaufmanns. Nach dem Tee sagte Mayakin zu seiner Frau:

„Nun, Mutter, gib mir die Bibel."

Yakov Tarasovich las das Buch Hiob häufiger als alles andere. Er setzte seine schwere, silbergerahmte Brille auf seine große, gefräßige Nase und blickte sich zu seinen Zuhörern um, um zu sehen, ob alle an ihrem Platz seien.

Sie saßen alle dort, wo er sie zu sehen pflegte, und auf ihren Gesichtern war ein vertrauter, dumpfer und schüchterner Ausdruck der Frömmigkeit zu erkennen.

„Es gab einen Mann im Land Uz", begann Mayakin mit heiserer Stimme, und Foma, der neben Luba auf dem Sofa in der Ecke des Zimmers saß, wusste schon im Voraus, dass sein Pate bald schweigen und seinen kahlen Kopf streicheln würde mit seiner Hand. Er saß da und lauschte und stellte sich diesen Mann aus dem Land Uz vor. Der Mann war groß und nackt, seine Augen waren enorm groß, wie die des Bildes des Erlösers, und seine Stimme war wie eine große Messingtrompete, auf der die Soldaten in den Lagern spielten. Der Mann wurde immer größer; und als er den Himmel erreichte, streckte er seine dunklen Hände in die Wolken, riss sie auseinander und schrie mit schrecklicher Stimme:

„Warum wird einem Mann Licht gegeben, dessen Weg verborgen ist und den Gott eingeschlossen hat?"

Angst überkam Foma, und er zitterte, der Schlaf floh aus seinen Augen, er hörte die Stimme seines Paten, der mit einem leichten Lächeln sagte und sich ab und zu in den Bart zwickte:

„Sehen Sie, wie kühn er war!"

Der Junge wusste, dass sein Pate von dem Mann aus dem Land Uz sprach, und das Lächeln des Paten beruhigte das Kind. Der Mann würde also den Himmel nicht zerstören; er würde es nicht mit seinen schrecklichen Armen auseinanderreißen. Und dann sieht Foma den Mann wieder – er sitzt auf dem Boden, „sein Fleisch ist mit Würmern und Staubklumpen bedeckt, seine Haut ist zerrissen." Aber jetzt ist er klein und elend, er ist wie ein Bettler auf der Veranda der Kirche.

Hier sagt er:

„Was ist der Mensch, dass er rein sein soll? Und wer von einer Frau geboren ist, soll gerecht sein?" [Diese von Mayakin Hiob zugeschriebenen Worte stammen aus der Antwort von Eliphas dem Temaniten – Anmerkung des Übersetzers.]

„Er sagt das zu Gott", erklärte Mayakin begeistert. „Wie, sagt er, kann ich gerecht sein, da ich aus Fleisch gemacht bin? Das ist eine Frage, die Gott gestellt wird. Wie ist das?"

Und der Leser schaut sich triumphierend und fragend zu seinen Zuhörern um.

„Er hat es verdient, der Gerechte", antworteten sie seufzend.

Yakov Mayakin beäugt sie lächelnd und sagt:

„Dummköpfe! Du solltest die Kinder besser einschläfern."

Ignat besuchte die Mayakins jeden Tag, brachte Spielzeug für seinen Sohn, nahm ihn in die Arme und umarmte ihn, aber manchmal war er unzufrieden und sagte mit kaum verhohlenem Unbehagen zu ihm:

„Warum bist du so ein Schreckgespenst? Oh! Warum lachst du so wenig?"

Und er würde sich beim Paten des Jungen beschweren:

„Ich habe Angst, dass er wie seine Mutter werden könnte. Seine Augen sind freudlos."

„Du störst dich viel zu früh", antwortete Mayakin lächelnd.

Auch er liebte seinen Patensohn, und als Ignat ihm eines Tages verkündete, dass er Foma in sein eigenes Haus bringen würde, war Mayakin sehr betrübt.

„Lass ihn hier", bettelte er. „Sehen Sie, das Kind ist an uns gewöhnt; Dort! er weint."

„Er wird aufhören zu weinen. Ich habe ihn nicht für dich gezeugt. Die Luft im Ort ist unangenehm. Hier ist es genauso langweilig wie in der Einsiedelei eines Altgläubigen. Das ist schädlich für das Kind. Und ohne ihn bin ich einsam. Ich komme nach Hause – es ist leer. Da kann ich nichts erkennen. Es würde mir nicht schaden, um seinetwillen in Ihr Haus zu ziehen. Ich bin nicht für ihn, er ist für mich. Also. Und jetzt, wo meine Schwester zu mir nach Hause gekommen ist, wird es jemanden geben, der sich um ihn kümmert."

Und der Junge wurde zum Haus seines Vaters gebracht.

Dort begegnete ihm eine komische alte Frau mit einer langen, hakenförmigen Nase und einem Mund ohne Zähne. Groß, gebückt, in Grau gekleidet, mit grauem Haar, bedeckt von einer schwarzen Seidenmütze, gefiel sie dem Jungen zunächst nicht; sie machte ihm sogar Angst. Doch als er in dem faltigen Gesicht ihre schwarzen Augen bemerkte, die so zärtlich auf ihn strahlten, drückte er sofort vertrauensvoll seinen Kopf dicht an ihre Knie.

„Mein kränkliches kleines Waisenkind!" Sie sagte mit samtiger Stimme, die vor Klangfülle zitterte, und tätschelte leise sein Gesicht mit ihrer Hand: „Bleib mir nahe, mein liebes Kind!"

Ihre Liebkosungen hatten etwas besonders Süßes und Sanftes, etwas völlig Neues für Foma, und er blickte der alten Frau mit Neugier und Erwartung auf dem Gesicht in die Augen. Diese alte Frau führte ihn in eine neue, ihm bisher unbekannte Welt. Gleich am ersten Tag, nachdem sie ihn zu Bett gebracht hatte, setzte sie sich neben ihn, beugte sich über das Kind und fragte ihn:

„Soll ich dir eine Geschichte erzählen, Fomushka?"

Und danach schlief Foma immer inmitten der samtenen Klänge der Stimme der alten Frau ein, die ihm ein magisches Leben vorstellte. Riesen, die Monster besiegen, weise Prinzessinnen, Narren, die sich als weise erwiesen – Scharen neuer und wunderbarer Menschen zogen vor der verzauberten Fantasie des Jungen vorbei, und seine Seele wurde von der wohltuenden Schönheit der nationalen schöpferischen Kraft genährt. Unerschöpflich waren die Schätze der Erinnerung und der Fantasie dieser alten Frau, die dem Jungen oft im Schlaf erschien – bald wie die Hexe aus den Märchen – nur eine freundliche und liebenswürdige alte Hexe – bald wie die Schöne überhaupt -weise Vasilisa. Mit weit geöffneten Augen und angehaltenem Atem blickte der Junge in die Dunkelheit, die sein Zimmer erfüllte, und beobachtete, wie es im Licht der kleinen Lampe, die vor dem Bild brannte, langsam zitterte. Und Foma füllte diese Dunkelheit mit wunderbaren Bildern des märchenhaften Lebens. Stille, aber lebendige Schatten krochen über die Wände und den Boden; es war für ihn sowohl angenehm als auch schrecklich, ihr Leben zu beobachten; ihnen Formen und Farben zu geben und sie, nachdem sie mit Leben ausgestattet waren, sofort mit einem einzigen Wimpernschlag zu zerstören. In seinen dunklen Augen erschien etwas Neues, etwas Kindlicheres und Naiveres, weniger Ernstes; Die Einsamkeit und die Dunkelheit weckten in ihm ein schmerzhaftes Gefühl der Erwartung, weckten seine Neugier und zwangen ihn, in die dunkle Ecke hinauszugehen und zu sehen, was dort hinter den dichten Schleiern der Dunkelheit verborgen war. Er ging und fand nichts, aber er verlor keine Hoffnung, es herauszufinden.

Er fürchtete seinen Vater und respektierte ihn. Ignats enorme Größe, seine raue, trompetenartige Stimme, sein bärtiges Gesicht, sein grauhaariger Kopf, seine kräftigen, langen Arme und seine blitzenden Augen – all das gab Ignat die Ähnlichkeit mit den märchenhaften Räubern.

Foma schauderte jedes Mal, wenn er seine Stimme oder seine schweren, festen Schritte hörte; Aber als der Vater ihn freundlich lächelnd und spielerisch mit lauter Stimme redete und ihn auf die Knie nahm oder ihn mit seinen großen Händen hoch in die Luft warf, verschwand die Angst des Jungen.

Einmal, als der Junge etwa acht Jahre alt war, fragte er seinen Vater, der von einer langen Reise zurückgekehrt war:

„Papa, wo warst du?“

„An der Wolga.“

„Haben Sie dort ausgeraubt?“ fragte Foma leise.

„Was?“ Ignat zog seine Augenbrauen zusammen.

„Bist du nicht ein Räuber, Papa? Ich weiß es“, sagte Foma und zwinkerte verschmitzt mit den Augen, zufrieden, dass er das Geheimnis über das Leben seines Vaters bereits gelesen hatte.

„Ich bin Kaufmann!“ sagte Ignat streng, aber nach kurzem Nachdenken lächelte er freundlich und fügte hinzu: „Und du bist ein kleiner Idiot! Ich handele mit Mais und betreibe eine Reihe von Dampfgarern. Haben Sie den „Jermak“ gesehen? Nun, das ist mein Dampfgarer. Und Ihres auch.“

„Es ist ein sehr großes Problem“, sagte Foma seufzend.

„Nun, ich kaufe dir ein kleines, solange du selbst noch klein bist. Soll ich?"

„Sehr gut“, stimmte Foma zu, aber nach einem nachdenklichen Schweigen sagte er erneut mit gedehntem Bedauern: „Aber ich dachte, du wärst ein Räuber oder ein Riese.“

„Ich sage dir, ich bin Kaufmann!" wiederholte Ignat einschmeichelnd, und in seinem Blick auf das desillusionierte Gesicht seines Sohnes lag etwas Unzufriedenes und fast Ängstliches.

„Wie Opa Fedor, der Kalatch-Bäcker?" fragte Foma, nachdem sie eine Weile nachgedacht hatte.

„Na ja, genau wie er. Nur ich bin reicher als er. Ich habe mehr Geld als Fedor."

„Hast du viel Geld?"

„Na ja, manche Leute haben noch mehr."

„Wie viele Fässer haben Sie?"

"Von was?"

„Aus Geld, meine ich."

"Narr! Wird Geld fassweise gezählt?"

"Wie sonst?" rief Foma begeistert aus, wandte sein Gesicht seinem Vater zu und begann ihm schnell zu erzählen: „Maksimka, der Räuber, kam einmal in eine bestimmte Stadt und füllte dort zwölf Fässer mit Geld, das einem reichen Mann gehörte." Und er nahm verschiedene Silberbestecke und raubte eine Kirche aus. Und schnitt einen Mann mit seinem Schwert nieder und warf ihn den Kirchturm hinunter, weil er Alarm schlagen wollte."

„Hat dir deine Tante das erzählt?" fragte Ignat und bewunderte die Begeisterung seines Sohnes.

"Ja! Warum?"

"Nichts!" sagte Ignat lachend. „Du dachtest also, dein Vater sei ein Räuber."

„Und vielleicht waren Sie vor langer Zeit ein Räuber?"

Foma kam wieder auf sein Thema zurück, und auf seinem Gesicht war deutlich zu sehen, dass er sich sehr über eine positive Antwort freuen würde.

„Ich war nie ein Räuber. Damit soll Schluss sein."

"Niemals?"

„Ich sage dir, das war ich nicht! Was für ein seltsamer kleiner Junge du bist! Ist es gut, ein Räuber zu sein? Sie sind alle Sünder, die Räuber. Sie glauben nicht an Gott – sie rauben Kirchen aus. Sie alle sind in den Kirchen verflucht. Ja. Schau mal, mein Sohn, du musst bald mit dem Lernen beginnen. Es ist Zeit; Du wirst bald neun Jahre alt sein. Beginnen Sie mit der

Hilfe Gottes. Du lernst im Winter und im Frühling nehme ich dich mit auf die Wolga."

„Werde ich zur Schule gehen?" fragte Foma schüchtern.

„Zuerst lernst du zu Hause bei Tante." Bald darauf setzte sich der Junge morgens an den Tisch und wiederholte seiner Tante mit dem Finger im slawischen Alphabet nach:

„Az, Buky, Vedy."

Als sie lange Zeit „bra, vra, gra, dra" erreichten, konnte der Junge diese Silben nicht ohne Gelächter lesen. Foma gelang es leicht, fast ohne Anstrengung Wissen zu erlangen, und bald las er den ersten Psalm des ersten Abschnitts des Psalters: „Gesegnet ist der Mann, der nicht im Rat der Gottlosen wandelt."

„Das ist es, mein Schatz! Also, Fomushka, das stimmt!" warf seine Tante voller Emotionen ein und war von seinen Fortschritten begeistert.

„Du bist ein feiner Kerl, Foma!" Sagte Ignat zustimmend, wenn er über die Fortschritte seines Sohnes informiert wurde. „Im Frühling fahren wir zum Fischen nach Astrachan, und im Herbst schicke ich dich zur Schule!"

Das Leben des Jungen rollte weiter, wie ein Ball bergab. Als seine Lehrerin war seine Tante auch seine Spielgefährtin. Luba Mayakin kam immer, und wenn sie bei ihnen war, wurde die alte Frau bereitwillig eine von ihnen.

Sie spielten „Verstecken" und „Blind Man's Buff"; Die Kinder freuten sich und amüsierten sich, Anfisa zu sehen, die Augen mit einem Taschentuch bedeckt und die Arme ausgestreckt, wie sie vorsichtig im Zimmer umherging und dennoch gegen Stühle und Tische schlug oder in jeder bequemen Ecke nach ihnen suchte und sagte:

„Äh, kleine Racker. Äh, Schurken. Wo haben sie sich versteckt? Äh?"

Und die Sonne schien fröhlich und spielerisch auf den alten, abgenutzten Körper, der noch eine jugendliche Seele bewahrt hatte, und auf das alte Leben, das seiner Kraft und seinen Fähigkeiten entsprechend den Lebensweg zweier Kinder schmückte.

Ignat ging frühmorgens zur Börse und blieb manchmal bis zum Abend weg; Abends ging er zum Stadtrat oder zu Besuch oder woanders hin. Manchmal kam er betrunken nach Hause. Zuerst lief Foma bei solchen Gelegenheiten vor ihm davon und versteckte sich, dann gewöhnte er sich daran und erfuhr, dass sein Vater besser betrunken als nüchtern war: Er war freundlicher und schlichter und etwas komisch. Wenn es nachts geschah, wurde der Junge normalerweise durch seine trompetenartige Stimme geweckt:

„Anfisa! Liebe Schwester! Lass mich zu meinem Sohn hinein; lass mich zu meinem Nachfolger kommen!"

Und Tante antwortete ihm mit weinender und vorwurfsvoller Stimme:

"Mach weiter. Du solltest besser schlafen, du verfluchter Teufel! Schon wieder betrunken, oder? Du bist schon grau?"

„Anfisa! Darf ich meinen Sohn mit einem Auge sehen?" Foma wusste, dass Anfisa ihn nicht hereinlassen würde, und er schlief trotz des Lärms ihrer Stimmen erneut ein. Aber als Ignat tagsüber betrunken nach Hause kam, packte er seinen Sohn sofort mit seinen riesigen Pfoten, trug ihn durch die Zimmer und fragte ihn mit betrunkenem, fröhlichem Lachen:

„Fomka! Was möchten Sie? Sprechen! Die Geschenke? Spielzeug? Fragen! Denn Sie müssen wissen, dass es nichts auf dieser Welt gibt, was ich nicht für Sie kaufen würde. Ich habe eine Million! Hahaha! Und ich werde noch mehr haben! Verstehen? Alles gehört dir! Ha, ha!"

Und plötzlich erlosch seine Begeisterung wie eine Kerze, die durch einen heftigen Windstoß ausgelöscht wird. Sein gerötetes Gesicht begann zu zittern, seine brennend roten Augen füllten sich mit Tränen und seine Lippen verzogen sich zu einem traurigen und ängstlichen Lächeln.

„Anfisa, falls er sterben sollte, was soll ich dann tun?"

Und gleich nach diesen Worten packte ihn die Wut.

„Ich würde alles verbrennen!" brüllte er und starrte wild in eine dunkle Ecke des Raumes. „Ich würde alles zerstören! Ich würde es mit Dynamit in die Luft sprengen!"

„Genug, du hässlicher Kerl! Möchten Sie dem Kind Angst machen? Oder willst du, dass er krank wird?" warf Anfisa ein, und das genügte Ignat, um hastig davonzustürmen und zu murmeln:

"Gut gut gut! Ich gehe, ich gehe, aber weine nicht! Machen Sie keinen Lärm. Mach ihm keine Angst."

Und als Foma etwas krank war, verließ sein Vater, der alles beiseite legte, keinen Moment das Haus, sondern belästigte seine Schwester und seinen Sohn mit dummen Fragen und Ratschlägen; düster, seufzend und mit Angst in den Augen ging er völlig verstört im Haus umher.

„Warum ärgerst du den Herrn?" sagte Anfisa. „Vorsicht, dein Murren wird ihn erreichen, und er wird dich für deine Beschwerden gegen seine Gnaden bestrafen."

„Äh, Schwester!" seufzte Ignat. „Und wenn es passieren sollte? Mein ganzes Leben bricht zusammen! Wozu habe ich gelebt? Niemand weiß."

Ähnliche Szenen und die auffälligen Übergänge seines Vaters von einer Stimmung zur anderen machten dem Kind zunächst Angst, aber bald gewöhnte es sich daran, und als es durch das Fenster bemerkte, dass sein Vater, als er nach Hause kam, kaum herauskommen konnte vom Schlitten sagte Foma gleichgültig:

„Tante, Papa ist wieder betrunken nach Hause gekommen."

....

Der Frühling kam, und als er sein Versprechen erfüllte, nahm Ignat seinen Sohn auf einem seiner Dampfer mit, und hier eröffnete sich vor Fomas Augen ein neues Leben voller Eindrücke.

Der schöne und mächtige „Yermak", Gordyeeffs Dampfschlepper, schwebte schnell die Strömung hinunter, und auf beiden Seiten zogen die Ufer der mächtigen und schönen Wolga langsam an ihm vorbei – die linke Seite, ganz in Sonnenschein getaucht, dehnte sich aus bis ans Ende des Himmels wie ein pompöser Teppich aus Grün; Das rechte Ufer, dessen hohe Ufer mit Wäldern bewachsen waren, schwang sich himmelwärts und versank in strenger Ruhe.

Der breitbusige Fluss erstreckte sich majestätisch zwischen den Ufern; Lautlos, feierlich und langsam flossen seine Wasser, im Bewusstsein ihrer unbesiegbaren Macht; Das bergige Ufer spiegelt sich im Wasser in einem schwarzen Schatten, während es auf der linken Seite durch einen Saum aus Sand und die weiten Wiesen mit Gold und grünem Samt geschmückt ist. Hier und da tauchen Dörfer auf Berg und Wiese auf, die Sonne scheint hell auf die Fensterscheiben der Hütten und auf die gelben Strohdächer, die Kirchenkreuze funkeln im Grün der Bäume, graue Windmühlenflügel drehen sich träge darin In der Luft steigt Rauch aus dem Fabrikschornstein in dicken, schwarzen, sich kräuselnden Wolken in den Himmel. Scharen von Kindern in blauen, roten oder weißen Hemden, die am Ufer standen, schrien laut beim Anblick des Dampfers, der die Ruhe des Flusses gestört hatte, und unter den Rädern des Dampfers rauschten die fröhlichen Wellen zu den Füßen des Flusses Kinder und Spritzer gegen das Ufer. Nun ruderte eine Schar Kinder, die in einem Boot saßen, zur Mitte des Flusses, um dort wie in einer Wiege auf den Wellen zu schaukeln. Bäume ragten über das Wasser hinaus; manchmal ertrinken viele von ihnen in den Überschwemmungen der Ufer, und diese stehen wie Inseln im Wasser. Vom Ufer her ertönt ein melancholisches Lied:

„Oh, ooo, noch einmal!"

Der Dampfer passiert viele Flöße und bespritzt sie mit Wellen. Die Balken sind unter den Wellenstößen in ständiger Bewegung; Die Männer auf den Flößen in blauen Hemden taumeln, schauen auf den Dampfer und lachen und rufen etwas. Das große, schöne Schiff fährt seitwärts auf dem Fluss; Die gelben Kanthölzer, mit denen es beladen ist, funkeln wie Gold und spiegeln sich schwach im schlammigen, frühlingshaften Wasser. Von der gegenüberliegenden Seite kommt ein Passagierdampfer und pfeift – das hallende Echo des Pfiffes verliert sich im Wald, in den Schluchten des Bergufers und verklingt dort. In der Mitte des Flusses schlagen die von den beiden Schiffen aufgewirbelten Wellen gegeneinander und platschen gegen die Seitenwände der Dampfer, und die Schiffe werden auf dem Wasser hin und her geschaukelt. Am Hang des bergigen Ufers liegen grüne Teppiche aus Wintermais, braune Streifen brachliegenden Bodens und schwarze Streifen Boden, der für den Frühlingsmais bestellt wurde. Vögel schweben wie kleine Punkte über ihnen und sind deutlich im blauen Himmelsdach zu sehen; in der Nähe weidet eine Herde; in der Ferne sehen sie aus wie Kinderspielzeug; Die kleine Hirtenfigur steht auf einen Stab gestützt und blickt auf den Fluss.

Der Glanz des Wassers – Freiheit und Freiheit sind überall, die Wiesen sind fröhlich grün und der blaue Himmel ist zart klar; in der ruhigen Bewegung des Wassers ist eine verhaltene Kraft zu spüren; Darüber scheint die großzügige Maisonne, die Luft ist erfüllt vom herrlichen Duft von Tannenbäumen und frischem Laub. Und die Banken begegnen ihnen immer wieder, streicheln Augen und Seele mit ihrer Schönheit, während sich immer wieder neue Bilder entfalten.

Alles, was sie umgibt, trägt den Stempel einer Art Verspätung: Alle – die Natur ebenso wie die Menschen – leben dort ungeschickt, träge; aber in dieser Faulheit liegt eine seltsame Anmut, und es scheint, als ob hinter der Faulheit eine kolossale Macht verborgen wäre; eine unbesiegbare Macht, aber noch ohne Bewusstsein, noch ohne bestimmte Wünsche und Ziele. Und die Abwesenheit des Bewusstseins in diesem halb schlummernden Leben wirft einen Hauch von Traurigkeit über den ganzen schönen Hang. Unterwürfige Geduld, stille Hoffnung auf etwas Neues und Inspirierenderes sind sogar im Schrei des Kuckucks zu hören, der vom Wind vom Ufer zum Fluss getragen wird. Die melancholischen Lieder klingen, als würden sie jemanden um Hilfe anflehen. Und manchmal klingen Verzweiflung in ihnen. Der Fluss antwortet mit Seufzern auf die Lieder. Und die Baumwipfel beben, in Meditation versunken. Schweigen.

Foma verbrachte den ganzen Tag neben seinem Vater auf der Kapitänsbrücke. Ohne ein Wort zu sagen, starrte er mit großen Augen auf das endlose Panorama der Ufer, und es schien ihm, als würde er sich auf einem breiten silbernen Pfad in jenen wunderbaren Königreichen bewegen, in denen die Zauberer und Riesen aus seinen bekannten Märchen lebten . Manchmal überhäufte er seinen Vater mit Fragen zu allem, was vor ihnen geschah. Ignat antwortete ihm bereitwillig und prägnant, aber der Junge war mit seinen Antworten nicht zufrieden; Sie enthielten nichts Interessantes und

Verständliches für ihn, und er hörte nicht, was er hören wollte. Einmal sagte er seufzend zu seinem Vater:

„Tante Anfisa weiß es besser als du."

„Was weiß sie?" fragte Ignat lächelnd.

„Alles", antwortete der Junge überzeugt.

Vor ihm erschien kein wunderbares Königreich. Aber oft erschienen Städte an den Ufern des Flusses, genau wie die, in der Foma lebte. Einige von ihnen waren größer, andere kleiner, aber die Menschen, die Häuser und die Kirchen waren alle die gleichen wie in seiner eigenen Stadt. Foma untersuchte sie zusammen mit seinem Vater, war aber immer noch unzufrieden und kehrte düster und müde zum Dampfer zurück.

„Morgen werden wir in Astrachan sein", sagte Ignat eines Tages.

„Und ist es genauso wie die anderen Städte?"

"Natürlich. Wie sollte es sonst sein?"

„Und was liegt jenseits von Astrachan?"

"Das Meer. Man nennt es das Kaspische Meer."

„Und was ist da?"

„Fische, seltsamer Kerl! Was kann es sonst noch im Wasser geben?"

„Da steht die Stadt Kitezh im Wasser."

„Das ist etwas anderes! Das ist Kitezh. Dort leben nur rechtschaffene Menschen."

„Und gibt es keine gerechten Städte am Meer?"

„Nein", sagte Ignat und fügte nach einem Moment des Schweigens hinzu: „Das Meerwasser ist bitter und niemand kann es trinken."

„Und gibt es noch mehr Land jenseits des Meeres?"

„Sicherlich muss das Meer ein Ende haben. Es ist wie eine Tasse."

„Und gibt es dort auch Städte?"

„Wieder Städte. Natürlich! Nur gehört dieses Land nicht uns, es gehört zu Persien. Haben Sie gesehen, wie die Perser auf dem Markt Pistazien und Aprikosen verkauften?"

„Ja, ich habe sie gesehen", antwortete Foma und wurde nachdenklich.

Eines Tages fragte er seinen Vater:

„Gibt es noch viel mehr Land?"

„Die Erde ist sehr groß, mein Lieber! Wenn man zu Fuß gehen sollte, könnte man es nicht einmal in zehn Jahren umgehen."

Ignat redete lange mit seinem Sohn über die Größe der Erde und sagte schließlich:

„Und doch weiß niemand genau, wie groß es wirklich ist und wo es endet."

„Und ist auf der Erde alles gleich?"

"Wie meinst du das?"

„Die Städte und alles?"

„Natürlich sind die Städte wie Städte. Es gibt Häuser, Straßen – und alles, was nötig ist."

Nach vielen ähnlichen Gesprächen starrte der Junge nicht mehr so oft mit dem fragenden Blick seiner schwarzen Augen in die Ferne.

Die Besatzung des Dampfers liebte ihn, und auch er liebte diese schönen, sonnenverbrannten und wettergegerbten Kerle, die lachend mit ihm spielten. Sie machten für ihn Angelgeräte und kleine Boote aus Rinde, spielten mit ihm und ruderten ihn um den Ankerplatz herum, wenn Ignat geschäftlich in die Stadt fuhr. Der Junge hörte oft, wie die Männer über seinen Vater sprachen, aber er achtete nicht auf das, was sie sagten, und erzählte seinem Vater nie, was er über ihn gehört hatte. Doch eines Tages hörte Foma in Astrachan, während der Dampfer eine Ladung Treibstoff aufnahm, die Stimme des Maschinisten Petrowitsch:

„Er hat befohlen, so viel Holz aufzunehmen. Was für ein absurder Mann! Erst belädt er den Dampfer bis an Deck, und dann brüllt er. „Man macht die Maschinerie zu oft kaputt", sagt er. „Man gießt Öl ein", sagt er, „nach dem Zufallsprinzip."

Die Stimme des grauen und strengen Piloten antwortete:

„Es ist alles seine exorbitante Gier. Der Treibstoff ist hier billiger, also nimmt er alles, was er kann. Er ist gierig, der Teufel!"

„Oh, wie gierig!"

Dieses viele Male hintereinander wiederholte Wort prägte sich Fomas Gedächtnis ein, und am Abend, beim Abendessen, fragte er plötzlich seinen Vater:

"Papa!"

"Was?"

„Bist du gierig?“

Als Antwort auf die Fragen seines Vaters erzählte ihm Foma von dem Gespräch zwischen dem Piloten und dem Maschinisten. Ignats Gesicht wurde düster und seine Augen begannen wütend zu blitzen.

„So ist es“, rief Ignat kopfschüttelnd. „Nun, Sie – hören Sie nicht auf sie. Sie sind nicht Ihresgleichen; habe nicht so viel mit ihnen zu tun. Du bist ihr Herr, sie sind deine Diener, verstehe das. Wenn wir wollen, können wir jeden von ihnen an Land bringen. Sie sind günstig und wie Hunde überall zu finden. Verstehen? Sie sagen vielleicht viel Schlechtes über mich. Aber sie sagen sie, weil ich ihr Herr bin. Das Ganze entsteht, weil ich glücklich und reich bin und die Reichen immer beneidet werden. Ein glücklicher Mann ist jedermanns Feind.“

Etwa zwei Tage später befanden sich ein neuer Lotse und ein weiterer Maschinist auf dem Dampfer.

„Und wo ist Jakow?“ fragte der Junge.

„Ich habe ihn entlassen. Ich habe ihn weggeschickt.“

"Dafür?" fragte Foma.

„Ja, genau dafür.“

„Und Petrowitsch auch?“

„Ja, ich habe ihn auf die gleiche Weise geschickt.“

Foma war erfreut darüber, dass sein Vater die Männer so schnell wechseln konnte. Er lächelte seinen Vater an, kam auf das Deck und ging auf einen Matrosen zu, der auf dem Boden saß, ein Stück Tau aufdrehte und einen Tupfer machte.

„Wir haben hier einen neuen Piloten“, kündigte Foma an.

"Ich weiß. Viel Gesundheit, Foma Ignatich! Wie hast du geschlafen?"

„Und auch einen neuen Maschinisten.“

„Und ein neuer Maschinist. Tut dir Petrowitsch leid?“

"Wirklich? Und er war so gut zu dir."

„Nun, warum hat er meinen Vater misshandelt?“

"Oh? Hat er ihn missbraucht?"

„Natürlich hat er das getan. Ich habe es selbst gehört.“

„Mm – und dein Vater hat es auch gehört?“

„Nein, ich habe es ihm gesagt."

„Du – so" – sagte der Seemann gedehnt, verstummte und nahm seine Arbeit wieder auf.

„Und Papa sagt zu mir: ‚Du', sagt er, ‚du bist hier Herr – du kannst sie alle vertreiben, wenn du willst.'"

„Also", sagte der Seemann und blickte düster auf den Jungen, der ihm gegenüber so begeistert von seiner überragenden Macht prahlte. Von diesem Tag an bemerkte Foma, dass die Besatzung ihn nicht mehr wie zuvor betrachtete. Einige wurden zuvorkommender und freundlicher, andere wollten nicht mit ihm sprechen, und als sie mit ihm sprachen, geschah dies wütend und überhaupt nicht unterhaltsam wie zuvor. Foma schaute gern zu, wie das Deck gewaschen wurde: Mit bis zu den Knien hochgekrempelten oder manchmal ganz ausgezogenen Hosen rannten die Matrosen mit Tupfern und Bürsten in der Hand geschickt über das Deck, leerten Eimer mit Wasser aus und besprenkelten es einander, lachen, schreien, fallen. Wasserströme flossen in alle Richtungen, und der lebhafte Lärm der Männer vermischte sich mit dem grauen Spritzen des Wassers. Bisher hat der Junge die Matrosen nie mit dieser spielerischen und leichten Arbeit belästigt; ja, er beteiligte sich aktiv daran, bespritzte sie mit Wasser und rannte lachend davon, als sie drohten, Wasser über ihn zu gießen. Aber nachdem Jakow und Petrowitsch entlassen worden waren, hatte er das Gefühl, dass er allen im Weg stand, dass niemand Lust hatte, mit ihm zu spielen, und dass niemand ihn freundlich betrachtete. Überrascht und melancholisch verließ er das Deck, ging zum Steuerrad, setzte sich dort nieder und begann beleidigt nachdenklich auf das ferne grüne Ufer und den zerfurchten Waldstreifen darauf zu starren. Und unten auf dem Deck plätscherte das Wasser verspielt, und die Matrosen lachten fröhlich. Er sehnte sich danach, zu ihnen hinabzusteigen, aber irgendetwas hielt ihn zurück.

„Halten Sie sich so weit wie möglich von ihnen fern", erinnerte er sich an die Worte seines Vaters; „Du bist ihr Herr." Dann hätte er am liebsten die Matrosen angebrüllt – etwas Hartes und Autoritätsvolles, damit sein Vater sie ausschimpfte. Er überlegte lange, was er sagen sollte, aber es fiel ihm nichts ein. Weitere zwei, drei Tage vergingen, und es wurde ihm völlig klar, dass die Crew ihn nicht mehr mochte. Auf dem Dampfer begann er sich einsam zu fühlen, und inmitten des bunten Nebels neuer Eindrücke erschien vor Foma immer häufiger das Bild seiner freundlichen und sanften Tante Anfisa mit ihren Geschichten, ihrem Lächeln und ihrem sanften, schallenden Lachen , was die Seele des Jungen mit freudiger Wärme erfüllte. Er lebte noch in der Welt der Märchen, aber die unsichtbare und erbarmungslose Hand der Realität war bereits am Werk und zerriss das schöne, feine Netz des Wunderbaren, durch das der Junge alles um sich herum gesehen hatte. Der

Vorfall mit dem Maschinisten und dem Piloten lenkte seine Aufmerksamkeit auf seine Umgebung; Fomas Augen wurden schärfer. Eine bewusste Suche erschien in ihnen und in seinen Fragen an seinen Vater klang die Sehnsucht danach zu verstehen, welche Fäden und Quellen die Taten der Menschen leiteten.

Eines Tages spielte sich vor ihm eine Szene ab: Die Matrosen trugen Holz, und einer von ihnen, der junge, lockige und fröhliche Jefim, ging mit Schubkarren über das Deck des Schiffes und sagte laut und wütend:

„Nein, er hat überhaupt kein Gewissen! Es gab keine Vereinbarung, dass ich Holz tragen sollte. Ein Seemann – nun ja, sein Geschäft ist klar – aber dazu noch Holz zu tragen – danke! Das bedeutet für mich, dass ich die Haut abziehe, die ich nicht verkauft habe. Er ist ohne Gewissen! Er hält es für klug, uns das Leben auszurauben."

Der Junge hörte dieses Murren und wusste, dass es seinen Vater betraf. Er bemerkte auch, dass Yefim, obwohl er murrte, mehr Holz auf seiner Trage trug als die anderen und schneller ging als die anderen. Keiner der Matrosen antwortete auf Yefims Murren, und selbst derjenige, der mit ihm arbeitete, schwieg und protestierte nur ab und zu gegen die Ernsthaftigkeit, mit der Yefim das Holz auf die Tragen stapelte.

"Genug!" Er würde mürrisch sagen: „Sie laden doch kein Pferd, oder?"

„Und du solltest besser schweigen. Du wurdest in den Karren gelegt – Karren fahren und nicht treten – und sollte dir Blut ausgesaugt werden – sei wieder still. Was kann man sagen?"

Plötzlich erschien Ignat, ging auf den Matrosen zu, blieb vor ihm stehen und fragte streng:

"Über was hast du geredet?"

„Ich rede – ich weiß", antwortete Yefim zögernd. „Es gab keine Vereinbarung – dass ich nichts sagen darf."

„Und wer wird Blut saugen?" fragte Ignat und streichelte seinen Bart.

Der Seemann begriff, dass er überrascht worden war, und da er keinen Ausweg mehr sah, ließ er den Holzscheit aus seinen Händen fallen, rieb seine Handflächen an seiner Hose und sagte ziemlich kühn, Ignat direkt anschauend:

„Und habe ich nicht recht? Saugst du es nicht?"

"ICH?"

"Du."

Foma sah, dass sein Vater seine Hand schwang. Ein lauter Schlag ertönte, und der Matrose fiel schwer auf das Holz. Er stand sofort auf und arbeitete schweigend weiter. Blut tropfte von seinem verletzten Gesicht auf die weiße Rinde des Birkenholzes; Er wischte sich mit dem Ärmel seines Hemdes das Blut aus dem Gesicht, schaute auf seinen Ärmel und schwieg seufzend. Als er mit den Handeggen an Foma vorbeiging, zitterten zwei große, trübe Tränen auf seinem Gesicht. in der Nähe seines Nasenrückens, und Foma bemerkte sie.

Beim Abendessen war Foma nachdenklich und blickte ab und zu mit ängstlichen Augen zu seinem Vater.

„Warum runzelst du die Stirn?" fragte sein Vater sanft.

"Stirnrunzeln?"

„Bist du vielleicht krank? Seien Sie vorsichtig. Wenn es etwas gibt, sagen Sie es mir."

„Du bist stark", sagte Foma plötzlich nachdenklich.

"ICH? Das ist richtig. Gott hat mir Kraft gegeben."

„Wie hart hast du ihn geschlagen!" rief der Junge mit leiser Stimme und senkte den Kopf.

Ignat wollte gerade ein Stück Brot mit Kaviar in den Mund stecken, aber seine Hand hielt inne, zurückgehalten durch den Ausruf seines Sohnes; Er blickte fragend auf Fomas gesenkten Kopf und fragte:

„Du meinst Yefim, nicht wahr?"

„Ja, er hat geblutet. Und wie er danach ging, wie er weinte", sagte der Junge mit leiser Stimme.

„Mm", brüllte Ignat und kaute einen Bissen. „Na, tut er dir leid?"

"Es ist schade!" sagte Foma mit Tränen in der Stimme.

"Ja. Das ist also die Art von Kerl, die du bist", sagte Ignat.

Dann, nach einem Moment des Schweigens, füllte er ein Weinglas mit Wodka, leerte es und sagte streng und in einem leicht tadelnden Ton:

„Es gibt keinen Grund, warum du Mitleid mit ihm haben solltest. Er hat sich wahllos gestritten und dadurch bekommen, was er verdient hat. Ich kenne ihn: Er ist ein guter Kerl, fleißig, stark und kein bisschen dumm. Aber zu streiten ist nicht seine Sache; Ich kann argumentieren, weil ich der Meister bin. Es ist nicht einfach, Meister zu sein. Ein Schlag würde ihn nicht töten, aber er würde ihn klüger machen. Das ist der Weg. Äh, Foma! Du bist ein

Kleinkind und verstehst diese Dinge nicht. Ich muss dir beibringen, wie man lebt. Es kann sein, dass meine Tage auf Erden gezählt sind."

Ignat schwieg eine Weile, trank noch etwas Wodka und fuhr instinktiv fort:

„Man muss Mitleid mit den Menschen haben. Damit haben Sie Recht. Aber Sie müssen vernünftig Mitleid mit ihnen haben. Schauen Sie sich zunächst einen Menschen an, finden Sie heraus, was für ein Gutes in ihm steckt und welchen Nutzen er aus ihm ziehen kann! Und wenn Sie ihn für stark und fähig halten, haben Sie Mitleid mit ihm und unterstützen Sie ihn. Und wenn er schwach ist und keine Lust zur Arbeit hat, spucken Sie ihn an und gehen Sie an ihm vorbei. Denken Sie nur daran: Der Mann, der sich über alles beschwert, der die ganze Zeit seufzt und stöhnt – dieser Mann ist nichts wert; Er verdient kein Mitleid und du wirst ihm überhaupt nichts Gutes tun, selbst wenn du ihm hilfst. Mitleid mit solchen Menschen macht sie noch mürrischer und verwöhnt sie noch mehr. Im Haus deines Paten sahst du verschiedene Arten von Menschen – unglückliche Reisende und Mitläufer und allerlei Gesindel. Vergiss sie. Sie sind keine Menschen, sie sind nur Hüllen und nützen nichts. Sie sind wie Käfer, Flöhe und andere unreine Dinge. Sie leben auch nicht um Gottes willen – sie haben keinen Gott. Sie rufen seinen Namen umsonst, um die Narren zum Mitleid zu bewegen und ihnen, wenn sie so bemitleidet sind, etwas in den Bauch zu füllen. Sie leben nur für ihren Bauch und können außer Essen, Trinken, Schlafen und Stöhnen nichts tun. Und alles, was sie bewirken, ist der Verfall der Seele. Sie stehen dir im Weg und du stolperst über sie. Ein guter Mann unter ihnen – wie frische Äpfel unter schlechten – kann bald verdorben sein, und niemand wird davon profitieren. Du bist jung, das ist das Problem. Du kannst meine Worte nicht verstehen. Hilf dem, der standhaft im Elend ist. Er bittet Sie vielleicht nicht um Hilfe, aber denken Sie selbst darüber nach und helfen Sie ihm ohne seine Bitte. Und sollte er stolz sein und sich deshalb über Ihre Hilfe beleidigt fühlen, lassen Sie ihn nicht sehen, dass Sie ihm helfen. So sollte es laut gesundem Menschenverstand auch sein! Hier fallen zum Beispiel zwei Bretter in den Schlamm – eines davon ist morsch, das andere ein gutes Resonanzbrett. Was sollte man tun? Was nützt das morsche Brett? Lassen Sie es besser fallen, lassen Sie es im Schlamm liegen und treten Sie darauf, um Ihre Füße nicht zu beschmutzen. Heben Sie den Resonanzboden an und legen Sie ihn in die Sonne. Wenn es für Sie keinen Nutzen hat, kann jemand anderes davon Gebrauch machen. So ist es, mein Sohn! Hör mir zu und erinnere dich. Es gibt keinen Grund, Yefim zu bemitleiden. Er ist ein fähiger Kerl, er kennt seinen Wert. Mit einer Ohrfeige kann man ihm nicht die Seele aus dem Leib schlagen. Ich werde ihn nur etwa eine Woche lang beobachten und ihm dann die Leitung übertragen. Und da bin ich mir ziemlich sicher, dass er ein guter Pilot sein wird. Und wenn er zum Kapitän befördert würde,

würde er nicht den Mut verlieren – er wäre ein kluger Kapitän! So wachsen Menschen. Ich habe diese Schule selbst besucht, Liebes. Auch ich bekam in seinem Alter mehr als eine Ohrfeige. Das Leben, mein Sohn, ist nicht für uns alle eine liebe Mutter. Es ist unsere anspruchsvolle Herrin."

Ignat unterhielt sich etwa zwei Stunden mit seinem Sohn und erzählte ihm von seiner eigenen Jugend, von seinen Mühen, von Männern; ihrer schrecklichen Macht und ihrer Schwäche; davon, wie sie leben und manchmal so tun, als wären sie unglücklich, um vom Geld anderer Leute zu leben; und dann erzählte er ihm von sich selbst und davon, wie er von einem einfachen Arbeiter zum Besitzer eines großen Konzerns aufstieg. Der Junge lauschte seinen Worten, sah ihn an und hatte das Gefühl, als käme sein Vater ihm immer näher. Und obwohl die Geschichte seines Vaters nicht den Stoff enthielt, von dem Tante Anfisas Märchen randvoll waren, war darin etwas Neues, etwas Klareres und Verständlicheres als in ihren Märchen und etwas ebenso Interessantes. Etwas Kraftvolles und Warmes begann in seinem kleinen Herzen zu pochen und er fühlte sich zu seinem Vater hingezogen. Offensichtlich erriet Ignat die Gefühle seines Sohnes anhand seiner Augen: Er erhob sich abrupt von seinem Sitz, nahm ihn in die Arme und drückte ihn fest an seine Brust. Und Foma umarmte seinen Hals, drückte seine Wange an die seines Vaters, schwieg und atmete schnell.

„Mein Sohn", flüsterte Ignat mit dumpfer Stimme, „mein Liebling! Meine Freude! Lerne, solange ich lebe. Ach! es ist schwer zu leben."

Das Herz des Kindes zitterte bei diesem Flüstern; Er biss die Zähne zusammen und heiße Tränen strömten aus seinen Augen.

Bis heute hatte Ignat bei seinem Sohn nie ein besonderes Gefühl geweckt: Der Junge war an ihn gewöhnt; Er war es leid, seine enorme Figur zu betrachten, und hatte ein wenig Angst vor ihm, war sich aber gleichzeitig bewusst, dass sein Vater alles für ihn tun würde, was er wollte. Manchmal blieb Ignat einen Tag, zwei, eine Woche oder möglicherweise den ganzen Sommer von zu Hause weg. Und doch bemerkte Foma seine Abwesenheit nicht einmal, so sehr war er von seiner Liebe zu Tante Anfisa erfüllt. Als Ignat zurückkam, war der Junge froh, aber er konnte kaum sagen, ob es die Ankunft seines Vaters war, die ihn freute, oder die Spielsachen, die er mitgebracht hatte. Doch nun, als er Ignat sah, lief der Junge ihm entgegen, ergriff seine Hand, lachte, starrte ihm in die Augen und fühlte sich müde, wenn er ihn zwei oder drei Stunden lang nicht sah: Sein Vater wurde für ihn interessant, und indem er seine Neugier weckte, entwickelte er durchaus Liebe und Respekt für sich selbst. Jedes Mal, wenn sie zusammen waren, flehte Foma seinen Vater an:

„Papa, erzähl mir etwas über dich."

Der Dampfer fuhr nun die Wolga hinauf. In einer erstickenden Nacht im Juli, als der Himmel mit dichten schwarzen Wolken bedeckt war und alles an der Wolga irgendwie bedrohlich ruhig war, erreichten sie Kasan und ankerten in der Nähe von Uslon am Ende einer riesigen Flotte von Schiffen. Das Klirren der Ankerketten und das Geschrei der Besatzung weckten Foma; Er schaute aus dem Fenster und sah in der Ferne kleine Lichter, die fantastisch schimmerten: Das Wasser um das Boot herum war schwarz und dick, wie Öl – und sonst war nichts zu sehen. Das Herz des Jungen zitterte schmerzhaft und er begann aufmerksam zuzuhören. Ein kaum hörbares, melancholisches Lied drang an seine Ohren – traurig und eintönig wie ein Gesang auf der Karawane, die die Wächter einander zuriefen; Der Dampfer zischte wütend, als er Dampf aufnahm. Und das schwarze Wasser des Flusses plätscherte traurig und leise gegen die Seiten der Schiffe. Der Junge starrte starr in die Dunkelheit, bis seine Augen schmerzten, und erkannte schwarze Haufen und kleine Lichter, die schwach über ihnen brannten. Er wusste, dass es sich um Lastkähne handelte, aber dieses Wissen beruhigte ihn nicht und sein Herz pochte ungleichmäßig, und in seiner Fantasie entstanden erschreckende, dunkle Bilder.

„Ooo", ein gedehnter Schrei kam aus der Ferne und endete wie ein Wehklagen.

Jemand überquerte das Deck und trat an die Seite des Dampfers.

„Ooo", war wieder zu hören, aber dieses Mal näher.

„Jefim!" rief jemand mit leiser Stimme an Deck. „Jefimka!"

"Also?"

"Teufel! Aufstehen! Nimm den Bootshaken.

„Ooo", stöhnte jemand in der Nähe und Foma trat schaudernd vom Fenster zurück.

Das seltsame Geräusch kam immer näher und wurde stärker, schluchzte und erstarb in der Dunkelheit. Während sie an Deck waren, flüsterten sie alarmiert:

„Jefimka! Aufstehen! Ein Gast schwebt!"

"Wo?" kam eine hastige Frage, dann begannen nackte Füße über das Deck zu tapsen, man hörte ein Treiben, und zwei Bootshaken glitten am Gesicht des Jungen vorbei und tauchten fast lautlos ins Wasser.

„Ein Gu-e-est!" Einige begannen in der Nähe zu schluchzen, und ein leises, aber sehr seltsames Plätschern ertönte.

Der Junge zitterte vor Schreck bei diesem traurigen Schrei, aber er konnte weder seine Hände vom Fenster noch seine Augen vom Wasser lösen.

„Zünde die Laterne an. Man kann nichts sehen."

"Direkt."

Und dann fiel ein schwacher Lichtfleck über das Wasser. Foma sah, dass das Wasser ruhig hin und her schaukelte, dass eine Welle darüber lief, als wäre das Wasser gequält, und zitterte vor Schmerz.

"Sehen! Sehen!" sie flüsterten vor Angst auf dem Deck.

Gleichzeitig erschien auf dem Lichtfleck ein großes, schreckliches menschliches Gesicht mit zusammengefügten weißen Zähnen. Es schwamm und schaukelte im Wasser, seine Zähne schienen Foma anzustarren, als würde es lächelnd sagen:

„Eh, Junge, Junge, es ist kalt. Auf Wiedersehen!"

Die Bootshaken zitterten, wurden in die Luft gehoben, wieder ins Wasser gesenkt und begannen vorsichtig, etwas dorthin zu schieben.

„Schub ihn! Schieben! Passen Sie auf, er könnte unter das Lenkrad geworfen werden."

„Dann schubs ihn doch selbst."

Die Bootshaken glitten über die Seite des Dampfers und erzeugten beim Kratzen daran ein Geräusch wie Zähneknirschen. Foma konnte seine Augen nicht schließen, weil er sie beobachtete. Das Stampfen von Füßen auf dem Deck über seinem Kopf bewegte sich allmählich zum Heck. Und dann war wieder dieser stöhnende Schrei nach den Toten zu hören:

„Ein Gu-e-est!"

"Papa!" rief Foma mit klingender Stimme. "Papa!" Sein Vater sprang auf und stürzte auf ihn zu.

"Was ist das? Was machen die da?" rief Foma.

Mit wildem Gebrüll sprang Ignat mit gewaltigen Sprüngen aus der Kabine. Er kehrte bald zurück, bevor Foma, taumelnd und sich umschauend, Zeit hatte, das Bett seines Vaters zu erreichen.

„Sie haben dir Angst gemacht? Schon gut!" sagte Ignat und nahm ihn in die Arme. „Leg dich zu mir."

"Was ist es?" fragte Foma leise.

„Es war nichts, mein Sohn. Nur ein ertrunkener Mann. Ein Mann ist ertrunken und schwebt. Das ist garnichts! Hab keine Angst, er ist bereits von uns weggeschwommen."

„Warum haben sie ihn geschubst?" verhörte den Jungen, drückte sich fest an seinen Vater und schloss vor Angst die Augen.

„Das war notwendig. Das Wasser hätte ihn möglicherweise unter das Lenkrad geschleudert. Bei uns zum Beispiel. Morgen würde es der Polizei auffallen, es würde Ärger und gerichtliche Ermittlungen geben und wir würden hier zur Vernehmung festgehalten. Deshalb haben wir ihn weitergeschoben. Welchen Unterschied macht es für ihn? Er ist tot; es tut ihm nicht weh; es beleidigt ihn nicht. Und die Lebenden würden seinetwegen beunruhigt sein. Schlaf, mein Sohn.

„Also wird er in dieser Richtung weitertreiben?"

„Er wird schweben. Sie werden ihn irgendwohin bringen und begraben."

„Und wird ein Fisch ihn verschlingen?"

„Fische fressen keine menschlichen Körper. Krabben fressen sie. Sie mögen sie."

Fomas Angst schwand durch die Hitze des Körpers seines Vaters, aber vor seinen Augen schaukelte immer noch das schreckliche, höhnische Gesicht im schwarzen Wasser.

"Und wer ist er?"

"Gott weiß! Sag zu Gott über ihn: „Oh Herr, gönne seiner Seele Ruhe!"
'"

„Herr, gönne seiner Seele Ruhe!" wiederholte Foma flüsternd.

"Das ist richtig. Schlaf jetzt, fürchte dich nicht. Er ist jetzt weit weg! Weiterschweben. Sehen Sie hier, seien Sie vorsichtig, wenn Sie an die Seite des Schiffes gehen. Sie könnten über Bord fallen. Gott bewahre es! Und-"

„Ist er über Bord gefallen?"

"Natürlich. Vielleicht war er betrunken, und das ist sein Ende! Und vielleicht hat er sich ins Wasser geworfen. Es gibt Leute, die das tun. Sie werfen sich ins Wasser und ertrinken. Das Leben, meine Liebe, ist so arrangiert, dass der Tod manchmal ein Feiertag für einen ist, manchmal ein Segen für alle."

"Papa."

„Schlaf, schlaf, Schatz."

KAPITEL III

Gleich am ersten Tag seines Schullebens wählte Foma, betäubt von dem lebhaften und herzlichen Lärm provozierender Unfug und wilder, kindischer Spiele, aus der Menge zwei Jungen aus, die ihm auf einmal interessanter erschienen als die anderen. Einer nahm vor ihm Platz. Foma sah schief und sah einen breiten Rücken; ein voller Hals, bedeckt mit Sommersprossen; große Ohren; und der Hinterkopf kurz geschoren, bedeckt mit hellrotem Haar, das wie Borsten abstand.

Als der Lehrer, ein kahlköpfiger Mann mit herabhängender Unterlippe, rief: „Smolin, Afrikaner!" Der rothaarige Junge stand langsam auf, ging auf den Lehrer zu, blickte ihm ruhig ins Gesicht und begann, nachdem er sich die Aufgabe angehört hatte, vorsichtig mit Kreide große runde Figuren auf die Tafel zu malen.

"Gut genug!" sagte der Lehrer. „Joschow, Nicolai. Fortfahren!"

Einer von Fomas Nachbarn, ein zappeliger kleiner Junge mit schwarzen kleinen Mauseaugen, sprang von seinem Sitz auf und ging durch den Gang, wobei er gegen alles schlug und seinen Kopf nach allen Seiten drehte. An der Tafel ergriff er die Kreide, stellte sich auf seine Stiefelspitzen und begann geräuschvoll, die Tafel mit der Kreide zu markieren, wobei sie knarrte und sich mit Kreidestaub füllte und kleine, unleserliche Markierungen hinterließ.

"Nicht so laut!" sagte der Lehrer, runzelte sein gelbes Gesicht und kniff seine müden Augen zusammen. Yozhov sprach schnell und mit klingender Stimme:

„Jetzt wissen wir, dass der erste Händler 17.000 verdient hat. profitieren."

"Genug! Gordyeeff! Sagen Sie mir, was müssen wir tun, um herauszufinden, wie viel der zweite Händler verdient hat?"

Als Foma das Verhalten der Jungen beobachtete, die sich so unähnlich voneinander unterschieden, wurde er von der Frage überrascht und schwieg.

„Weißt du das nicht? Wie? Erkläre es ihm, Smolin."

Smolin wischte sich sorgfältig die Finger ab, die mit Kreide verschmutzt waren, steckte den Lappen weg und beendete, ohne Foma anzusehen, die Aufgabe und begann erneut, sich die Hände abzuwischen, während Joschow lächelnd und hüpfend im Gehen zu ihm zurückkehrte seinen Sitzplatz.

„Äh, du!" flüsterte er, setzte sich neben Foma und schlug ihm nebenbei mit der Faust in die Seite. „Warum weißt du es nicht? Wie hoch war der Gewinn insgesamt? Dreißig Kopeken. Und es gab zwei Hausierer. Einer von ihnen bekam 17. Na, wie viel bekam der andere?"

„Ich weiß“, antwortete Foma flüsternd, war verwirrt und betrachtete das Gesicht von Smolin, der ruhig zu seinem Platz zurückkehrte. Er mochte dieses runde, sommersprossige Gesicht mit den blauen Augen, die voller Fett waren, nicht. Und Yozhov kniff ihm ins Bein und fragte:

„Wessen Sohn bist du? Die Frantic's?“

"Ja."

"Also. Möchten Sie, dass ich Sie immer dazu auffordere?“

"Ja."

„Und was gibst du mir dafür?“

Foma dachte eine Weile nach und fragte:

„Und weißt du alles selbst?“

"ICH? Ich bin der beste Schüler. Du wirst es selbst sehen.“

"Hallo! Yozhov, redest du schon wieder?“ rief der Lehrer schwach.

Yozhov sprang auf und sagte kühn:

„Ich bin es nicht, Ivan Andreyich – es ist Gordyeeff.“

„Beide flüsterten“, verkündete Smolin gelassen.

Der Lehrer runzelte traurig sein Gesicht und bewegte komisch seine große Lippe und tadelte sie alle, aber seine Worte hinderten Yozhov nicht daran, sofort zu flüstern:

„Sehr gut, Smolin! Ich werde mich an dich erinnern, weil du es erzählt hast.“

„Nun, warum gibst du dem neuen Jungen die Schuld?“ fragte Smolin mit leiser Stimme, ohne auch nur den Kopf zu ihnen zu drehen.

„Schon gut, schon gut“, zischte Joschow.

Foma schwieg und blickte seinen lebhaften Nachbarn schief an, der ihn sofort erfreute und in ihm den Wunsch weckte, sich so weit wie möglich von ihm zu entfernen. Während der Pause erfuhr er von Joschow, dass auch Smolin reich war, da er der Sohn eines Tannenhofbesitzers war, und dass Joschow selbst der Sohn eines Wachmanns am Finanzgericht und sehr arm war. Letzteres war deutlich an der Tracht des geschickten Jungen zu erkennen, die aus grauem Fustian gefertigt und mit Flicken an Knien und Ellbogen verziert war; an seinem blassen, hungrig aussehenden Gesicht; und durch seine kleine, eckige und knochige Figur. Dieser Junge sprach in einem metallischen Alt und erläuterte seine Worte mit Grimassen und Gesten, und er benutzte oft Wörter, deren Bedeutung nur ihm selbst bekannt war.

„Wir werden Freunde sein", verkündete er Foma.

„Warum hast du dich beim Lehrer über mich beschwert?" Gordyeeff erinnerte Yozhov und sah ihn misstrauisch an.

"Dort! Was ist für Sie der Unterschied? Du bist ein neuer Gelehrter und reich. Der Lehrer ist nicht anspruchsvoll gegenüber den Reichen. Und ich bin ein armer Mitläufer; er mag mich nicht, weil ich frech bin und weil ich ihm nie Geschenke bringe. Wenn ich ein schlechter Schüler gewesen wäre, hätte er mich schon vor langer Zeit von der Schule verwiesen. Du weißt, dass ich von hier aus aufs Gymnasium gehe. Ich werde die zweite Klasse bestehen und dann gehen. Schon bereitet mich ein Schüler auf die zweite Klasse vor. Dort werde ich lernen, damit sie mich nicht zurückhalten können! Wie viele Pferde hast du?"

"Drei. Wofür musst du so viel lernen?" fragte Foma.

„Weil ich arm bin. Die Armen müssen fleißig lernen, damit sie reich werden. Sie werden Ärzte, Funktionäre, Offiziere. Ich werde ein „Tinkler" sein. Ein Schwert an meiner Seite, Sporen an meinen Stiefeln. Klammer, klammer! Und was wirst du sein?"

„Ich weiß es nicht", sagte Foma nachdenklich und musterte seinen Begleiter.

„Du musst nichts sein. Und magst du Tauben?"

"Ja."

„Was für ein Nichtsnutz du bist! Oh! Äh!" Yozhov ahmte Fomas langsame Sprechweise nach. „Wie viele Tauben hast du?"

"Ich habe keine."

„Äh, du! Reich, und doch hast du keine Tauben. Sogar ich habe drei. Wenn mein Vater reich gewesen wäre, hätte ich hundert Tauben gehabt und sie den ganzen Tag gejagt. Smolin hat auch Tauben, tolle! Vierzehn. Er hat mir eins geschenkt. Nur ist er gierig. Alle Reichen sind gierig. Und du, bist du auch gierig?"

„Ich weiß es nicht", sagte Foma unschlüssig.

„Komm rauf zu Smolin und wir drei werden zusammen die Tauben jagen."

"Sehr gut. Wenn sie mich lassen."

„Warum mag dich dein Vater nicht?"

„Er mag mich."

„Na dann wird er dich gehen lassen. Aber sag ihm nicht, dass ich komme. Vielleicht würde er dich nicht mit mir gehen lassen. Sag ihm, dass du zu Smolin gehen willst. Smolin!"

Ein rundlicher Junge kam auf sie zu, und Joschow redete ihn an und schüttelte vorwurfsvoll den Kopf:

„Eh, du rothaariger Verleumder! Es lohnt sich nicht, mit dir befreundet zu sein, Dummkopf!"

„Warum beschimpfen Sie mich?" fragte Smolin ruhig und musterte Foma aufmerksam.

„Ich beschimpfe dich nicht; Ich sage die Wahrheit", erklärte Yozhov und richtete sich lebhaft auf. "Hören! Du bist zwar ein Kissel, aber – lass es los! Wir kommen am Sonntag nach der Messe zu Ihnen."

„Komm", Smolin nickte mit dem Kopf.

„Wir kommen rauf. Sie werden bald klingeln. Ich muss rennen, um den Zeisig zu verkaufen", erklärte Joschow und zog ein Papierpaket aus seiner Tasche, in dem sich ein lebendes Ding befand. Und er verschwand vom Schulhof wie Quecksilber aus einer Hand.

„Was für ein seltsamer Kerl er ist!" sagte Foma, verblüfft über Joschows Geschicklichkeit und blickte Smolin fragend an.

„Er ist immer so. Er ist sehr schlau", erklärte der rothaarige Junge.

„Und fröhlich auch", fügte Foma hinzu.

„Auch fröhlich", stimmte Smolin zu. Dann verstummten sie und sahen einander an.

„Kommst du mit ihm zu mir nach Hause?" fragte der rothaarige Junge.

"Ja."

"Aufkommen. Es ist schön dort."

Foma sagte dazu nichts. Dann fragte ihn Smolin:

„Hast du viele Freunde?"

"Ich habe keine."

„Ich hatte auch keine Freunde, bevor ich zur Schule ging. Nur Cousins. Jetzt hast du zwei Freunde gleichzeitig."

„Ja", sagte Foma.

"Bist du froh?"

"Ich bin froh."

„Wenn man viele Freunde hat, ist es lebhaft. Und es ist auch einfacher zu lernen – sie motivieren einen.“

„Und bist du ein guter Schüler?“

"Natürlich! Ich mache alles gut“, sagte Smolin ruhig.

Die Glocke begann zu läuten, als hätte sie Angst und rannte eilig irgendwohin.

Als er in der Schule saß, fühlte sich Foma etwas freier und verglich seine Freunde mit den anderen Jungen. Bald erfuhr er, dass sie beide die besten Jungen der Schule waren und dass sie die ersten waren, die die Aufmerksamkeit aller auf sich zogen, selbst als die beiden Zahlen 5 und 7 noch nicht von der Tafel gewischt waren. Und Foma war sehr erfreut darüber, dass seine Freunde besser waren als alle anderen Jungen.

Sie gingen alle zusammen von der Schule nach Hause, aber Joschow bog bald in eine enge Seitenstraße ein, während Smolin mit Foma bis zu seinem Haus ging und beim Weggehen sagte:

„Sehen Sie, wir gehen auch beide auf die gleiche Weise nach Hause.“

Zu Hause wurde Foma mit Pomp empfangen: Sein Vater schenkte ihm einen schweren Silberlöffel mit einem raffinierten Monogramm darauf, und seine Tante schenkte ihm einen selbst gestrickten Schal. Sie erwarteten ihn zum Abendessen, nachdem sie seine Lieblingsgerichte für ihn zubereitet hatten, und sobald er seinen Mantel auszog, setzten sie ihn an den Tisch und begannen, ihn mit Fragen zu überhäufen.

„Na, wie war es? Wie hat dir die Schule gefallen?“ fragte Ignat und blickte liebevoll in das rosige, lebhafte Gesicht seines Sohnes.

"Ziemlich gut. Es ist schön!" antwortete Foma.

"Mein Liebling!" seufzte seine Tante voller Gefühl: „Pass auf, halte dich mit deinen Freunden zufrieden.“ Sobald sie dich beleidigen, erzählst du deinen Lehrern davon.“

"Mach weiter. Was wirst du ihm sonst noch sagen?“ Ignat lächelte. "TU das niemals! Versuchen Sie, mit jedem Täter selbst klarzukommen, bestrafen Sie ihn mit Ihrer eigenen Hand, nicht mit der Hand eines anderen. Gibt es dort gute Leute?“

„Es sind zwei“, lächelte Foma und erinnerte sich an Yozhov. „Einer von ihnen ist so dreist – schrecklich!“

„Wem gehört er?“

„Der Sohn eines Wächters.“

„Mm! Fett, hast du gesagt?“

„Fürchterlich dreist!“

„Nun, lass ihn in Ruhe! Und der andere?"

„Der andere ist rothaarig. Smolin.“

"Ah! Offensichtlich der Sohn von Mitri Iwanowitsch. Bleiben Sie bei ihm, er ist eine gute Gesellschaft. Mitry ist ein kluger Bauer. Wenn der Sohn seinem Vater folgt, ist das in Ordnung. Aber die andere – weißt du, Foma, du solltest sie besser am Sonntag zu uns nach Hause einladen. Ich kaufe ein paar Geschenke und du kannst sie verwöhnen. Wir werden sehen, was für Jungs das sind.“

„Smolin hat mich gebeten, diesen Sonntag zu ihm zu kommen“, sagte Foma und blickte fragend zu seinem Vater auf.

"Also. Nun, du darfst gehen! Das ist alles in Ordnung, geh. Beobachten Sie, was für Menschen es auf der Welt gibt. Du kannst dein Leben nicht alleine verbringen, ohne Freundschaft. Ihr Pate und ich zum Beispiel sind seit mehr als zwanzig Jahren befreundet und ich habe sehr von seinem gesunden Menschenverstand profitiert. Versuchen Sie also auch, freundlich zu denen zu sein, die besser und weiser sind als Sie. Reibe an einem guten Mann, wie eine Kupfermünze an einer Silbermünze, und du magst dann selbst für eine Silbermünze gelten.“

Und Ignat brach bei diesem Vergleich in Gelächter aus und fügte ernst hinzu:

„Ich habe nur gescherzt. Versuchen Sie, nicht künstlich, sondern echt zu sein. Und haben Sie etwas gesunden Menschenverstand, egal wie wenig, aber Ihren eigenen. Hast du viele Lektionen zu erledigen?“

"Viele!" seufzte der Junge, und auf seinen Seufzer antwortete seine Tante wie ein Echo mit einem schweren Seufzer.

„Nun, lernen. Sei nicht schlechter als andere in der Schule. Allerdings sage ich Ihnen, selbst wenn es in Ihrer Schule fünfundzwanzig Klassen gäbe, könnten sie Ihnen dort nie etwas anderes beibringen als Lesen, Schreiben und Rechnen. Vielleicht lernst du auch ein paar böse Dinge, aber Gott schütze dich! Wenn du das tust, werde ich dir eine schreckliche Tracht Prügel verpassen. Wenn du Tabak rauchst, schneide ich dir die Lippen ab.“

„Gedenke an Gott, Fomushka“, sagte die Tante. „Seht zu, dass ihr unseren Herrn nicht vergesst.“

"Das ist richtig! Ehre Gott und deinen Vater. Aber ich möchte Ihnen sagen, dass Schulbücher eine triviale Angelegenheit sind. Sie benötigen diese, da ein Zimmermann eine Dechsel und einen Zeiger benötigt. Es sind Werkzeuge, aber die Werkzeuge können einem nicht beibringen, wie man sie nutzt. Verstehen? Sehen wir mal: Angenommen, einem Zimmermann würde eine Dechsel gereicht, damit er damit einen Balken ausrichten kann. Es reicht nicht aus, Hände und eine Dechsel zu haben; Es ist auch notwendig, dass er weiß, wie man das Holz schlägt, um nicht stattdessen seinen Fuß zu treffen. Ihnen werden die Kenntnisse des Lesens und Schreibens vermittelt, und Sie müssen Ihr Leben damit regeln. Daraus folgt, dass Bücher allein in dieser Angelegenheit nur eine Kleinigkeit sind; Es ist notwendig, sie nutzen zu können. Und es ist diese Fähigkeit, die raffinierter ist als alle Bücher, und doch steht nichts darüber in den Büchern. Das, Foma, musst du vom Leben selbst lernen. Ein Buch ist ein totes Ding, du kannst es nehmen, wie du willst, du kannst es zerreißen, zerbrechen – es wird nicht schreien. Sollten Sie auch nur einen einzigen falschen Schritt im Leben machen oder einen falschen Platz darin einnehmen, wird das Leben anfangen, Sie mit tausend Stimmen anzubrüllen; es wird dir einen Schlag versetzen und dich zu Boden stürzen.“

Foma, die Ellbogen auf den Tisch gestützt, hörte seinem Vater aufmerksam zu, und beim Klang seiner kraftvollen Stimme stellte er sich vor, wie er mal den Zimmermann malte, der einen Balken zurechtschnitt, mal er selbst, wie er mit ausgestreckten Händen vorsichtig und heimlich auf ein kolossales und lebendiges Ding zuging und den Wunsch, dieses schreckliche Etwas zu begreifen.

„Ein Mann muss für seine Arbeit bereit sein und den Weg dorthin genau kennen. Ein Mann, mein Lieber, ist wie der Lotse auf einem Schiff. Gehen Sie in der Jugend wie bei Flut geradeaus! Überall steht dir ein Weg offen. Aber Sie müssen wissen, wann es Zeit ist zu steuern. Das Wasser zieht sich zurück – hier sieht man eine Sandbank, dort einen Felsen; Man muss das alles wissen und rechtzeitig aussteigen, um sicher und unversehrt den Hafen zu erreichen.“

„Ich werde es erreichen!“ sagte der Junge und sah seinen Vater stolz und selbstbewusst an.

„Äh? Du sprichst mutig!“ Ignat brach in Gelächter aus. Und auch die Tante begann freundlich zu lachen.

Seit seiner Reise mit seinem Vater auf der Wolga wurde Foma zu Hause, bei seinem Vater, bei seiner Tante und bei Mayakin lebhafter und gesprächiger. Aber auf der Straße, an einem neuen Ort oder in Gegenwart von Fremden war er immer düster und blickte sich immer misstrauisch um, als spürte er überall etwas Feindseliges, etwas, das ihm verborgen blieb und ihn ausspionierte.

Nachts wachte er manchmal plötzlich auf und lauschte lange auf die Stille um ihn herum, während er mit weit geöffneten Augen starr in die Dunkelheit starrte. Und dann verwandelten sich die Geschichten seines Vaters vor ihm in Bilder und Bilder. Ohne sich dessen bewusst zu sein, vermischte er diese Geschichten mit den Märchen seiner Tante und schuf so für sich ein Chaos von Abenteuern, in dem die leuchtenden Farben der Fantasie auf skurrile Weise mit den strengen Schattierungen der Realität verflochten waren. Daraus entstand etwas Kolossales, Unfassbares; Der Junge schloss die Augen, vertrieb alles von sich und versuchte, das Spiel seiner Fantasie zu unterdrücken, das ihm Angst machte. Vergeblich versuchte er einzuschlafen, und das Zimmer füllte sich immer mehr mit dunklen Bildern. Dann weckte er leise seine Tante.

"Tante! Tante!"

"Was? Christus sei mit dir."

„Ich komme zu dir", flüsterte Foma.

"Warum? Schlaf, Liebling, schlaf.

„Ich habe Angst", gestand der Junge.

„Sagen Sie sich besser: ,Und der Herr wird auferstehen', dann haben Sie keine Angst."

Foma liegt mit offenen Augen da und spricht das Gebet. Die Stille der Nacht stellt sich vor ihm wie eine endlose Fläche vollkommen ruhigen, dunklen Wassers dar, das alles überflutet und geronnen hat; Es gibt keine Welle darauf, keinen Schatten einer Bewegung, und es ist auch nichts darin, obwohl es bodenlos tief ist. Es ist sehr schrecklich für einen, aus der Dunkelheit auf dieses tote Wasser herabzublicken. Doch nun ist der Klang des Nachtwächterhammers zu hören, und der Junge sieht, dass die Wasseroberfläche zu beben beginnt und leichte kleine Kugeln darauf tanzen, die Oberfläche mit Wellen bedeckend. Der Klang der Glocke auf dem Kirchturm bringt mit einem gewaltigen Schwung das ganze Wasser in Bewegung, und es zittert leicht bei diesem Klang; Auch ein großer Lichtfleck zittert, verbreitet Licht auf dem Wasser, strahlt von seiner Mitte in die dunkle Ferne, wird dort blasser und erlischt. Wieder herrscht in dieser dunklen Wüste müde und totenähnliche Ruhe.

„Tante", flüstert Foma flehentlich.

„Liebster?"

"Ich komme zu dir."

„Dann komm, mein Liebling."

Er geht zu Tante ins Bett, drückt sich eng an sie und bettelt:

"Erzähle mir etwas."

"In der Nacht?" protestiert Tante schläfrig.

"Bitte."

Er muss sie nicht lange fragen. Gähnend und mit geschlossenen Augen beginnt die alte Frau langsam und mit schlafschwerer Stimme:

„Nun, mein lieber Herr, in einem bestimmten Königreich, in einem bestimmten Reich lebten ein Mann und seine Frau, und sie waren sehr arm. Sie hatten so viel Pech, dass sie nichts zu essen hatten. Sie liefen bettelnd umher, jemand gab ihnen eine Kruste altbackenes Brot und das würde sie für eine Weile behalten. Und es begab sich: Die Frau zeugte ein Kind – ein Kind wurde geboren – es musste getauft werden, aber da sie arm waren, konnten sie die Paten und die Gäste nicht bewirten, also kam niemand, um das Kind zu taufen. Sie versuchten dies und sie versuchten jenes – doch niemand kam. Und sie begannen zum Herrn zu beten: „Oh Herr! Oh Gott!'"

Foma kannte diese schreckliche Geschichte über Gottes Patenkind. Er hatte es mehr als einmal gehört und stellte sich bereits vor, wie dieses Patenkind auf einem weißen Pferd zu seinem Paten und seiner Patin ritt; Er ritt in der Dunkelheit durch die Wüste und sah dort all das unerträgliche Elend, zu dem Sünder verurteilt sind. Und er hörte ihr leises Stöhnen und Bitten:

"Oh! Mann! Fragen Sie den Herrn doch, wie lange müssen wir hier leiden!“

Dann schien es Foma, dass er es war, der nachts auf dem weißen Pferd ritt, und dass das Stöhnen und Flehen an ihn gerichtet war. Sein Herz zieht sich zusammen mit einem unverständlichen Verlangen; Trauer drückte seine Brust zusammen und Tränen sammelten sich in seinen Augen, die er fest geschlossen hatte und nun Angst hatte, sie zu öffnen.

Er wälzt sich unruhig in seinem Bett hin und her.

„Schlaf, mein Kind. Christus sei mit dir!“ sagt die alte Frau und unterbricht ihre Geschichte von Männern, die für ihre Sünden leiden.

Aber am Morgen nach einer solchen Nacht stand Foma gesund und munter auf, wusch sich hastig, trank hastig seinen Tee und rannte zur Schule, versorgt mit süßen Kuchen, auf die der immer hungrige kleine Yozhov wartete, der gierig von seinen Reichen ernährte Großzügigkeit eines Freundes.

„Hast du etwas zu essen?“ Er sprach Foma an und rümpfte seine spitze Nase. „Gib es mir, denn ich habe das Haus verlassen, ohne etwas zu essen.

Ich habe zu lange geschlafen, verdammt noch mal! Ich habe letzte Nacht bis zwei Uhr gelernt. Haben Sie Ihre Probleme gelöst?"

„Nein, das habe ich nicht."

„Eh, ihr Faulenzer! Nun, ich werde sie direkt für Sie abfeuern!"

Er bohrte seine kleinen, dünnen Zähne in die Kuchen, schnurrte wie ein Kätzchen, stampfte mit dem linken Fuß im Takt und löste gleichzeitig das Problem, indem er Foma kurze Sätze herunterrasselte:

"Sehen? Acht Eimer voll flossen in einer Stunde aus. Und wie viele Stunden lang ist es durchgesickert – sechs? Ach, was für gute Dinge essen sie bei Ihnen zu Hause! Folglich müssen wir sechs mit acht multiplizieren. Magst du Kuchen mit Frühlingszwiebeln? Oh, wie es mir gefällt! So flossen in sechs Stunden achtundvierzig Eimer voll aus dem ersten Hahn. Und insgesamt enthielt die Wanne neunzig. Verstehst du den Rest?"

Foma mochte Yozhov mehr als Smolin, aber er war mit Smolin befreundeter. Er staunte über das Können und die Lebhaftigkeit des kleinen Kerls. Er sah, dass Joschow klüger und besser war als er; er beneidete ihn und fühlte sich deswegen beleidigt, und gleichzeitig hatte er Mitleid mit ihm mit dem herablassenden Mitleid eines zufriedenen Mannes für einen Hungrigen. Vielleicht war es genau dieses Mitgefühl, das ihn davon abhielt, diesen aufgeweckten Jungen dem langweiligen rothaarigen Smolin vorzuziehen. Yozhov, der gern über seine wohlgenährten Freunde lachte, sagte ihnen oft: „Oh, ihr seid kleine Truhen voller Kuchen!"

Foma war wütend auf ihn wegen seines Spotts, und eines Tages sagte er, zutiefst gerührt, böse und verächtlich:

„Und du bist ein Bettler – ein Armer!"

Yozhovs gelbes Gesicht verfinsterte sich und er antwortete langsam:

„Sehr gut, so sei es! Ich werde dich nie wieder dazu auffordern – und du wirst wie ein Stück Holz sein!"

Und sie sprachen etwa drei Tage lang nicht miteinander, sehr zum Bedauern des Lehrers, der in diesen Tagen dem Sohn des geschätzten Ignat Matveyich die schlechtesten Noten geben musste.

Joschow wusste alles: Er erzählte in der Schule, wie das Zimmermädchen des Staatsanwalts ein Kind zur Welt brachte und dass die Frau des Staatsanwalts ihren Mann dafür mit heißem Kaffee übergoss; er konnte erkennen, wo und wann es am besten war, Barsche zu fangen; er wusste, wie man Fallen und Käfige für Vögel herstellt; Er konnte detailliert schildern, wie sich der Soldat in der Mansarde der Waffenkammer erhängt hatte, und wusste, von welchem Elternteil der Schüler der Lehrer an diesem Tag ein Geschenk erhalten hatte und um welche Art es sich genau handelte.

Der Bereich von Smolins Wissen und Interessen beschränkte sich auf die Lebensweise des Kaufmanns, und vor allem beurteilte der rothaarige Junge gern, ob dieser Mann reicher war, indem er ihre Häuser, ihre Schiffe und ihre Pferde schätzte und festlegte. All dies wusste er perfekt und sprach mit Begeisterung darüber.

Wie Foma betrachtete er Yozhov mit dem gleichen herablassenden Mitleid, aber eher als Freund und Gleichgestellten. Wann immer Gordyeeff mit Jozhov stritt, beeilte sich Smolin, sie zu versöhnen, und eines Tages sagte er zu Foma auf dem Heimweg:

„Warum streitest du dich immer mit Joschow?"

„Nun, warum ist er so eingebildet?" sagte Foma wütend.

„Er ist stolz, weil man nie weiß, was man lernt, und er hilft einem immer weiter. Er ist schlau. Und weil er arm ist – ist er daran schuld? Er kann alles lernen, was er will, und er wird auch reich sein."

„Er ist wie eine Mücke", sagte Foma verächtlich; „Er wird summen und summen und dann plötzlich beißen."

Aber es gab etwas im Leben dieser Jungen, das sie alle verband; Es gab Stunden, in denen das Bewusstsein für die Unterschiede in ihrer Natur und Stellung völlig verloren ging. Sonntags versammelten sie sich alle bei Smolin, stiegen auf das Dach des Flügels, wo sie einen riesigen Taubenschlag hatten, und ließen die Tauben los.

Die schönen, wohlgenährten Vögel schossen einer nach dem anderen mit ihren schneeweißen Flügeln aus dem Taubenschlag, setzten sich in einer Reihe auf den Dachfirst und gurrten, von der Sonne beleuchtet, zur Schau vor den Jungs.

„Erschrecken Sie sie!" flehte Joschow, zitternd vor Ungeduld.

Smolin schwang eine Stange, an deren Ende ein Bastbüschel befestigt war, und pfiff.

Die verängstigten Tauben stürzten in die Luft und erfüllten sie mit eiligem Flügelschlag. Und jetzt schweben sie, indem sie große Kreise zeichnen, leicht empor, in die blauen Tiefen des Himmels; Sie schweben immer höher, ihre silbernen und schneeweißen Federn blitzen. Einige von ihnen streben mit weit ausgebreiteten und fast bewegungslosen Flügeln danach, mit dem leichten Schweben des Falken die Kuppel des Himmels zu erreichen; andere spielen, drehen sich in der Luft, fallen mal als schneebedeckter Klumpen nach unten, mal schießen sie wie ein Pfeil nach oben. Jetzt scheint die ganze

Herde regungslos in der Wüste des Himmels zu hängen und, immer kleiner werdend, darin zu versinken. Mit zurückgeworfenen Köpfen bewundern die Jungen schweigend die Vögel, ohne den Blick von ihnen abzuwenden – ihre müden Augen, so strahlend vor ruhiger Freude, nicht ganz frei von Neid auf diese geflügelten Geschöpfe, die so frei von der Erde in die Reine flogen und ruhige Atmosphäre voller Glitzer der Sonne. Die kleine Gruppe kaum sichtbarer Punkte, die jetzt nur noch Flecken im Azurblau des Himmels sind, regt die Fantasie der Kinder an, und Yozhov bringt ihr gemeinsames Gefühl zum Ausdruck, als er mit leiser Stimme nachdenklich sagt:

„So sollten wir fliegen, Freunde."

Während Foma wusste, dass menschliche Seelen, die zum Himmel aufsteigen, oft die Gestalt von Tauben annehmen, spürte er in seiner Brust das Aufkommen eines brennenden, mächtigen Verlangens.

Geeint durch ihre Freude, aufmerksam und stumm auf die Rückkehr ihrer Vögel aus den Tiefen des Himmels wartend, schwebten die Jungen, eng aneinander gedrängt, weit weg vom Atem des Lebens, so wie ihre Tauben weit von der Erde entfernt waren; in diesem Moment sind sie nur Kinder, die weder Neid noch Zorn kennen; frei von allem, sie sind einander nahe, sie sind stumm, beurteilen ihre Gefühle nach dem Licht in ihren Augen – und sie fühlen sich so glücklich wie die Vögel am Himmel.

Doch nun kommen die Tauben wieder aufs Dach und lassen sich, ermüdet vom Flug, mühelos in den Taubenschlag treiben.

„Freunde, lasst uns Äpfel holen?" schlägt Yozhov vor, den Anstifter aller Spiele und Abenteuer.

Sein Ruf vertreibt den Frieden, den die Tauben in sie gebracht haben, aus den Seelen der Kinder, und dann schleichen sie sich wie Plünderer, aufmerksam auf jedes einzelne Geräusch lauschend, über die Hinterhöfe in Richtung Nachbargarten . Der Angst, erwischt zu werden, steht die Hoffnung gegenüber, ungestraft zu stehlen. Aber Stehlen ist Arbeit und noch dazu eine gefährliche Arbeit, und alles, was man durch eigene Arbeit verdient, ist so süß! Und je mehr Aufwand nötig ist, um es zu erreichen, desto süßer ist es. Vorsichtig klettern die Jungen über den Zaun des Gartens, kriechen gebückt auf die Apfelbäume zu und schauen sich voller Schrecken wachsam um. Ihre Herzen zittern und ihr Pochen lässt beim leisesten Rascheln nach. Sie haben gleichermaßen Angst davor, erwischt zu werden und, wenn man sie bemerkt, erkannt zu werden, aber wenn sie sie nur sehen und anschreien würden, wären sie zufrieden. Sie trennten sich, jeder ging in eine andere Richtung, und dann, als sie sich wieder trafen, erzählten sie sich mit vor Freude und Kühnheit leuchtenden Augen lachend, wie sie sich fühlten, als sie hörten, wie jemand sie verfolgte, und was mit ihnen geschah, als sie rannten so schnell durch den Garten, als ob der Boden unter ihren Füßen brennen würde.

Solche Invasionen gefielen Foma mehr als alle anderen Abenteuer und Spiele, und sein Verhalten während dieser Invasionen war von einer Kühnheit geprägt, die seine Gefährten gleichzeitig verblüffte und verärgerte. In den Gärten anderer Leute war er absichtlich nachlässig: Er sprach laut, brach geräuschvoll die Zweige von Apfelbäumen ab, riss einen wurmstichigen Apfel ab und warf ihn in Richtung des Hauses des Besitzers. Die Gefahr, auf frischer Tat ertappt zu werden, machte ihm keine Angst; es ermutigte ihn eher – seine Augen wurden dunkler, seine Zähne wurden zusammengebissen und sein Gesicht nahm einen Ausdruck von Wut und Stolz an.

Smolin verzog verächtlich seine große Klappe und sagte zu ihm:

„Du machst viel zu viel Aufhebens um dich selbst."

„Ich bin sowieso kein Feigling!" antwortete Foma.

„Ich weiß, dass du kein Feigling bist, aber warum rühmst du dich damit? Man kann auch etwas tun, ohne zu prahlen."

Yozhov beschuldigte ihn aus einem anderen Blickwinkel:

„Wenn du dich freiwillig in ihre Hände begibst, kannst du zum Teufel gehen! Ich bin nicht dein Freund. Sie werden dich fangen und zu deinem Vater bringen – er würde dir nichts tun, während ich so eine Tracht Prügel bekommen würde, dass alle meine Knochen gehäutet würden."

"Feigling!" Foma beharrte hartnäckig.

Und eines Tages wurde Foma vom zweiten Kapitän, Chumakov, einem dünnen, kleinen alten Mann, gefangen. Der alte Mann näherte sich lautlos dem Jungen, der die gestohlenen Äpfel in seiner Brust versteckte, packte ihn an den Schultern und rief mit drohender Stimme:

„Jetzt habe ich dich, kleiner Schurke! Aha!"

Foma war damals etwa fünfzehn Jahre alt und entglitt geschickt den Händen des alten Mannes. Doch er lief nicht vor ihm davon, sondern sagte drohend, die Stirn runzelnd und die Faust ballend:

„Du wagst es, mich zu berühren!"

„Ich würde dich nicht anfassen. Ich übergebe dich einfach der Polizei! Wessen Sohn bist du?"

Damit hatte Foma nicht gerechnet, und all seine Kühnheit und Bosheit verließen ihn plötzlich.

Der Gang zur Polizei schien ihm etwas zu sein, was sein Vater ihm nie verzeihen würde. Er schauderte und sagte verwirrt:

„Gordjeeff."

„Ignat Gordyeeffs?"

"Ja."

Nun war der zweite Kapitän verblüfft. Er richtete sich auf, weitete seinen Brustkorb und räusperte sich aus irgendeinem Grund eindrucksvoll. Dann sanken seine Schultern und er sagte in väterlichem Ton zu dem Jungen:

"Es ist eine Schande! Der Sohn eines so bekannten und angesehenen Mannes! Es ist Ihrer Position unwürdig. Du darfst gehen. Aber sollte das noch einmal passieren! Hm! Ich wäre gezwungen, Ihren Vater zu benachrichtigen, dem ich übrigens meine Hochachtung aussprechen darf."

Foma beobachtete das Spiel mit der Physiognomie des alten Mannes und verstand, dass er Angst vor seinem Vater hatte. Wie ein junger Wolf blickte er Chumakov schief an; während der alte Mann mit komischem Ernst seinen grauen Schnurrbart drehte und zögernd vor dem Jungen stand, der trotz der erteilten Erlaubnis nicht wegging.

„Du darfst gehen", wiederholte der alte Mann und zeigte auf die Straße, die zu seinem Haus führte.

„Und wie wäre es mit der Polizei?" fragte Foma streng und erschrak sofort über die mögliche Antwort.

„Das war nur ein Scherz", lächelte der alte Mann. „Ich wollte dir nur Angst machen."

„Du hast selbst Angst vor meinem Vater", sagte Foma, drehte dem alten Mann den Rücken zu und ging in die Tiefe des Gartens.

"Ich habe Angst? Ah! Sehr gut!" rief Chumakov ihm nach, und Foma wusste am Klang seiner Stimme, dass er den alten Mann beleidigt hatte. Er war traurig und beschämt; Er verbrachte den Nachmittag beim Spazierengehen, und als er nach Hause kam, wurde er von der strengen Frage seines Vaters empfangen:

„Foma! Bist du in Chumakovs Garten gegangen?"

„Ja, das habe ich", sagte der Junge ruhig und sah seinem Vater in die Augen.

Offensichtlich hatte Ignat mit einer solchen Antwort nicht gerechnet und schwieg eine Weile und strich sich über den Bart.

"Narr! Warum hast du das getan? Hast du nicht genug von deinen eigenen Äpfeln?"

Foma senkte den Blick und stand schweigend vor seinem Vater.

„Sehen Sie, Sie schämen sich! Yozhishka muss dich dazu angestiftet haben! Ich werde es ihm geben, wenn er kommt, oder ich werde deiner Freundschaft ein Ende bereiten."

„Ich habe es selbst gemacht", sagte Foma bestimmt.

"Vom Regen in die Traufe!" rief Ignat aus. „Aber warum hast du das getan?"

"Weil."

"Weil!" verspottete den Vater. „Nun, wenn Sie es getan haben, sollten Sie in der Lage sein, sich selbst und anderen den Grund dafür zu erklären. Komm her!"

Foma ging auf seinen Vater zu, der auf einem Stuhl saß, und stellte sich zwischen seine Knie. Ignat legte seine Hand auf die Schultern des Jungen und sah ihm lächelnd in die Augen.

"Schämst du dich?"

„Ich schäme mich", seufzte Foma.

„Da hast du es, Dummkopf! Du hast mich und dich selbst blamiert."

Er drückte den Kopf seines Sohnes an seine Brust, strich ihm übers Haar und fragte noch einmal:

„Warum solltest du so etwas tun – die Äpfel anderer Leute stehlen?"

„Ich – ich weiß es nicht", sagte Foma verwirrt. „Vielleicht weil es so einsam ist. Ich spiele und spiele Tag für Tag das Gleiche. Ich habe es langsam satt! Das ist zwar gefährlich."

"Spannend?" fragte der Vater lächelnd.

"Ja."

„Mm, vielleicht ist es so. Aber trotzdem, Foma, pass auf – lass das, sonst werde ich hart mit dir verfahren."

„Ich werde nie wieder irgendwohin klettern", sagte der Junge selbstbewusst.

„Und dass du die ganze Schuld auf dich selbst nimmst – das ist gut. Was in Zukunft aus dir werden wird, weiß nur Gott, aber inzwischen ist es ziemlich gut. Es ist keine Kleinigkeit, wenn ein Mann bereit ist, seine Taten mit seiner eigenen Haut zu bezahlen. Ein anderer an Ihrer Stelle hätte seinen Freunden die Schuld gegeben, während Sie sagen: „Ich habe es selbst getan." Das ist der richtige Weg, Foma. Du begehst die Sünde, aber du bist auch dafür verantwortlich. Hat Chumakov Sie nicht geschlagen?" fragte Ignat und hielt inne, während er sprach.

„Ich hätte ihn zurückgeschlagen", erklärte Foma ruhig.

„Mm", brüllte sein Vater bedeutungsvoll.

„Ich habe ihm gesagt, dass er Angst vor dir hat. Deshalb hat er sich beschwert. Sonst würde er Ihnen nichts davon sagen."

"Ist das so?"

"'Von Gott! Bringen Sie Ihrem Vater meine Hochachtung entgegen", sagte er.

"Hat er?"

"Ja."

"Ah! der Hund! Sehen Sie, was für Leute es gibt; Er wird ausgeraubt und verbeugt sich dennoch und macht ihm seine Ehrerbietung! Ha, ha! Es ist zwar wahr, dass es vielleicht nicht mehr wert war als eine Kopeke, aber eine Kopeke ist für ihn das, was für mich ein Rubel ist. Und es ist nicht die Kopeke, aber da sie mir gehört, wagt niemand, sie anzufassen, es sei denn, ich werfe sie selbst weg. Äh! Der Teufel nimmt sie! Nun, sagen Sie mir – wo waren Sie, was haben Sie gesehen?"

Der Junge setzte sich neben seinen Vater und erzählte ihm ausführlich alle Eindrücke dieses Tages. Ignat hörte zu und beobachtete gebannt das lebhafte Gesicht seines Sohnes, und die Augenbrauen des großen Mannes zogen sich nachdenklich zusammen.

„Du schwebst immer noch an der Oberfläche, Liebes. Du bist immer noch ein Kind. Äh! Äh!"

„Wir haben eine Eule in der Schlucht erschreckt", erzählte der Junge. "Das hat Spaß gemacht! Es begann herumzufliegen und prallte gegen einen Baum – Knall! Es begann sogar so erbärmlich zu quietschen. Und wir haben es wieder erschreckt; wieder erhob es sich und flog hin und her, und wieder stieß es gegen etwas, so dass seine Federn heraussprangen. Es flog in der Schlucht umher und konnte sich schließlich mit Mühe irgendwo verstecken. Wir haben nicht versucht, danach zu suchen, es tat uns leid, dass alles beschädigt war. Papa, ist eine Eule tagsüber völlig blind?"

"Blind!" sagte Ignat; „Manche Männer wälzen sich im Leben genauso hin und her wie diese Eule tagsüber. Stets auf der Suche nach seinem Platz, strebt und strebt er – nur Federn fliegen von ihm, aber alles ohne Zweck. Er ist verletzt, krank, hat alles verloren , und dann drängt er sich mit aller Kraft irgendwo hin, nur um Ruhe von seiner Unruhe zu finden. Wehe solchen Leuten. Wehe ihnen, mein Lieber!"

„Wie schmerzhaft ist es für sie?" sagte Foma mit leiser Stimme.

„Genauso schmerzhaft wie bei dieser Eule."

„Und warum ist das so?"

"Warum? Es ist schwer zu sagen. Jemand leidet, weil sein Stolz ihn verdunkelt – er wünscht sich viel, hat aber nur wenig Kraft. Ein anderer wegen seiner Dummheit. Aber dann gibt es noch tausend und einen anderen Grund, den Sie nicht verstehen können."

„Komm rein und trink etwas Tee", rief Anfisa ihnen zu. Sie stand schon seit geraumer Zeit in der Tür und bewunderte liebevoll mit gefalteten Händen die gewaltige Gestalt ihres Bruders, der sich so freundlich über Foma beugte, und die nachdenkliche Haltung des Jungen, der sich an die Schulter seines Vaters klammerte .

So entwickelte sich Fomas Leben von Tag zu Tag langsam – ein ruhiges, friedliches Leben, das überhaupt nicht voller Emotionen war. Starke Eindrücke, die die Seele des Jungen eine Stunde oder einen Tag lang erregten, hoben sich manchmal auffallend vom allgemeinen Hintergrund dieses eintönigen Lebens ab, wurden aber bald ausgelöscht. Die Seele des Jungen war noch nichts als ein ruhiger See – ein See, der vor den stürmischen Winden des Lebens verborgen war, und alles, was die Oberfläche des Sees berührte, sank entweder auf den Grund und bewegte das ruhige Wasser für einen Moment oder glitt über die glatte Oberfläche , schwamm in großen Kreisen auseinander und verschwand.

Nachdem er fünf Jahre an der Bezirksschule verbracht hatte, bestand Foma vier Klassen einigermaßen gut und ging als tapferer, dunkelhaariger Bursche mit dunklem Gesicht, dicken Augenbrauen und dunklem Flaum auf der Oberlippe hervor. Seine großen dunklen Augen hatten einen naiven und nachdenklichen Ausdruck, und seine Lippen waren wie die eines Kindes, halb geöffnet; stieß er aber auf Widerstand gegen seine Wünsche oder wurde er durch etwas anderes gereizt, weiteten sich seine Augen, seine Lippen pressten sich zusammen und sein ganzes Gesicht nahm einen störrischen und entschlossenen Ausdruck an. Sein Pate sagte oft skeptisch lächelnd zu ihm:

„Für Frauen, Foma, wirst du süßer sein als Honig, aber noch ist nicht viel gesunder Menschenverstand in dir zu erkennen."

Ignat würde bei diesen Worten einen Seufzer ausstoßen.

„Sie sollten Ihren Sohn so schnell wie möglich auf die Welt bringen."

„Es ist noch Zeit, warte."

"Warum warten? Er wird zwei oder drei Jahre lang an der Wolga unterwegs sein und dann werden wir ihn heiraten. Da ist mein Lubov."

Lubov Mayakina lernte jetzt in der fünften Klasse eines Internats. Foma traf sie oft auf der Straße, wobei sie sich bei Treffen stets herablassend verneigte und ihr blondes Haupt eine modische Mütze trug. Foma mochte sie, aber ihre rosigen Wangen, ihre fröhlichen braunen Augen und ihre purpurroten Lippen konnten den Eindruck der Beleidigung, den ihre herablassenden Verbeugungen auf ihn ausübten, nicht glätten. Sie kannte einige Gymnasiasten, und obwohl Joschow, sein alter Freund, unter ihnen war, verspürte Foma keine Lust, mit ihnen zusammen zu sein, und ihre Gesellschaft brachte ihn in Verlegenheit. Es kam ihm so vor, als würden sie sich vor ihm alle ihrer Gelehrsamkeit rühmen und sich über seine Unwissenheit lustig machen. Zusammen in Lubovs Haus lasen sie ein paar Bücher, und wann immer er sie beim Lesen oder lauten Streiten antraf, verstummten sie bei seinem Anblick. All dies entfernte sie noch weiter von ihm. Eines Tages, als er bei Mayakin war, rief Luba ihn zu einem Spaziergang im Garten, und dort ging sie an seiner Seite und fragte ihn mit einer Grimasse im Gesicht:

„Warum bist du so ungesellig? Du redest nie über irgendetwas."

„Worüber soll ich reden, da ich nichts weiß!" sagte Foma deutlich.

„Studieren – Bücher lesen."

„Ich habe keine Lust dazu."

„Sehen Sie, die Gymnasiasten wissen alles und wissen über alles zu reden. Nehmen wir zum Beispiel Joschow."

„Ich kenne Yozhov – einen Schwätzer."

„Du beneidest ihn einfach. Er ist sehr klug – ja. Er wird bald das Gymnasium abschließen – und dann wird er nach Moskau gehen, um an der Universität zu studieren."

„Nun, was ist damit?" sagte Foma gleichgültig.

„Und du wirst nur ein unwissender Mann bleiben."

„Nun, sei es so."

"Das wäre schön!" rief Luba ironisch aus.

„Ohne Wissenschaft werde ich mich behaupten", sagte Foma sarkastisch. „Und ich werde über all die gelehrten Leute lachen. Lass die Hungrigen lernen. Ich brauche es nicht."

„Pshaw, wie dumm du bist, böse, ekelhaft!" sagte das Mädchen verächtlich, ging weg und ließ ihn allein im Garten zurück. Beleidigt und düster schaute er ihr nach, zog die Augenbrauen hoch, senkte den Kopf und ging langsam in die Tiefe des Gartens.

Er begann bereits die Schönheit der Einsamkeit und das süße Gift der Kontemplation zu erkennen. Oftmals, an Sommerabenden, wenn alles von den feurigen Farbtönen des Sonnenuntergangs gefärbt war und die Fantasie anregte, drang eine unbehagliche Sehnsucht nach etwas Unverständlichem in seine Brust. Irgendwo in einer dunklen Ecke des Gartens sitzend oder im Bett liegend, beschwor er die Bilder der Märchenprinzessinnen vor sich herauf – sie erschienen mit dem Gesicht von Luba und anderen jungen Damen seines Bekanntenkreises und schwebten lautlos vor ihm im Garten Dämmerung und starrte ihm mit rätselhaften Blicken in die Augen. Manchmal erweckten diese Visionen in ihm eine gewaltige Energie, als ob sie ihn berauschen würden – er stand auf und atmete mit gestreckten Schultern die parfümierte Luft mit voller Brust ein; Aber manchmal lösten dieselben Visionen in ihm ein Gefühl der Traurigkeit aus – ihm war zum Weinen zumute, aber er schämte sich, Tränen zu vergießen, hielt sich zurück und weinte nie schweigend. Oder plötzlich begann sein Herz zu zittern vor dem Wunsch, Gott seine Dankbarkeit auszudrücken und sich vor ihm zu verneigen; Die Worte des Gebets schossen ihm durch den Kopf, und als er den Himmel erblickte, flüsterte er sie lange Zeit, einen nach dem anderen, und sein Herz wurde leichter und atmete den Überschuss seiner Kraft in das Gebet ein.

Der Vater führte ihn geduldig und behutsam in Geschäftskreise ein, nahm ihn mit auf die Börse, erzählte ihm von seinen Verträgen und Unternehmungen, von seinen Mitgesellschaftern, schilderte ihm, wie sie ihren Weg gegangen waren, welche Vermögen sie nun besaßen, welche Naturen sie besaßen ihre. Foma meisterte es bald, indem er alles ernst und nachdenklich betrachtete.

„Unsere Knospe erblüht zu einer blutroten Kelchrose!" Mayakin lächelte und zwinkerte Ignat zu.

Und doch hatte Foma schon mit neunzehn Jahren etwas Kindliches, etwas Naives an sich, das ihn von den Jungen seines Alters unterschied. Sie lachten über ihn und hielten ihn für dumm; Er hielt sich von ihnen fern, da er sich über ihre Beziehung zu ihm ärgerte. Was seinen Vater und Mayakin betrifft, die ihn wachsam beobachteten, löste diese Ungewissheit über Fomas Charakter bei ihnen ernsthafte Befürchtungen aus.

„Ich kann ihn nicht verstehen!" würde Ignat mit zerknirschtem Herzen sagen. „Er führt kein ausschweifendes Leben, er scheint den Frauen nicht hinterherzulaufen, behandelt mich und dich mit Respekt, hört auf alles – er ist eher ein hübsches Mädchen als ein Kerl!" Und doch scheint er nicht dumm zu sein!"

„Nein, an ihm ist nichts besonders Dummes", sagte Mayakin.

„Es sieht aus, als würde er auf etwas warten – als ob eine Art Leichentuch seine Augen bedeckte. Seine verstorbene Mutter tastete auf die gleiche Weise auf der Erde herum.

„Schau mal, da ist Afrikanka Smolin, aber zwei Jahre älter als mein Junge – was für ein Mann er geworden ist! Das heißt, es ist schwer zu sagen, ob er das Haupt seines Vaters oder sein Vater seins ist. Er möchte in eine Fabrik gehen, um zu studieren. Er schwört:

„,Eh', sagt er, ,Papa, du hast mir nicht genug beigebracht.' Ja. Während meiner sich überhaupt nicht ausdrückt. Oh Gott!"

„Sehen Sie", riet Mayakin ihm, „Sie sollten ihn lieber direkt in ein aktives Geschäft drängen!" Ich versichere dir! Gold wird im Feuer geprüft. Wir werden sehen, was seine Neigungen sind, wenn er in Freiheit ist. Schicken Sie ihn auf die Kama – allein."

„Um ihm einen Prozess zu machen?"

„Nun, er wird einiges Unheil anrichten – du wirst etwas verlieren – aber dann werden wir wissen, aus welchem Holz er geschnitzt ist."

„In der Tat – ich werde ihn wegschicken", entschied Ignat.

Und so schickte Ignat im Frühjahr seinen Sohn mit zwei mit Mais beladenen Lastkähnen auf die Kama. Angeführt wurden die Lastkähne von Gordyeeffs Dampfer „Philezhny" unter dem Kommando von Fomas altem Bekannten, dem ehemaligen Seemann Jefim – jetzt Jefim Iljitsch, einem stämmigen Mann von etwa dreißig Jahren mit luchsähnlichen Augen – einem nüchternen, standhaften und sehr ruhigen Mann strenger Kapitän.

Sie segelten schnell und fröhlich, denn alle waren zufrieden. Zunächst war Foma stolz auf den verantwortungsvollen Auftrag, der ihm aufgetragen worden war. Yefim war mit der Anwesenheit des jungen Meisters zufrieden, der ihn nicht für jedes einzelne Versehen tadelte oder beschimpfte; und die glückliche Stimmung der beiden wichtigsten Personen auf dem Dampfer spiegelte sich in direkten Strahlen auf die gesamte Besatzung wider. Nachdem der Dampfer im April den Ort verlassen hatte, an dem er seine Maisladung aufgenommen hatte, erreichte er Anfang Mai den Bestimmungsort, und die Lastkähne lagen in Ufernähe mit dem Dampfer an ihrer Seite vor Anker.

Fomas Pflicht bestand darin, das Getreide so schnell wie möglich abzuliefern und nach Erhalt der Zahlungen nach Perm aufzubrechen, wo eine Ladung Eisen auf ihn wartete, die Ignat auf dem Markt zu liefern verpflichtet hatte.

Die Kähne standen gegenüber einem großen Dorf, in der Nähe eines Kiefernwaldes, etwa zwei Werst vom Ufer entfernt. Gleich am nächsten Tag nach ihrer Ankunft kam frühmorgens eine große und lärmende Schar von Frauen und Bauern zu Fuß und auf Pferden ans Ufer. Schreiend und singend verteilten sie sich auf den Decks und im Nu begann die Arbeit zügig. Nachdem sie in die Laderäume hinabgestiegen waren, füllten die Frauen die Säcke mit Roggen, die Bauern warfen die Säcke auf ihre Schultern und rannten über die Laufplanken zum Ufer, und vom Ufer liefen Karren, schwer beladen mit dem lang erwarteten Mais , ging langsam ins Dorf. Die Frauen sangen Lieder; die Bauern scherzten und beschimpften sich gegenseitig; die Matrosen, die die Hüter des Friedens vertraten, schimpften ab und zu mit den Werktätigen; die Planken bogen sich unter den Füßen der Träger und spritzten heftig auf das Wasser; Während am Ufer die Pferde wieherten und die Karren und der Sand unter den Rädern knarrten.

Die Sonne war gerade aufgegangen, die Luft war frisch und belebend und vom Duft der Kiefern erfüllt; Das ruhige Wasser des Flusses, das den klaren Himmel widerspiegelte, murmelte sanft und brach gegen die Seiten der Schiffe und die Ketten der Anker. Der laute und fröhliche Lärm der Arbeit, die jugendliche Schönheit der Natur, fröhlich erleuchtet von den Sonnenstrahlen – alles war erfüllt von einer gutherzigen, etwas rohen Klangkraft, die Fomas Seele angenehm berührte und in ihm neue und verwirrte Empfindungen und Wünsche erweckte . Er saß am Tisch unter der Markise des Dampfgarers und trank Tee, zusammen mit Jefim und dem Maisempfänger, einem Provinzbeamten – einem rothaarigen, kurzsichtigen Herrn mit Brille. Der Hörer zuckte nervös mit den Schultern und erzählte mit heiserer Stimme, wie die Bauern hungerten, aber Foma achtete kaum auf seine Worte und blickte mal auf die Arbeit unten, mal auf die andere Seite des Flusses – einen hohen, gelben, sandigen Steilhang Ufer, dessen Ränder mit Kiefern bedeckt waren. Es war menschenleer und ruhig.

„Ich muss da rüber", dachte Foma. Und wie aus der Ferne drang die ermüdende, unangenehme, raue Stimme des Empfängers an seine Ohren:

„Man kann es nicht glauben – am Ende wurde es schrecklich! Ein solcher Vorfall ereignete sich! Ein Bauer kam zu einem gewissen intelligenten Mann in Osa und brachte ein etwa sechzehnjähriges Mädchen mit.

"'Was möchten Sie?"

„,Hier', sagt er, ,ich habe meine Tochter zu Euren Ehren gebracht.'

"'Wozu?'

„„Vielleicht', sagt er, ‚nimmst du sie – du bist Junggeselle.'

"'Das ist wie? Wie meinst du das?'

„„Ich habe sie durch die Stadt geführt', sagt er. „Ich wollte sie als Dienerin verdingen – aber niemand wollte sie haben – nimm sie wenigstens als deine Geliebte!"

"Verstehst du? Er bot seine eigene Tochter an – denken Sie nur darüber nach! Eine Tochter – als Geliebte! Der Teufel weiß, was das ist! Äh? Der Mann wurde natürlich empört und begann, den Bauern zu misshandeln. Aber der Bauer sagte vernünftig zu ihm:

"'Deine Ehre! Welchen Nutzen hat sie für mich in dieser Zeit? Total nutzlos. „Ich habe", sagt er, „drei Jungen – sie werden Arbeiter sein; es ist notwendig, sie aufrechtzuerhalten. „Gib mir", sagt er, „zehn Rubel für das Mädchen, und das wird mein Schicksal und das meiner Jungs verbessern."

"Wie ist das? Äh? Es ist einfach schrecklich, das sage ich Ihnen."

"Nicht gut!" seufzte Yefim. „Wie sie sagen: Der Hunger wird Steinmauern durchbrechen. Der Magen hat nämlich seine eigenen Gesetze."

Diese Geschichte erweckte in Foma ein großes, unverständliches Interesse am Schicksal des Mädchens, und der junge Mann beeilte sich, sich beim Empfänger zu erkundigen:

„Na, hat der Mann sie gekauft?"

"Natürlich nicht!" rief der Empfänger vorwurfsvoll.

„Na und was ist aus ihr geworden?"

„Einige gute Menschen hatten Mitleid mit ihr – und sorgten für sie."

"Ah!" sagte Foma gedehnt, und plötzlich sagte er fest und wütend: „Ich hätte diesem Bauern so eine Tracht Prügel verpasst! Ich hätte ihm den Kopf gebrochen!" Und er zeigte dem Empfänger seine große, fest geballte Faust.

„Äh! Wozu?" rief der Hörer mit kränklicher, lauter Stimme und riss sich die Brille von den Augen. „Sie verstehen das Motiv nicht."

„Ich verstehe es!" sagte Foma mit einem hartnäckigen Kopfschütteln.

„Aber was konnte er tun? Es kam ihm in den Sinn."

„Wie kann man es sich erlauben, einen Menschen zu verkaufen?"

"Ah! Es ist brutal, da stimme ich Ihnen zu."

„Und noch dazu ein Mädchen! Ich hätte ihm die zehn Rubel gegeben!"

Der Empfänger wedelte hoffnungslos mit der Hand und verstummte. Seine Geste verwirrte Foma. Er erhob sich von seinem Sitz, ging zur Reling und schaute auf das Deck des Lastkahns hinunter, das mit einer fleißig arbeitenden Menschenmenge bedeckt war. Der Lärm berauschte ihn, und das unruhige Etwas, das in seiner Seele schwafelte, verwandelte sich nun in ein starkes Verlangen zu arbeiten, die Kraft eines Riesen zu haben, riesige Schultern zu besitzen und auf einmal hundert Säcke davon zu tragen Roggen, damit jeder, der ihn ansah, erstaunt sein könnte.

„Komm jetzt, beeil dich da hoch!" schrie er mit klingender Stimme. Ein paar Köpfe hoben sich zu ihm, einige Gesichter erschienen vor ihm, und eines davon – das Gesicht einer dunkeläugigen Frau – lächelte ihn sanft und verführerisch an. Bei diesem Lächeln flammte etwas in seiner Brust auf und begann sich in einer heißen Welle über seine Adern auszubreiten. Er zog sich vom Geländer zurück und ging wieder zum Tisch, wobei er das Gefühl hatte, dass seine Wangen brannten.

"Hören!" sagte der Empfänger und wandte sich an ihn: „Schreiben Sie ein Telegramm an Ihren Vater und bitten Sie ihn, etwas Getreide für die Verschwendung bereitzustellen!" Sehen Sie, wie viel hier verloren geht. Und hier ist jedes Pfund kostbar! Das hättest du verstehen sollen! Was für einen tollen Vater du hast", schloss er mit einer bissigen Grimasse.

„Wie viel soll ich zulassen?" fragte Foma kühn und verächtlich. „Willst du hundert Puds? [Ein Pud hat ein Gewicht von 40 russischen Pfund.] Zweihundert?"

„Ich – ich danke dir!" rief der Empfänger überglücklich und verwirrt aus, „wenn Sie das Recht dazu haben."

"Ich bin der Meister!" sagte Foma bestimmt. „Und du darfst nicht so über meinen Vater sprechen – und auch nicht solche Gesichter machen."

"Entschuldigung! Ich – ich zweifle nicht daran, dass du die volle Macht hast. Ich danke Ihnen herzlich. Und auch dein Vater – im Namen all dieser Männer – im Namen des Volkes!"

Yefim sah den jungen Meister vorsichtig an, spreizte die Lippen und schmatzte, während der Meister mit einem Ausdruck von Stolz im Gesicht der schlagfertigen Rede des Empfängers lauschte, der ihm fest die Hand drückte.

„Zweihundert Puds! Das ist russisch, junger Mann! Ich werde die Bauern direkt über Ihre Schenkung informieren. Sie werden sehen, wie dankbar sie sein werden – wie froh." Und er schrie:

„Äh, Jungs! Der Meister verschenkt zweihundert Puds."

"Dreihundert!" warf Foma ein.

„Dreihundert Puds. Oh! Danke schön! Dreihundert Pud Getreide, Jungs!"

Aber ihre Reaktion war schwach. Die Bauern hoben ihre Köpfe und senkten sie stumm wieder, um ihre Arbeit fortzusetzen. Einige Stimmen sagten unentschlossen und wie widerwillig:

"Danke. Möge Gott dir geben. Wir danken Ihnen in aller Demut."

Und einige riefen fröhlich und verächtlich:

„Was nützt das? Wenn sie stattdessen jedem von uns ein Glas Wodka gegeben hätten – das wäre ein gerechter Gefallen. Denn das Getreide ist nicht für uns – sondern für den Landesrat."

„Äh! Sie verstehen nicht!" rief der Empfänger verwirrt aus. „Ich gehe runter und erkläre es ihnen."

Und er verschwand. Aber die Wertschätzung der Bauern für seine Gabe interessierte Foma nicht. Er sah, dass die schwarzen Augen der rotwangigen Frau ihn so seltsam und angenehm ansahen. Sie schienen ihm zu danken und winkten ihm zärtlich zu, und außer diesen Augen sah er nichts. Die Frau war wie die Stadtfrauen gekleidet. Sie trug Schuhe, eine Kattuntaille und über ihrem schwarzen Haar ein eigenartiges Kopftuch. Groß und geschmeidig, auf einem Holzstoß sitzend , reparierte sie Säcke, bewegte schnell ihre Hände, die bis zu den Ellbogen nackt waren, und lächelte Foma die ganze Zeit an.

„Foma Ignatjitsch!" Er hörte Yefims vorwurfsvolle Stimme: „Du hast zu viel angegeben. Na ja, wenn es nur etwa fünfzig Puds wären! Aber warum so viel? Passen Sie auf, dass wir dafür keine gute Schelte bekommen."

"Lass mich in ruhe!" sagte Foma kurz.

„Was geht mich das an? Ich werde schweigen. Aber da du noch so jung bist und mir gesagt wurde, ich solle ein Auge auf dich haben, könnte es sein, dass ich wegen meiner Rücksichtslosigkeit einen Schlag auf die Schnauze bekomme."

„Ich werde meinem Vater alles darüber erzählen. Bleib ruhig!" sagte Foma.

„Was mich betrifft – lass es so sein – damit du hier der Herr bist."

"Sehr gut."

„Ich habe das in deinem eigenen Interesse gesagt, Foma Ignatyich, weil du so jung und einfältig bist."

„Lass mich in Ruhe, Yefim!"

Yefim seufzte und verstummte, während Foma die Frau anstarrte und dachte:

„Ich wünschte, sie würden mir so eine Frau zum Verkauf anbieten."

Sein Herz schlug schnell. Obwohl körperlich noch rein, kannte er aus Gesprächen bereits die Geheimnisse der intimen Beziehungen zwischen Männern und Frauen. Er kannte unhöfliche und beschämende Namen, und diese Namen entfachten in ihm eine unangenehme, brennende Neugier und Scham; Seine Fantasie arbeitete hartnäckig, denn er konnte es sich nicht in verständlichen Bildern vorstellen. Und in seinem Inneren glaubte er nicht, dass diese Beziehungen wirklich so einfach und unhöflich waren, wie man ihm gesagt hatte. Als sie ihn ausgelacht und ihm versichert hatten, dass sie solche seien und tatsächlich nicht anders sein könnten, lächelte er dumm und verwirrt, dachte aber dennoch, dass die Beziehungen zu Frauen nicht für alle in einer so beschämenden Form sein müssten, und dass es aller Wahrscheinlichkeit nach etwas Reineres, weniger Unhöfliches und Beleidigendes gegenüber einem Menschen gab.

Als Foma die dunkeläugige berufstätige Frau nun voller Bewunderung ansah, verspürte er deutlich diese unhöfliche Neigung zu ihr, und er schämte sich und hatte Angst vor irgendetwas. Und Yefim, der neben ihm stand, sagte mahnend:

„Da starrst du die Frau an, sodass ich nicht länger schweigen kann. Du kennst sie nicht, aber wenn sie dir zuzwinkert, kannst du aufgrund deiner Jugend – und mit einer Natur wie deiner – vielleicht so etwas tun, dass wir zu Fuß am Ufer nach Hause gehen müssen. Und wir müssen Gott danken, wenn unsere Hosen wenigstens bei uns bleiben."

"Was willst du?" fragte Foma, rot vor Verwirrung.

"Ich will nichts. Und du solltest besser auf mich aufpassen. Was Angelegenheiten mit Frauen betrifft, könnte ich durchaus Lehrerin sein. Mit einer Frau muss man ganz klar umgehen: Geben Sie ihr eine Flasche Wodka, etwas zu essen danach, dann ein paar Flaschen Bier und geben Sie ihr zum Schluss zwanzig Kopeken in bar. Für diesen Preis wird sie dir ihre ganze Liebe auf die bestmögliche Weise zeigen."

„Sie lügen", sagte Foma leise.

"Ich lüge? Warum sollte ich Sie anlügen, wenn ich die gleiche Politik vielleicht schon hundertmal befolgt habe? Bitten Sie mich einfach, mit ihr Geschäfte zu machen. Äh? Ich werde Sie gleich mit ihr bekannt machen."

„Sehr gut", sagte Foma und hatte das Gefühl, dass er kaum atmen konnte und dass ihm etwas die Kehle zuschnürte.

„Na dann werde ich sie am Abend großziehen."

Und Yefim lächelte Foma anerkennend ins Gesicht und ging weg. Bis zum Abend ging Foma wie im Nebel umher und bemerkte nicht die respektvollen und flehenden Blicke, mit denen ihn die Bauern auf Veranlassung des Empfängers begrüßten. Angst überfiel ihn, er fühlte sich vor jemandem schuldig, und allen, die ihn ansprachen, antwortete er demütig und sanft, als wollte er sich für etwas entschuldigen. Einige der Werktätigen gingen gegen Abend nach Hause, andere versammelten sich am Ufer an einem großen, hellen Lagerfeuer und begannen, ihr Abendessen zu kochen. Fragmente ihrer Unterhaltung schwebten in der Stille des Abends. Der Widerschein des Feuers fiel in roten und gelben Streifen auf den Fluss, der auf dem ruhigen Wasser und auf den Fensterscheiben der Hütte, in der Foma saß, zitterte. Er saß in der Ecke auf einem mit Wachstuch bedeckten Sofa – und wartete. Auf dem Tisch vor ihm standen ein paar Flaschen Wodka und Bier sowie Teller mit Brot und Dessert. Er deckte die Fenster zu und zündete die Lampe nicht an; Das schwache Licht des Lagerfeuers, das durch die Vorhänge drang, fiel auf den Tisch, auf die Flaschen und an die Wand und zitterte, bald heller, bald schwächer. Auf dem Dampfer und auf den Lastkähnen war es still, nur vom Ufer kamen undeutliche Gesprächsgeräusche, und der Fluss plätscherte kaum hörbar gegen die Seitenwände des Dampfers. Es schien Foma, als würde sich jemand in der Dunkelheit in der Nähe verstecken, ihm zuhören und ihn ausspionieren. Jetzt geht jemand mit schnellen und schweren Schritten über die Landungsplanke der Lastkähne – die Landungsplanke schlägt klirrend und wütend auf das Wasser. Foma hört das gedämpfte Lachen des Kapitäns und seine gesenkte Stimme. Yefim steht an der Kabinentür und spricht leise, aber etwas tadelnd, als ob er Anweisungen geben würde. Plötzlich hätte Foma am liebsten geschrien:

"Es ist nicht erforderlich!"

Und er stand aus dem Salon auf – aber in diesem Moment wurde die Kabinentür geöffnet, die große Gestalt einer Frau erschien auf der Schwelle, und während sie lautlos die Tür hinter sich schloss, sagte sie mit leiser Stimme:

"Oh je! Wie dunkel es ist! Gibt es hier irgendwo eine lebende Seele?"

„Ja", antwortete Foma leise.

„Na dann, guten Abend."

Und die Frau ging vorsichtig vorwärts.

„Ich werde die Lampe anzünden", sagte Foma mit gebrochener Stimme, ließ sich auf das Sofa sinken und rollte sich in der Ecke zusammen.

„So ist es gut genug. Wenn man sich daran gewöhnt, kann man auch im Dunkeln alles sehen."

„Setzen Sie sich", sagte Foma.

"Ich werde."

Sie setzte sich etwa zwei Schritte von ihm entfernt auf die Lounge. Foma sah das Glitzern ihrer Augen, er sah ein Lächeln auf ihren vollen Lippen. Ihm kam es so vor, als sei ihr Lächeln überhaupt nicht wie das andere Lächeln zuvor – dieses Lächeln wirkte klagend, traurig. Dieses Lächeln ermutigte ihn; Er atmete leichter, als er diese Augen sah, die, als sie die seinen trafen, plötzlich auf den Boden blickten. Aber er wusste nicht, was er dieser Frau sagen sollte, und etwa zwei Minuten lang schwiegen beide. Es war eine schwere, unangenehme Stille. Sie begann zu sprechen:

„Sie müssen sich hier ganz allein einsam fühlen?"

„Ja", antwortete Foma.

„Und gefällt dir unser Platz hier?" fragte die Frau mit leiser Stimme.

"Es ist nett. Hier gibt es viele Wälder."

Und wieder verstummten sie.

„Der Fluss ist, wenn man so will, schöner als die Wolga", brachte Foma mühsam hervor.

„Ich war an der Wolga."

"Wo?"

„In der Stadt Simbirsk."

„Simbirsk?" wiederholte Foma wie ein Echo und fühlte, dass er wieder kein Wort sagen konnte.

Aber sie verstand offenbar, mit wem sie es zu tun hatte, und fragte ihn plötzlich mit kühnem Flüstern:

„Warum gönnst du mir nicht etwas?"

"Hier!" Foma zuckte zusammen. „In der Tat, wie seltsam ich bin? Dann kommen Sie doch an den Tisch.

Er lief im Dunkeln umher, schob den Tisch zurück, nahm eine Flasche, dann noch eine und stellte sie wieder an ihren Platz zurück, wobei er schuldbewusst und verwirrt lachte. Sie trat nah an ihn heran, stellte sich neben ihn und blickte lächelnd auf sein Gesicht und seine zitternden Hände.

„Bist du schüchtern?" flüsterte sie plötzlich.

Er spürte ihren Atem auf seiner Wange und antwortete ebenso leise:

"Ja."

Dann legte sie ihre Hände auf seine Schultern, zog ihn leise an ihre Brust und flüsterte beruhigend:

„Macht nichts, sei nicht schüchtern, mein junger, hübscher Schatz. Wie sehr ich dich bemitleide!"

Und er hätte wegen ihres Flüsterns am liebsten geweint, sein Herz schmolz vor süßer Müdigkeit; Er drückte seinen Kopf dicht an ihre Brust, umfasste sie mit seinen Händen und murmelte ihr einige unartikulierte Worte zu, die er selbst nicht kannte.

„Geh weg!" sagte Foma mit schwerer Stimme und starrte mit weit geöffneten Augen auf die Wand.

Nachdem sie ihn auf die Wange geküsst hatte, verließ sie die Kabine und sagte zu ihm:

"Na dann auf Wiedersehen."

Foma schämte sich in ihrer Gegenwart unerträglich; doch kaum war sie hinter der Tür verschwunden, sprang er auf und setzte sich auf die Lounge. Dann erhob er sich taumelnd und plötzlich überkam ihn das Gefühl, etwas sehr Wertvolles verloren zu haben, etwas, dessen Anwesenheit er in sich selbst erst in dem Moment bemerkt zu haben schien, als es verloren ging. Doch sofort überkam ihn ein neues, männliches Gefühl des Selbststolzes. Es übertönte seine Scham, und statt der Scham stieg in ihm Mitleid für die Frau auf – für die halbbekleidete Frau, die allein in die Dunkelheit der kühlen Mainacht hinausging. Er kam hastig auf das Deck hinaus – es war eine sternenklare, aber mondlose Nacht; die Kühle und die Dunkelheit umarmten ihn. Am Ufer schimmerte noch immer der goldrote Kohlenhaufen. Foma lauschte – eine bedrückende Stille erfüllte die Luft, nur das Wasser murmelte und brach gegen die Ankerketten. Von Schritten war nichts zu hören. Foma sehnte sich danach, die Frau anzurufen, aber er kannte ihren Namen nicht. Er atmete eifrig die frische Luft in seine breite Brust ein und stand einige Minuten an Deck. Plötzlich drang von jenseits des Rundschuppens – vom Bug – ein Stöhnen an seine Ohren – ein tiefes, lautes Stöhnen, das einem Jammern ähnelte. Er schauderte und ging vorsichtig dorthin, wohl wissend, dass sie da war.

Sie saß auf dem Deck neben dem Dampfer, lehnte ihren Kopf an einen Haufen Seile und weinte. Foma sah, dass ihre nackten weißen Schultern zitterten, er hörte ihr erbärmliches Stöhnen und fühlte sich deprimiert. Er beugte sich über sie und fragte sie schüchtern:

"Was ist es?"

Sie nickte mit dem Kopf und antwortete nichts.

"Habe ich Sie beleidigt?"

„Geh weg“, sagte sie.

"Aber wie?" sagte Foma alarmiert und verwirrt und berührte ihren Kopf mit seiner Hand. „Sei nicht böse. Du bist aus freien Stücken gekommen.“

"Ich bin nicht sauer!" sie antwortete mit einem lauten Flüstern. „Warum sollte ich wütend auf dich sein? Du bist kein Verführer. Du bist eine reine Seele! Äh, mein Schatz! Setzen Sie sich hier an meine Seite.“

Und sie nahm Foma bei der Hand und ließ ihn sich wie ein Kind auf ihren Schoß setzen, drückte seinen Kopf dicht an ihre Brust und drückte, sich über ihn beugend, lange Zeit ihre Lippen auf seine.

„Warum weinst du?“ fragte Foma und streichelte mit einer Hand ihre Wange, während die andere den Hals der Frau umfasste.

„Ich weine um mich selbst. Warum hast du mich weggeschickt?“ sie fragte klagend.

„Ich fing an, mich für mich selbst zu schämen“, sagte Foma und senkte den Kopf.

"Mein Liebling! Sag mir die Wahrheit – warst du nicht zufrieden mit mir?“ „fragte sie mit einem Lächeln, aber ihre großen, heißen Tränen liefen immer noch über Fomas Brust.

„Warum solltest du so sprechen?“ rief der Jüngling fast erschrocken aus und fing hitzig an, ihr ein paar Worte über ihre Schönheit, über ihre Freundlichkeit zuzumurmeln und ihr zu sagen, wie leid er für sie tat und wie schüchtern sie in ihrer Gegenwart war. Und sie hörte zu und küsste weiterhin seine Wangen, seinen Hals, seinen Kopf und seine unbedeckte Brust.

Er verstummte – dann begann sie zu sprechen – sanft und traurig, als würde sie von den Toten sprechen:

„Und ich dachte, es wäre etwas anderes. Als du sagtest: „Geh weg!“ Ich stand auf und ging weg. Und deine Worte haben mich traurig gemacht, sehr traurig. Es gab eine Zeit, an die ich mich erinnerte, als sie mich unaufhörlich streichelten und streichelten, ohne müde zu werden; Für ein einziges freundliches Lächeln taten sie für mich alles, was ich wollte. Ich erinnerte mich an all das und fing an zu weinen! Meine Jugend tat mir leid, denn ich bin jetzt dreißig Jahre alt, die letzten Tage für eine Frau! Äh, Foma Ignatjewitsch!“ rief sie, hob ihre Stimme lauter und wiederholte den

Rhythmus ihrer harmonischen Rede, deren Akzente sich im Einklang mit dem melodischen Murmeln des Wassers hoben und senkten.

„Hör mir zu – bewahre deine Jugend! Es gibt nichts Besseres auf der Welt. Es gibt nichts Kostbareres als die Jugend. Mit der Jugend kannst du wie mit Gold alles erreichen, was du willst. Lebe so, dass du im Alter etwas hast, das dich an deine Jugend erinnert. Hier erinnerte ich mich an mich selbst, und obwohl ich weinte, flammte mein Herz auf, als ich mich an mein früheres Leben erinnerte. Und wieder war ich jung, als ob ich vom Wasser des Lebens getrunken hätte! Mein süßes Kind, ich werde eine schöne Zeit mit dir haben. Wenn ich es dir recht mache, werden wir uns so gut wie möglich amüsieren. Äh! Ich werde zu Asche verbrennen, jetzt wo ich in Flammen aufgegangen bin!"

Und sie drückte den Jüngling fest an sich und begann ihn gierig auf die Lippen zu küssen.

„Lo-o-ok, ouuut!" Der Wächter auf dem Kahn weinte traurig, unterbrach die letzte Silbe und begann, mit seinem Hammer gegen das gusseiserne Brett zu schlagen.

Die schrillen, zitternden Geräusche durchbrachen scharf die feierliche Stille der Nacht.

Ein paar Tage später, als die Lastkähne ihre Ladung gelöscht hatten und der Dampfer zur Abfahrt nach Perm bereit war, bemerkte Yefim zu seinem großen Kummer, dass ein Karren ans Ufer kam und dass der dunkeläugige Pelageya mit einem Koffer und mit einigen Bündeln, war drin.

„Schicken Sie einen Matrosen, um ihre Sachen zu bringen", befahl Foma und deutete mit dem Kopf in Richtung Ufer.

Mit vorwurfsvollem Kopfschütteln führte Jefim den Befehl wütend aus und fragte dann mit gesenkter Stimme:

„Also kommt sie auch mit uns?"

„Sie geht mit mir", verkündete Foma kurz.

„Es ist verständlich. Nicht bei uns allen. Oh Gott!"

„Warum seufzst du?"

"Ja. Foma Ignatjitsch! Wir fahren in eine große Stadt. Gibt es nicht viele Frauen ihrer Art?"

„Nun, bleiben Sie ruhig!" sagte Foma streng.

„Ich werde schweigen, aber das ist nicht richtig!"

"Was?"

„Genau diese Frechheit von uns. Unser Dampfgarer ist perfekt, sauber – und plötzlich ist da eine Frau! Und wenn es wenigstens die richtige Frau wäre! Aber so wie es ist, trägt sie lediglich den Namen einer Frau."

Foma runzelte einschmeichelnd die Stirn und wandte sich an den Kapitän, wobei er seine Worte gebieterisch betonte:

„Yefim, ich möchte, dass du es dir vor Augen hältst und es allen hier sagst: Wenn jemand ein obszönes Wort über sie sagt, werde ich ihm mit einem Holzscheit auf den Kopf schlagen!"

"Wie schrecklich!" sagte Yefim ungläubig und blickte dem Meister neugierig ins Gesicht. Aber er machte sofort einen Schritt zurück. Ignats Sohn zeigte wie ein Wolf seine Zähne, seine Augen wurden größer und er brüllte:

"Lachen! Ich zeige dir, wie man lacht!"

Obwohl Yefim den Mut verlor, sagte er dennoch würdevoll:

„Obwohl Sie, Foma Ignatyich, der Kapitän sind, wurde mir doch gesagt: ‚Pass auf, Yefim', und dann bin ich hier der Kapitän."

"Der Kapitän?" rief Foma, zitterte in allen Gliedern und wurde blass. „Und wer bin ich?"

„Na ja, heule nicht! Wegen so einer Kleinigkeit als Frau."

Auf Fomas blassem Gesicht traten rote Flecken, er trat von einem Fuß auf den anderen, steckte mit einer krampfhaften Bewegung die Hände in die Taschen seiner Jacke und sagte mit fester und gleichmäßiger Stimme:

"Du! Kapitän! Sehen Sie, sagen Sie noch ein Wort gegen mich – und Sie gehen zum Teufel! Ich bringe dich an Land! Mit dem Piloten komme ich auch zurecht! Verstehen? Du kannst mir nicht befehlen. Siehst du?"

Yefim war sprachlos. Er sah seinen Meister an und zwinkerte komisch mit den Augen, fand aber keine Antwort auf seine Worte.

„Verstehst du, sage ich?"

"Ja. Ich verstehe!" sagte Yefim gedehnt. „Aber worum geht es bei diesem ganzen Lärm? Wegen-"

"Schweigen!"

Fomas Augen, die wild blitzten, und sein zornverzerrtes Gesicht ließen den Kapitän auf den glücklichen Gedanken kommen, seinen Herrn so schnell wie möglich zu verlassen, und er drehte sich schnell um und ging davon.

"Pah! Wie schrecklich! „Wie es scheint, ist der Apfel nicht allzu weit vom Stamm gefallen", murmelte er höhnisch, während er über das Deck ging. Er war wütend auf Foma und fühlte sich umsonst beleidigt, aber gleichzeitig begann er die echte, feste Hand eines Meisters über sich zu spüren. Da er seit Jahren daran gewöhnt war, sich unterzuordnen, gefiel ihm diese Manifestation der Macht über ihn sehr, und als er die Kabine des alten Piloten betrat, erzählte er ihm mit einem Anflug von Befriedigung in der Stimme die Szene zwischen ihm und seinem Herrn.

"Sehen?" Er beendete seine Geschichte. „Ein Welpe aus einer guten Rasse ist schon bei der ersten Verfolgungsjagd ein ausgezeichneter Hund. Von außen ist er mittelmäßig. Ein Mann von bisher eher schwerem Gemüt. Na ja, egal, lass ihn seinen Spaß haben. Es sieht jetzt so aus, als würde daraus nichts Schlimmes entstehen. Mit einer Figur wie seiner, nein. Wie er mich anbrüllte! Eine normale Trompete, sage ich Ihnen! Und er ernannte sich sofort zum Meister. Als hätte er Kraft und Strenge aus einer Schöpfkelle getrunken."

Yefim sagte die Wahrheit: In diesen wenigen Tagen erlebte Foma eine bemerkenswerte Veränderung. Die nun in ihm entfachte Leidenschaft machte ihn zum Herrn über die Seele und den Körper einer Frau; begierig nahm er die feurige Süße dieser Kraft auf, und dies brannte alles aus, was in ihm unangenehm war, alles, was ihm das Aussehen eines etwas dummen, düsteren Kerls verlieh, und zerstörte es und erfüllte sein Herz mit jugendlichem Stolz, mit Bewusstsein seiner menschlichen Persönlichkeit. Liebe zu einer Frau ist für den Mann immer fruchtbar, sei die Liebe, was auch immer sie sein mag; Auch wenn es nur Leiden verursachen würde, gibt es immer viel Reichhaltiges daran. Es wirkt wie ein starkes Gift auf diejenigen, deren Seelen leiden, und ist für den gesunden Menschen wie Feuer für Eisen, das in Stahl verwandelt werden soll.

Fomas Leidenschaft für die dreißigjährige Frau, die in seinen Umarmungen ihre tote Jugend beklagte, riss ihn nicht von seinen Angelegenheiten ab; Er verlor sich nie in den Liebkosungen oder in seinen Angelegenheiten und brachte sein ganzes Selbst in beides. Die Frau weckte in ihm wie guter Wein gleichermaßen den Durst nach Arbeit und nach Liebe, und auch sie wurde durch die Küsse des Jünglings jünger.

In Perm fand Foma einen Brief, der auf ihn wartete. Es war von seinem Paten, der ihn darüber informierte, dass Ignat aus Sorge um seinen Sohn begonnen hatte, stark zu trinken, und dass es für einen Mann seines Alters schädlich sei, so zu trinken. Der Brief endete mit dem Rat, sich zu beeilen, um schneller nach Hause zurückkehren zu können. Foma war über diesen Rat beunruhigt und er trübte die Klarheit seines Herzens. Doch dieser Schatten verschwand bald in seinen Sorgen um seine Angelegenheiten und in den Zärtlichkeiten Pelageyas. Sein Leben strömte mit der Schnelligkeit einer Flusswelle dahin , und jeder Tag bescherte ihm neue Empfindungen und weckte in ihm neue Gedanken. Pelageyas Beziehungen zu ihm enthielten die ganze Leidenschaft einer Geliebten, all die Gefühlskraft, die Frauen ihres Alters in ihre Leidenschaft steckten, wenn sie die letzten Tropfen aus dem Kelch des Lebens tranken. Aber manchmal erwachte in ihr ein anderes Gefühl, ein Gefühl, das nicht weniger stark war und durch das Foma sich noch mehr an sie gebunden fühlte – so etwas wie die Sehnsucht einer Mutter, ihren geliebten Sohn vor Fehlern zu bewahren und ihn die Weisheit des Lebens zu lehren. Oft des Abends, als sie in seinen Armen auf dem Deck saß, sprach sie zärtlich und traurig zu ihm:

„Bedenken Sie, dass ich eine ältere Schwester von Ihnen bin. Ich habe gelebt, ich kenne Männer. Ich habe in meinem Leben viel gesehen! Wählen Sie Ihre Begleiter mit Bedacht aus, denn es gibt Menschen, die genauso ansteckend sind wie eine Krankheit. Zunächst kann man sie nicht erkennen, selbst wenn man sie sieht; Er scheint ein Mann zu sein wie alle anderen, und plötzlich, ohne es selbst zu merken, wirst du anfangen, ihn im Leben nachzuahmen. Sie schauen sich um – und stellen fest, dass Sie sich mit seinem Schorf infiziert haben. Ich selbst habe wegen eines Freundes alles verloren. Ich hatte einen Mann und zwei Kinder. Wir haben gut gelebt. Mein Mann war Angestellter bei einem Volost." Sie schwieg und blickte lange auf das Wasser, das von dem Gefäß bewegt wurde. Dann seufzte sie und sprach noch einmal zu ihm:

„Möge die Heilige Jungfrau dich vor Frauen meiner Art beschützen – sei vorsichtig. Du bist noch zart, dein Herz ist noch nicht richtig verhärtet. Und Frauen mögen solche wie dich – stark, gutaussehend, reich. Und vor allem hüte dich vor den stillen Frauen. Sie hängen wie Blutsauger an einem Mann und saugen und saugen. Und gleichzeitig sind sie immer so nett, so sanft. Sie werden weiterhin Ihren Saft aussaugen, sich aber selbst konservieren. Sie werden dir nur umsonst das Herz brechen. Du solltest dich besser mit Leuten auseinandersetzen, die mutig sind, wie ich. Diese leben nicht um des Gewinns willen."

Und sie war tatsächlich desinteressiert. In Perm kaufte Foma für sie verschiedene neue Dinge und so weiter. Sie war begeistert, aber später, nachdem sie sie untersucht hatte, sagte sie traurig:

„Verschwenden Sie Ihr Geld nicht zu großzügig. Pass auf, dass dein Vater nicht wütend wird. Ich liebe dich trotzdem, auch ohne all das."

Sie hatte ihm bereits gesagt, dass sie ihn nur bis nach Kasan begleiten würde, wo sie eine verheiratete Schwester hatte. Foma konnte nicht glauben, dass sie ihn verlassen würde, und als sie am Vorabend ihrer Ankunft in Kasan ihre Worte wiederholte, wurde er düster und begann sie anzuflehen, ihn nicht im Stich zu lassen.

„Bereue es nicht im Voraus", sagte sie. „Wir haben eine ganze Nacht vor uns. Du wirst Zeit haben, Mitleid zu empfinden, wenn ich dich verabschiede, wenn es dir überhaupt leid tut."

Dennoch versuchte er, sie davon zu überzeugen, ihn nicht zu verlassen, und verkündete schließlich – was zu erwarten war – seinen Wunsch, sie zu heiraten.

„So, so!" und sie begann zu lachen. „Soll ich dich heiraten, solange mein Mann noch lebt? Mein Schatz, mein seltsamer Kerl! Du hast den Wunsch zu heiraten, oder? Aber heiraten sie solche Frauen wie mich? Du wirst viele, viele Geliebte haben. Heiraten Sie dann, wenn Sie überfüllt sind, wenn Sie von allen Süßigkeiten satt sind und Lust auf Roggenbrot haben. Dann dürfen Sie heiraten! Mir ist aufgefallen, dass ein gesunder Mann, um seines eigenen Friedens willen, nicht früh heiraten darf. Eine Frau wird nicht ausreichen, um ihn zu befriedigen, und er wird sich anderen Frauen zuwenden. Und zu deinem eigenen Glück solltest du nur dann eine Frau nehmen, wenn du weißt, dass sie allein für dich ausreichen wird."

Doch je mehr sie sprach, desto beharrlicher wurde Fomas Wunsch, sich nicht von ihr zu trennen.

„Hören Sie einfach zu, was ich Ihnen sagen werde", sagte die Frau ruhig. „Ein Holzsplitter brennt in deiner Hand, und du kannst auch ohne sein Licht gut sehen – tauche ihn am besten ins Wasser, damit kein Rauchgeruch entsteht und deine Hand nicht verbrannt wird."

"Ich verstehe deine Worte nicht."

"Verstehe. Du hast mir kein Unrecht getan, und ich möchte dir auch nichts Unrecht tun. Und deshalb gehe ich weg."

Es ist schwer zu sagen, wie dieser Streit ausgegangen wäre, wenn nicht ein Unfall dazwischengekommen wäre. In Kasan erhielt Foma ein Telegramm von Mayakin, der kurz an seinen Patensohn schrieb: „Komm sofort mit dem Passagierdampfer." Fomas Herz zog sich nervös zusammen, und ein paar Stunden später stand er, düster und blass, mit zusammengebissenen Zähnen, auf dem Deck des Dampfers, der den Hafen verließ, und starrte, mit den Händen an der Reling festhaltend, regungslos ins Gesicht seiner Liebe, die weit weg von ihm schwebte, zusammen mit dem Hafen und dem Ufer. Pelageya wedelte mit ihrem Taschentuch und lächelte, aber er wusste, dass sie weinte und viele schmerzhafte Tränen vergoss. Von ihren Tränen war die gesamte Vorderseite von Fomas Hemd nass, und von ihren Tränen war sein Herz voller düsterer Angst traurig und kalt. Die Gestalt der Frau wurde kleiner und kleiner, als würde sie dahinschmelzen, und Foma starrte sie an, ohne den Blick zu heben, und spürte, dass neben der Angst um seinen Vater und der Trauer um die Frau ein neues, kraftvolles und ätzendes Gefühl auftrat Erwachen in seiner Seele. Er konnte es nicht benennen, aber es schien ihm so etwas wie ein Groll gegen jemanden.

Die Menge im Hafen verschmolz zu einem engen, dunklen und toten Fleck, gesichtslos, formlos, regungslos. Foma entfernte sich von der Reling und begann düster auf dem Deck auf und ab zu gehen.

Die Passagiere unterhielten sich laut und setzten sich, um Tee zu trinken. die Träger gingen geschäftig auf der Galerie umher und deckten die Tische; Irgendwo unten, am Heck, in der dritten Klasse, weinte ein Kind, eine Mundharmonika heulte, der Koch zerhackte etwas mit Messern, das Geschirr rüttelte – es gab einen ziemlich harten Lärm. Der riesige Dampfer schnitt durch die Wellen und erzeugte Schaum, zitterte unter der Anstrengung und seufzte schwer und bewegte sich schnell gegen die Strömung. Foma blickte auf den breiten Streifen gebrochener, kämpfender und wütender Wellen am Heck des Dampfers und verspürte ein wildes Verlangen, etwas zu zerbrechen oder zu zerreißen; auch mit der Brust voran gegen den Strom zu schwimmen und seinen Druck gegen ihn selbst, gegen seine Brust und seine Schultern auszuüben.

"Schicksal!" sagte jemand neben ihm mit heiserer und müder Stimme.

Dieses Wort war ihm vertraut: Seine Tante Anfisa hatte es oft als Antwort auf seine Fragen verwendet, und er hatte in dieses kurze Wort eine Vorstellung von einer Macht eingebettet, ähnlich der Macht Gottes. Er warf einen Blick auf die Sprecher: Einer von ihnen war ein grauer kleiner alter Mann mit freundlichem Gesicht; der andere war jünger, hatte große, müde Augen und einen kleinen schwarzen, keilförmigen Bart. Seine große, knorpelige Nase und seine gelben, eingefallenen Wangen erinnerten Foma an seinen Paten.

"Schicksal!" Der alte Mann wiederholte selbstbewusst den Ausruf seines Gesprächspartners und begann zu lächeln. „Das Schicksal im Leben ist wie ein Fischer am Fluss: Es wirft uns in den Tumult unseres Lebens einen Angelhaken zu, und wir schießen mit gierigen Mündern darauf. Dann zieht das Schicksal die Stange hoch – und der Mann kämpft, fällt auf den Boden, und dann sieht man, dass sein Herz gebrochen ist. So ist es, mein lieber Mann.“

Foma schloss die Augen, als ob ein Sonnenstrahl voll auf sie gefallen wäre, und schüttelte den Kopf. Er sagte laut:

"WAHR! Das ist wahr!"

Die Gefährten sahen ihn fest an: der alte Mann mit einem schönen, weisen Lächeln; der großäugige Mann, unfreundlich, schief. Das verwirrte Foma; Er errötete und ging weg, dachte an das Schicksal und fragte sich, warum es ihn zuerst freundlich behandelt hatte, indem es ihm eine Frau schenkte, und ihm dann das Geschenk zurücknahm, so einfach und missbräuchlich? Und er verstand nun, dass das vage, ätzende Gefühl, das er in sich trug, ein Groll gegen das Schicksal war, weil es so mit ihm spielte. Er war zu sehr vom Leben verwöhnt worden, um den ersten Tropfen Gift aus dem gerade begonnenen Becher deutlicher zu sehen, und er verbrachte die ganze Zeit der Reise ohne Schlaf, grübelte über die Worte des alten Mannes und schürte seinen Groll. Dieser Groll weckte in ihm jedoch keine Verzweiflung und Trauer, sondern vielmehr ein Gefühl von Wut und Rache.

Foma wurde von seinem Patenonkel empfangen, und als er neben seinem Patensohn in der Kutsche Platz nahm, antwortete Mayakin auf seine hastige und aufgeregte Frage: Seine grünlichen kleinen Augen blitzten aufgeregt:

„Dein Vater ist kindisch geworden."

"Trinken?"

„Schlimmer noch – er hat völlig den Verstand verloren."

"Wirklich? Oh Gott! Sag mir."

„Verstehst du nicht? Eine bestimmte Dame ist immer in seiner Nähe."

"Was ist mit ihr?" rief Foma aus und erinnerte sich an sein Pelageya, und aus irgendeinem Grund war sein Herz voller Freude.

„Sie klebt an ihm und – lässt ihn ausbluten."

„Ist sie eine ruhige Frau?"

"Sie? Still wie ein Feuer. Sie hat ihm 75.000 Rubel wie eine Feder aus der Tasche geblasen!"

"Oh! Wer ist sie?"

„Sonka Medinskaya, die Frau des Architekten."

"Großer Gott! Ist es möglich, dass sie – Hat mein Vater – Ist es möglich, dass er sie zu seiner Geliebten gemacht hat?" fragte Foma erstaunt und leise.

Sein Pate zog sich von ihm zurück, öffnete komischerweise die Augen und sagte überzeugt:

„Du bist auch verrückt! Bei Gott, du bist verrückt! Kommen Sie zur Besinnung! Ein Schatz im Alter von dreiundsechzig Jahren! Und das zu so einem Preis. Worüber redest du? Nun, das werde ich Ignat erzählen."

Und Mayakin erfüllte die Luft mit einem erschütternden, hastigen Lachen, bei dem sein Ziegenbart auf unschöne Weise zu zittern begann. Es dauerte lange, bis Foma eine kategorische Antwort erhielt; der alte Mann war entgegen seiner Gewohnheit unruhig und gereizt; seine normalerweise fließende Rede wurde jetzt unterbrochen; er fluchte und spuckte aus, während er sprach, und nur mit Mühe erfuhr Foma, worum es ging. Sophya Pavlovna Medinskaya, die Frau des wohlhabenden Architekten, die in der Stadt für ihren unermüdlichen Einsatz bei der Organisation verschiedener Wohltätigkeitsprojekte bekannt war, überredete Ignat, 75.000 Rubel für den Bau eines Gästehauses in der Stadt zu spenden einer öffentlichen Bibliothek mit Lesesaal. Ignat hatte das Geld gegeben und schon lobten ihn die Zeitungen für seine Großzügigkeit. Foma hatte die Frau mehr als einmal auf der Straße gesehen; sie war klein; Er wusste, dass sie als eine der schönsten Frauen der Stadt galt und dass schlechte Gerüchte über ihr Verhalten im Umlauf waren.

"Ist das alles?" rief Foma aus, als sein Pate die Geschichte beendete. „Und ich dachte Gott weiß was!"

"Du? Sie dachten?" rief Mayakin und wurde plötzlich wütend. „Du hast dir nichts gedacht, du bartloser Junge!"

„Warum beschimpfen Sie mich?" sagte Foma.

„Sagen Sie mir, sind Ihrer Meinung nach fünfundsiebzigtausend Rubel eine große Summe oder nicht?"

„Ja, eine große Summe", sagte Foma nach kurzem Nachdenken.

„Ah, ha!"

„Aber mein Vater hat viel Geld. Warum machst du so viel Aufhebens darum?"

Jakow Tarasowitsch war verblüfft. Er blickte dem Jüngling verächtlich ins Gesicht und fragte ihn mit schwacher Stimme:

„Und du sprichst so?"

"ICH? Wer denn?"

"Du lügst! Es ist deine junge Dummheit, die spricht. Ja! Und meine alte Dummheit – die das Leben millionenfach auf die Probe gestellt hat – besagt, dass du noch ein junger Hund bist und es zu früh ist, um im Bass zu bellen."

Als Foma dies hörte, war er oft ziemlich provoziert über die allzu malerische Sprache seines Paten.

Mayakin sprach immer rauer mit ihm als sein Vater, aber nun fühlte sich der Junge von dem alten Mann sehr beleidigt und sagte zurückhaltend, aber bestimmt zu ihm:

„Du solltest mich besser nicht unüberlegt beschimpfen, denn ich bin kein kleines Kind mehr."

"Komm, komm!" rief Mayakin aus, hob spöttisch die Augenbrauen und blinzelte.

Dies erregte Fomas Empörung. Er sah dem alten Mann tief in die Augen und artikulierte mit Nachdruck:

„Und ich sage Ihnen, dass ich nichts mehr von Ihrem unverdienten Missbrauch hören möchte. Genug!"

„Mm! So-o! Entschuldigung."

Jakow Tarasowitsch schloss die Augen, kaute ein wenig mit den Lippen und schwieg eine Weile, indem er sich von seinem Patensohn abwandte. Die Kutsche bog in eine schmale Straße ein, und als Foma schon von weitem das Dach seines Hauses bemerkte, ging er unwillkürlich vorwärts. Gleichzeitig fragte ihn Mayakin mit einem schelmischen und sanften Lächeln:

„Foma! Sag mir – an wem hast du deine Zähne geschärft? Äh?"

„Warum sind sie scharf?" fragte Foma, zufrieden mit der Art, wie Mayakin ihn jetzt betrachtete.

"Ziemlich gut. Das ist gut, Liebes. Das ist sehr gut! Dein Vater und ich hatten Angst, du könntest ein Nachzügler sein. Na, hast du gelernt, Wodka zu trinken?"

„Ich habe es getrunken."

„Eher zu früh! Hast du viel davon getrunken?"

„Warum viel?"

"Schmeckt es?"

"Nicht sehr."

"Also. Egal, das ist alles nicht so schlimm. Nur bist du zu offen. Sie sind bereit, jedem einzelnen Papst, der vorbeikommt, alle Ihre Sünden zu bekennen. Sie müssen bedenken, dass dies nicht immer notwendig ist. Manchmal erfreuen Sie beide die Menschen, indem Sie schweigen, und begehen keine Sünden. Ja. Die Zunge eines Mannes ist sehr selten nüchtern. Hier sind wir. Sehen Sie, Ihr Vater weiß nicht, dass Sie angekommen sind. Ich frage mich, ob er schon zu Hause ist?"

Er war zu Hause: Sein lautes, etwas heiseres Lachen war aus den offenen Fenstern der Zimmer zu hören. Der Lärm der Kutsche, die vor dem Haus hielt, veranlasste Ignat, aus dem Fenster zu schauen, und beim Anblick seines Sohnes schrie er vor Freude:

"Ah! Du bist gekommen."

Nach einer Weile drückte er Foma mit einer Hand an seine Brust, drückte die Handfläche seiner anderen Hand gegen die Stirn seines Sohnes und neigte so seinen Kopf zurück, blickte ihm mit strahlenden Augen ins Gesicht und sprach zufrieden:

„Du hast einen Sonnenbrand. Du bist stark geworden. Du bist ein feiner Kerl! Madame! Wie geht es meinem Sohn? Geht es ihm nicht gut?“

„Sieht nicht schlecht aus“, war eine sanfte, silberne Stimme zu hören. Foma warf einen Blick hinter die Schulter seines Vaters und bemerkte, dass eine schlanke Frau mit prächtigem blondem Haar in der vorderen Ecke des Zimmers saß und die Ellbogen auf den Tisch stützte; Ihre dunklen Augen, ihre dünnen Augenbrauen und die dicken, roten Lippen betonten auffallend ihr blasses Gesicht. Hinter ihrem Sessel stand eine große Philodendronpflanze, deren große, gemusterte Blätter über ihrem kleinen goldenen Köpfchen in die Luft hingen.

„Wie geht es dir, Sophya Pawlowna“, sagte Mayakin zärtlich und näherte sich ihr mit ausgestreckter Hand. „Was, sammeln Sie immer noch Beiträge von armen Menschen wie uns?“

Foma verneigte sich stumm vor ihr und hörte weder ihre Antwort an Mayakin noch, was sein Vater zu ihm sagte. Die Dame starrte ihn unerschütterlich an und lächelte ihn freundlich und gelassen an. Ihre kindliche Figur, gekleidet in einen dunklen Stoff, verschmolz fast mit dem purpurnen Stoff des Sessels, während ihr welliges, goldenes Haar und ihr blasses Gesicht vor dem dunklen Hintergrund leuchteten. Als sie dort in der Ecke unter den grünen Blättern saß, sah sie gleichzeitig aus wie eine Blume und wie eine Ikone.

„Sehen Sie, Sophya Pawlowna, wie er Sie anstarrt. Ein Adler, was?“ sagte Ignat.

Ihre Augen wurden schmaler, eine leichte Röte stieg auf ihre Wangen und sie brach in Gelächter aus. Es klang wie das Läuten einer kleinen silbernen Glocke. Und sie stand sofort auf und sagte:

„Ich würde dich nicht stören. Auf Wiedersehen!"

Als sie lautlos an Foma vorbeiging, stieg ihm der Duft von Parfüm entgegen, und er bemerkte, dass ihre Augen dunkelblau und ihre Augenbrauen fast schwarz waren.

„Der schlaue Schurke ist davongeglitten", sagte Mayakin mit leiser Stimme und sah ihr wütend nach.

„Na, erzähl uns mal, wie war die Reise? Hast du viel Geld verschwendet?" brüllte Ignat und schob seinen Sohn in denselben Sessel, in dem Medinskaya eine Weile zuvor gesessen hatte. Foma sah ihn schief an und setzte sich auf einen anderen Stuhl.

„Ist sie nicht eine wunderschöne junge Frau, was?" sagte Mayakin lächelnd und befühlte Foma mit seinen listigen Augen. „Wenn du sie weiterhin anstarrst, wird sie dir dein ganzes Inneres auffressen."

Foma schauderte aus irgendeinem Grund und begann, ohne etwas zu erwidern, seinem Vater in sachlichem Ton von der Reise zu erzählen. Aber Ignat unterbrach ihn:

„Warte, ich bitte um etwas Cognac."

„Und du trinkst die ganze Zeit weiter, heißt es", sagte Foma missbilligend.

Ignat blickte seinen Sohn überrascht und neugierig an und fragte:

„Ist das die Art, mit deinem Vater zu sprechen?"

Foma war verwirrt und senkte den Kopf.

"Das ist es!" sagte Ignat gutherzig und befahl, ihm Cognac zu bringen.

Mayakin zwinkerte mit den Augen, sah die Gordyeeffs an, seufzte, verabschiedete sich von ihnen und ging, nachdem er sie abends zu einem Tee mit ihm in seinen Himbeergarten eingeladen hatte, weg.

„Wo ist Tante Anfisa?" fragte Foma und hatte das Gefühl, dass er sich jetzt, da er mit seinem Vater allein war, etwas unwohl fühlte.

„Sie ging ins Kloster. Sag es mir, dann trinke ich etwas Cognac."

Foma erzählte seinem Vater in wenigen Minuten alles über seine Angelegenheiten und er beendete seine Geschichte mit einem offenen Geständnis:

„Ich habe viel Geld für mich selbst ausgegeben."

"Wie viel?"

„Etwa sechshundert Rubel."

„In sechs Wochen! Das ist ein guter Deal. Ich sehe, dass Sie als Angestellter zu teuer für mich sind. Wo hast du das alles verschwendet?"

„Ich habe dreihundert Pud Getreide verschenkt."

"An wen? Wie?"

Foma erzählte ihm alles darüber.

"Hm! Nun, das ist in Ordnung!" Ignat stimmte zu. „Das soll zeigen, aus welchem Holz wir geschnitzt sind. Das ist klar genug – zur Ehre des Vaters – zur Ehre der Firma. Und es gibt auch keinen Verlust, denn das gibt einen guten Ruf. Und das, meine Liebe, ist das beste Aushängeschild für ein Unternehmen. Na, was sonst?"

„Und dann habe ich irgendwie mehr ausgegeben."

„Sprich offen. „Es geht nicht um das Geld, nach dem ich dich frage – ich möchte nur wissen, wie du dort gelebt hast", beharrte Ignat und musterte seinen Sohn aufmerksam und streng.

„Ich habe gegessen und getrunken." Foma gab nicht nach und neigte mürrisch und verwirrt den Kopf.

„Wodka trinken?"

„Wodka auch."

"Ah! Also. Ist das nicht viel zu früh?"

„Frag Yefim, ob ich jemals genug getrunken habe, um betrunken zu sein."

„Warum sollte ich Yefim fragen? Du musst mir alles selbst sagen. Du trinkst also? Mir gefällt es nicht."

„Aber ich komme ohne Alkohol aus."

"Komm, komm! Möchtest du etwas Cognac?"

Foma sah seinen Vater an und lächelte breit. Und sein Vater antwortete ihm mit einem freundlichen Lächeln:

„Äh, du. Teufel! Trinken Sie, aber seien Sie vorsichtig – kennen Sie Ihr Geschäft. Was kannst du tun? Ein Trunkenbold wird nüchtern schlafen, ein Narr niemals. Zu unserem eigenen Trost sollten wir dies zumindest verstehen. Und hattest du auch eine schöne Zeit mit Mädchen? Sei ehrlich! Hast du Angst, dass ich dich schlage, oder was?"

"Ja. Da war einer auf dem Dampfer. Ich hatte sie dort von Perm bis Kasan."

„Also", seufzte Ignat schwer und sagte stirnrunzelnd: „Du hast dich viel zu früh befleckt."

"Ich bin 20 Jahre alt. Und Sie selbst haben mir erzählt, dass zu Ihrer Zeit Leute im Alter von fünfzehn Jahren geheiratet haben", antwortete Foma verwirrt.

„Dann haben sie geheiratet. Dann lassen wir das Thema fallen. Nun, Sie hatten mit einer Frau zu tun. Was davon? Eine Frau ist wie eine Impfung, ohne sie kann man sein Leben nicht verbringen. Ich selbst kann nicht den Heuchler spielen. Ich habe angefangen, mit Frauen umzugehen, als ich jünger war als du jetzt. Aber Sie müssen vor ihnen auf der Hut sein."

Ignat wurde nachdenklich und schwieg lange Zeit reglos da, den Kopf tief auf die Brust gesenkt.

„Hör zu, Foma", begann er erneut, streng und bestimmt. „Ich werde bald sterben. Ich bin alt. Etwas bedrückt meine Brust. Ich atme schwer. Ich werde sterben. Dann werden alle meine Angelegenheiten auf deine Schultern fallen. Zuerst wird dir dein Pate behilflich sein – pass auf ihn auf! Du hast ganz gut angefangen; Du hast dich ordnungsgemäß um alles gekümmert. Du hattest die Zügel fest in deinen Händen. Und obwohl Sie eine große Summe Geld verschwendet haben, ist es offensichtlich, dass Sie nicht den Kopf verloren haben. Gott schenke das Gleiche auch in der Zukunft. Das sollten Sie wissen: Das Geschäft ist ein lebendiges, starkes Tier; Sie müssen es geschickt bewältigen; Du musst ihm einen starken Zaum anlegen, sonst wird er dich erobern. Versuchen Sie, über Ihrem Unternehmen zu stehen. Platziere dich so, dass alles unter deinen Füßen ist; dass jeder noch so kleine Haken für dich sichtbar sein wird."

Foma blickte auf die breite Brust seines Vaters, hörte seine schwere Stimme und dachte bei sich:

„Oh, aber du wirst nicht so schnell sterben!"

Dieser Gedanke gefiel ihm und weckte in ihm ein freundliches, warmes Gefühl für seinen Vater.

„Verlass dich auf deinen Paten. Er hat genug gesunden Menschenverstand im Kopf, um die ganze Stadt damit zu versorgen. Ihm fehlt nur noch der Mut, sonst wäre er hoch aufgestiegen. Ja, ich sage dir, meine Tage auf Erden sind gezählt. Tatsächlich ist es höchste Zeit, mich auf den Tod vorzubereiten; alles beiseite werfen; zu fasten und dafür zu sorgen, dass die Menschen mir Wohlwollen entgegenbringen."

"Sie werden!" sagte Foma selbstbewusst.

„Wenn es nur einen Grund gäbe, warum sie es tun sollten."

„Und die Herberge?“

Ignat sah seinen Sohn an und begann zu lachen.

„Jakow hatte schon Zeit, es dir zu erzählen! Der alte Geizhals. Er muss mich misshandelt haben?“

"Ein wenig." Foma lächelte.

"Natürlich! Kenne ich ihn nicht?“

„Er sprach davon, als wäre es sein eigenes Geld.“

Ignat lehnte sich in seinem Stuhl zurück und brach in noch lauteres Gelächter aus.

„Der alte Rabe, was? Das ist durchaus wahr. Ob es sein eigenes Geld oder meins ist, es ist ihm egal. Da zittert er jetzt. Er hat ein Ziel vor Augen, der kahlköpfige Kerl. Kannst du mir sagen, was es ist?“

Foma dachte eine Weile nach und sagte:

"Ich weiß nicht."

„Äh, du bist dumm. Er will uns die Zukunft vorhersagen.“

"Wie ist das?"

„Komm jetzt, rate mal!“

Foma sah seinen Vater an und – erriet es. Sein Gesicht wurde düster, er erhob sich leicht vom Sessel und sagte entschlossen:

„Nein, das will ich nicht. Ich werde sie nicht heiraten!“

"Oh? Warum so? Sie ist ein starkes Mädchen; sie ist nicht dumm; Sie ist sein einziges Kind.“

„Und Taras? Der Verlorene? Aber ich – ich will überhaupt nicht!“

„Der Verlorene ist weg, daher lohnt es sich nicht, von ihm zu sprechen. Es gibt ein Testament, mein Lieber, in dem es heißt: „Alle meine beweglichen und unbeweglichen Sachen sollen meiner Tochter Lubov gehören .“ Und was die Tatsache betrifft, dass sie die Tochter deines Paten ist, werden wir das klären.“

„Es ist alles das Gleiche“, sagte Foma bestimmt. „Ich werde sie nicht heiraten!“

„Nun, es ist jetzt ziemlich früh, darüber zu sprechen! Aber warum magst du sie so nicht?“

„Ich mag sie nicht, so wie sie ist.“

„So-o! Denken Sie einfach darüber nach! Und welche Frauen gefallen Ihnen mehr, Sir, darf ich fragen?"

„Diejenigen, die einfacher sind. Sie ist immer mit ihren Gymnasiasten und ihren Büchern beschäftigt. Sie ist gelehrt geworden. Sie wird auf meine Kosten lachen", sagte Foma emotional.

„Das ist durchaus wahr. Sie ist zu mutig. Aber das ist eine Kleinigkeit. Alle Arten von Rost können entfernt werden, wenn Sie es versuchen. Das ist eine Frage der Zukunft. Und dein Pate ist ein kluger alter Mann. Er führte ein friedliches, sesshaftes Leben; Er saß an einem Ort und dachte über alles nach. Es lohnt sich, ihm zuzuhören, denn er kann die falsche Seite jeder einzelnen weltlichen Angelegenheit erkennen. Er ist unser Aristokrat – ein Nachkomme von Mutter Jekaterina – ha, ha! Er versteht viel über sich. Und als sein Stamm von Taras abgeschnitten wurde, beschloss er, dich an Taras' Stelle zu setzen, verstehst du?"

„Nein, ich suche mir meinen Platz lieber selbst aus", sagte Foma hartnäckig.

„Du bist noch dumm." Ignat lächelte als Antwort auf die Worte seines Sohnes.

Ihr Gespräch wurde durch die Ankunft von Tante Anfisa unterbrochen.

„Foma! „Du bist gekommen", rief sie irgendwo hinter der Tür. Foma stand auf und ging ihr mit einem sanften Lächeln entgegen.

Wieder verlief sein Leben langsam, ruhig und eintönig. Wieder der Austausch und die Anweisungen seines Vaters. Ignat behielt in seiner Beziehung zu seinem Sohn einen freundlich-sarkastischen und ermutigenden Ton bei und begann, ihn strenger zu behandeln. Er tadelte ihn für jede Kleinigkeit und erinnerte ihn ständig daran, dass er ihn frei erzogen hatte; dass er ihm nie im Weg war und dass er ihn nie geschlagen hat.

„Andere Väter schlagen Leute wie dich mit Holzscheiten. Und ich habe dich nie mit einem Finger berührt."

„Offensichtlich habe ich es nicht verdient", sagte Foma eines Tages ruhig.

Ignat wurde wütend auf seinen Sohn wegen dieser Worte und wegen des Tons.

„Reden Sie nicht so viel!" er brüllte. „Die Sanftheit meiner Hand hat dir Mut gemacht. Du findest auf jedes Wort, das ich sage, eine Antwort. In acht nehmen; Obwohl meine Hand weich war, kann sie dich dennoch so drücken, dass Tränen aus deinen Fersen strömen. Du bist zu früh erwachsen geworden, wie ein Fliegenpilz, der gerade aus dem Boden geschossen ist. Du hast schon einen schlechten Geruch."

„Warum bist du so wütend auf mich?" fragte Foma verwirrt und beleidigt, als sein Vater zufällig in einer glücklichen Stimmung war.

„Weil du es nicht ertragen kannst, wenn dein Vater dich beschimpft. Du bist sofort zum Streit bereit."

„Aber es ist beleidigend. Es ging mir nicht schlechter als vorher. Sehe ich nicht, wie andere in meinem Alter leben?"

„Dir würde nicht der Kopf abfallen, wenn ich dich schelte. Und ich schimpfe mit dir, weil ich sehe, dass da etwas in dir ist, das nicht mir gehört. Was es ist, weiß ich nicht, aber ich sehe, dass es da ist. Und dieses Etwas ist schädlich für dich."

Diese Worte Ignats machten den Sohn sehr nachdenklich. Foma fühlte auch etwas Seltsames in sich, etwas, das ihn von den Jugendlichen seiner Zeit unterschied, aber auch er konnte nicht verstehen, was es war. Und er betrachtete sich selbst mit Argwohn.

Foma liebte es, an der Börse zu sein, inmitten des Trubels und der Gespräche der besonnenen Leute, die Geschäfte im Wert von Tausenden Rubel abschlossen; Der Respekt, mit dem die weniger wohlhabenden Handwerker ihn – Foma, den Sohn des Millionärs – begrüßten und mit ihm sprachen, schmeichelte ihm sehr. Er fühlte sich glücklich und stolz, wenn er einen Teil des Unternehmens seines Vaters erfolgreich leitete, die gesamte Verantwortung auf seinen eigenen Schultern übernahm, und erhielt dafür von seinem Vater ein anerkennendes Lächeln. In ihm steckte großer Ehrgeiz, er sehnte sich danach, als erwachsener Geschäftsmann aufzutreten, aber er lebte – genau wie vor seiner Reise nach Perm – wie in der Einsamkeit; Er verspürte immer noch keine Sehnsucht nach Freunden, obwohl er nun jeden Tag mit den Kaufmannssöhnen seines Alters in Kontakt kam. Sie hatten ihn mehr als einmal zu ihren Ausflügen eingeladen, aber er lehnte ihre Einladungen eher grob und verächtlich ab und lachte sie sogar aus.

"Ich habe Angst. Deine Väter werden vielleicht von deinen Amokläufen erfahren, und wenn sie dir eine Tracht Prügel geben, komme ich vielleicht auch vorbei, um einen Anteil zu bekommen."

Was ihm an ihnen nicht gefiel, war, dass sie ohne Wissen ihrer Väter ein ausschweifendes und verdorbenes Leben führten und dass das Geld, das sie ausgaben, entweder von ihren Eltern gestohlen oder auf langfristigen Schuldscheinen geliehen wurde, um damit zu bezahlen Wucherzinsen. Sie mochten ihn wiederum nicht wegen dieser Zurückhaltung und Abneigung, die den für sie so beleidigenden Stolz enthielt. Er war schüchtern, wenn es darum ging, mit Leuten zu sprechen, die älter waren als er selbst, weil er fürchtete, er könnte in ihren Augen dumm und dickköpfig erscheinen.

Er erinnerte sich oft an Pelageya und fühlte sich zunächst melancholisch, wenn ihr Bild vor seiner Fantasie aufblitzte. Aber die Zeit verging und nach und nach färbten die leuchtenden Farben dieser Frau ab; und bevor er sich dessen bewusst wurde, waren seine Gedanken mit der schlanken, engelsgleichen Medinskaya beschäftigt. Sie kam fast jeden Sonntag mit verschiedenen Bitten zu Ignat, die im Allgemeinen nur ein einziges Ziel hatten: den Bau des Asyls zu beschleunigen. In ihrer Gegenwart fühlte sich Foma unbeholfen, riesig und schwer; das schmerzte ihn, und er errötete tief unter dem liebenswerten Blick von Sofija Pawlownas großen Augen. Er bemerkte, dass ihre Augen jedes Mal, wenn sie ihn ansah, dunkler wurden, während ihre Oberlippe zitterte und sich leicht hob, wodurch sehr kleine weiße Zähne zum Vorschein kamen. Das machte ihm immer Angst. Als sein Vater bemerkte, wie unerschütterlich er Medinskaja anstarrte, sagte er ihm eines Tages:

„Starren Sie nicht so sehr in dieses Gesicht. Pass auf, sie ist wie eine Birkenglut: Von außen ist sie ebenso bescheiden, glatt und dunkel – allem Anschein nach völlig kalt – aber nimm sie in deine Hand, und sie wird dich verbrennen."

Medinskaya entfachte in der Jugend keine sinnliche Leidenschaft, denn in ihr gab es nichts, was Pelageya ähnelte, und insgesamt war sie überhaupt nicht wie andere Frauen. Er wusste, dass beschämende Gerüchte über sie im Umlauf waren, aber er glaubte keinem davon. Doch sein Verhältnis zu ihr änderte sich, als er sie eines Tages in einer Kutsche neben einem beleibten Mann mit grauem Hut und langen Haaren, die ihm über die Schultern fielen, bemerkte. Sein Gesicht war wie eine Blase – rot und aufgedunsen; Er hatte weder Schnurrbart noch Bart und sah insgesamt wie eine verkleidete Frau aus. Foma wurde gesagt, dass dies ihr Ehemann sei. Dann stiegen in ihm dunkle und widersprüchliche Gefühle auf: Er hatte das Gefühl, den Architekten zu beleidigen, und gleichzeitig beneidete und respektierte er ihn. Medinskaya kam ihm jetzt weniger schön und zugänglicher vor; er fing an, Mitleid mit ihr zu haben, und doch dachte er bösartig:

„Sie muss sicherlich Ekel empfinden, wenn er sie küsst."

Und nach alledem verspürte er manchmal in sich eine bodenlose und bedrückende Leere, die durch nichts ausgefüllt werden konnte – weder durch die Eindrücke des vergangenen Tages noch durch die Erinnerung an die Vergangenheit; und die Börse und seine Angelegenheiten und seine Gedanken an Medinskaya – alles wurde von dieser Leere verschlungen. Es beunruhigte ihn: In der dunklen Tiefe dieser Leere vermutete er die verborgene Existenz einer feindlichen Macht, die noch formlos war, aber bereits sorgfältig und beharrlich danach strebte, Inkarnation zu werden.

In der Zwischenzeit wurde Ignat, der sich äußerlich kaum veränderte, immer unruhiger und mürrischer und klagte immer häufiger über seine Krankheit.

„Ich habe meinen Schlaf verloren. Früher war es so gesund, dass ich es nicht gespürt hätte, selbst wenn du mir die Haut abgerissen hättest. Jetzt wälze ich mich hin und her und schlafe erst gegen Morgen ein. Und ab und zu wache ich auf. Mein Herz schlägt jetzt unregelmäßig, obwohl ich müde bin; oft so: Tuk-Tuk-Tuk. Und manchmal sinkt es plötzlich – und es scheint, als würde es sich bald losreißen und irgendwo in die Tiefe fallen; in den Busen. Oh Herr, erbarme Dich meiner durch Deine große Barmherzigkeit." Und mit einem reumütigen Seufzer hob er seine strengen Augen zum Himmel, die jetzt trüb geworden waren und keinen hellen, funkelnden Glanz mehr hatten.

„Der Tod hat irgendwo in meiner Nähe ein Auge auf mich", sagte er eines Tages mürrisch, aber demütig. Und tatsächlich ließ es seinen großen, kräftigen Körper bald zu Boden fallen.

Dies geschah im August, früh am Morgen. Foma schlief tief und fest, als er plötzlich spürte, wie ihn jemand an der Schulter rüttelte, und eine heisere Stimme an sein Ohr rief:

"Aufstehen."

Er öffnete die Augen und sah, dass sein Vater auf einem Stuhl neben seinem Bett saß und mit dumpfer Stimme eintönig wiederholte:

"Steh auf steh auf."

Die Sonne war gerade aufgegangen, und ihr Licht, das auf Ignats weißes Leinenhemd fiel, hatte seine rosigen Farbtöne noch nicht verloren.

„Es ist früh", sagte Foma und streckte sich.

„Na ja, du wirst später genug schlafen."

Foma hüllte sich träge in die Decke und fragte:

"Warum brauchst du mich?"

„Steh bitte auf, Schatz?" rief Ignat und fügte etwas beleidigt hinzu: „Es muss notwendig sein, da ich dich wecke."

Als Foma das Gesicht seines Vaters genau betrachtete, bemerkte er, dass es grau und müde war.

"Sind Sie krank?"

"Leicht."

„Sollen wir einen Arzt holen?"

„Der Teufel holt ihn!" Ignat winkte ab. „Ich bin kein junger Mann mehr. Ich weiß es auch ohne ihn."

"Was?"

„Oh, ich weiß es!" sagte der alte Mann geheimnisvoll und warf einen seltsamen Blick durch den Raum. Foma zog sich gerade an, und sein Vater sprach mit gesenktem Kopf langsam:

„Ich habe Angst zu atmen. Irgendetwas sagt mir, dass mir das Herz platzen würde, wenn ich jetzt tief aufseufzen würde. Heute ist Sonntag! Wenn die Morgenmesse vorbei ist, schicken Sie nach dem Priester."

„Wovon redest du, Papa?" Foma lächelte.

"Nichts. Wasch dich und geh in den Garten. Ich befahl, den Samowar dorthin zu bringen. Wir trinken unseren Tee in der Morgenkühle. Ich habe jetzt Lust, heißen, starken Tee zu trinken. Sei schneller."

Der alte Mann erhob sich mühsam vom Stuhl und verließ gebeugt und barfuß das Zimmer in taumelndem Gang. Foma blickte seinen Vater an, und ein stechender Schauer der Angst ließ sein Herz zusammenschrumpfen. Er wusch sich hastig und eilte in den Garten hinaus.

Dort, unter einem alten, ausladenden Apfelbaum, saß Ignat in einem großen Eichensessel. Das Licht der Sonne fiel in dünnen Streifen durch die Zweige der Bäume auf die weiße Gestalt des alten Mannes im Nachtgewand. Im Garten herrschte eine so tiefe Stille, dass selbst das Rascheln eines Astes, den Fomas Kleidung versehentlich berührte, ihm wie ein lautes Geräusch vorkam und ihn schauderte. Auf dem Tisch vor seinem Vater stand der Samowar, schnurrte wie ein wohlgenährter Kater und stieß einen Dampfstrahl in die Luft aus. Inmitten der Stille und des frischen Grüns des Gartens, der am Tag zuvor von reichlichen Regenfällen überschwemmt worden war, erschien Foma dieser helle Fleck des kühn leuchtenden, lauten Messings als etwas Unnötiges, als etwas, das weder zur Zeit noch zum Ort passte – noch das Gefühl, das in ihm aufstieg beim Anblick des kränklichen, gebeugten alten Mannes, der in Weiß gekleidet war und allein unter dem stummen, regungslosen dunkelgrünen Laubwerk saß, aus dem bescheiden rote Äpfel hervorschauten.

„Setzen Sie sich", sagte Ignat.

„Wir sollten einen Arzt holen." Foma beriet ihn unentschlossen und setzte sich ihm gegenüber.

„Es ist nicht notwendig. Unter freiem Himmel ist es jetzt etwas besser. Und jetzt trinke ich einen Schluck Tee und vielleicht tut mir das noch mehr", sagte Ignat und schenkte Tee in die Gläser ein, und Foma bemerkte, dass die Teekanne in der Hand seines Vaters zitterte.

"Trinken."

Schweigend hob Foma ein Glas für sich heran, beugte sich darüber, blies den Schaum von der Oberfläche des Tees und hörte mit Schmerzen im Herzen das laute, schwere Atmen seines Vaters. Plötzlich schlug etwas mit solcher Wucht auf den Tisch, dass das Geschirr zu klappern begann.

Foma schauderte, warf den Kopf hoch und begegnete dem verängstigten, fast sinnlosen Ausdruck in den Augen seines Vaters. Ignat starrte seinen Sohn an und flüsterte heiser:

„Ein Apfel ist heruntergefallen (zum Teufel!). Es klang wie das Abfeuern einer Waffe."

„Möchten Sie nicht etwas Cognac in Ihren Tee haben?" Foma schlug vor.

„Ohne ist es gut genug."

Sie verstummten. Ein Schwarm Finken flog über den Garten hinweg und verbreitete ein aufreizend fröhliches Gezwitscher in der Luft. Und wieder wurde die reife Schönheit des Gartens in feierliche Stille getaucht. Der Schrecken lag noch immer in Ignats Augen.

„Oh Herr, Jesus Christus!" sagte er mit leiser Stimme und machte das Kreuzzeichen. "Ja. Da ist sie – die letzte Stunde meines Lebens."

„Hör auf, Papa!" flüsterte Foma.

"Warum aufhören? Wir trinken unseren Tee und schicken dann nach dem Priester und nach Mayakin."

„Ich würde sie jetzt lieber holen lassen."

„Sie werden bald die Messe läuten – der Priester ist nicht zu Hause – und dann gibt es keine Eile, es könnte bald vorbei sein."

Und er begann lautstark, den Tee aus der Untertasse zu trinken.

„Ich sollte noch ein oder zwei Jahre leben. Du bist jung und ich habe große Angst um dich. Lebe ehrlich und fest; Begehren Sie nicht, was anderen gehört, sondern kümmern Sie sich gut um Ihr Eigentum."

Es fiel ihm schwer zu sprechen, er hielt inne und rieb sich mit der Hand die Brust.

„Verlassen Sie sich nicht auf andere; Erwarte nur wenig von ihnen. Wir alle leben, um zu nehmen, nicht um zu geben. Oh Gott! Erbarme dich des Sünders!"

Irgendwo in der Ferne übertönte der tiefe Klang der Glocke die Stille des Morgens. Ignat und Foma bekreuzigten sich dreimal.

Nach dem ersten Glockenklang ertönte ein weiterer, dann ein dritter, und bald war die Luft erfüllt von den Klängen der Kirchenglocken, die von allen Seiten kamen – fließend, gemessen, laut rufend.

„Da läuten sie für die Masse", sagte Ignat und lauschte dem Echo des Glockenmetalls. „Können Sie die Glocken an ihrem Klang erkennen?"

„Nein", antwortete Foma.

"Einfach zuhören. Das jetzt – hörst du? der Bass – das ist aus der Nikola-Kirche. Es wurde von Peter Mitrich Vyagin präsentiert – und dieser, der Heisere –, das ist in der Kirche von Praskeva Pyatnitza."

Die singenden Wellen der Glockentöne bewegten die Luft, die von ihnen erfüllt war, und sie verklangen im klaren Blau des Himmels. Foma starrte nachdenklich in das Gesicht seines Vaters und sah, dass die Angst aus seinen Augen verschwand und sie jetzt heller leuchteten.

Doch plötzlich wurde das Gesicht des alten Mannes ganz rot, seine Augen weiteten sich und rollten aus ihren Augenhöhlen, sein Mund öffnete sich vor Angst und aus ihm kam ein seltsames, zischendes Geräusch:

„FFAA-ch."

Unmittelbar darauf fiel Ignats Kopf zurück auf seine Schulter und sein schwerer Körper rutschte langsam vom Stuhl auf den Boden, als hätte die Erde ihn gebieterisch an sich gezogen. Foma blieb eine Weile regungslos und still, dann stürzte er auf Ignat zu, hob seinen Kopf vom Boden und sah ihm ins Gesicht. Das Gesicht war dunkel, bewegungslos und die weit geöffneten Augen drückten nichts aus – weder Schmerz noch Angst noch Freude. Foma sah sich um. Nach wie vor war niemand im Garten und das hallende Glockengeläut hallte noch immer in der Luft. Fomas Hände begannen zu zittern, er ließ den Kopf seines Vaters los und dieser schlug schwer auf den Boden. Dunkles, dickes Blut begann in einem schmalen Strahl aus seinem offenen Mund über seine blaue Wange zu strömen.

Foma schlug sich mit beiden Händen auf die Brust, kniete vor der Leiche nieder und weinte laut. Er zitterte vor Angst und suchte mit Augen wie die eines Verrückten im Grünen des Gartens nach jemandem.

KAPITEL IV

Der Tod SEINES Vaters machte Foma sprachlos und erfüllte ihn mit einem seltsamen Gefühl; Stille strömte in seine Seele – eine schmerzliche, unbewegliche Stille, die alle Geräusche des Lebens aufnahm, ohne sich darüber zu äußern. Um ihn herum tummelten sich allerlei Bekannte; Sie erschienen, verschwanden, sagten etwas zu ihm – seine Antworten auf sie kamen unzeitgemäß, und ihre Worte riefen keine Bilder in ihm hervor, sie versanken spurlos in den bodenlosen Tiefen der todesähnlichen Stille, die seine Seele erfüllte. Er weinte weder, noch trauerte er, noch dachte er an irgendetwas; bleich und düster, mit gerunzelter Stirn, lauschte er aufmerksam dieser Stille, die alle seine Gefühle verdrängt, sein Herz betäubt und sein Gehirn fest umklammert hatte. Er war sich nur des rein körperlichen Gefühls der Schwere in seinem ganzen Körper und besonders in seiner Brust bewusst, und dann kam es ihm auch so vor, als sei es immer Dämmerung, und obwohl die Sonne noch hoch am Himmel stand – alles auf der Erde sah aus düster und melancholisch.

Die Beerdigung wurde von Mayakin arrangiert. Hastig und zügig lief er in den Zimmern umher und machte viel Klappern mit den Absätzen seiner Stiefel; er schrie die Haushaltshilfe gebieterisch an, klopfte seinem Patensohn auf die Schulter und tröstete ihn:

„Und warum bist du versteinert? Brüllen Sie und Sie werden sich erleichtert fühlen. Dein Vater war alt – alt im Körper. Der Tod ist für uns alle vorbereitet, du kannst ihm nicht entkommen – du darfst also nicht vorzeitig träge werden. Du kannst ihn mit deinem Kummer nicht wieder zum Leben erwecken, und dein Kummer ist für ihn unnötig, denn es heißt: „Wenn der Körper von den schrecklichen Engeln der Seele beraubt wird, vergisst die Seele alle Verwandten und Bekannten", was das bedeutet Du bist ihm jetzt egal, ob du weinst oder lachst. Aber die Lebenden müssen sich um die Lebenden kümmern. Du solltest besser weinen, denn das ist menschlich. Es bringt große Erleichterung für das Herz."

Aber diese Worte lösten weder in Fomas Kopf noch in seinem Herzen etwas aus. Am Tag der Beerdigung kam er jedoch wieder zu sich, dank der Beharrlichkeit seines Paten, der eifrig und auf seltsame Weise versuchte, seine traurige Seele aufzuwecken.

Der Tag der Beerdigung war bewölkt und trostlos. Inmitten einer schweren Staubwolke folgte eine riesige Menschenmenge, die sich wie ein schwarzes Band windete, dem Sarg von Ignat Gordyeeff. Hier und da blitzte das Gold der Priestergewänder auf, und der dumpfe Lärm der langsamen Bewegung der Menge verschmolz mit der feierlichen Musik des Chores, der aus den Chorsängern des Bischofs bestand. Foma wurde von hinten und von den Seiten geschubst; Er ging und sah nichts als das graue Haupt seines Vaters, und der traurige Gesang hallte in seinem Herzen wider wie ein melancholisches Echo. Und Mayakin, der neben ihm ging, flüsterte ihm weiterhin aufdringlich ins Ohr:

„Sehen Sie, was für eine Menschenmenge – Tausende! Der Gouverneur selbst kam heraus, um Ihren Vater in die Kirche zu begleiten, den Bürgermeister und fast den gesamten Stadtrat. Und hinter dir – dreh dich einfach um! Da geht Sophya Pawlowna. Die Stadt zollt Ignat ihren Respekt.“

Zuerst hörte Foma nicht auf das Flüstern seines Paten, aber als er Medinskaya erwähnte, blickte er unwillkürlich zurück und bemerkte den Gouverneur. Ein kleiner Tropfen von etwas Angenehmem fiel ihm ins Herz, als er diese wichtige Persönlichkeit sah, die mit einem leuchtenden Band über der Schulter und mit Befehlen auf der Brust dem Sarg nachging und einen Ausdruck der Trauer auf seinem strengen Gesicht hatte.

„Gesegnet ist der Weg, den diese Seele heute geht“, summte Jakow Tarasowitsch leise, bewegte die Nase und flüsterte seinem Patensohn erneut ins Ohr:

„75.000 Rubel sind eine solche Summe, dass man dafür so viele Begleitpersonen verlangen kann. Hast du gehört, dass Sonka Vorbereitungen für die Grundsteinlegung am 15. trifft? Nur vierzig Tage nach dem Tod deines Vaters.“

Foma drehte sich wieder um und sein Blick traf den Blick von Medinskaya. Bei ihrem streichelnden Blick stieß er einen tiefen Seufzer aus und fühlte sich sofort erleichtert, als ob ein warmer Lichtstrahl in seine Seele eindrang und dort etwas schmolz. Und dann und da überlegte er, dass es ihm ungebührlich war, den Kopf hin und her zu drehen.

In der Kirche begann Fomas Kopf zu schmerzen, und es schien ihm, als ob alles um ihn herum und unter ihm bebte. In der stickigen, staubigen Luft, im Atem der Menschen und im Rauch des Weihrauchs zitterten zaghaft die Flammen der Kerzen. Das sanftmütige Bild Christi blickte von der großen Ikone auf ihn herab, und die Flammen der Kerzen, die sich im angelaufenen Gold der Krone über der Stirn des Erlösers spiegelten, erinnerten ihn an Blutstropfen.

Fomas erwachte Seele ernährte sich gierig von der feierlichen, düsteren Poesie der Liturgie, und als das rührende Zitat „Komm, lass uns ihm den letzten Kuss geben“ erklang, entfuhr ein lautes, klagendes Schluchzen aus Fomas Brust und der Menge In der Kirche herrschte durch diesen Trauerausbruch große Aufregung.

Foma berührte mit seinen Lippen die Stirn seines Vaters und sprang entsetzt vom Sarg zurück.

„Halten Sie Ruhe! Du hast mich fast umgehauen", bemerkte Mayakin mit leiser Stimme zu ihm, und diese einfachen, ruhigen Worte stützten Foma besser als die Hände seines Paten.

„Ihr, die ihr mich stumm und leblos vor euch seht, weint um mich, Brüder und Freunde", flehte Ignat durch den Mund der Kirche. Aber sein Sohn weinte nicht mehr; Sein Entsetzen wurde durch das schwarze, geschwollene Gesicht seines Vaters hervorgerufen, und dieses Entsetzen ernüchterte ein wenig seine Seele, die von der traurigen Musik der Klage der Kirche um ihren sündigen Sohn berauscht war. Er war von Bekannten umgeben, die ihn freundlich trösteten; Er hörte ihnen zu und verstand, dass er ihnen allen leid tat und dass er ihnen ans Herz gewachsen war. Und sein Pate flüsterte ihm ins Ohr:

„Sehen Sie, wie sie alle um Sie herum schmeicheln. Die Kater haben das Fett gerochen."

Diese Worte waren Foma unangenehm, aber sie waren für ihn nützlich, da sie ihn auf jeden Fall zu einer Antwort veranlassten.

Als sie auf dem Friedhof zum ewigen Andenken an Ignat sangen, weinte er erneut bitterlich und laut. Sein Pate packte ihn sofort bei den Armen, führte ihn vom Grab weg und sagte ernst zu ihm:

„Was für ein kleinmütiger Kerl du bist! Tut er mir nicht leid? Ich habe seinen wahren Wert erkannt, als du nur sein Sohn warst. Und doch weine ich nicht. Mehr als dreißig Jahre lang lebten wir in vollkommener Harmonie zusammen – wie viel wurde gesprochen, wie viel nachgedacht – wie viel

Kummer getrunken. Du bist jung; Es steht dir nicht zu, zu trauern! Ihr Leben liegt vor Ihnen und Sie werden reich an Freundschaften aller Art sein; Während ich alt bin und jetzt, wo ich meinen einzigen Freund begraben habe, bin ich wie ein Armer. Ich kann keinen festen Freund mehr finden!"

Die Stimme des alten Mannes begann seltsam zu klingeln und zu quietschen. Sein Gesicht war verzerrt, seine Lippen waren zu einer großen Grimasse verzogen und zitterten, und aus seinen kleinen Augen liefen häufig Tränen über die jetzt zusammengezogenen Falten seines Gesichts. Er sah so erbärmlich und so unähnlich aus, dass Foma abrupt stehen blieb, ihn mit der Zärtlichkeit eines starken Mannes an seinen Körper drückte und erschrocken rief:

„Weine nicht, Vater – Liebling! Weine nicht."

"Hier hast du es!" sagte Mayakin schwach, und mit einem tiefen Seufzer verwandelte er sich plötzlich wieder in einen festen und klugen alten Mann.

„Du darfst nicht weinen", sagte er geheimnisvoll und setzte sich neben seinen Patensohn in die Kutsche. „Sie sind jetzt der Oberbefehlshaber im Krieg und müssen Ihre Soldaten tapfer befehligen. Deine Soldaten sind die Rubel, und du hast eine große Armee davon. Führt unaufhörlich Krieg!"

Überrascht von der Schnelligkeit seiner Verwandlung hörte Foma seinen Worten zu und aus irgendeinem Grund erinnerten sie ihn an die Erdklumpen, die die Menschen in Ignats Grab auf seinen Sarg warfen.

„Gegen wen soll ich Krieg führen?" sagte Foma mit einem Seufzer.

„Das werde ich dir beibringen! Hat dir dein Vater gesagt, dass ich ein kluger alter Mann sei und dass du auf mich aufpassen sollst?"

"Er hat."

„Dann pass auf mich auf! Wenn mein Geist zu Ihrer jugendlichen Kraft hinzukäme, könnte ein guter Sieg errungen werden. Dein Vater war ein großartiger Mann, aber er sah nicht weit vor sich hin und konnte meinen Rat nicht befolgen. Er erlangte seinen Erfolg im Leben nicht mit seinem Verstand, sondern mehr mit seinem Kopf. Oh, was wird aus dir werden? Du solltest besser in mein Haus einziehen, denn in deinem wirst du dich einsam fühlen."

„Tante ist da."

"Tante? Sie ist krank. Sie wird nicht lange leben."

„Sprich nicht darüber", flehte Foma mit leiser Stimme.

„Und ich werde darüber sprechen. Du brauchst den Tod nicht zu fürchten – du bist keine alte Frau auf dem Herd. Lebe furchtlos und tue, wozu du ernannt wurdest. Der Mensch ist für die Organisation des Lebens auf der Erde bestimmt. Der Mensch ist Kapital – wie ein Rubel besteht er aus billigen Kupfermünzen und Kopeken. Aus dem Staub der Erde, wie es heißt; und während er mit der Welt verkehrt, nimmt er Fett und Öl, Schweiß und Tränen auf – eine Seele und ein Geist formen sich in ihm. Und von hier aus beginnt er, nach oben und unten zu wachsen. Sehen Sie, sein Preis liegt bei einem Grosch, mal bei fünfzehn Kopeken Silberstück, mal bei hundert Rubel, und manchmal ist er über jedem Preis. Er wird in Umlauf gebracht und er muss Interessen zum Leben erwecken. Das Leben kennt den Wert eines jeden von uns und wird unseren Kurs nicht vorzeitig überprüfen. Niemand, mein Lieber, arbeitet zu seinem eigenen Nachteil, wenn er weise ist. Und das Leben hat viel Weisheit angesammelt. Hörst du?"

"Ich bin."

„Und was verstehst du?"

"Alles."

„Du lügst wahrscheinlich?" Mayakin zweifelte.

„Aber warum müssen wir sterben?" fragte Foma mit leiser Stimme.

Mayakin sah ihm bedauernd ins Gesicht, schmatzte mit den Lippen und sagte:

„Ein weiser Mann würde niemals eine solche Frage stellen. Ein weiser Mann weiß selbst: Wenn es ein Fluss ist, muss er irgendwo fließen, und wenn er an einer Stelle stünde, wäre es ein Sumpf."

„Sie verspotten mich einfach wahllos", sagte Foma streng. „Das Meer fließt nirgendwo hin."

„Das Meer nimmt alle Flüsse in sich auf, und dann toben zeitweise heftige Stürme darin. Dann unterwirft sich auch das Meer des Lebens der von Menschen aufgewühlten Aufregung, und der Tod erneuert die Wasser des Meeres des Lebens, damit sie nicht verdorben werden. Egal wie viele Menschen sterben, ihre Zahl nimmt immer weiter zu."

"Was davon? Aber mein Vater ist tot."

„Du wirst auch sterben."

„Was habe ich dann mit der Tatsache zu tun, dass die Zahl der Menschen zunimmt?" Foma lächelte traurig.

„Eh, er, er!" seufzte Mayakin. „Das geht tatsächlich keinen von uns etwas an. Da argumentieren Ihre Hosen wahrscheinlich genauso: Was haben wir mit der Tatsache zu tun, dass es auf der Welt alles Mögliche gibt? Aber du hast nichts dagegen – du nutzt sie ab und wirfst sie weg."

Foma warf seinem Paten einen vorwurfsvollen Blick zu, und als er bemerkte, dass der alte Mann lächelte, war er erstaunt und fragte respektvoll:

„Kann es wahr sein, Vater, dass du den Tod nicht fürchtest?"

„Am allermeisten fürchte ich die Dummheit, mein Kind", antwortete Mayakin mit demütiger Bitterkeit. „Meine Meinung ist folgende: Wenn dir ein Narr Honig gibt, spuck darauf; Wenn dir ein weiser Mann Gift gibt, trink es! Und ich sage Ihnen, dass der Barsch eine schwache Seele hat, da seine Flossen nicht aufrecht stehen."

Die spöttischen Worte des alten Mannes beleidigten und verärgerten Foma. Er drehte sich zur Seite und sagte:

„Ohne diese Ausflüchte kann man nie sprechen."

"Ich kann nicht!" rief Mayakin aus und seine Augen begannen vor Angst zu funkeln. „Jeder Mann benutzt genau die gleiche Sprache, die er hat. Wirke ich streng? Tue ich das?"

Foma schwieg.

„Äh, du. Wisse das – er liebt es, wer lehrt. Merken Sie sich das gut. Und was den Tod betrifft, denken Sie nicht daran. Es ist dumm, mein Lieber, dass ein lebender Mensch an den Tod denkt. „Prediger" dachten besser über den Tod nach als irgendjemand sonst und sagten, dass ein lebender Hund besser sei als ein toter Löwe."

Sie kamen nach Hause. Die Straße in der Nähe des Hauses war voller Kutschen, und aus den offenen Fenstern drangen laute Gesprächsgeräusche. Sobald Foma im Saal erschien, wurde er an den Armen gepackt und zum Tisch geführt und dort aufgefordert, etwas zu trinken und zu essen. Ein Marktplatzlärm erfüllte die Luft; Der Saal war überfüllt und stickig. Schweigend trank Foma ein Glas Wodka, dann noch eins und noch eins. Um ihn herum kauten und schmatzten sie; Der aus den Flaschen ausgegossene Wodka gurgelte, die Weingläser klirrten. Sie sprachen vom getrockneten Stör und vom Bass des Solisten des Bischofschors und dann wieder vom getrockneten Stör, und dann sagten sie, dass auch der Bürgermeister eine Rede halten wolle, sich aber nach dem Bischof nicht dazu traue hatte gesprochen, aus Angst, er könnte nicht so gut sprechen wie der Bischof. Jemand erzählte mit Gefühl:

„Der Verstorbene pflegte so zu verfahren: Er schnitt eine Scheibe Lachs ab, pfefferte sie dick, bedeckte sie mit einer weiteren Scheibe Lachs und schickte sie dann sofort nach einem Drink hinunter."

„Lasst uns seinem Beispiel folgen", brüllte ein dicker Bass. Zutiefst beleidigt betrachtete Foma mit gerunzelter Stirn die dicken Lippen und die

Kiefer, die das leckere Essen kauten, und er hätte am liebsten aufgeschrien und alle diese Leute vertrieben, deren Gelassenheit ihm erst vor Kurzem Respekt vor ihnen eingeflößt hatte.

„Du solltest besser freundlicher und geselliger sein", sagte Mayakin mit leiser Stimme und kam auf ihn zu.

„Warum fressen sie hier? Ist das eine Taverne?" rief Foma wütend.

„Still", bemerkte Mayakin erschrocken und drehte sich hastig um, um sich mit einem freundlichen Lächeln im Gesicht umzusehen.

Aber es war zu spät; sein Lächeln war nutzlos. Fomas Worte waren belauscht worden, der Lärm und das Gespräch ließen nach, einige der Gäste begannen eilig umherzulaufen, andere legten beleidigt die Stirn in Falten, legten ihre Gabeln und Messer weg und gingen vom Tisch weg, alle blickten Foma schief an.

Schweigend und wütend begegnete er diesen Blicken, ohne den Blick zu senken.

„Ich bitte Sie, an den Tisch zu kommen!" rief Mayakin und glänzte inmitten der Menschenmenge wie eine Glut inmitten der Asche. „Setzen Sie sich, beten Sie! Bald gibt es Pfannkuchen."

Foma zuckte mit den Schultern, ging zur Tür und sagte laut:

„Ich werde nicht essen."

Er hörte ein feindseliges Grollen hinter sich und die schmeichelnde Stimme seines Paten, der zu jemandem sagte:

„Es ist für Trauer. Ignat war für ihn Vater und Mutter zugleich."

Foma kam in den Garten und setzte sich an die Stelle, an der sein Vater gestorben war. Das Gefühl der Einsamkeit und Trauer bedrückte sein Herz. Er knöpfte den Kragen seines Hemdes auf, um leichter atmen zu können, stützte die Ellbogen auf den Tisch und saß, den Kopf fest zwischen die Hände gepreßt, regungslos da. Es nieselte und die Blätter des Apfelbaums raschelten traurig unter den Regentropfen. Er saß lange Zeit allein und regungslos da und beobachtete, wie die kleinen Tropfen vom Apfelbaum fielen. Sein Kopf war schwer vom Wodka und in seinem Herzen wuchs ein wachsender Groll gegen Männer. Einige unbestimmte, unpersönliche Gefühle und Gedanken tauchten in ihm auf und verschwanden; Vor ihm blitzte der kahle Schädel seines Paten mit einer kleinen silbernen Haarkrone und einem dunklen Gesicht auf, das den Gesichtern der alten Ikonen ähnelte. Dieses Gesicht mit dem zahnlosen Mund und dem boshaften Lächeln, das in Foma Hass und Angst weckte, verstärkte in ihm das Bewusstsein der Einsamkeit. Dann erinnerte er sich an die freundlichen Augen von

Medinskaya und ihre kleine, anmutige Figur; Und neben ihr erhob sich die große, robuste Lubov Mayakina mit rosigen Wangen, lächelnden Augen und einem großen hellgoldenen Zopf. „Verlassen Sie sich nicht auf Männer, erwarten Sie nur wenig von ihnen" – die Worte seines Vaters begannen in seiner Erinnerung nachzuklingen. Er seufzte traurig und warf einen Blick in die Runde. Die Blätter der Bäume flatterten im Regen und die Luft war voller trauriger Geräusche. Der graue Himmel schien zu weinen, und auf den Bäumen zitterten kalte Tränen. Und Fomas Seele war trocken, dunkel; es war erfüllt von einem schmerzhaften Gefühl der Waisenschaft. Doch aus diesem Gefühl entstand die Frage:

„Wie soll ich jetzt leben, wo ich allein bin?"

Der Regen durchnässte seine Kleidung, und als er spürte, dass er vor Kälte zitterte, stand er auf und ging ins Haus.

Das Leben zerrte an ihm von allen Seiten und gab ihm keine Gelegenheit, sich auf die Gedanken und die Trauer um seinen Vater zu konzentrieren, und am vierzigsten Tag nach Ignats Tod ging Foma, gekleidet in festliche Kleidung und mit einem angenehmen Gefühl im Herzen, zum Vater feierliche Grundsteinlegung für das Heim. Medinskaya teilte ihm am Vortag in einem Brief mit, dass er zum Mitglied des Bauausschusses und auch zum Ehrenmitglied der Gesellschaft gewählt worden sei, deren Präsidentin sie war. Das freute ihn und er war sehr aufgeregt über die Rolle, die er heute bei der Grundsteinlegung spielen sollte. Unterwegs dachte er darüber nach, wie alles sein würde und wie er sich verhalten sollte, um vor den Menschen nicht verwirrt zu werden.

„Äh, äh! Festhalten!"

Er drehte sich um. Mayakin eilte vom Bürgersteig auf ihn zu. Er trug einen bis zu den Fersen reichenden Gehrock, eine hohe Mütze und in der Hand einen riesigen Regenschirm.

„Komm, bring mich da hoch", sagte der alte Mann und sprang geschickt wie ein Affe in die Kutsche. „Um die Wahrheit zu sagen, ich habe auf dich gewartet. Ich schaute mich um und dachte, es wäre Zeit für dich zu gehen."

"Gehst du da hin?" fragte Foma.

"Natürlich! Ich muss sehen, wie sie das Geld meines Freundes in der Erde vergraben."

Foma sah ihn schief an und schwieg. „Warum runzelst du die Stirn über mich? Fürchte dich nicht, du wirst auch als Wohltäter unter den Menschen beginnen."

"Wie meinst du das?" fragte Foma zurückhaltend. „Ich habe heute Morgen in der Zeitung gelesen, dass Sie zum Mitglied des Bauausschusses und auch zum Ehrenmitglied von Sophyas Verein gewählt wurden."

"Ja."

„Diese Mitgliedschaft wird Ihnen in die Tasche greifen!" seufzte Mayakin.

„Das würde mich nicht ruinieren."

„Ich weiß es nicht", bemerkte der alte Mann boshaft.

„Ich spreche häufiger darüber, weil in diesem Wohltätigkeitsgeschäft insgesamt sehr wenig Weisheit steckt, und ich könnte sogar sagen, dass es überhaupt kein Geschäft ist, sondern einfach schädlicher Unsinn."

„Ist es schädlich, Menschen zu helfen?" fragte Foma hitzig.

„Eh, du Kohlkopf!" sagte Mayakin mit einem Lächeln. „Du solltest besser zu mir nach Hause kommen, ich werde dir diesbezüglich die Augen öffnen. Ich muss es dir beibringen! Wirst du kommen?"

„Sehr gut, ich werde kommen!" antwortete Foma.

"Also. Und seien Sie in der Zwischenzeit stolz auf die Grundsteinlegung. Stehen Sie im Blickfeld aller. Wenn ich dir das nicht erzähle, versteckst du dich vielleicht hinter dem Rücken von jemandem."

„Warum sollte ich mich verstecken?" sagte Foma unzufrieden.

„Genau das sage ich: Es gibt keinen Grund dafür. Denn das Geld wurde von deinem Vater gespendet und dir steht die Ehre als sein Erbe zu. Ehre ist genau dasselbe wie Geld. Mit Ehre wird ein Geschäftsmann überall Anerkennung finden, und überall steht ihm ein Weg offen. Dann treten Sie vor, damit jeder Sie sehen kann und dass Sie für die Arbeit im Wert von fünf Kopeken einen Rubel dafür bekommen. Und wenn du dich versteckst, wird nichts als Dummheit das Ergebnis sein."

Sie kamen an ihrem Ziel an, wo sich alle wichtigen Leute bereits versammelt hatten und eine riesige Menschenmenge die Holz-, Ziegel- und Erdhaufen umgab. Der Bischof, der Gouverneur, die Vertreter der städtischen Aristokratie und der Verwaltung bildeten zusammen mit den prächtig gekleideten Damen eine große, fröhliche Gruppe und blickten auf die Bemühungen der beiden Steinmetze, die die Ziegel und den Kalk vorbereiteten. Mayakin und sein Patensohn machten sich auf den Weg zu dieser Gruppe. Er flüsterte Foma zu:

„Verlieren Sie keinen Mut, diese Leute haben ihre Bäuche ausgeraubt, um sich mit Seide zu bedecken."

Und er begrüßte den Gouverneur vor dem Bischof mit respektvoller, fröhlicher Stimme.

„Wie geht es Ihnen, Exzellenz? Gebt mir Euren Segen, Eure Heiligkeit!"

„Ah, Jakow Tarasowitsch!" rief der Gouverneur mit einem freundlichen Lächeln, schüttelte und drückte Mayakins Hand, während der alte Mann gleichzeitig die Hand des Bischofs küsste. „Wie geht es dir, unsterblicher alter Mann?"

„Ich danke Ihnen demütig, Exzellenz! Mein Respekt gilt Sophya Pavlovna!" Mayakin sprach schnell und wirbelte wie ein Kreisel inmitten der Menschenmenge herum. In einer Minute gelang es ihm, dem Vorsitzenden des Gerichts, dem Staatsanwalt, dem Bürgermeister die Hand zu schütteln – mit einem Wort allen Leuten, die er zuerst begrüßen musste; Es gab jedoch nur wenige solcher Exemplare. Er scherzte, lächelte und lenkte sofort die Aufmerksamkeit aller auf seine kleine Gestalt, und Foma stand mit gesenktem Kopf hinter ihm und blickte schief auf diese Menschen, die in kostbare, mit Gold bestickte Stoffe gehüllt waren; Er beneidete den alten Mann um seine Geschicklichkeit und verlor den Mut, und als er spürte, dass er den Mut verlor, wurde er noch ängstlicher. Doch nun ergriff Mayakin seine Hand und zog ihn zu sich heran.

„Da, Exzellenz, das ist mein Patensohn Foma, der einzige Sohn des verstorbenen Ignat."

"Ah!" sagte der Gouverneur in seinem Bass: „Ich bin sehr zufrieden. Ich habe Mitleid mit dir in deinem Unglück, junger Mann!" sagte er, schüttelte Fomas Hand und verstummte; dann fügte er entschlossen und selbstbewusst hinzu: „Einen Vater zu verlieren, das ist ein sehr schmerzliches Unglück."

Und nachdem er etwa zwei Sekunden auf Fomas Antwort gewartet hatte, wandte er sich von ihm ab und wandte sich zustimmend an Mayakin:

„Ich freue mich sehr über Ihre Rede gestern im Rathaus! Schön, klug, Yakov Tarasovich. Indem sie vorschlagen, das Geld für diesen öffentlichen Club zu verwenden, verstehen sie die wahren Bedürfnisse der Bevölkerung nicht."

„Und dann, Exzellenz, bedeutet eine kleine Hauptstadt, dass die Stadt ihr eigenes Geld hinzufügen muss."

„Absolut wahr! Völlig wahr!"

„Mäßigkeit, sage ich, ist gut! Möchte Gott, dass alle nüchtern wären! Ich trinke auch nicht, aber was nützen diese Aufführungen, Bibliotheken und all das, wenn die Leute nicht einmal lesen können?"

Der Gouverneur antwortete zustimmend.

„Hier, ich sage, Sie sollten dieses Geld besser für eine technische Einrichtung verwenden. Wenn es nach einem kleinen Plan gegründet werden sollte, reicht dieses Geld allein aus, und falls nicht, können wir in St. Petersburg mehr verlangen – sie werden es uns geben. Dann müsste die Stadt kein eigenes Geld beisteuern und die ganze Sache wäre sinnvoller.“

"Genau! Ich stimme dir voll und ganz zu! Aber wie fingen die Liberalen an, dich anzuschreien! Äh? Ha, ha!“

„Das war schon immer ihre Sache, zu weinen.“

Das tiefe Husten des Erzdiakons der Kathedrale kündigte den Beginn des Gottesdienstes an.

Sophya Pawlowna kam auf Foma zu, begrüßte ihn und sagte mit trauriger, leiser Stimme:

„Ich habe am Tag der Beerdigung in dein Gesicht geschaut und mein Herz war traurig. Mein Gott, dachte ich, wie muss er leiden!“

Und Foma hörte ihr zu und hatte das Gefühl, als würde er Honig trinken.

„Diese deine Schreie haben meine Seele erschüttert, mein armes Kind! Vielleicht spreche ich auf diese Weise zu dir, denn ich bin schon eine alte Frau.“

"Du!" rief Foma leise aus.

„Ist das nicht so?“ fragte sie und sah ihm naiv ins Gesicht.

Foma schwieg, den Kopf auf die Brust gesenkt.

„Glauben Sie nicht, dass ich eine alte Frau bin?“

"Ich glaube Ihnen; das heißt, ich glaube alles, was Sie sagen; nur das ist nicht wahr!" sagte Foma gefühlvoll mit leiser Stimme.

„Was ist nicht wahr? Was glaubst du mir?“

"NEIN! nicht dies, sondern das. Ich – Entschuldigung! Ich kann nicht sprechen!" sagte Foma traurig und voller Verwirrung. „Ich bin nicht kultiviert.“

„Darum brauchen Sie sich keine Sorgen zu machen“, sagte Medinskaya gönnerhaft. „Du bist so jung und Bildung ist für jeden zugänglich. Aber es gibt Menschen, für die Bildung nicht nur unnötig ist, sondern denen sie auch schaden kann. Diejenigen, die reinen Herzens sind, zuversichtlich, aufrichtig, wie Kinder, und Sie gehören zu diesen Menschen. Das bist du, nicht wahr?“

Was könnte Foma auf diese Frage antworten? Er sagte aufrichtig:

„Ich danke Ihnen demütig!“

Und als er bemerkte, dass seine Worte in Medinskajas Augen ein fröhliches Leuchten hervorriefen, erschien Foma in seinen eigenen Augen lächerlich und dumm; er wurde sofort wütend auf sich selbst und sagte mit gedämpfter Stimme:

„Ja, so bin ich. Ich sage immer meine Meinung. Ich kann nicht täuschen. Wenn ich etwas sehe, worüber ich lachen kann, lache ich offen. Ich bin doof!"

„Warum sprichst du so?" sagte die Frau vorwurfsvoll, während sie ihr Kleid zurechtrückte, streichelte sie versehentlich Fomas Hand, in der er seinen Hut hielt. Dies brachte ihn dazu, auf sein Handgelenk zu schauen und freudig und verwirrt zu lächeln.

„Sie werden doch sicher beim Abendessen anwesend sein, nicht wahr?" fragte Medinskaya.

"Ja."

„Und morgen beim Treffen in meinem Haus?"

"Ohne Fehler!"

„Und vielleicht kommen Sie ja auch einmal vorbei, einfach nur zu Besuch, nicht wahr?"

„Ich – ich danke dir! Ich werde kommen!"

„Ich muss Ihnen für das Versprechen danken."

Sie verstummten. In der Luft erklang die ehrfurchtsvolle, sanfte Stimme des Bischofs, der das Gebet ausdrucksvoll rezitierte und seine Hand über die Stelle ausstreckte, an der der Grundstein des Hauses gelegt wurde:

„Möge weder der Wind noch das Wasser noch irgendetwas anderes ihm Schaden zufügen; Möge es in deinem Wohlwollen vollendet werden und alle, die darin leben sollen, von jeder Art von Verleumdung befreien."

„Wie reich und schön sind unsere Gebete, nicht wahr?" fragte Medinskaya.

„Ja", sagte Foma kurz, ohne ihre Worte zu verstehen und das Gefühl zu haben, dass er wieder errötete.

„Sie werden immer Gegner unserer kommerziellen Interessen sein", flüsterte Mayakin laut und überzeugend, als er neben dem Bürgermeister der Stadt unweit von Foma stand. „Was geht sie an? Alles, was sie wollen, ist, irgendwie die Zustimmung der Zeitung zu verdienen. Aber sie kommen nicht zum Kernpunkt. Sie leben zur bloßen Zurschaustellung, nicht zur Organisation des Lebens; Das sind ihre einzigen Maßnahmen: die Zeitungen und Schweden! [Mayakin spricht von Schweden, also von der Schweiz. – Anmerkung des Übersetzers.] Der Arzt hat mich gestern den ganzen Tag mit diesem Schweden verspottet. Die öffentliche Bildung, sagt er, in Schweden und alles andere dort sei erstklassig! Aber was ist Schweden überhaupt? Es kann sein, dass Schweden nur eine Lüge ist, nur als Beispiel dient und dass es dort überhaupt keine Bildung oder irgendetwas anderes gibt. Und dann leben wir nicht für Schweden, und Schweden kann uns nicht auf die Probe stellen. Wir müssen unsere Lippe nach unserem eigenen Leisten gestalten. Ist es nicht so?"

Und der Erzdiakon brummte mit zurückgeworfenem Kopf:

„Ewige Erinnerung an den Gründer dieses Hauses!"

Foma schauderte, aber Mayakin war bereits an seiner Seite, zog ihn am Ärmel und fragte:

„Gehst du zum Abendessen?"

Und Medinskayas samtartige, warme kleine Hand glitt noch einmal über Fomas Hand.

Das Abendessen war für Foma eine echte Qual. Zum ersten Mal in seinem Leben sah er unter diesen Uniformierten, dass sie aßen und redeten – alles besser als er, und er hatte das Gefühl, dass zwischen ihm und Medinskaya, die ihm direkt gegenüber saß, ein hoher Berg war, kein Berg Tisch. Neben ihm saß der Sekretär der Gesellschaft, deren Ehrenmitglied Foma ernannt worden war; Er war ein junger Gerichtsbeamter und trug den seltsamen Namen Ookhtishchev. Als wollte er seinen Namen absurder erscheinen lassen, als er in Wirklichkeit war, sprach er in einem lauten, klingenden Tenor, und insgesamt – rundlich, klein, rundgesichtig und ein lebhafter Redner – sah er aus wie eine brandneue Glocke.

„Das Allerbeste in unserer Gesellschaft ist die Gönnerin; Das Vernünftigste ist, was wir tun: der Gönnerin den Hof zu machen; Am schwierigsten ist es, der Gönnerin ein Kompliment zu machen, das sie zufriedenstellt. und das Vernünftigste ist, die Gönnerin still und hoffnungslos zu bewundern. Sie sind also in Wirklichkeit nicht Mitglied der „Gesellschaft der Fürsorge" und so weiter, sondern der Gesellschaft der Tantalus, die sich aus Personen zusammensetzt, die darauf bedacht sind, Sophya Medinskaya zu gefallen."

Foma hörte seinem Geschwätz zu und blickte ab und zu die Gönnerin an, die in ein Gespräch mit dem Polizeichef vertieft war; Foma brüllte als Antwort auf seinen Gesprächspartner und tat so, als wäre er mit Essen beschäftigt, und er wünschte, dass das alles umso früher enden würde. Er kam sich elend, dumm und lächerlich vor und war sich sicher, dass jeder ihn beobachtete und tadelte. Dies fesselte ihn mit unsichtbaren Fesseln und stoppte so seine Worte und Gedanken. Schließlich ging er so weit, dass ihm die Reihe verschiedener Physiognomien, die sich am ihm gegenüber liegenden Tisch ausbreitete, wie ein langer, gewellter weißer Streifen vorkam, der mit lachenden Augen übersät war, und alle diese Augen stach ihn unangenehm und schmerzhaft.

Mayakin saß in der Nähe des Bürgermeisters der Stadt, schwenkte schnell seine Gabel in der Luft und redete die ganze Zeit weiter, wobei sich die Falten in seinem Gesicht mal zusammenzogen, mal vergrößerten. Der Bürgermeister, ein grauhaariger, rotgesichtiger, kurzhalsiger Mann, starrte ihn wie ein Stier mit hartnäckiger Aufmerksamkeit an und klopfte manchmal bejahend mit seinem großen Finger auf die Tischkante. Das lebhafte Reden und Gelächter übertönte die kühne Rede seines Paten, und Foma konnte kein einziges Wort davon hören, umso mehr, als der Tenor des Sekretärs unaufhörlich in seinen Ohren klang:

„Seht, da stand der Erzdiakon auf; er füllt seine Lungen mit Luft; er wird bald eine ewige Erinnerung an Ignat Matveyich verkünden."

„Darf ich nicht weggehen?" fragte Foma mit leiser Stimme.

"Warum nicht? Jeder wird das verstehen."

Die hallende Stimme des Diakons übertönte und schien den Lärm im Hagel erstickt zu haben; Die angesehenen Kaufleute richteten ihre Augen auf das große, weit geöffnete Maul, aus dem ein tiefer Ton hervorströmte, und Foma nutzte diesen Moment, erhob sich von seinem Platz und verließ die Halle.

Nach einer Weile atmete er frei und als er in seinem Taxi saß, dachte er traurig, dass es inmitten dieser Menschen keinen Platz für ihn gab. Innerlich nannte er sie poliert. Ihr Glanz, ihre Gesichter, ihr Lächeln oder ihre Worte gefielen ihm nicht, aber die Freiheit und Klugheit ihrer Bewegungen, ihre Fähigkeit, viel und über jedes Thema zu sprechen, ihre hübschen Kostüme – all das erweckte in ihm eine Mischung aus Neid und Respekt vor ihnen. Er fühlte sich traurig und bedrückt bei dem Bewusstsein, nicht so viel und so fließend sprechen zu können wie all diese Menschen, und hier erinnerte er sich, dass Luba Mayakina ihn mehr als einmal aus diesem Grund verspottet hatte.

Foma mochte Mayakins Tochter nicht, und da er von seinem Vater von Mayakins Absicht erfahren hatte, ihn mit Luba zu verheiraten, begann der junge Gordyeeff, sie zu meiden. Aber nach dem Tod seines Vaters war er fast jeden Tag bei den Mayakins, und irgendwie sagte Luba eines Tages zu ihm:

„Ich schaue dich an und weißt du? Du siehst überhaupt nicht wie ein Kaufmann aus."

„Du siehst auch nicht aus wie die Tochter eines Kaufmanns", sagte Foma und sah sie misstrauisch an. Er verstand die Bedeutung ihrer Worte nicht; Wollte sie ihn beleidigen oder sagte sie diese Worte ohne einen guten Gedanken?

„Gott sei Dank dafür!" sagte sie und lächelte ihn freundlich und freundlich an.

„Was macht dich so glücklich?" er hat gefragt.

„Die Tatsache, dass wir unseren Vätern nicht ähneln."

Foma warf ihr einen erstaunten Blick zu und schwieg.

„Sagen Sie mir ganz offen", sagte sie mit gesenkter Stimme, „Sie lieben meinen Vater nicht, oder? Du magst ihn nicht?"

„Nicht sehr viel", sagte Foma langsam.

„Und ich mag ihn überhaupt nicht."

"Wozu?"

"Für alles. Wenn du weiser wirst, wirst du es selbst wissen. Dein Vater war ein besserer Mann."

"Natürlich!" sagte Foma stolz.

Nach diesem Gespräch entstand fast sofort eine Bindung zwischen ihnen, die von Tag zu Tag stärker wurde und sich bald zu einer Freundschaft entwickelte, wenn auch eine etwas seltsame Freundschaft.

Obwohl Luba nicht älter als ihr Patenbruder war, behandelte sie ihn dennoch so, wie ein älterer Mensch einen kleinen Jungen behandeln würde. Sie sprach herablassend mit ihm und scherzte oft auf seine Kosten; ihre Rede war immer voller Worte, die Foma fremd waren; und sie sprach diese Worte mit besonderem Nachdruck und offensichtlicher Befriedigung aus. Besonders gern erzählte sie von ihrem Bruder Taras, den sie nie gesehen hatte, von dem sie aber Geschichten erzählte, die ihn wie Tante Anfisas tapfere und edle Räuber aussehen ließen. Wenn sie sich über ihren Vater beklagte, sagte sie oft zu Foma:

„Du wirst auch so ein Geizhals sein."

Das alles war dem Jüngling unangenehm und verletzte seine Eitelkeit. Aber manchmal war sie unkompliziert, einfältig und besonders freundlich und freundlich zu ihm; Dann schüttete er sein Herz vor ihr aus und sie tauschten lange Zeit ihre Gedanken und Gefühle aus.

Beide sprachen viel und aufrichtig, aber keiner verstand den anderen; Es schien Foma, dass ihm alles, was Luba zu sagen hatte, fremd und für sie unnötig war, und gleichzeitig sah er deutlich, dass seine unbeholfenen Worte sie überhaupt nicht interessierten und dass sie nicht daran interessiert war, sie zu verstehen. Egal wie lange diese Gespräche dauerten, sie lösten bei beiden ein Gefühl von Unbehagen und Unzufriedenheit aus. Als ob plötzlich eine unsichtbare Wand der Ratlosigkeit zwischen ihnen entstanden wäre. Sie wagten es nicht, diese Wand zu berühren oder einander zu sagen, dass sie das Gefühl hatten, sie sei da – sie setzten ihre Gespräche fort, im schwachen Bewusstsein, dass in jedem von ihnen etwas steckte, das sie binden und vereinen könnte.

Als Foma im Haus seines Paten ankam, fand er Luba allein vor. Sie kam ihm entgegen, und es war offensichtlich, dass sie entweder krank oder außer Laune war; Ihre Augen blitzten fieberhaft und waren von schwarzen Ringen umgeben. Als ihr kalt wurde, hüllte sie sich in einen warmen Schal und sagte lächelnd:

„Schön, dass du gekommen bist! Denn ich saß hier allein; es ist einsam – ich habe keine Lust, irgendwohin zu gehen. Willst du Tee trinken?"

"Ich werde. Was ist los mit dir, bist du krank?"

„Gehen Sie ins Esszimmer und ich sage ihnen, sie sollen den Samowar mitbringen", sagte sie, ohne auf seine Frage zu antworten.

Er ging in eines der kleinen Zimmer des Hauses, dessen zwei Fenster auf den Garten blickten. In der Mitte des Raumes stand ein ovaler Tisch, umgeben von altmodischen, lederbezogenen Stühlen; An einer Trennwand hing eine Uhr in einem langen Gehäuse mit Glastür, in der Ecke befand sich ein Geschirrschrank und gegenüber den Fenstern an den Wänden stand eine Anrichte aus Eichenholz, so groß wie ein ziemlich großes Zimmer.

„Kommst du vom Bankett?" fragte Luba und trat ein.

Foma nickte stumm.

„Na, wie war es? Großartig?"

"Es war schrecklich!" Foma lächelte. „Ich saß da wie auf glühenden Kohlen. Sie sahen dort alle aus wie Pfauen, während ich wie eine Schleiereule aussah."

Luba holte Geschirr aus dem Schrank und sagte nichts zu Foma.

„Wirklich, warum bist du so traurig?" fragte Foma erneut und warf einen Blick auf ihr düsteres Gesicht.

Sie wandte sich an ihn und sagte voller Begeisterung und Sorge:

„Ah, Foma! Was für ein Buch, das ich gelesen habe! Wenn du es nur verstehen könntest!"

„Es muss ein gutes Buch sein, denn es hat Sie auf diese Weise aufgewühlt", sagte Foma lächelnd.

"Ich habe nicht geschlafen. Ich habe die ganze Nacht gelesen. Denken Sie nur daran: Sie lesen – und es kommt Ihnen vor, als würden sich die Tore eines anderen Königreichs vor Ihnen öffnen. Und die Menschen dort sind anders, und ihre Sprache ist anders, alles anders! Das Leben selbst ist dort anders."

„Das gefällt mir nicht", sagte Foma unzufrieden. „Das ist alles Fiktion, Betrug; so ist das Theater. Dort werden die Kaufleute verspottet. Sind sie wirklich so dumm? Natürlich! Nehmen Sie zum Beispiel Ihren Vater."

„Das Theater und die Schule sind ein und dasselbe, Foma", sagte Luba lehrreich. „Früher waren die Kaufleute so. Und welche Täuschung kann es in Büchern geben?"

„Genau wie im Märchen ist nichts real."

"Sie liegen falsch! Sie haben keine Bücher gelesen; Wie kann man das beurteilen? Bücher sind genau real. Sie lehren dich, wie man lebt."

"Komm, komm!" Foma winkte ab. "Lass es fallen; Aus deinen Büchern wird nichts Gutes kommen! Nehmen Sie zum Beispiel Ihren Vater. Liest er Bücher? Und doch ist er klug! Ich habe ihn heute angeschaut und ihn beneidet. Sein Umgang mit jedem ist so frei, so klug, dass er für jeden ein Wort hat. Man sieht sofort, dass er mit Sicherheit erreichen wird, was auch immer er sich wünschen sollte."

„Was strebt er an?" rief Luba aus. „Nichts als Geld. Aber es gibt Menschen, die Glück für alle auf der Erde wollen, und um dieses Ziel zu erreichen, arbeiten sie, ohne sich selbst zu schonen; sie leiden und sterben! Wie kann mein Vater mit diesen verglichen werden?"

„Man muss sie nicht vergleichen. Offensichtlich mögen sie das eine, während dein Vater das andere mag."

„Sie mögen nichts!"

Wie ist das?

„Sie wollen alles ändern."

„Sie streben also tatsächlich nach etwas?" sagte Foma nachdenklich. „Wünschen sie sich doch etwas?"

„Sie wünschen sich Glück für alle!" rief Luba hitzig. „Ich kann das nicht verstehen", sagte Foma und nickte. „Wer kümmert sich dort um mein Glück? Und was für ein Glück können sie mir andererseits geben, da ich selbst noch nicht weiß, was ich will? Nein, du hättest dir lieber die ansehen sollen, die beim Bankett dabei waren."

„Das sind keine Männer!" verkündete Luba kategorisch.

„Ich weiß nicht, was sie in deinen Augen sind, aber du kannst sofort erkennen, dass sie ihren Platz kennen. Eine clevere, lockere Truppe."

„Ah, Foma!" rief Luba verärgert. "Du verstehst nichts! Nichts regt dich auf! Du bist ein Faulenzer."

„Das geht zu weit! Ich hatte einfach nicht genug Zeit, um zu sehen, wo ich bin."

„Du bist einfach ein leerer Mann", sagte Luba entschlossen und bestimmt.

„Du warst nicht in meiner Seele", antwortete Foma ruhig. „Du kannst meine Gedanken nicht kennen."

„Was gibt es, woran Sie denken sollten?" sagte Luba und zuckte mit den Schultern.

"Also? Erstens bin ich allein. Zweitens muss ich leben. Verstehe ich nicht, dass es für mich völlig unmöglich ist, so zu leben, wie ich jetzt bin? Ich möchte nicht zum Gespött anderer gemacht werden. Ich kann nicht einmal mit Menschen sprechen. Nein, ich kann auch nicht denken." Foma beendete seine Worte und lächelte verwirrt.

„Es ist notwendig zu lesen, zu lernen", riet ihm Luba überzeugend, während er im Raum auf und ab ging.

„Etwas regt sich in meiner Seele", fuhr Foma fort, ohne sie anzusehen, als würde er mit sich selbst sprechen; „Aber ich kann nicht sagen, was es ist. Ich sehe zum Beispiel, dass alles, was mein Pate sagt, klug und vernünftig ist. Aber das reizt mich nicht. Die anderen Leute sind für mich viel interessanter."

„Du meinst die Aristokraten?" fragte Luba.

"Ja."

„Das ist genau der richtige Ort für Sie!" sagte Luba mit einem verächtlichen Lächeln. „Äh, du! Sind sie Männer? Haben sie Seelen?"

"Woher kennst du sie? Sie kennen sie nicht."

„Und die Bücher? Habe ich nicht Bücher darüber gelesen?"

Das Dienstmädchen brachte den Samowar und das Gespräch wurde unterbrochen. Luba kochte schweigend Tee, während Foma sie ansah und an Medinskaya dachte. Er wollte mit ihr reden.

„Ja", sagte das Mädchen nachdenklich, „ich bin von Tag zu Tag mehr davon überzeugt, dass es schwer ist, zu leben." Was soll ich tun? Heiraten? Dem? Soll ich einen Kaufmann heiraten, der sein Leben lang nichts anderes tut, als Menschen auszurauben, nichts anderes als zu trinken und Karten zu spielen? Ein Wilder? Ich will es nicht! Ich möchte ein Individuum sein. Ich bin so, denn ich weiß, wie falsch die Konstruktion des Lebens ist. Soll ich studieren? Mein Vater wird das nicht zulassen. Oh Gott! Soll ich weglaufen? Mir fehlt der Mut. Was soll ich tun?"

Sie faltete die Hände und neigte den Kopf über den Tisch.

„Wenn du wüsstest, wie abstoßend alles ist. Hier gibt es keine lebende Seele. Seit dem Tod meiner Mutter hat mein Vater alle vertrieben. Einige gingen zum Lernen. Auch Lipa hat uns verlassen. Sie schreibt mir:

'Lesen.' Ah, ich lese! Ich lese!' rief sie mit Verzweiflung in der Stimme und fuhr nach einem Moment des Schweigens traurig fort:

„Bücher enthalten nicht das, was das Herz am meisten braucht, und vieles darin kann ich nicht verstehen. Und dann fühle ich mich müde, die ganze Zeit alleine zu lesen, ganz alleine! Ich möchte mit einem Mann sprechen, aber es gibt niemanden, mit dem ich sprechen kann! Ich fühle mich angewidert. Wir leben nur einmal, und es ist höchste Zeit für mich zu leben, und doch gibt es keine Menschenseele! Warum soll ich leben? Lipa sagt mir: „Lesen Sie und Sie werden es verstehen." Ich will Brot und sie gibt mir einen Stein. Ich verstehe, was man tun muss – man muss für das einstehen, was man liebt und woran man glaubt. Er muss dafür kämpfen."

Und sie schloss und stieß so etwas wie ein Stöhnen aus:

„Aber ich bin allein! Gegen wen soll ich kämpfen? Hier gibt es keine Feinde. Es gibt keine Männer! Ich lebe hier in einem Gefängnis!"

Foma hörte ihren Worten zu und untersuchte aufmerksam die Finger seiner Hand. er spürte, dass in ihren Worten eine große Betrübnis lag, aber er konnte sie nicht verstehen. Und als sie verstummte, deprimiert und traurig wurde, fand er nichts, was er ihr sagen konnte, außer ein paar Worten, die wie ein Vorwurf klangen:

„Da sagen Sie selbst, dass Bücher für Sie wertlos sind, und weisen mich dennoch an, zu lesen."

Sie sah ihm ins Gesicht und Wut blitzte in ihren Augen auf.

„Oh, wie sehr wünschte ich, dass all diese Qualen in dir erwachen würden, die Qualen, die mich ständig bedrücken. Dass deine Gedanken, wie meine, dir den Schlaf rauben würden, dass auch du dich vor allem und auch vor dir selbst ekeln würdest! Ich verachte jeden einzelnen von euch. Ich hasse dich!"

Völlig überwältigt blickte sie ihn so wütend an und sprach so gehässig, dass er sich in seinem Erstaunen nicht einmal von ihr beleidigt fühlte. Sie hatte noch nie zuvor auf diese Weise mit ihm gesprochen.

"Was ist los mit dir?" er fragte sie.

"Ich hasse dich auch! Du, was bist du? Tot, leer; Wie wirst du leben? Was wirst du der Menschheit geben?" sagte sie mit Bosheit und leiser Stimme.

„Ich werde nichts geben; lasst sie selbst danach streben", antwortete Foma, wohlwissend, dass diese Worte ihren Zorn verstärken würden.

„Unglückliches Geschöpf!" rief das Mädchen verächtlich aus.

Die Sicherheit und die Kraft ihrer Vorwürfe zwangen Foma unwillkürlich, ihren boshaften Worten aufmerksam zuzuhören; er hatte das Gefühl, dass darin gesunder Menschenverstand steckte. Er kam sogar näher auf sie zu, aber sie wandte sich wütend und verärgert von ihm ab und verstummte.

Draußen war es noch hell, und der Widerschein der untergehenden Sonne lag noch auf den Zweigen der Linden vor den Fenstern, aber das Zimmer war bereits von Dämmerung erfüllt, und die Anrichte, die Uhr und der Schrank schienen eingewachsen zu sein Größe. Das riesige Pendel lugte jeden Moment unter dem Glas des Uhrengehäuses hervor und versteckte sich schwach blinkend mit einem müden Geräusch bald auf der rechten Seite, bald auf der linken Seite. Foma schaute auf das Pendel und fühlte sich unbehaglich und einsam. Luba stand auf und zündete die Lampe an, die über dem Tisch hing. Das Gesicht des Mädchens war blass und streng.

„Du hast es auf mich abgesehen", sagte Foma zurückhaltend. "Wozu? Ich kann es nicht verstehen."

„Ich will nicht mit dir reden!" antwortete Luba wütend.

„Das ist deine Angelegenheit. Aber was habe ich dir trotzdem angetan?"

"Du?

"ICH."

„Verstehen Sie mich, ich ersticke! Hier ist es nah. Ist das Leben? Ist das die Art, wie man lebt? Was bin ich? Ich bin ein Mitläufer im Haus meines Vaters. Sie behalten mich hier als Haushälterin. Dann werden sie mich heiraten! Wieder einmal Housekeeping. Es ist ein Sumpf. Ich ertrinke, ersticke."

„Und was habe ich damit zu tun?" fragte Foma.

„Du bist nicht besser als die anderen."

„Und deshalb bin ich vor dir schuldig?"

„Ja, schuldig! Du musst den Wunsch haben, besser zu werden."

„Aber wünsche ich es nicht?" rief Foma aus.

Das Mädchen wollte ihm gerade etwas sagen, aber in diesem Moment begann irgendwo die Glocke zu läuten, und sie sagte mit leiser Stimme und lehnte sich in ihrem Stuhl zurück:

„Es ist Vater."

„Es würde mir nicht leid tun, wenn er noch etwas länger wegbleiben würde", sagte Foma. „Ich wünschte, ich könnte dir noch mehr zuhören. Du sprichst so seltsam."

"Ah! meine Kinder, meine Tauben!" rief Jakow Tarasowitsch aus, als er in der Tür erschien. „Du trinkst Tee? Gieß mir etwas Tee ein, Lugava!"

Süß lächelnd und die Hände reibend, setzte er sich neben Foma und fragte, indem er ihn spielerisch in die Seite stieß:

„Worüber hast du gegurrt?"

„Also – über verschiedene Kleinigkeiten", antwortete Luba.

„Ich habe dich nicht gefragt, oder?" sagte ihr Vater mit einer Grimasse zu ihr. „Sie sitzen einfach da, halten den Mund und kümmern sich um die Angelegenheiten Ihrer Frau."

„Ich habe ihr von dem Abendessen erzählt", unterbrach Foma die Worte seines Paten.

"Aha! Sooo. Dann werde ich auch über das Abendessen sprechen. Ich habe dich in letzter Zeit beobachtet. Du benimmst dich nicht vernünftig!"

"Wie meinst du das?" fragte Foma und runzelte unzufrieden die Stirn.

„Ich meine nur, dass Ihr Verhalten absurd ist, und das ist alles. Wenn zum Beispiel der Gouverneur mit Ihnen spricht, schweigen Sie."

„Was soll ich ihm sagen? Er sagt, es sei ein Unglück, einen Vater zu verlieren. Nun, ich weiß es. Was könnte ich ihm sagen?"

„Aber wie der Herr es so gewollt hat, ich beschwere mich nicht, Exzellenz. Das hätten Sie sagen sollen, oder so etwas in diesem Sinne. Gouverneure, meine Liebe, legen großen Wert auf die Sanftmut eines Mannes."

„Sollte ich ihn wie ein Lamm ansehen?" sagte Foma mit einem Lächeln.

„Du sahst tatsächlich aus wie ein Lamm, und das war unnötig. Du darfst weder wie ein Lamm noch wie ein Wolf aussehen, sondern einfach vor ihm spielen, als würdest du sagen: „Du bist unser Vater, wir sind deine Kinder", und er wird sofort weicher."

„Und wofür ist das?"

„Für jede Veranstaltung. Ein Gouverneur, mein Lieber, kann immer irgendwo von Nutzen sein."

„Was bringst du ihm bei, Papa?" sagte Luba empört mit leiser Stimme.

"Also was?"

„Um Tanzbesuche zu machen."

„Du lügst, du gelehrter Narr! Ich bringe ihm Politik bei, nicht Tanzbesuche; Ich bringe ihm die Politik des Lebens bei. Du solltest uns besser in Ruhe lassen! Entferne dich vom Bösen und bereite etwas Mittagessen für uns zu. Fortfahren!"

Luba stand schnell auf, warf das Handtuch über die Stuhllehne und verließ den Raum. Mayakin zwinkerte ihr nach, klopfte mit den Fingern auf den Tisch und sagte:

„Ich werde dich unterweisen, Foma. Ich werde dir das authentischste und wahrste Wissen und die Philosophie beibringen, und wenn du sie verstehst, wird dein Leben tadellos sein."

Foma sah, wie die Falten auf der Stirn des alten Mannes zuckten und sie ihm wie Linien slawischer Buchstaben vorkamen.

„Zuallererst, Foma, da du auf dieser Erde lebst, ist es deine Pflicht, über alles nachzudenken, was um dich herum geschieht. Warum? Damit du nicht unter deiner eigenen Sinnlosigkeit leidest und anderen nicht durch deine Torheit schädigst. Nun, jede menschliche Tat ist doppelzüngig, Foma. Eines ist für alle sichtbar – das ist die falsche Seite; das andere ist verborgen – und das ist das Wirkliche. Es ist das, was Sie finden müssen, um den Sinn der Sache zu verstehen. Nehmen wir zum Beispiel die Asyle, die Arbeitshäuser, die Armenhäuser und andere ähnliche Einrichtungen. Überlegen Sie nur, wofür sind sie?"

„Was gibt es hier zu beachten?" sagte Foma müde. „Jeder weiß, wofür sie sind – für die Armen und Schwachen."

„Äh, mein Lieber! Manchmal weiß jeder, dass ein bestimmter Mann ein Schurke und ein Schurke ist, und doch nennen ihn alle Iwan oder Peter, und anstatt ihn zu beschimpfen, fügen sie respektvoll den Namen seines Vaters zu seinem eigenen hinzu."

„Was hat das damit zu tun?“

„Es ist alles auf den Punkt. Sie sagen also, diese Häuser seien für die Armen, für Bettler, also im Einklang mit dem Gebot Christi. Sehr gut! Aber wer ist der Bettler? Der Bettler ist ein Mann, der vom Schicksal gezwungen wird, uns an Christus zu erinnern; er ist ein Bruder Christi; Er ist die Glocke des Herrn und er erweckt das Leben, um unser Gewissen zu wecken, um die Sättigung des Fleisches des Menschen zu wecken. Er steht am Fenster und singt: „Um Christi willen!“ und durch seinen Gesang erinnert er uns an Christus, an sein heiliges Gebot, dem Nächsten zu helfen. Aber die Menschen haben ihr Leben so gestaltet, dass es ihnen unmöglich ist, nach den Lehren Christi zu handeln, und Jesus Christus ist für uns völlig unnötig geworden. Nicht ein einziges Mal, sondern vielleicht hunderttausend Mal haben wir ihn dem Kreuz übergeben, und doch können wir ihn nicht ganz aus dem Leben vertreiben, weil seine armen Brüder auf den Straßen seinen heiligen Namen singen und uns so an ihn erinnern. Und jetzt haben wir dafür gesorgt, dass wir diese Bettler in getrennten Häusern einsperren, damit sie nicht auf der Straße herumlaufen und unser Gewissen nicht aufrütteln.

"Clever!" flüsterte Foma erstaunt und starrte seinen Paten fest an.

"Aha!" rief Mayakin, seine Augen strahlten vor Triumph.

„Wie kommt es, dass mein Vater nicht daran gedacht hat?“ fragte Foma unbehaglich.

"Warte einfach! Hören Sie weiter, es ist noch schlimmer. Sie sehen also, wir haben dafür gesorgt, dass wir sie in allen möglichen Häusern einsperren und sie dort billig unterbringen können, wir haben diese alten und schwachen Bettler zur Arbeit gezwungen und wir brauchen jetzt keine Almosen mehr zu geben, und da unsere Straßen geräumt wurden Von den verschiedenen zerlumpten Bettlern sehen wir ihre schreckliche Not und Armut nicht und können daher denken, dass alle Menschen auf der Erde wohlgenährt, beschuht und gekleidet sind. Dafür sind all diese verschiedenen Häuser da, für die Verschleierung der Wahrheit, für die Verbannung Christi aus unserem Leben! Ist Ihnen das klar?“

"Ja!" sagte Foma, verwirrt von den klugen Worten des alten Mannes.

„Und das ist noch nicht alles. Das Becken ist noch nicht bis auf den Grund ausgeballt!“ rief Mayakin aus und schwang lebhaft seine Hand in der Luft.

Die Falten seines Gesichts waren in Bewegung; Seine lange, gefräßige Nase bewegte sich, und in seiner Stimme klangen Gereiztheit und Emotionen mit.

„Lassen Sie uns diese Sache nun von der anderen Seite betrachten. Wer trägt am meisten zu Gunsten der Armen bei, für den Unterhalt dieser Häuser,

Asyle, Armenhäuser? Die reichen Leute, die Kaufleute, unsere Kaufmannsgemeinschaft. Sehr gut! Und wer beherrscht unser Leben und regelt es? Die Adligen, die Funktionäre und alle möglichen anderen Leute, die nicht zu unserer Klasse gehören. Von ihnen stammen die Gesetze, die Zeitungen, die Wissenschaft – alles von ihnen. Früher waren sie Landbesitzer, jetzt wurde ihnen das Land weggenommen – und sie traten in den Dienst. Sehr gut! Aber wer sind heute die mächtigsten Menschen? Der Kaufmann ist die höchste Macht in einem Imperium, denn er hat die Millionen auf seiner Seite! Ist das nicht so?"

"WAHR!" stimmte Foma zu, begierig darauf, umso früher zu erfahren, was folgen sollte und was bereits in den Augen seines Paten glänzte.

„Markieren Sie sich das einfach", fuhr der alte Mann deutlich und eindrucksvoll fort. „Wir Kaufleute hatten keinen Einfluss auf die Gestaltung des Lebens, und wir haben auch heute keine Stimme oder Hand darin. Das Leben wurde von anderen arrangiert, und sie waren es, die im Leben alle Arten von Krustentieren vermehrten – Faulenzer und arme Unglückliche; und da sie durch ihre Vermehrung das Leben behindert und verdorben haben, ist es nun, gerecht urteilend, ihre Pflicht, es zu reinigen. Aber wir reinigen es, wir spenden Geld für die Armen, wir kümmern uns um sie – wir, urteilen Sie selbst, warum sollten wir die Lumpen eines anderen flicken, wenn wir sie nicht zerrissen haben? Warum sollten wir ein Haus reparieren, wenn andere darin gelebt haben und es anderen gehört? Wäre es für uns nicht klüger, beiseite zu treten und bis zu einer gewissen Zeit zuzusehen, wie sich die Fäulnis vermehrt und diejenigen, die uns fremd sind, erstickt? Sie können es nicht erobern, sie haben nicht die Mittel dazu. Dann werden sie sich an uns wenden und sagen: „Beten Sie, helfen Sie uns, meine Herren!" und wir werden ihnen sagen: „Lasst uns Raum für unsere Arbeit haben!" Zählen Sie uns zu den Erbauern dieses Lebens!' Und sobald sie dies tun, müssen auch wir das Leben auf einen Schlag von allerlei Schmutz und Spreu befreien. Dann wird der Kaiser mit seinen klaren Augen sehen, wer wirklich seine treuen Diener sind und wie viel Weisheit sie angespart haben, während ihre Hände untätig waren. Verstehst du?"

„Natürlich, das tue ich!" rief Foma aus.

Als sein Pate von den Funktionären sprach, erinnerte sich Foma an die Menschen, die beim Abendessen anwesend waren; er erinnerte sich an den flotten Sekretär, und ihm kam der Gedanke, dass dieser dicke kleine Mann aller Wahrscheinlichkeit nach ein Einkommen von nicht mehr als tausend Rubel im Jahr hat, während er, Foma, eine Million hat. Aber dieser Mensch lebt so leicht und frei, während er, Foma, nicht weiß, wie man lebt, sich in der Tat schämt, zu leben. Dieser Vergleich und die Rede seines Paten lösten in ihm einen Gedankenwirbel aus, aber er hatte Zeit, nur einen davon zu erfassen und auszudrücken:

„Arbeiten wir tatsächlich nur des Geldes wegen? Was nützt Geld, wenn es uns keine Macht geben kann?"

"Aha!" sagte Mayakin und zwinkerte mit den Augen.

„Äh!" rief Foma beleidigt aus. „Wie wäre es mit meinem Vater? Hast du mit ihm gesprochen?"

„Ich habe zwanzig Jahre lang mit ihm gesprochen."

„Nun, wie wäre es mit ihm?"

„Meine Worte haben ihn nicht erreicht. Der Scheitel deines Vaters war ziemlich dick. Seine Seele war für alle offen, während sein Geist tief in seinem Inneren verborgen war. Ja, er hat einen Fehler gemacht, und das Geld tut mir sehr leid."

„Das Geld tut mir nicht leid."

„Sie hätten versuchen sollen, auch nur ein Zehntel davon zu verdienen, und dann sprechen."

"Darf ich rein kommen?" kam Lubas Stimme hinter der Tür.

„Ja, treten Sie ein", sagte der Vater.

„Wirst du jetzt zu Mittag essen?" fragte sie und trat ein.

„Lasst es uns haben."

Sie ging zur Anrichte und schon bald klapperte das Geschirr. Yakov Tarasovich sah sie an, bewegte seine Lippen und schlug plötzlich mit der Hand auf Fomas Knie und sagte zu ihm:

„So ist es, mein Patensohn! Denken."

Foma antwortete mit einem Lächeln und dachte: „Aber er ist schlau — schlauer als mein Vater."

Aber eine andere Stimme in ihm antwortete sofort:

„Cleverer, aber schlimmer."

KAPITEL V

FOMAS duale Beziehung zu Mayakin wurde mit der Zeit immer stärker; Als er seinen Worten aufmerksam und mit gespannter Neugier zuhörte, hatte er das Gefühl, dass jedes Treffen mit seinem Paten das Gefühl der Feindseligkeit gegenüber dem alten Mann in ihm verstärkte. Manchmal weckte Jakow Tarasowitsch in seinem Patensohn ein Gefühl, das der Angst ähnelte, manchmal sogar körperliche Abneigung. Letzterer kam normalerweise immer dann zu Foma, wenn der alte Mann sich über etwas freute und lachte. Vor Lachen zitterten die Falten des alten Mannes und veränderten so von Zeit zu Zeit seinen Gesichtsausdruck; Seine trockenen, dünnen Lippen streckten sich und bewegten sich nervös, wobei seine schwarzen, abgebrochenen Zähne zum Vorschein kamen, und sein roter kleiner Bart stand wie in Flammen. Sein Lachen klang wie das Quietschen rostiger Angeln, und insgesamt sah der alte Mann aus wie eine spielende Eidechse. Unfähig, seine Gefühle zu verbergen, drückte Foma sie Mayakin gegenüber oft ziemlich unhöflich aus, sowohl in Worten als auch in Gesten, aber der alte Mann tat so, als würde er es nicht bemerken, behielt ihn wachsam im Auge und lenkte jeden seiner Schritte. Völlig in die Dampfschiffangelegenheiten des jungen Gordyeeff vertieft, vernachlässigte er sogar seinen eigenen kleinen Laden und ließ Foma viel Freizeit. Dank Mayakins wichtiger Stellung in der Stadt und seiner umfassenden Bekanntschaft an der Wolga liefen die Geschäfte hervorragend, aber Mayakins eifriges Interesse an seinen Angelegenheiten bestärkte Fomas Verdacht, dass sein Pate fest entschlossen war, ihn mit Luba zu verheiraten, was den alten Mann noch abstoßender machte zu ihm.

Er mochte Luba, aber gleichzeitig schien sie ihm misstrauisch und gefährlich. Sie heiratete nicht und Mayakin sagte nie ein Wort darüber; er gab keine Abendpartys, lud keinen der Jugendlichen in sein Haus ein und erlaubte Luba nicht, das Haus zu verlassen. Und alle ihre Freundinnen waren bereits verheiratet. Foma bewunderte ihre Worte und hörte ihr ebenso gespannt zu wie ihrem Vater; Aber wann immer sie anfing, mit Liebe und Kummer von Taras zu sprechen, kam es ihm vor, als verstecke sie unter diesem Namen einen anderen Mann, vielleicht denselben Yozhov, der ihren Worten zufolge aus irgendeinem Grund die Universität verlassen musste, und Gehe nach Moskau. In ihr steckte viel Einfalt und Freundlichkeit, was Foma gefiel, und oft erweckten ihre Worte in ihm ein Gefühl des Mitleids mit ihr; es schien ihm, als wäre sie nicht am Leben, als träume sie, obwohl sie wach sei.

Sein Verhalten beim Trauerfest für seinen Vater wurde allen Kaufleuten bekannt und verschaffte ihm einen schlechten Ruf. Auf der Börse bemerkte er, dass ihn alle höhnisch und böswillig ansahen und auf seltsame Weise mit ihm sprachen. Eines Tages hörte er hinter sich einen leisen Ausruf voller Verachtung:

„Gordjeeff! Milchbart!"

Er hatte das Gefühl, dass dies über ihn gesagt wurde, aber er drehte sich nicht um, um zu sehen, wer es war, der ihm diese Worte entgegenschleuderte. Die reichen Leute, die ihn zuvor mit Schüchternheit eingeflößt hatten, verloren nun in seinen Augen den Zauber ihres Reichtums und ihrer Weisheit. Mehr als einmal hatten sie ihm diesen oder jenen gewinnbringenden Auftrag entrissen; Er sah klar, dass sie es wieder tun würden, und sie kamen ihm alle gleich vor – geldgierig, immer bereit, einander zu betrügen. Als er seinem Paten seine Beobachtung mitteilte, sagte der alte Mann:

"Wie dann? Geschäft ist genau dasselbe wie Krieg – eine gefährliche Angelegenheit. Dort kämpfen sie um den Geldbeutel, und im Geldbeutel ist die Seele."

„Das gefällt mir nicht", verkündete Foma.

„Mir gefällt auch nicht alles – es gibt zu viel Betrug.

„Aber in geschäftlichen Angelegenheiten fair zu sein, ist völlig unmöglich; du musst schlau sein! Im Geschäftsleben, mein Lieber, musst du, wenn du dich einem Mann näherst, Honig in deiner linken Hand halten und ein Messer in deiner rechten. Jeder möchte für einen halben Kopeken den Wert von fünf Kopeken kaufen."

„Nun, das ist nicht so gut", sagte Foma nachdenklich. „Aber später wird es gut. Wenn Sie die Oberhand gewonnen haben, wird es gut sein. Das Leben, liebe Foma, ist ganz einfach: Entweder alle beißen oder in der Gosse landen."

Der alte Mann lächelte, und die abgebrochenen Zähne in seinem Mund riefen in Foma den scharfen Gedanken hervor:

„Du hast anscheinend viele gebissen."

„Es gibt nur ein Wort: Kampf!" wiederholte der alte Mann.

„Ist das das Echte?" fragte Foma und sah Mayakin forschend an.

„Das heißt, was meinst du mit – das Echte?"

„Gibt es nichts Besseres als das? Ist hier alles enthalten?"

„Wo sollte es sonst sein? Jeder lebt für sich. Jeder von uns wünscht sich das Beste. Und was ist das Beste? Vor andere treten, über ihnen stehen. Damit jeder versucht, den ersten Platz im Leben zu erreichen – der eine auf diesem Weg, der andere auf diesem Weg. Aber jeder ist unbedingt darauf bedacht, aus der Ferne gesehen zu werden, wie ein Turm. Und der Mensch wurde tatsächlich dazu bestimmt, nach oben zu gehen. Sogar im Buch Hiob heißt es: „Der Mensch wird zur Not geboren wie die Funken, die in die Höhe fliegen." Sehen Sie: Auch spielende Kinder haben immer den Wunsch, einander zu übertreffen. Und jedes einzelne Spiel hat seinen Höhepunkt, was es interessant macht. Verstehst du?"

"Ich verstehe das!" sagte Foma fest und selbstbewusst.

„Aber das muss man auch spüren. Mit Verstand allein kannst du nicht weit kommen, und du musst verlangen, und zwar so, dass dir ein großer Berg wie ein Hügel und das Meer wie eine Pfütze erscheint. Äh! Als ich in deinem Alter war, hatte ich ein leichtes Leben, während du nur zielst. Aber gute Früchte reifen nicht früh."

Die eintönigen Reden des alten Mannes erreichten bald ihren Zweck. Foma hörte ihnen zu und machte sich das Ziel des Lebens klar. Er muss besser sein als andere, beschloss er, und der Ehrgeiz, den der alte Mann geweckt hatte, wurzelte tief in seinem Herzen. Es wurzelte in seinem Herzen, füllte es aber nicht aus, denn Fomas Beziehungen zu Medinskaya nahmen den Charakter an, den sie zwangsläufig annehmen mussten. Er sehnte sich nach ihr, er sehnte sich immer danach, sie zu sehen; während er in ihrer Gegenwart schüchtern, unbeholfen und dumm wurde; er wusste es und litt deswegen. Er besuchte sie häufig, aber es war schwer, sie allein zu Hause anzutreffen; parfümierte Dandys wie Fliegen über einem Stück Zucker – huschten immer um sie herum. Sie sprachen auf Französisch mit ihr, sangen und lachten, während er sie schweigend ansah, gequält von Wut und Eifersucht. Mit gekreuzten Beinen saß er irgendwo in einer Ecke ihres reich ausgestatteten Wohnzimmers, wo es äußerst schwierig war, zu gehen, ohne umzukippen oder zumindest gegen etwas zu stoßen – Foma saß da und beobachtete sie streng.

Über die weichen Teppiche ging sie lautlos hin und her und warf ihm freundliche Blicke und Lächeln zu, während ihre Bewunderer sich um sie schmeichelten und sie alle wie Schlangen geschickt an den verschiedenen kleinen Tischen, Stühlen, Paravents und Blumen vorbeiglitten. steht – ein Lagerhaus voller schöner und zerbrechlicher Dinge, die mit einer Nachlässigkeit, die für sie und Foma gleichermaßen gefährlich ist, im Raum verstreut sind. Aber als er dorthin ging, übertönten die Teppiche seine Schritte nicht, und all diese Dinge verfingen sich an seinem Mantel, zitterten und fielen herunter. Neben dem Klavier stand ein Seemann aus Bronze, dessen Hand erhoben war, bereit, den lebensrettenden Ring zu werfen; An diesem Ring befanden sich Drahtseile, und diese zogen Foma immer an den

Haaren. All dies löste bei Sophya Pawlowna und ihren Bewunderern Gelächter aus, und Foma litt sehr darunter und wechselte von Hitze zu Kälte.

Aber er fühlte sich nicht weniger unwohl, selbst wenn er mit ihr allein war. Sie begrüßte ihn mit einem freundlichen Lächeln, setzte sich neben ihn in eine der gemütlichen Ecken ihres Wohnzimmers und begann ihr Gespräch normalerweise damit, sich bei ihm über alle zu beschweren:

„Du glaubst nicht, wie froh ich bin, dich zu sehen!" Sie beugte sich wie eine Katze und blickte ihm mit ihrem dunklen Blick in die Augen, in dem nun etwas Gieriges aufblitzte.

„Ich liebe es, mit dir zu sprechen", sagte sie mit musikalisch gedehnter Stimme. „Ich habe den ganzen Rest satt. Sie sind alle so langweilig, gewöhnlich und abgenutzt, während Sie frisch und aufrichtig sind. Du magst diese Leute auch nicht, oder?"

„Ich kann sie nicht ertragen!" antwortete Foma bestimmt.

"Und ich?" fragte sie leise.

Foma wandte den Blick von ihr ab und sagte seufzend:

„Wie oft hast du mich das schon gefragt?"

„Fällt es dir schwer, es mir zu sagen?"

„Es ist nicht schwer, aber wozu?"

„Ich muss es wissen."

„Sie machen sich über mich lustig", sagte Foma streng. Und sie öffnete ihre Augen weit und fragte mit großem Erstaunen:

„Wie mache ich Spaß mit dir? Was bedeutet es, Sport zu machen?"

Und ihr Gesicht sah so engelhaft aus, dass er nicht umhin konnte, ihr zu glauben.

"Ich liebe dich! Ich liebe dich! Es ist unmöglich, dich nicht zu lieben!" sagte er hitzig und fügte gleich traurig mit gesenkter Stimme hinzu: „Das brauchst du aber nicht!"

"Hier hast du es!" seufzte Medinskaya zufrieden und zog sich von ihm zurück. „Ich freue mich immer sehr, wenn Sie das mit so viel Jugendlichkeit und Originalität sagen. Möchtest du mir die Hand küssen?"

Ohne ein Wort zu sagen, ergriff er ihre dünne, weiße kleine Hand, beugte sich vorsichtig zu ihr herab und küsste sie lange Zeit leidenschaftlich. Lächelnd und anmutig, von seiner Leidenschaft nicht im Geringsten berührt, befreite sie ihre Hand von seiner. Nachdenklich blickte sie ihn an, mit jenem seltsamen Glitzern in den Augen, das Foma immer verwirrte; Sie untersuchte ihn als etwas Seltenes und äußerst Merkwürdiges und sagte:

„Wie viel Kraft, Kraft und Seelenfrische besitzen Sie! Wissen Sie? Ihr Kaufleute seid eine völlig neue Rasse, eine ganze Rasse mit ursprünglichen Traditionen, mit einer enormen körperlichen und seelischen Energie. Nehmen Sie zum Beispiel Sie – Sie sind ein Edelstein und sollten poliert werden. Oh!"

Wann immer sie zu ihm sagte: „Du" oder „nach deiner Kaufmannsart", kam es Foma so vor, als würde sie ihn mit diesen Worten von sich wegstoßen. Das machte ihn zugleich traurig und beleidigt. Er schwieg und betrachtete ihre kleine, mädchenhafte Gestalt, die immer irgendwie besonders gut gekleidet war und immer süß duftete wie eine Blume. Manchmal überkam ihn das wilde, grobe Verlangen, sie zu umarmen und zu küssen. Aber ihre Schönheit und die Zerbrechlichkeit ihres dünnen, geschmeidigen Körpers weckten in ihm die Angst, sie zu zerbrechen und zu entstellen, und ihre ruhige, liebkosende Stimme und der klare, aber etwas vorsichtige Blick ihrer Augen ließen seine Leidenschaft erkalten; Es kam ihm vor, als würde sie direkt in seine Seele blicken und alle seine Gedanken erraten. Aber diese Gefühlsausbrüche waren selten. Im Allgemeinen betrachteten die Jugendlichen Medinskaja mit Bewunderung und bewunderten alles an ihr – ihre Schönheit, ihre Worte, ihre Kleider. Und neben dieser Anbetung war in ihm ein schmerzlich scharfes Bewusstsein seiner Distanz zu ihr, ihrer Überlegenheit über ihn.

Diese Beziehungen wurden innerhalb kurzer Zeit zwischen ihnen hergestellt; Nach zwei oder drei Treffen war Medinskaja vollständig im Besitz des Jugendlichen und begann langsam, ihn zu foltern. Offensichtlich liebte sie es, eine gesunde, starke Jugend in ihrer Gewalt zu haben; Sie liebte es, das Tier in ihm allein mit ihrer Stimme und ihrem Blick zu erwecken und zu zähmen, und im Vertrauen auf die Macht ihrer Überlegenheit fand sie Freude daran, auf diese Weise mit ihm zu spielen. Wenn er sie verließ, war ihm normalerweise vor Aufregung halb übel, er hegte einen Groll gegen sie, war wütend auf sich selbst und voller schmerzhafter und berauschender Empfindungen. Und etwa zwei Tage später kam er, um sich der gleichen Folter noch einmal zu unterziehen.

Eines Tages fragte er sie schüchtern:

„Sophja Pawlowna! Hatten Sie jemals Kinder?"

"NEIN."

"Ich dachte nicht!" rief Foma entzückt aus.

Sie warf ihm den Blick eines sehr naiven kleinen Mädchens zu und sagte:

„Warum hast du das gedacht? Und warum willst du wissen, ob ich Kinder hatte oder nicht?“

Foma errötete, neigte den Kopf und begann mit schwerer Stimme zu ihr zu sprechen, als würde er jedes Wort vom Boden aufheben und als würde jedes Wort ein paar Pfunde wiegen.

„Sehen Sie – eine Frau, die – Kinder zur Welt gebracht hat – so eine Frau hat ganz andere Augen.“

"Also? Was sind das denn für Arten?“

"Schamlos!" Platzte es aus Foma heraus.

Medinskaya brach in ihr silbernes Lachen aus, und Foma, die sie ansah, begann ebenfalls zu lachen.

"Verzeihung!" sagte er schließlich. „Vielleicht habe ich etwas Falsches, Unangemessenes gesagt.“

"Oh nein nein! Sie können nichts Unangemessenes sagen. Du bist ein reiner, liebenswürdiger Junge. Und meine Augen sind also nicht schamlos?“

„Deine sind wie die eines Engels!“ verkündete Foma begeistert und sah sie mit strahlenden Augen an. Und sie warf ihm einen Blick zu, wie sie es noch nie zuvor getan hatte; Ihr Blick war der einer Mutter, ein trauriger Blick der Liebe, vermischt mit Angst um die Geliebte.

„Geh, mein Lieber. Ich bin müde; Ich brauche eine Pause“, sagte sie zu ihm und stand auf, ohne ihn anzusehen. Er ging unterwürfig weg.

Für einige Zeit nach diesem Vorfall war ihre Haltung ihm gegenüber strenger und aufrichtiger, als hätte sie Mitleid mit ihm, aber später nahmen ihre Beziehungen die alte Form des Katz-und-Maus-Spiels an.

Fomas Beziehung zu Medinskaya konnte der Aufmerksamkeit seines Paten nicht entgehen, und eines Tages fragte ihn der alte Mann mit einer boshaften Grimasse:

„Foma! Fühlen Sie lieber öfter Ihren Kopf, damit Sie ihn nicht versehentlich verlieren.“

"Wie meinst du das?" fragte Foma.

„Ich spreche von Sonka. Du wirst sie zu oft sehen.“

„Was hat das mit dir zu tun?“ sagte Foma ziemlich unhöflich. „Und warum nennst du sie Sonka?“

„Es ist nichts für mich. Ich würde nichts verlieren, wenn du geschröpft würdest. Und was den Namen Sonka betrifft – jeder weiß, dass das ihr Name ist. Jeder weiß also, dass sie gerne mit den Händen anderer Leute Feuer schürt."

"Sie ist schlau!" verkündete Foma bestimmt, runzelte die Stirn und versteckte die Hände in den Taschen. "Sie ist intelligent."

„Clever, das stimmt! Wie geschickt sie diese Unterhaltung arrangierte; Es gab ein Einkommen von zweitausendvierhundert Rubel, die Ausgaben betrugen eintausendneunhundert; Die Kosten beliefen sich tatsächlich nicht einmal auf tausend Rubel, denn jeder tut alles für sie umsonst. Intelligent! Sie wird dich erziehen, und besonders die Müßiggänger, die um sie herumlaufen, werden es tun."

„Sie sind keine Faulenzer, sie sind kluge Leute!" antwortete Foma wütend und widersprach sich jetzt. „Und ich lerne von ihnen. Was bin ich? Ich weiß nichts. Was wurde mir beigebracht? Während sie dort sind, reden sie über alles – und jeder hat sein Wort zu sagen. Halte mich nicht davon ab, wie ein Mann zu sein."

„Puh! Wie du sprechen gelernt hast! Mit so viel Wut, als würde der Hagel gegen das Dach schlagen! Nun gut, seien Sie wie ein Mann, aber um wie ein Mann zu sein, wäre es für Sie vielleicht weniger gefährlich, in die Taverne zu gehen; Die Leute dort sind schließlich besser als Sophyas Leute. Und du, junger Mann, du hättest lernen sollen, eine Person von einer anderen zu unterscheiden. Nehmen wir zum Beispiel Sophya: Was repräsentiert sie? Ein Insekt zur Zierde der Natur und nichts weiter!"

Voller Aufregung biss Foma die Zähne zusammen, entfernte sich von Mayakin und steckte die Hände noch tiefer in die Taschen. Aber der alte Mann begann bald wieder ein Gespräch über Medinskaya.

Sie waren auf dem Rückweg von der Bucht, nachdem sie die Dampfer inspiziert hatten, und saßen in einem großen und geräumigen Schlitten und diskutierten mit Begeisterung und freundlicher Art über Geschäftsangelegenheiten. Es war im März. Das Wasser unter den Schlittenkufen sprudelte, der Schnee war bereits mit einem ziemlich schmutzigen Vlies bedeckt und die Sonne schien warm und fröhlich am klaren Himmel.

„Gehen Sie zu Ihrer Dame, sobald wir ankommen?" fragte Mayakin unerwartet und unterbrach ihr Geschäftsgespräch.

„Das werde ich", sagte Foma knapp und unzufrieden.

„Mm. Sag mir, wie oft gibst du ihr Geschenke?" fragte Mayakin schlicht und einigermaßen vertraulich.

„Welche Geschenke? Wozu?" Fragte sich Foma.

„Du machst ihr keine Geschenke? Das sagst du nicht. Lebt sie denn nur so mit dir zusammen, um der Liebe willen?"

Foma kochte vor Wut und Scham, wandte sich abrupt dem alten Mann zu und sagte vorwurfsvoll:

„Äh! Du bist ein alter Mann, und dennoch sprichst du so, dass es eine Schande wäre, dir zuzuhören! So etwas zu sagen! Glaubst du, sie würde so weit kommen?"

Mayakin schmatzte mit den Lippen und sang mit trauriger Stimme:

„Was für ein Dummkopf du bist! Was für ein Idiot!" und plötzlich wurde er wütend und spuckte aus: „Schäm dich! Alle Arten von Unmenschen tranken aus dem Topf, nichts als der Bodensatz blieb übrig, und nun hat sich ein Narr aus diesem schmutzigen Topf einen Gott gemacht. Teufel! Du gehst einfach auf sie zu und sagst ihr klar: „Ich möchte deine Geliebte sein." Ich bin ein junger Mann, verlangen Sie mir nicht viel dafür.'"

"Pate!" sagte Foma streng und drohend: „Ich kann es nicht ertragen, solche Worte zu hören. Wenn es jemand anderes wäre."

„Aber wer außer mir würde Sie warnen? Guter Gott!" Mayakin schrie auf und faltete die Hände. „Sie hat dich also den ganzen Winter über an der Nase herumgeführt! Was für eine Nase! Was für ein Biest sie ist!"

Der alte Mann war aufgeregt; in seiner Stimme klangen Ärger, Wut, sogar Tränen. Foma hatte ihn noch nie zuvor in einem solchen Zustand gesehen, und als er ihn ansah, schwieg er unwillkürlich.

„Sie wird dich ruinieren! Oh Gott! Die babylonische Prostituierte!"

Mayakins Augen blinzelten, seine Lippen zitterten, und in groben, zynischen Worten begann er gereizt und mit zorniger Stimme in der Stimme von Medinskaya zu sprechen.

Foma hatte das Gefühl, dass der alte Mann die Wahrheit sagte. Er begann nun schwer zu atmen und hatte das Gefühl, dass sein Mund einen trockenen, bitteren Geschmack hatte.

„Sehr gut, Vater, genug", bettelte er leise und traurig und wandte sich von Mayakin ab.

„Eh, du solltest so schnell wie möglich heiraten!" rief der alte Mann alarmiert aus.

„Um Himmels willen, sprich nicht", sagte Foma mit dumpfer Stimme.

Mayakin warf einen Blick auf seinen Patensohn und verstummte. Fomas Gesicht sah angespannt aus; er wurde blass, und in seinen halb geöffneten

Lippen und in seinem traurigen Blick lag eine große schmerzhafte, bittere Benommenheit. Rechts und links der Straße erstreckte sich ein Feld, das hier und da mit Flecken von Winterkleidung bedeckt war. Krähen hüpften geschäftig über die schwarzen Stellen, wo der Schnee geschmolzen war. Das Wasser unter den Schlittenkufen plätscherte, der schlammige Schnee wurde von den Hufen der Pferde aufgewirbelt.

„Wie dumm ist der Mensch in seiner Jugend!" rief Mayakin mit leiser Stimme. Foma sah ihn nicht an.

„Vor ihm steht ein Baumstumpf, und doch sieht er die Schnauze eines Tieres – das macht ihm Angst. Oh, oh!"

„Sprechen Sie deutlicher", sagte Foma streng.

„Was gibt es zu sagen? Die Sache ist klar: Mädchen sind Sahne; Frauen sind Milch; Frauen sind nah, Mädchen sind fern. Gehen Sie deshalb zu Sonka, wenn Sie darauf nicht verzichten können, und sagen Sie es ihr deutlich. So ist die Sache. Narr! Wenn sie eine Sünderin ist, kannst du sie leichter bekommen. Warum bist du dann so wütend? Warum so sauer?"

„Sie verstehen es nicht", sagte Foma mit leiser Stimme.

„Was verstehe ich nicht? Ich verstehe alles!"

"Das Herz. „Der Mensch hat ein Herz", seufzte der Jugendliche.

Mayakin zwinkerte mit den Augen und sagte:

„Dann hat er keinen Verstand."

KAPITEL VI

Als Foma in der Stadt ankam, wurde er von trauriger, rachsüchtiger Wut erfasst. Er brannte vor dem leidenschaftlichen Wunsch, Medinskaya zu beleidigen, sie zu misshandeln. Mit fest zusammengebissenen Zähnen, die Hände tief in den Taschen vergraben, ging er mehrere Stunden hintereinander durch die verlassenen Räume seines Hauses, streng runzelte er die Stirn und warf ständig die Brust nach vorne. Seine Brust war zu schmal, um sein Herz zu halten, das voller Zorn war. Er stampfte mit schweren und gemessenen Schritten auf den Boden, als wollte er seinen Zorn zügeln.

„Die abscheuliche Schuft – hat sich als Engel verkleidet!" Pelageya tauchte lebhaft in seiner Erinnerung auf und er flüsterte bösartig und bitter:

„Obwohl es eine gefallene Frau ist, geht es ihr besser. Sie spielte nicht die Heuchlerin. Sie entfaltete sofort ihre Seele und ihren Körper, und ihr Herz ist sicherlich genauso wie ihre Brust – weiß und gesund."

Manchmal flüsterte Hope ihm schüchtern ins Ohr:

„Vielleicht war alles, was über sie gesagt wurde, eine Lüge."

Aber er erinnerte sich an die eifrige Gewissheit seines Paten und die Kraft seiner Worte, und dieser Gedanke verschwand. Er biss die Zähne fester zusammen und warf seine Brust noch weiter nach vorne. Böse Gedanken blieben wie Holzsplitter in seinem Herzen stecken und sein Herz wurde durch den starken Schmerz, den sie verursachten, zerschmettert.

Indem er Medinskaya herabwürdigte, machte Mayakin sie seinem Patensohn zugänglicher, und Foma verstand dies bald. Ein paar Tage vergingen, und Fomas aufgeregte Gefühle beruhigten sich, absorbiert von den geschäftlichen Sorgen des Frühlings. Die Trauer über den Verlust des Individuums dämpfte die Bosheit, die er der Frau schuldig war, und der Gedanke an die Zugänglichkeit der Frau steigerte seine Leidenschaft für sie. Und irgendwie, ohne es selbst zu merken, verstand er plötzlich und beschloss, dass er zu Sophia Pawlowna gehen und ihr klar und offen sagen sollte, was er von ihr wollte – das ist alles! Er empfand sogar eine gewisse Freude über diesen Entschluss und machte sich kühn auf den Weg nach Medinskaja, wobei er unterwegs nur darüber nachdachte, wie er ihr alles Nötige am besten mitteilen könne.

Die Diener von Medinskaya waren an seine Besuche gewöhnt, und auf seine Frage, ob die Dame zu Hause sei, antwortete die Magd:

„Gehen Sie bitte in den Salon. Sie ist allein da."

Er bekam etwas Angst, aber als er im Spiegel seine stattliche Gestalt bemerkte, die ordentlich in einen Gehrock gekleidet war, und sein dunkles, ernstes Gesicht, das von einem flaumigen schwarzen Bart umrahmt war und in dem große dunkle Augen saßen, hob er die Schultern und trat selbstbewusst vor durch die Stube. Seltsame Klänge eines Saiteninstruments kamen ihm ruhig entgegen; Sie schienen in stilles, freudloses Gelächter auszubrechen, sich über etwas zu beschweren und zärtlich das Herz zu berühren, als ob sie es um Aufmerksamkeit erflehen und keine Hoffnung hätten, sie zu bekommen. Foma hörte keine Musik – sie erfüllte ihn immer mit Traurigkeit. Selbst wenn die „Maschine" in der Taverne eine traurige Melodie spielte, füllte sich sein Herz mit melancholischer Angst, und er bat sie entweder, die „Maschine" anzuhalten, oder er entfernte sich ein Stück weiter mit dem Gefühl, dass er diesen Melodien nicht ruhig lauschen konnte ohne Worte, aber voller Klagen und Tränen. Und nun blieb er unwillkürlich an der Tür des Wohnzimmers stehen.

Über der Tür hing ein Vorhang aus langen Schnüren aus bunten Glasperlen. Die Perlen waren so aufgereiht, dass sie eine fantastische Pflanzenfigur bildeten; Die Saiten zitterten leise und es schien, als würden blasse Blumenschatten in der Luft schweben. Dieser durchsichtige Vorhang verbarg das Innere des Salons nicht vor Fomas Augen. Medinskaya saß auf einer Couch in ihrer Lieblingsecke und spielte Mandoline. Ein großer japanischer Regenschirm, an der Wand befestigt, beschattete die kleine Frau in Schwarz durch seine Farbmischung; Die hohe Bronzelampe unter einem roten Lampenschirm warf das Licht des Sonnenuntergangs auf sie. Die sanften Klänge der schlanken Saiten zitterten traurig in dem engen Raum, der von sanfter und duftender Dämmerung erfüllt war. Nun ließ die Frau die Mandoline auf den Knien sinken und begann mit den Fingern über die Saiten zu streichen, auch um etwas vor ihr genau zu untersuchen. Foma seufzte.

Ein sanfter Klang der Musik erklang in Medinskaya, und ihr Gesicht veränderte sich für immer, als ob Schatten darauf fielen, die unter dem Blitz ihrer Augen fielen und dahinschmolzen.

Foma schaute sie an und sah, dass sie alleine nicht ganz so gut aussah wie in Gegenwart von Menschen – jetzt wirkte ihr Gesicht älter und ernster – ihre Augen hatten nicht den Ausdruck von Freundlichkeit und Sanftmut, sie hatten einen eher müden und müden Ausdruck müder Blick. Und auch ihre Haltung war müde, als ob die Frau sich gerade rühren wollte, es aber nicht schaffte. Foma bemerkte, dass das Gefühl, das ihn dazu veranlasste, zu ihr zu kommen, sich nun in seinem Herzen in ein anderes Gefühl verwandelte. Er kratzte mit dem Fuß über den Boden und hustete.

"Wer ist das?" fragte die Frau alarmiert. Und die Saiten zitterten und gaben einen alarmierten Ton von sich.

„Ich bin es", sagte Foma und schob die Perlenschnüre beiseite.

"Ah! Aber wie leise bist du eingetreten. Ich bin froh, dich zu sehen. Platz nehmen! Warum bist du so lange nicht gekommen?"

Sie streckte ihm ihre Hand entgegen und zeigte mit der anderen auf einen kleinen Sessel neben sich, und ihre Augen lächelten fröhlich.

„Ich war draußen in der Bucht und habe meine Dampfer inspiziert", sagte Foma mit übertriebener Leichtigkeit und rückte seinen Sessel näher an die Couch heran.

„Liegt schon viel Schnee auf den Feldern?"

„So viel man möchte. Aber es schmilzt bereits erheblich. Überall steht Wasser auf den Straßen."

Er sah sie an und lächelte. Offensichtlich bemerkte Medinskaya die Leichtigkeit seines Verhaltens und etwas Neues in seinem Lächeln, denn sie rückte ihr Kleid zurecht und entfernte sich weiter von ihm. Ihre Blicke trafen sich – und Medinskaya senkte den Kopf.

"Schmelzen!" sagte sie nachdenklich und untersuchte den Ring an ihrem kleinen Finger.

„Ja-ja, Ströme überall." Foma informierte sie und bewunderte seine Stiefel.

"Das ist gut. Der Frühling kommt."

„Jetzt wird es nicht mehr lange auf sich warten lassen."

„Der Frühling kommt", wiederholte Medinskaya leise, als lausche sie dem Klang ihrer Worte.

„Die Leute werden anfangen, sich zu verlieben", sagte Foma lächelnd und rieb sich aus irgendeinem Grund fest die Hände.

„Bereitest du dich vor?" fragte Medinskaya trocken.

„Das brauche ich nicht. Ich bin schon lange bereit. Ich bin schon mein ganzes Leben lang verliebt."

Sie warf ihm einen Blick zu, begann wieder zu spielen, blickte auf die Saiten und sagte nachdenklich:

"Frühling. Wie gut ist es, dass du erst am Anfang des Lebens stehst. Das Herz ist voller Kraft und es gibt nichts Dunkles darin."

„Sophja Pawlowna!" rief Foma leise aus. Sie unterbrach ihn mit einer streichelnden Geste.

„Warte, Liebste! Heute kann ich euch etwas Gutes sagen. Wissen Sie, ein Mensch, der lange gelebt hat, hat solche Momente, dass er, wenn er in sein Herz blickt, dort unerwartet etwas findet, das längst vergessen ist. Jahrelang lag es irgendwo in der Tiefe seines Herzens, verlor aber nichts vom Duft der Jugend, und wenn die Erinnerung es berührt, dann überkommt diesen Menschen der Frühling und haucht ihm die belebende Frische des Morgens seines Lebens ein. Das ist gut, aber auch sehr traurig."

Die Saiten zitterten und weinten unter der Berührung ihrer Finger, und es schien Foma, als würden ihre Klänge und die sanfte Stimme der Frau sein Herz sanft und liebkosend berühren. Doch immer noch fest in seiner Entscheidung, hörte er ihren Worten zu und dachte, ohne ihre Bedeutung zu kennen:

„Du darfst sprechen! Und ich werde nichts glauben, was Sie sagen."

Dieser Gedanke irritierte ihn. Und es tat ihm leid, dass er ihren Worten nicht mehr so aufmerksam und vertrauensvoll zuhören konnte wie zuvor.

„Denken Sie darüber nach, wie es zum Leben notwendig ist?" fragte die Frau.

„Manchmal denke ich daran, und dann vergesse ich es wieder. Ich habe keine Zeit dafür!" sagte Foma und lächelte. „Und was gibt es dann zu denken? Es ist einfach. Du siehst, wie andere leben. Nun, folglich müssen Sie sie nachahmen."

„Ah, tu das nicht! Schonen Sie sich. Du bist so gut! Da ist etwas Eigenartiges in dir; was ich nicht weiß. Aber es ist spürbar. Und es scheint mir, dass es für Sie sehr schwer sein wird, im Leben zurechtzukommen. Ich bin mir sicher, dass Sie nicht den üblichen Weg der Menschen in Ihrem Umfeld gehen werden. NEIN! Sie können nicht zufrieden sein mit einem Leben, das ausschließlich dem Gewinn, der Jagd nach dem Rubel und Ihrem Geschäft gewidmet ist. Ach nein! Ich weiß, du wirst doch Lust auf etwas anderes haben, nicht wahr?"

Sie sprach schnell und mit einem alarmierten Ausdruck in ihren Augen. Als Foma sie ansah, dachte sie:

„Worauf zielt sie hinaus?"

Und er antwortete ihr langsam:

„Vielleicht habe ich Lust auf etwas anderes. Vielleicht habe ich es schon."

Sie trat näher an ihn heran, blickte ihm ins Gesicht und sprach überzeugend:

"Hören! Lebe nicht wie alle anderen Menschen! Gestalten Sie Ihr Leben irgendwie anders. Du bist stark, jung. Du bist gut!"

„Und wenn ich gut bin, dann muss es auch Gutes für mich geben!" rief Foma aus und hatte das Gefühl, dass er von Aufregung erfasst wurde und dass sein Herz vor Angst zu schlagen begann.

„Ah, aber das ist nicht der Fall! Hier auf der Erde ist es für die guten Menschen schlimmer als für die schlechten!" sagte Medinskaya traurig.

Und wieder begannen die zitternden Noten der Musik bei der Berührung ihrer Finger zu tanzen. Foma hatte das Gefühl, dass er ihr später nichts mehr sagen würde, wenn er nicht sofort anfing, das Notwendige zu sagen.

"Gott segne mich!" sagte er zu sich selbst und begann mit gesenkter Stimme, die sein Herz stärkte:

„Sophja Pawlowna! Genug! Ich habe etwas zu sagen. Ich bin gekommen, um dir zu sagen: „Genug!" Wir müssen fair und offen miteinander umgehen. Zuerst hast du mich zu dir hingezogen, und jetzt wehrst du dich von mir ab. Ich kann nicht verstehen, was du sagst. Mein Geist ist abgestumpft, aber ich kann spüren, dass du dich verstecken möchtest. Ich kann es sehen – verstehst du jetzt, was mich hierher geführt hat?"

Seine Augen begannen zu blitzen und mit jedem Wort wurde seine Stimme wärmer und lauter. Sie bewegte ihren Körper nach vorne und sagte alarmiert:

„Oh, hör auf."

„Nein, das werde ich nicht, ich werde sprechen!"

„Ich weiß, was du sagen willst."

„Du weißt nicht alles!" sagte Foma drohend und erhob sich. „Aber ich weiß alles über dich – alles."

"Ja? Dann ist es umso besser für mich", sagte Medinskaya ruhig.

Sie erhob sich ebenfalls von der Couch, als wollte sie irgendwohin gehen, doch nach ein paar Sekunden setzte sie sich wieder auf die Couch. Ihr Gesicht war ernst, ihre Lippen waren fest zusammengepresst, aber ihre Augen waren gesenkt, und Foma konnte ihren Ausdruck nicht erkennen. Das dachte er, als er ihr sagte: „Ich weiß alles über dich!" Sie würde Angst haben, sie würde sich schämen und verwirrt sein, sie würde ihn um Verzeihung bitten, weil er sich über ihn lustig gemacht hatte. Dann würde er sie umarmen und ihr vergeben. Aber das war nicht der Fall; Er war es, der von ihrer Ruhe verwirrt war. Er sah sie an und suchte nach Worten, um seine Rede fortzusetzen, fand sie aber nicht.

„Es ist besser", wiederholte sie bestimmt und trocken. „Du hast also alles gelernt, oder? Und natürlich haben Sie mich getadelt, wie ich es verdient habe. Ich verstehe. Ich bin vor dir schuldig. Aber nein, ich kann mich nicht rechtfertigen."

Sie verstummte plötzlich, hob mit einer nervösen Geste die Hände, fasste ihren Kopf und begann, ihr Haar zurechtzurücken.

Foma seufzte tief. Ihre Worte hatten eine gewisse Hoffnung in ihm getötet – eine Hoffnung, deren Präsenz in seinem Herzen er erst jetzt spürte, da sie tot war. Und er schüttelte den Kopf und sagte mit bitterem Vorwurf:

„Es gab eine Zeit, in der ich dich ansah und dachte: ‚Wie schön ist sie, wie gut, die Taube!' Und jetzt sagen Sie sich: „Ich bin schuldig." Ah!"

Die Stimme der Jugend versagte. Und die Frau begann leise zu lachen.

„Wie gut und lächerlich du bist, und wie schade, dass du das alles nicht verstehen kannst!"

Der Junge blickte sie an und fühlte sich durch ihre zärtlichen Worte und ihr melancholisches Lächeln entwaffnet. Das kalte, harte Etwas, das er in seinem Herzen gegen sie hatte, schmolz jetzt vor dem warmen Licht ihrer Augen. Die Frau erschien ihm nun klein, wehrlos, wie ein Kind. Sie sagte etwas mit sanfter, flehentlicher Stimme und lächelte immer, aber er achtete nicht auf ihre Worte.

„Ich bin zu dir gekommen", sagte er und unterbrach ihre Worte, „ohne Mitleid. Ich wollte dir alles erzählen. Und doch sagte ich nichts. Ich habe keine Lust, es zu tun. Mein Herz sank. Du atmest mich so seltsam an. Äh, ich hätte dich nicht sehen sollen! Was bist du für mich? Es scheint, dass es für mich besser wäre, wegzugehen."

„Warte, Liebste, geh nicht weg!" sagte die Frau hastig und reichte ihm die Hand. „Warum so streng? Sei mir nicht böse! Was bin ich für Dich? Du brauchst eine andere Freundin, eine Frau, die genauso einfältig und gesund ist wie du. Sie muss schwul und gesund sein. Ich – ich bin schon eine alte Frau. Ich mache mir ständig Sorgen. Mein Leben ist so leer und so müde, so leer! Wissen Sie, wenn jemand sich daran gewöhnt hat, fröhlich zu leben, und dann nicht mehr fröhlich sein kann, dann fühlt er sich schlecht! Er möchte fröhlich leben, er möchte lachen, aber er lacht nicht – es ist das Leben, das über ihn lacht. Und was die Männer betrifft. Hören! Wie eine Mutter rate ich dir, ich flehe und flehe dich an: Gehorche niemandem außer deinem eigenen Herzen! Lebe im Einklang mit seinen Eingebungen. Männer wissen nichts, sie können dir nichts Wahres sagen. Beachten Sie sie nicht."

Als sie versuchte, so klar und verständlich wie möglich zu sprechen, war sie aufgeregt, und ihre Worte kamen unzusammenhängend und hastig nacheinander. Ein mitleiderregendes Lächeln spielte die ganze Zeit über auf ihren Lippen und ihr Gesicht war nicht schön.

„Das Leben ist sehr streng. Sie möchte, dass sich alle Menschen ihren Forderungen unterwerfen, und nur die ganz Starken können sich ihr ungestraft widersetzen. Es ist noch fraglich, ob sie es schaffen! Oh, wenn du wüsstest, wie schwer es ist zu leben. Der Mensch geht so weit, dass er anfängt, sich selbst zu fürchten. Er ist in Richter und Verbrecher gespalten – er beurteilt sich selbst und sucht vor sich selbst nach Rechtfertigung. Und er ist bereit, Tage und Nächte mit denen zu verbringen, die ihn verachten und die ihm zuwider sind – nur um nicht mit sich allein zu sein."

Foma hob den Kopf und sagte misstrauisch und überrascht:

„Ich kann nicht verstehen, was es ist! Dasselbe sagt auch Lubov."

„Welcher Lubov? Was sagt sie?"

„Meine Pflegeschwester. Sie sagt dasselbe: Sie beklagt sich ständig über das Leben. Es sei unmöglich zu leben, sagt sie."

„Oh, sie ist noch jung! Und es ist eine große Freude, dass sie bereits davon spricht."

"Glück!" Foma sagte gedehnt spöttisch. „Es muss ein schönes Glück sein, das die Menschen zum Seufzen und Klagen bringt."

„Man sollte besser auf Beschwerden hören. In diesen Klagen der Menschen steckt immer viel Weisheit. Oh! In diesen Beschwerden steckt mehr Weisheit als anderswo. Hören Sie sich diese an – sie werden Ihnen beibringen, Ihren Weg zu finden."

Foma hörte die Stimme der Frau, die überzeugend klang; und sah sich verwirrt um. Alles war ihm schon lange bekannt, aber heute kam es ihm etwas neu vor. Eine Menge Kleinigkeiten füllten den Raum, alle Wände waren mit Bildern und Regalen bedeckt, aus jeder Ecke starrten helle und schöne Gegenstände. Das rötliche Licht der Lampe erfüllte einen mit Wehmut. Die Dämmerung hüllte alles in den Raum, und nur hier und da blitzten schwach die goldenen Rahmen oder die weißen Marmorflecken auf. Schwere Stoffe hingen bewegungslos vor den Türen. Das alles brachte Foma in Verlegenheit und erstickte sie fast; es kam ihm vor, als hätte er sich verirrt. Die Frau tat ihm leid. Aber sie irritierte ihn auch.

„Hörst du, wie ich zu dir spreche? Ich wünschte, ich wäre deine Mutter oder deine Schwester. Noch nie hat jemand in mir ein so warmes und vertrautes Gefühl geweckt wie Du. Und du siehst mich so unfreundlich an. Glauben Sie mir? Ja? NEIN?"

Er sah sie an und sagte seufzend:

"Ich weiß nicht. Früher habe ich dir geglaubt."

"Und nun?" sie fragte hastig.

„Und jetzt – es ist das Beste für mich, zu gehen! Ich verstehe nichts und doch sehne ich mich danach, es zu verstehen. Ich verstehe mich selbst nicht einmal. Auf dem Weg zu dir wusste ich, was ich sagen sollte, und hier ist alles verwirrt. Du hast mich auf die Folterbank gelegt, du hast mich nervös gemacht. Und dann sagst du mir: ‚Ich bin wie eine Mutter für dich‘ – was bedeutet: Los!"

„Verstehen Sie mich, Sie tun mir leid!" rief die Frau leise.

Fomas Ärger über sie wurde immer stärker und je weiter er mit ihr sprach, desto absurder wurden seine Worte. Während er sprach, bewegte er weiterhin seine Schultern, als würde er etwas zerreißen, das ihn umschlang.

"Entschuldigung? Wozu? Ich brauche es nicht. Äh, ich kann nicht gut sprechen! Es ist schlecht, dumm zu sein. Aber – ich hätte es dir gesagt! Du hast mich nicht richtig behandelt – warum hast du einen Mann so verführt? Bin ich ein Spielzeug für dich?"

„Ich wollte dich nur an meiner Seite sehen", sagte die Frau schlicht und mit schuldbewusster Stimme.

Er hörte diese Worte nicht.

„Und als es zur Sache kam, hattest du Angst und hast dich von mir verschlossen. Du hast begonnen, Buße zu tun. Ha, ha! Das Leben ist schlecht! Und warum beschwerst du dich immer über irgendein Leben? Welches Leben? Der Mensch ist Leben, und außer dem Menschen gibt es kein Leben. Du hast ein anderes Monster erfunden. Sie haben dies getan, um das Auge zu täuschen, um sich zu rechtfertigen. Du machst Unfug, verlierst dich in verschiedenen Erfindungen und Dummheiten und dann seufzst du! Ach, Leben! Oh, Leben! Und hast du es nicht selbst gemacht? Und wenn Sie sich mit Beschwerden bedecken, verwirren Sie andere. Du hast dich wohl verirrt, aber warum willst du mich in die Irre führen? Ist es die Bosheit, die in dir spricht: „Mir geht es schlecht", sagst du, „lass es ihm auch schlecht gehen – da werde ich sein Herz mit meinen giftigen Tränen besprengen!" Ist das nicht so? Äh! Gott hat dir die Schönheit eines Engels gegeben, aber dein Herz – wo ist es?"

Als er vor ihr stand, zitterte er am ganzen Körper und musterte sie von Kopf bis Fuß mit vorwurfsvollen Blicken. Nun kamen seine Worte frei aus seinem Herzen, er sprach nicht laut, sondern mit Kraft und Freude. Mit erhobenem Kopf starrte die Frau ihm mit weit geöffneten Augen ins Gesicht. Ihre Lippen zitterten und in ihren Mundwinkeln bildeten sich tiefe Falten.

„Ein schöner Mensch sollte ein gutes Leben führen. Während sie von dir Dinge sagen." Fomas Stimme brach zusammen; Er hob die Hand und schloss mit dumpfer Stimme:

"Auf Wiedersehen!"

"Auf Wiedersehen!" sagte Medinskaya leise.

Er reichte ihr nicht die Hand, drehte sich aber abrupt um und entfernte sich von ihr. Doch schon an der Tür spürte er, dass sie ihm leid tat, und blickte sie über die Schulter hinweg an. Dort, in der Ecke, stand sie allein, den Kopf gesenkt, die Hände bewegungslos herabhängend.

Als ihm klar wurde, dass er sie nicht so verlassen konnte, wurde er verwirrt und sagte leise, aber ohne Reue:

„Vielleicht habe ich etwas Beleidigendes gesagt – verzeihen Sie mir! Denn schließlich liebe ich dich", und er seufzte tief.

Die Frau brach in leises, nervöses Lachen aus.

„Nein, du hast mich nicht beleidigt. Gott beschleunige dich."

„Na, dann auf Wiedersehen!" wiederholte Foma mit noch leiserer Stimme.

„Ja", antwortete die Frau, ebenfalls leise.

Foma schob die Perlenketten mit der Hand beiseite; Sie schwangen sich geräuschvoll zurück und berührten seine Wangen. Er schauderte bei dieser kalten Berührung und ging hinaus, ein schweres, verwirrtes Gefühl in seiner Brust tragend, und sein Herz klopfte, als ob ein weiches, aber starkes Netz darüber geworfen würde.

Es war inzwischen Nacht; Der Mond schien und der Frost bedeckte die Pfützen mit matten Silberschichten. Foma ging den Bürgersteig entlang, er zerbrach diese mit seinem Stock und sie knackten traurig. Die Schatten der Häuser fielen in schwarzen Quadraten auf die Straße und die Schatten der Bäume – in wunderbaren Mustern. Und einige von ihnen sahen aus wie dünne Hände, die hilflos den Boden umklammerten.

"Was macht Sie jetzt?" dachte Foma und stellte sich die Frau vor, allein in der Ecke eines engen Raumes, im rötlichen Dämmerlicht.

„Es ist das Beste für mich, sie zu vergessen", entschied er. Aber er konnte sie nicht vergessen; Sie stand vor ihm und löste in ihm bald tiefes Mitleid, bald Ärger und sogar Wut aus. Und ihr Bild war so klar und die Gedanken an sie waren so schmerzhaft, als würde er diese Frau in seiner Brust tragen. Von der gegenüberliegenden Seite kam ein Taxi und erfüllte die Stille der Nacht mit dem Klappern der Räder auf dem Kopfsteinpflaster und dem Knarren auf dem Eis. Wenn das Taxi über einen mondbeschienenen Streifen fuhr, war der Lärm lauter und lebhafter, und im Schatten war er schwerer und dumpfer. Der Fahrer und der Beifahrer zitterten und hüpften herum; Aus irgendeinem Grund beugten sie sich beide nach vorne und bildeten zusammen mit dem Pferd eine große, schwarze Masse. Die Straße war mit Licht- und Schattenflecken gesprenkelt, aber in der Ferne schien die Dunkelheit dicht zu sein, als wäre die Straße von einer Mauer umzäunt, die von der Erde bis zum Himmel reichte. Irgendwie wurde Foma klar, dass diese Leute nicht wussten, wohin sie gingen. Und auch er wusste nicht, wohin er wollte. Sein Haus entstand vor seiner Fantasie – sechs große Räume, in denen er allein lebte. Tante Anfisa war ins Kloster gegangen, vielleicht nie wieder zurückgekehrt – sie könnte dort sterben. Zu Hause waren Ivan, der alte taube Dvornik, die alte Jungfer, Sekleteya, seine Köchin und Dienerin, und ein schwarzer, struppiger Hund mit einer Schnauze so stumpf wie die eines Welses. Und auch der Hund war alt.

„Vielleicht sollte ich wirklich heiraten", dachte Foma seufzend.

Aber der bloße Gedanke daran, wie einfach es für ihn war, zu heiraten, machte ihn unruhig und machte ihn in seinen eigenen Augen sogar lächerlich. Es wäre nur notwendig, seinen Paten morgen um eine Braut zu bitten, und bevor ein Monat verging, würde eine Frau bei ihm in seinem Haus wohnen. Und sie würde Tag und Nacht in seiner Nähe sein. Er würde zu ihr sagen: „Lass uns spazieren gehen!" und sie würde gehen. Er würde ihr sagen: „Lass uns schlafen gehen!" und wieder würde sie gehen. Sollte sie den Wunsch haben, ihn zu küssen, würde sie ihn küssen, auch wenn es ihm nicht gefiel. Und wenn er ihr sagen würde: „Geh weg, ich will das nicht", wäre sie beleidigt. Worüber würde er mit ihr sprechen? Was würde sie ihm sagen? Er dachte und stellte sich die jungen Damen seiner Bekannten vor, Töchter von Kaufleuten. Einige von ihnen waren sehr hübsch, und er wusste, dass jeder von ihnen ihn bereitwillig heiraten würde. Aber er wollte keine von ihnen zur Frau haben. Wie peinlich und beschämend muss es sein, wenn ein Mädchen Ehefrau wird. Und was sagt das frisch vermählte Paar nach der Hochzeit im Schlafzimmer zueinander? Foma versuchte zu überlegen, was er in einem solchen Fall sagen würde, und verwirrt begann er zu lachen, da er keine passenden Worte fand. Dann erinnerte er sich an Luba Mayakin. Sie würde sicherlich als Erste etwas sagen und einige unverständliche Worte von sich geben, die ihr fremd waren. Irgendwie kam es ihm vor, als seien alle ihre Worte fremd, und sie sprach nicht so, wie es sich für ein Mädchen ihres Alters, ihres Aussehens und ihrer Abstammung gehörte.

Und hier ruhten seine Gedanken auf Lubovs Beschwerden. Sein Gang wurde langsamer; Er wunderte sich nun über die Tatsache, dass alle Menschen, die ihm nahe standen und mit denen er viel redete, ihm immer vom Leben erzählten. Sein Vater, seine Tante, sein Pate, Lubov, Sophya Pavlovna, sie alle lehrten ihn entweder, das Leben zu verstehen, oder beklagten sich darüber. Er erinnerte sich an die Worte des alten Mannes auf dem Dampfer über das Schicksal und an viele andere Bemerkungen über das Leben, Vorwürfe und bittere Klagen dagegen, die er zufällig von allen möglichen Menschen hörte.

"Was bedeutet das?" Er dachte: „Was ist das Leben, wenn es nicht der Mensch ist? Und der Mensch redet immer so, als wäre das Leben etwas anderes, etwas außerhalb des Menschen, und dieses Etwas hindere ihn am Leben. Vielleicht ist es der Teufel?"

Ein schmerzliches Gefühl der Angst überfiel den Jugendlichen; er schauderte und sah sich hastig um. Die Straße war verlassen und ruhig; Die dunklen Fenster der Häuser starrten schwach in die Dunkelheit der Nacht, und entlang der Mauern und Zäune folgte ihm Fomas Schatten.

"Treiber!" Er schrie laut auf und beschleunigte seine Schritte. Der Schatten zuckte zusammen und kroch hinter ihm her, verängstigt, schwarz, still. Foma hatte das Gefühl, als sei ein kalter Atemzug hinter ihm und als würde ihn etwas Riesiges, Unsichtbares und Schreckliches überholen. Erschrocken rannte er fast dem Taxi entgegen, das laut aus der Dunkelheit auftauchte, und als er sich in das Taxi setzte, wagte er nicht, zurückzublicken, obwohl er es am liebsten getan hätte.

Kapitel VII

Ungefähr eine Woche ist vergangen, seit Foma mit Medinskaya gesprochen hat. Und ihr Bild stand Tag und Nacht fest vor Foma und erweckte in seinem Herzen ein nagendes Gefühl der Angst. Er sehnte sich danach, zu ihr zu gehen, und war so traurig über sie, dass sogar seine Knochen schmerzten vor dem Wunsch seines Herzens, wieder in ihrer Nähe zu sein. Aber er schwieg streng; er runzelte die Stirn und wollte diesem Verlangen nicht nachgeben, beschäftigte sich eifrig mit seinen Angelegenheiten und provozierte in sich ein Gefühl des Zorns gegen die Frau. Er hatte das Gefühl, wenn er auf sie zugehen würde, würde er sie nicht mehr so finden, wie er sie verlassen hatte; Etwas in ihr musste sich nach diesem Gespräch verändert haben, und sie würde ihn nicht mehr so herzlich empfangen wie zuvor, würde ihn nicht mehr mit dem klaren Lächeln anlächeln, das früher seltsame Gedanken und Hoffnungen in ihm geweckt hatte. Aus Angst, dass dies alles verloren sei und etwas anderes an seine Stelle getreten sein könnte, hielt er sich zurück und litt.

Seine Arbeit und seine Sehnsucht nach der Frau hielten ihn nicht davon ab, über das Leben nachzudenken. Er philosophierte nicht über dieses Rätsel, das in seinem Herzen bereits ein Gefühl der Besorgnis erregte; er war nicht in der Lage zu argumentieren, aber er begann aufmerksam zuzuhören, was die Menschen über das Leben sagten, und er versuchte, sich an ihre Worte zu erinnern. Sie machten ihm nichts klar; nein, sie steigerten seine Verwirrung und veranlassten ihn, sie misstrauisch zu betrachten. Sie waren klug, gerissen und vernünftig – er sah es; im Umgang mit ihnen war stets Vorsicht geboten; Er wusste bereits, dass in wichtigen Angelegenheiten keiner von ihnen so sprach, wie er dachte. Und als er sie aufmerksam beobachtete, spürte er, dass ihre Seufzer und ihre Klagen über das Leben Misstrauen in ihm weckten. Schweigend blickte er alle misstrauisch an und eine dünne Falte verdeckte seine Stirn.

Eines Morgens sagte sein Pate an der Börse zu ihm:

„Anany ist angekommen. Er würde dich gerne sehen. Gehen Sie gegen Abend zu ihm und achten Sie darauf, dass Sie den Mund halten. Anany wird versuchen, es zu lockern, damit Sie über geschäftliche Angelegenheiten sprechen können. Er ist schlau, der alte Teufel; er ist ein heiliger Fuchs; Er wird seine Augen zum Himmel heben und in der Zwischenzeit seine Pfote in deine Tasche stecken und deine Handtasche greifen. Sei auf der Hut."

„Sind wir ihm etwas schuldig?" fragte Foma.

"Natürlich! Wir haben den Lastkahn noch nicht bezahlt, und dann wurden ihm vor nicht allzu langer Zeit 55 Meter lange Balken abgenommen. Wenn er alles auf einmal will – gib nicht. Ein Rubel ist eine klebrige Sache; Je länger es sich in der Hand dreht, desto mehr Kopeken bleiben daran haften. Ein Rubel ist wie eine gute Taube – sie steigt in die Luft, man dreht sich um und sieht – sie hat einen ganzen Schwarm mit in den Taubenschlag gebracht."

„Aber wie können wir helfen, es jetzt zu bezahlen, wenn er es verlangt?"

„Lass ihn weinen und darum bitten – und du brüllst –, aber gib es ihm nicht."

„Ich werde bald dorthin gehen."

Anany Savvich Shchurov war ein reicher Holzhändler, besaß ein großes Sägewerk, baute Lastkähne und betrieb Flöße. Er hatte mit Ignat zu tun gehabt, und Foma hatte mehr als einmal diesen großen, bärtigen, langarmigen, weißhaarigen alten Mann gesehen, der sich so aufrecht hielt wie eine Kiefer. Seine große, schöne Gestalt, sein offenes Gesicht und seine klaren Augen riefen in Foma ein Gefühl des Respekts vor Schtschurow hervor, obwohl er Gerüchte gehört hatte, dass dieser Holzhändler seinen Reichtum nicht durch ehrliche Arbeit erlangt habe und dass er ein böses Leben führe zu Hause, in einem abgelegenen Dorf im Forstbezirk; und Ignat hatte Foma erzählt, dass Schtschurow, als er jung war und noch ein armer Bauer war, einen Sträfling im Badehaus in seinem Garten beherbergte und dass der Sträfling dort Falschgeld für ihn machte. Seitdem begann Anany reich zu werden. Eines Tages brannte sein Badehaus ab und in der Asche entdeckten sie die Leiche eines Mannes mit gebrochenem Schädel. Im Dorf ging das Gerücht um, Schtschurow selbst habe seinen Arbeiter getötet – getötet und dann verbrannt. Solche Dinge waren dem gutaussehenden alten Mann mehr als einmal passiert; Aber ähnliche Gerüchte kursierten in Bezug auf viele reiche Männer in der Stadt – sie alle hätten, so hieß es, ihre Millionen durch Raubüberfälle, Morde und vor allem durch die Weitergabe von Falschgeld angehäuft. Foma hatte in seiner Kindheit solche Geschichten gehört und nie darüber nachgedacht, ob sie wahr waren oder nicht.

Er wusste auch, dass Shchurov zwei Frauen losgeworden war – eine von ihnen starb in der ersten Nacht der Hochzeit, in Ananys Umarmungen. Dann nahm er seinem Sohn die Frau weg, und sein Sohn begann aus Kummer zu trinken und wäre in der Trunkenheit umgekommen, wenn er nicht rechtzeitig zu sich gekommen wäre und sich auf den Weg gemacht hätte, um sich in einer Einsiedelei in Irgiz zu retten. Und als seine Schwiegertochter gestorben war, nahm Schtschurow ein stummes Bettlermädchen in sein Haus auf, das bis heute bei ihm lebte und ihm kürzlich ein totes Kind geboren hatte. Auf dem Weg zum Hotel, in dem Anany wohnte, erinnerte sich Foma unwillkürlich an all das und hatte das Gefühl, dass Schtschurow für ihn seltsam interessant geworden war.

Als Foma die Tür öffnete und respektvoll auf der Schwelle des kleinen Zimmers stehen blieb, dessen einziges Fenster auf das rostige Dach des Nachbarhauses blickte, bemerkte er, dass der alte Schtschurow gerade aus dem Schlaf erwacht war und auf seinem Bett saß und die Hände dagegen lehnte es, er starrte auf den Boden; und er war so gebeugt, dass sein langer, weißer Bart über seine Knie fiel. Aber selbst gebeugt war er groß.

„Wer ist eingetreten?" fragte Anany mit heiserer und wütender Stimme, ohne den Kopf zu heben.

"ICH. Wie geht es dir, Anany Savvich?"

Der alte Mann hob langsam den Kopf und sah Foma mit einem Augenzwinkern an.

„Ignats Sohn, stimmt das?"

"Das gleiche."

„Nun, komm her, setz dich ans Fenster. Lass mich sehen, wie du erwachsen geworden bist. Willst du nicht ein Glas Tee mit mir trinken?"

„Ich hätte nichts dagegen."

"Kellner!" rief der alte Mann, weitete seine Brust, nahm seinen Bart in die Hand und begann schweigend Foma zu untersuchen. Auch Foma blickte ihn verstohlen an.

Die hohe Stirn des alten Mannes war voller Falten und seine Haut war dunkel. Graue, lockige Locken bedeckten seine Schläfen und seine spitzen Ohren; Seine ruhigen blauen Augen verliehen dem oberen Teil seines Gesichts einen weisen und guten Ausdruck. Aber seine Wangen und Lippen waren dick und rot und wirkten fehl am Platz auf seinem Gesicht. Seine schmale, lange Nase war nach unten gerichtet, als wolle sie sich in seinem weißen Schnurrbart verstecken; Der alte Mann bewegte seine Lippen, und darunter glänzten kleine, gelbe Zähne. Er trug ein rosafarbenes Kattunhemd, einen Seidengürtel um die Taille und schwarze, weite Hosen, die er in seine Stiefel steckte. Foma starrte auf seine Lippen und dachte, dass der alte Mann sicherlich der war, der er sein sollte.

„Als Junge sahst du eher aus wie dein Vater", sagte Schtschurow plötzlich und seufzte. Dann, nach einem Moment des Schweigens, fragte er: „Erinnern Sie sich an Ihren Vater? Beten Sie jemals für ihn? Du musst, du musst beten!" fuhr er fort, nachdem er Fomas kurze Antwort gehört hatte. „Ignat war ein schrecklicher Sünder, und er starb ohne Reue, völlig überraschend. Er war ein großer Sünder!"

„Er war nicht sündiger als andere", antwortete Foma wütend und im Namen seines Vaters beleidigt.

„Als wer zum Beispiel?" forderte Schtschurow streng.

„Gibt es nicht viele Sünder?"

„Es gibt nur einen Mann auf Erden, der sündiger ist als der verstorbene Ignat – und das ist dieser verfluchte Heide, dein Pate Yashka", rief der alte Mann aus.

„Bist du dir da sicher?" fragte Foma lächelnd.

"ICH? Natürlich bin ich!" sagte Schtschurow selbstbewusst und nickte mit dem Kopf, und seine Augen wurden etwas dunkler. „Ich werde auch vor dem Herrn erscheinen, und das nicht ohne Sünde. Ich werde eine schwere Last vor sein heiliges Angesicht bringen. Ich selbst habe dem Teufel gefallen, nur vertraue ich auf Gottes Gnade, während Yashka an nichts glaubt, weder an Träume noch an den Gesang der Vögel. Yashka glaubt nicht an Gott, das weiß ich! Und für seinen Unglauben wird er noch auf Erden seine Strafe erhalten."

„Bist du dir da auch sicher?"

"Ja bin ich. Und glauben Sie nicht, dass ich auch weiß, dass Sie es lächerlich finden, mir zuzuhören? Was für ein kluger Kerl, wirklich! Aber wer viele Sünden begangen hat, ist immer weise. Sünde ist ein Lehrer. Deshalb ist Yashka Mayakin außerordentlich klug."

Als Foma der heiseren und selbstbewussten Stimme des alten Mannes lauschte, dachte Foma:

„Er wittert offenbar den Tod."

Der Kellner, ein kleiner Mann mit blassem und charakterlosem Gesicht, brachte den Samowar herein und eilte mit kurzen Schritten schnell aus dem Zimmer. Der alte Mann löste gerade ein paar Bündel auf dem Fensterbrett und sagte, ohne Foma anzusehen:

„Du bist mutig und der Blick deiner Augen ist dunkel. Früher gab es mehr helläugige Menschen, denn damals waren die Seelen heller. Früher war alles einfacher – sowohl die Menschen als auch die Sünden, und jetzt ist alles komplizierter geworden. Äh, äh!"

Er kochte Tee, setzte sich Foma gegenüber und fuhr fort:

„Dein Vater war in deinem Alter ein Wasserschöpfer und blieb bei der Flotte in der Nähe unseres Dorfes. In deinem Alter war Ignat für mich so klar wie Glas. Auf den ersten Blick konnte man erkennen, was für ein Mann er war. Während du hier bist, schaue ich dich an, kann aber nicht sehen, was du bist. Wer bist du? Du weißt es selbst nicht, mein Junge, und deshalb wirst du leiden. Jeder muss heutzutage leiden, weil er sich selbst nicht kennt. Das

Leben ist eine Ansammlung vom Wind umgestürzter Bäume, und Sie müssen wissen, wie Sie sich darin zurechtfinden. Wo ist es? Alle geraten in die Irre, und der Teufel freut sich. Sind Sie verheiratet?"

„Noch nicht", sagte Foma.

„Auch hier gilt: Du bist nicht verheiratet, und dennoch, da bin ich mir ganz sicher, bist du nicht mehr rein. Nun, arbeiten Sie hart in Ihrem Geschäft?"

"Manchmal. Mittlerweile bin ich bei meinem Paten."

„Was für eine Arbeit haben Sie heutzutage?" sagte der alte Mann und schüttelte den Kopf, und seine Augen funkelten ständig, bald wurden sie dunkel, bald wieder heller. „Sie haben jetzt keine Wehen mehr! Früher reiste der Kaufmann geschäftlich mit Pferden. Sogar nachts, bei Schneestürmen, ging er immer! Mörder warteten auf der Straße auf ihn und töteten ihn. Und er starb als Märtyrer und wusch seine Sünden mit Blut ab. Jetzt reisen sie mit der Bahn; Sie verschicken Telegramme, oder sie haben sogar etwas erfunden, dass ein Mann in seinem Büro sprechen kann und man ihn fünf Meilen entfernt hören kann. Da hat der Teufel sicherlich seine Finger im Spiel! Ein Mensch sitzt bewegungslos da und begeht Sünden, nur weil er sich einsam fühlt, weil er nichts zu tun hat: Die Maschine erledigt die ganze Arbeit. Er hat keine Arbeit, und ohne Mühe ist der Mensch ruiniert! Er hat sich mit Maschinen ausgestattet und findet es gut! Während die Maschine für Sie die Falle des Teufels ist. Er fängt dich also darin ein. Während du schuftest, hast du keine Zeit für Sünde, aber wenn du eine Maschine hast, hast du Freiheit. Freiheit tötet einen Menschen, so wie die Sonnenstrahlen den Wurm töten, den Bewohner der Tiefen der Erde. Freiheit tötet den Menschen!"

Und indem er seine Worte klar und deutlich aussprach, schlug der alte Anany viermal mit dem Finger auf den Tisch. Sein Gesicht strahlte triumphierend, seine Brust hob sich hoch, und darüber zitterten lautlos die silbernen Haare seines Bartes. Angst überkam Foma, als er ihn ansah und seinen Worten lauschte, denn in ihnen klang ein fester Glaube, und es war die Macht dieses Glaubens, die Foma verwirrte. Er hatte bereits alles vergessen, was er über den alten Mann wusste und was er noch vor einiger Zeit für wahr gehalten hatte.

„Wer seinem Körper die Freiheit gibt, tötet seine Seele!" sagte Anany und sah Foma so seltsam an, als würde er hinter sich jemanden sehen, der durch seine Worte betrübt und verängstigt war; und dessen Angst und Schmerz ihn erfreuten. „Ihr alle von heute werdet durch die Freiheit zugrunde gehen. Der Teufel hat dich gefangen genommen – er hat dir die Arbeit genommen und dir Maschinen und Telegramme in die Hände gegeben. Wie sich die Freiheit in die Seelen der Menschen frisst! Sag mir einfach, warum sind die Kinder schlimmer als ihre Väter? Wegen ihrer Freiheit, ja. Deshalb trinken sie und führen ein verdorbenes Leben mit Frauen. Sie haben weniger Kraft, weil sie weniger Arbeit haben, und ihnen fehlt der Geist der Fröhlichkeit, weil sie keine Sorgen haben. Fröhlichkeit entsteht in der Ruhezeit, während heutzutage niemand mehr müde wird."

„Nun", sagte Foma leise, „sie führten vermutlich früher ein verdorbenes Leben und tranken genauso viel wie heute."

"Weißt du es? Du solltest schweigen!" rief Anany und blitzte streng mit seinen Augen auf. „Früher hatte der Mensch mehr Kraft, und die Sünden entsprachen seiner Kraft. Während Sie heute weniger Kraft und mehr Sünden haben und Ihre Sünden abscheulicher sind. Damals waren die Menschen wie Eichen. Und auch das Urteil Gottes wird ihrer Stärke entsprechen. Ihre Körper werden gewogen, und Engel werden ihr Blut messen, und die Engel Gottes werden dafür sorgen, dass das Gewicht der Sünden das Gewicht des Körpers und des Blutes nicht übersteigt. Verstehst du? Gott wird den Wolf nicht dafür verurteilen, dass er ein Schaf gefressen hat, aber wenn eine elende Ratte am Tod des Schafes schuld sein sollte, wird Gott die Ratte verurteilen!"

„Wie kann ein Mann sagen, wie Gott den Menschen richten wird?" fragte Foma nachdenklich. „Ein sichtbarer Prozess ist notwendig."

„Warum ein sichtbarer Prozess?"

„Damit die Leute es vielleicht verstehen."

„Wer außer dem Herrn ist mein Richter?"

Foma blickte den alten Mann an, senkte den Kopf und verstummte. Er erinnerte sich erneut an den flüchtigen Sträfling, der von Schtschurow getötet und verbrannt worden war, und glaubte erneut, dass es wirklich so war. Und die Frauen – seine Frauen und seine Geliebten – waren durch die Liebkosungen dieses alten Mannes sicherlich zu ihren Gräbern getrieben worden; Er hatte sie mit seiner knochigen Brust zerquetscht, den Saft ihres Lebens mit seinen dicken Lippen getrunken, die noch scharlachrot waren vom geronnenen Blut der Frauen, die in den Umarmungen seiner langen, sehnigen Arme starben. Und nun, während er auf den Tod wartet, der bereits irgendwo neben ihm war, zählt er seine Sünden auf, richtet andere und vielleicht auch sich selbst und sagt:

„Wer außer dem Herrn ist mein Richter?"

„Hat er Angst oder nicht?" fragte sich Foma, wurde nachdenklich und musterte den alten Mann verstohlen.

„Ja, mein Junge! Überlegen Sie", sprach Schtschurow kopfschüttelnd, „überlegen Sie, wie Sie leben sollen. Das Kapital in deinem Herzen ist klein, und deine Gewohnheiten sind großartig. Pass auf, dass du nicht vor dir selbst in den Bankrott getrieben wirst! Ho-ho-ho!"

„Wie kannst du sagen, was und wie viel ich in meinem Herzen habe?" sagte Foma düster und beleidigt von seinem Lachen.

"Ich kann es sehen! Ich weiß alles, weil ich lange gelebt habe! Oh-ho-ho! Wie lange habe ich gelebt! Bäume sind gewachsen und wurden gefällt, und aus ihnen wurden Häuser gebaut, und sogar die Häuser sind alt geworden. Während ich das alles gesehen habe und noch lebe, und wenn ich mich manchmal an mein Leben erinnere, denke ich: „Ist es möglich, dass ein einzelner Mann so viel erreichen könnte?" Ist es möglich, dass ich das alles miterlebt habe?"" Der alte Mann blickte Foma streng an, schüttelte den Kopf und verstummte.

Es wurde still. Draußen vor dem Fenster raschelte etwas leise auf dem Dach des Hauses; Von unten, von der Straße her, waren das Rattern der Räder und die gedämpften Gesprächsgeräusche zu hören. Der Samowar auf dem Tisch sang eine traurige Melodie. Schtschurow blickte starr in sein Teeglas, strich sich über den Bart, und man konnte hören, wie etwas in seiner Brust rasselte, als würde sich darin eine Last drehen.

„Es ist schwer für dich, ohne deinen Vater zu leben, nicht wahr?" sagte er.

„Ich gewöhne mich langsam daran", antwortete Foma.

„Du bist reich, und wenn Yakov stirbt, wirst du noch reicher sein. Er wird dir alles überlassen."

„Ich brauche es nicht."

„Wem sollte er es sonst überlassen? Er hat nur eine Tochter, und diese Tochter solltest du heiraten, und dass sie deine Patenschwester und Pflegeschwester ist – egal! Das lässt sich arrangieren – und dann wären Sie verheiratet. Was gibt es Gutes in dem Leben, das Sie jetzt führen? Ich nehme an, du rennst ständig mit den Mädchen herum?"

"NEIN."

„Das sagst du nicht! Eh eh eh! Der Kaufmann stirbt. Ein gewisser Förster erzählte mir – ich weiß nicht, ob er gelogen hat oder nicht –, dass die Hunde früher Wölfe gewesen seien und dann zu Hunden degeneriert seien. Das Gleiche gilt für unsere Berufung; wir werden bald auch Hunde sein. Wir werden uns mit der Wissenschaft befassen, uns modische Hüte aufsetzen, wir werden alles Notwendige tun, um unsere Gesichtszüge zu verlieren, und es wird nichts geben, wodurch wir uns von anderen Menschen unterscheiden könnten. Es ist zur Sitte geworden, alle Kinder zu Gymnasiasten zu machen. Die Kaufleute, die Adligen, die Bürger – alle sind auf die gleiche Farbe abgestimmt. Sie kleiden sie in Grau und bringen ihnen alle die gleichen Fächer bei. Sie lassen einen Menschen wachsen, so wie sie einen Baum wachsen lassen. Warum machen sie das? Niemand weiß. Sogar ein Baumstamm könnte zumindest anhand seines Knotens von einem anderen unterschieden werden, während man hier die Menschen so abhobeln will, dass sie alle gleich aussehen. Der Sarg wartet schon auf uns Alte. Ja-es! Es kann sein, dass in etwa fünfzig Jahren niemand mehr glauben wird, dass ich in dieser Welt gelebt habe. Ich, Anany, der Sohn von Savva, mit dem Nachnamen Shchurov. Also! Und dass ich, Anany, niemanden fürchtete, außer Gott. Und dass ich in meiner Jugend ein Bauer war, dass das gesamte Land, das ich damals besaß, zweieinhalb Desjatinen betrug; während ich bis ins hohe Alter elftausend Desyatins, allesamt Wälder und vielleicht zwei Millionen Bargeld gehortet habe."

„Dort reden sie immer von Geld!" sagte Foma unzufrieden. „Welche Freude hat der Mensch am Geld?" „Mm", brüllte Schtschurow. „Sie werden ein armer Kaufmann sein, wenn Sie die Macht des Geldes nicht verstehen."

„Wer versteht es?" fragte Foma.

"ICH!" sagte Schtschurow selbstbewusst. „Und jeder kluge Mann. Yashka versteht es. Geld? Das ist ein toller Deal, mein Junge! Breiten Sie es einfach vor sich aus und denken Sie: „Was ist darin enthalten?" Dann werden Sie wissen, dass dies alles menschliche Stärke und menschlicher Geist ist. Tausende Menschen haben ihr Leben in Ihr Geld gesteckt und Tausende weitere werden es tun. Und Sie können alles ins Feuer werfen und sehen, wie das Geld brennt, und in diesem Moment werden Sie sich als Meister betrachten."

„Aber niemand macht das."

„Weil Dummköpfe kein Geld haben. Geld wird in Unternehmen investiert. Das Geschäft gibt den Massen Brot. Und du bist Herr über all diese Massen. Warum hat Gott den Menschen erschaffen? Dieser Mann sollte zu ihm beten. Er war allein und fühlte sich einsam, also begann er, sich nach Macht zu sehnen, und da der Mensch nach dem Bild des Herrn geschaffen wurde, sehnt sich auch der Mensch nach Macht. Und was, Geld sparen, kann Macht geben? Das ist der Weg. Na, und du – hast du mir Geld mitgebracht?"

„Nein", antwortete Foma. Nach den Worten des alten Mannes war Fomas Kopf schwer und beunruhigt, und er war froh, dass sich das Gespräch endlich geschäftlichen Angelegenheiten zugewandt hatte.

„Das ist nicht richtig", sagte Schtschurow und runzelte streng die Stirn. „Es ist überfällig – Sie müssen bezahlen.

„Morgen bekommst du die Hälfte davon."

„Warum eine halbe? Warum nicht alle?"

„Wir brauchen jetzt dringend Geld."

„Und hast du keine? Aber ich brauche es auch."

"Warte ein bisschen."

„Eh, mein Junge, ich werde nicht warten! Du bist nicht dein Vater. Junge Leute wie ihr, Milchmänner, sind ein unzuverlässiger Haufen. In einem Monat können Sie das ganze Geschäft auflösen. Und ich wäre der Verlierer dafür. Geben Sie mir morgen das ganze Geld, oder ich protestiere gegen die Banknoten. Ich würde dafür nicht lange brauchen!"

Foma blickte Schtschurow erstaunt an. Es war ganz und gar nicht derselbe alte Mann, der eben noch so scharfsinnig über den Teufel sprach. Dann schienen sein Gesicht und seine Augen anders zu sein, und jetzt sah er wild aus, seine Lippen lächelten erbarmungslos und die Adern auf seinen Wangen, nahe seinen Nasenlöchern, zitterten vor Eifer. Foma erkannte, dass Schtschurow ihn tatsächlich nicht verschonen würde, wenn er ihn nicht sofort bezahlte, und dass er die Firma entehren würde, indem er gegen die Wechsel protestierte.

„Offensichtlich läuft das Geschäft schlecht?" grinste Schtschurow. „Nun, sagen Sie die Wahrheit – wo haben Sie das Geld Ihres Vaters verschwendet?"

Foma wollte den alten Mann testen:

„Das Geschäft läuft nicht besonders gut", sagte er stirnrunzelnd. „Wir haben keine Verträge. Wir haben kein ernsthaftes Geld erhalten, daher ist es ziemlich schwierig."

„So-o! Soll ich dir helfen?"

"Sei so nett. Verschieben Sie den Tag der Zahlung", bettelte Foma und senkte bescheiden den Blick.

„Mm. Soll ich dir aus meiner Freundschaft zu deinem Vater heraushelfen? Nun, sei es so, ich werde es tun."

„Und wie lange werden Sie es verschieben?" fragte Foma.

„Seit sechs Monaten."

„Ich danke Ihnen demütig."

„Erwähne es nicht. Du schuldest mir elftausendsechshundert Rubel. Hören Sie nun zu: Schreiben Sie die Scheine über den Betrag von fünfzehntausend um, zahlen Sie mir die Zinsen für diesen Betrag im Voraus. Und als Sicherheit nehme ich eine Hypothek auf Ihre beiden Lastkähne auf.“

Foma erhob sich vom Stuhl und sagte lächelnd:

„Schick mir morgen die Notizen. Ich bezahle Ihnen den vollen Betrag.“

Auch Schtschurow erhob sich von seinem Stuhl und sagte, ohne den Blick über Fomas sarkastischen Blick zu senken, und kratzte sich ruhig an der Brust:

"Das ist in Ordnung."

"Vielen Dank für Ihre Freundlichkeit."

"Das ist garnichts! Du gibst mir keine Chance, sonst hätte ich dir meine Freundlichkeit erwiesen!“ sagte der alte Mann träge und zeigte seine Zähne.

"Ja! Sollte Ihnen eines in die Hände fallen –“

„Er würde es warm finden –“

„Ich bin sicher, du würdest es ihm warm machen.“

„Nun, mein Junge, das reicht!“ sagte Schtschurow streng. „Obwohl du dich selbst für recht schlau hältst, ist es doch etwas zu früh. Du hast nichts gewonnen und hast schon angefangen zu prahlen! Aber du gewinnst einfach von mir – dann darfst du vor Freude schreien. Auf Wiedersehen. Habe das ganze Geld für morgen.“

„Lass dich davon nicht beunruhigen. Auf Wiedersehen!"

"Gott sei mit dir!"

Als Foma das Zimmer verließ, hörte er, wie der alte Mann langsam und laut gähnte und dann mit ziemlich heiserem Bass zu summen begann:

„Öffne uns die Türen der Barmherzigkeit. Oh gesegnete Jungfrau Maria!“

Foma weckte bei dem alten Mann ein doppeltes Gefühl. Schtschurow gefiel ihm und war ihm zugleich zuwider.

Er erinnerte sich an die Worte des alten Mannes über die Sünde, dachte an die Kraft seines Glaubens an die Barmherzigkeit des Herrn, und der alte Mann weckte in Foma ein Gefühl, das dem Respekt ähnelte.

„Auch er spricht vom Leben; er kennt seine Sünden; aber weint nicht über sie, beklagt sich nicht über sie. Er hat gesündigt – und er ist bereit, die Konsequenzen zu tragen. Ja. Und sie?" Er erinnerte sich an Medinskaya und sein Herz zog sich vor Schmerz zusammen.

„Und sie bereut. Es ist schwer zu sagen, ob sie es mit Absicht tut, um sich vor der Gerechtigkeit zu verstecken, oder ob ihr wirklich das Herz schmerzt. „Wer außer dem Herrn", sagt er, „soll mich richten?" So ist das."

Es schien Foma, dass er Anany beneidete, und der junge Mann beeilte sich, sich an Schtschurows Betrugsversuche zu erinnern. Dies löste in ihm eine Abneigung gegen den alten Mann aus. Er konnte seine Gefühle nicht in Einklang bringen und lächelte verwirrt.

„Nun, ich war gerade bei Schtschurow", sagte er, ging zu Mayakin und setzte sich an den Tisch.

Mayakin, in einem fettigen Morgenmantel, ein Zählbrett in der Hand, begann ungeduldig in seinem lederbezogenen Sessel herumzurutschen und sagte lebhaft:

„Gib ihm Tee ein, Lubava! Sag mir, Foma, ich muss um neun Uhr im Stadtrat sein; Erzähl mir alles, beeil dich!"

Lächelnd erzählte Foma ihm, wie Schtschurow vorschlug, die Notizen umzuschreiben.

„Äh!" rief Jakow Tarasowitsch bedauernd und kopfschüttelnd. „Du hast mir die ganze Messe verdorben, Liebes! Wie konnten Sie im Umgang mit dem Mann so unkompliziert sein? Pscha! Der Teufel hat mich dazu getrieben, dich dorthin zu schicken! Ich hätte selbst gehen sollen. Ich hätte ihn um den Finger gedreht!"

"Kaum! Er sagt: ‚Ich bin eine Eiche.'"

„Eine Eiche? Und ich bin eine Säge. Eine Eiche! Eine Eiche ist ein guter Baum, aber ihre Früchte sind nur für Schweine gut. Es kommt also heraus, dass eine Eiche einfach ein Dummkopf ist."

„Aber es ist doch egal, wir müssen sowieso zahlen."

„Kluge Leute haben es nicht eilig; während Sie bereit sind, so schnell wie möglich zu rennen, um das Geld zu bezahlen. Was für ein Händler Sie sind!"

Yakov Tarasovich war mit seinem Patensohn geradezu unzufrieden. Er runzelte die Stirn und befahl seiner Tochter, die schweigend Tee einschenkte, wütend:

„Schiebe den Zucker näher an mich heran. Siehst du nicht, dass ich es nicht erreichen kann?"

Lubovs Gesicht war blass, ihre Augen wirkten besorgt und ihre Hände bewegten sich träge und unbeholfen. Foma sah sie an und dachte:

„Wie sanftmütig sie in der Gegenwart ihres Vaters ist."

„Worüber hat er mit dir gesprochen?" fragte Mayakin.

„Über Sünden."

"Aber natürlich! Seine eigene Angelegenheit liegt jedem einzelnen Menschen am Herzen. Und er ist ein Hersteller von Sünden. Sowohl in den Galeeren als auch in der Hölle weinten und sehnten sie sich schon lange nach ihm und warteten ungeduldig auf ihn."

„Er spricht mit Gewicht", sagte Foma nachdenklich und rührte in seinem Tee.

„Hat er mich missbraucht?" fragte Mayakin mit einer boshaften Grimasse.

"Etwas."

"Und was hast du gemacht?"

"Ich hörte."

„Mm! Und was hast du gehört?"

„‚Dem Starken', sagt er, ‚wird vergeben werden; aber für die Schwachen gibt es keine Vergebung.'"

„Denk mal drüber nach! Was für eine Weisheit! Sogar die Flöhe wissen das."

Aus irgendeinem Grund irritierte Foma die Verachtung, mit der Mayakin Schtschurow betrachtete, und als er dem alten Mann ins Gesicht sah, sagte er grinsend:

„Aber er mag dich nicht."

„Niemand mag mich, meine Liebe", sagte Mayakin stolz. „Es gibt keinen Grund, warum sie mich mögen sollten. Ich bin kein Mädchen. Aber sie respektieren mich. Und sie respektieren nur diejenigen, die sie fürchten." Und der alte Mann zwinkerte seinem Patensohn prahlerisch zu.

„Er spricht mit Gewicht", wiederholte Foma. „Er beschwert sich. „Der wahre Kaufmann", sagt er, „stirbt." „Allen Menschen wird das Gleiche beigebracht", sagt er, „damit alle gleich sind und gleich aussehen."

„Hält er es für falsch?"

„Offensichtlich."

„Idiot!" Mayakin sagte gedehnt und voller Verachtung.

"Warum? Ist es gut?" fragte Foma und sah seinen Paten misstrauisch an.

„Wir wissen nicht, was gut ist; aber wir können sehen, was weise ist. Wenn wir sehen, dass alle möglichen Menschen an einem Ort zusammengetrieben werden und dort alle von ein und derselben Idee inspiriert werden – dann müssen wir anerkennen, dass es klug ist. Denn – was ist ein Mann im Imperium? Nichts weiter als ein einfacher Ziegelstein, und alle Ziegelsteine müssen die gleiche Größe haben. Verstehst du? Und die Menschen, die gleich groß und gleich schwer sind, kann ich in jede beliebige Position bringen."

„Und wem gefällt es, ein Ziegelstein zu sein?" sagte Foma mürrisch.

„Es geht nicht darum, zu gefallen, es ist eine Tatsache. Wenn Sie aus hartem Material bestehen, können sie Sie nicht gleiten. Es ist nicht jedermanns Sache, dass man es abreiben kann. Aber manche Menschen verwandeln sich in Gold, wenn sie mit einem Hammer geschlagen werden. Und wenn der Kopf bricht – was können Sie tun? Es zeigt lediglich, dass es schwach war."

„Er sprach auch über Mühe. „Alles", sagt er, „wird von Maschinen erledigt, und so werden die Menschen verwöhnt."

„Er ist verrückt!" Mayakin wedelte verächtlich mit der Hand. „Ich bin überrascht, was für einen Appetit du auf allerlei Unsinn hast! Woher kommt es?"

„Ist das auch nicht wahr?" fragte Foma und brach in strenges Gelächter aus.

„Was für eine wahre Sache kann er wissen? Ein Gerät! Der alte Dummkopf hätte denken sollen: „Woraus besteht die Maschine?" Aus Eisen! Folglich ist es nicht zu bedauern; es ist aufgelöst – und es fälscht Rubel für Sie. Ohne Worte, ohne Mühe setzt man es in Bewegung und es dreht sich. Als Mann ist er unruhig und elend; er ist oft sehr elend. Er jammert, trauert, weint, bettelt. Manchmal betrinkt er sich. Ach, wie viel ist in ihm, was für mich überflüssig ist! Während eine Maschine wie ein Arschin (Maßstab) ist, enthält sie genau so viel, wie die erforderliche Arbeit erfordert. Nun, ich werde mich anziehen. Es ist Zeit."

Er stand auf und ging weg, wobei er laut mit seinen Pantoffeln über den Boden scharrte. Foma blickte ihm nach und sagte leise und stirnrunzelnd:

„Der Teufel selbst konnte das alles nicht durchschauen. Der eine sagt dies, der andere das."

„Genau das Gleiche gilt für Bücher", sagte Lubov mit leiser Stimme.

Foma sah sie an und lächelte gutmütig. Und sie antwortete ihm mit einem vagen Lächeln.

Ihre Augen sahen müde und traurig aus.

„Lesen Sie immer noch weiter?" fragte Foma.

„Ja", antwortete das Mädchen traurig.

„Und bist du immer noch einsam?"

„Ich fühle mich angewidert, weil ich allein bin. Hier ist niemand, mit dem man ein Wort sagen kann."

"Das ist schlecht."

Sie sagte nichts dazu, sondern begann langsam, mit gesenktem Kopf, an den Rändern des Handtuchs herumzufingern.

„Du solltest heiraten", sagte Foma und hatte das Gefühl, dass er Mitleid mit ihr hatte.

„Lass mich bitte in Ruhe", antwortete Lubov und runzelte die Stirn.

„Warum dich in Ruhe lassen? Du wirst heiraten, da bin ich mir sicher."

"Dort!" rief das Mädchen leise und seufzend. „Das ist genau das, woran ich denke – es ist notwendig. Das heißt, ich muss heiraten. Aber wie? Weißt du, ich habe jetzt das Gefühl, als ob ein Nebel zwischen anderen Menschen und mir stünde – ein dichter, dichter Nebel!"

„Das ist aus Ihren Büchern", warf Foma selbstbewusst ein.

"Warten! Und ich verstehe nicht mehr, was um mich herum vorgeht. Nichts gefällt mir. Mir ist alles fremd geworden. Nichts ist so, wie es sein sollte. Alles ist falsch. Ich sehe es. Ich verstehe es, kann aber nicht sagen, dass es falsch ist und warum es so ist."

„Es ist nicht so, nicht so", murmelte Foma. „Das ist aus deinen Büchern. Ja. Obwohl ich auch das Gefühl habe, dass es falsch ist. Vielleicht liegt das daran, dass wir so jung und dumm sind."

„Zuerst schien es mir", sagte Lubov, ohne ihm zuzuhören, „dass mir alles in den Büchern klar war." Aber jetzt-"

„Lass deine Bücher fallen", schlug Foma verächtlich vor.

„Ah, sag das nicht! Wie kann ich sie fallen lassen? Sie wissen, wie viele verschiedene Ideen es auf der Welt gibt! O Herr! Es sind solche Ideen, die einem den Kopf entzünden. Einem bestimmten Buch zufolge ist alles, was auf der Erde existiert, rational."

"Alles?" fragte Foma.

"Alles! Während ein anderes Buch sagt, dass das Gegenteil der Fall ist."

"Warten! Ist das nicht Unsinn?"

„Was hast du besprochen?" fragte Mayakin, als er in einem langen Gehrock und mit mehreren Medaillen am Kragen und an der Brust an der Tür erschien.

„Genau so", sagte Lubov mürrisch.

„Wir haben über Bücher gesprochen", fügte Foma hinzu.

"Welche Art von Büchern?"

„Die Bücher, die sie liest. Sie hat gelesen, dass alles auf der Erde rational ist."

"Wirklich!"

„Nun, und ich sage, es ist eine Lüge!"

"Ja." Jakow Tarasowitsch wurde nachdenklich, er kniff sich in den Bart und zwinkerte ein wenig mit den Augen.

„Was ist das für ein Buch?" fragte er seine Tochter nach einer Pause.

„Ein kleines Buch mit gelbem Einband", sagte Lubov unwillig.

„Legen Sie einfach das Buch auf meinen Tisch. Das ist nicht unüberlegt gesagt – alles auf der Erde ist rational! Sehen Sie, jemand hat darüber nachgedacht. Ja. Es ist sogar sehr geschickt ausgedrückt. Und wenn die Narren nicht gewesen wären, wäre es vielleicht vollkommen richtig gewesen. Aber da Dummköpfe immer am falschen Ort sind, kann man nicht sagen, dass alles auf der Erde rational ist. Und trotzdem werde ich mir das Buch ansehen. Vielleicht steckt darin gesunder Menschenverstand. Auf Wiedersehen, Foma! Bleibst du hier oder willst du mit mir fahren?"

„Ich bleibe noch ein wenig hier."

"Sehr gut."

Lubov und Foma blieben wieder allein.

„Was für ein Mann dein Vater ist", sagte Foma und nickte in Richtung seines Paten.

„Nun, was für ein Mann denkst du, ist er?"

„Er erwidert jeden Anruf und möchte alles mit seinen Worten überdecken."

„Ja, er ist klug. Und doch versteht er nicht, wie schmerzhaft mein Leben ist", sagte Lubov traurig.

„Ich verstehe es auch nicht. Du bildest dir zu viel ein."

„Was stelle ich mir vor?" rief das Mädchen genervt.

„Na ja, das sind alles nicht deine eigenen Ideen. Sie gehören jemand anderem."

"Von jemand anderem. Von jemand anderem."

Am liebsten hätte sie etwas Hartes gesagt; aber brach zusammen und verstummte. Foma sah sie an und dachte traurig, als sie Medinskaya an ihre Seite stellte:

„Wie unterschiedlich alles ist – Männer und Frauen – und man sich nie gleich fühlt."

Sie saßen einander gegenüber; beide waren in Gedanken versunken und keiner sah den anderen an. Draußen wurde es langsam dunkel und im Zimmer war es schon ziemlich dunkel. Der Wind schüttelte die Linden, und ihre Zweige schienen sich an die Wände des Hauses zu klammern, als ob ihnen kalt wäre und sie um Schutz in den Zimmern flehten.

„Luba!" sagte Foma leise.

Sie hob den Kopf und sah ihn an.

„Wissen Sie, ich habe mich mit Medinskaya gestritten."

"Warum?" fragte Luba und ihre Miene wurde heller.

"Also. Es kam dazu, dass sie mich beleidigte. Ja, sie hat mich beleidigt."

„Nun, es ist gut, dass du dich mit ihr gestritten hast", sagte das Mädchen anerkennend, „denn sie hätte dir den Kopf verdreht. Sie ist eine abscheuliche Kreatur; Sie ist eine Kokette, noch schlimmer. Oh, was weiß ich über sie!"

„Sie ist überhaupt kein abscheuliches Geschöpf", sagte Foma mürrisch. „Und du weißt nichts über sie. Ihr lügt alle!"

„Oh, ich bitte um Verzeihung!"

"NEIN. Sehen Sie, Luba", sagte Foma leise und in einem flehenden Tonfall, „sprechen Sie in meiner Gegenwart nicht schlecht über sie. Es ist nicht notwendig. Ich weiß alles. Von Gott! Sie hat mir alles selbst erzählt."

"Sie selber!" rief Luba erstaunt aus. „Was für eine seltsame Frau sie ist! Was hat sie dir gesagt?"

„Dass sie schuldig ist", brachte Foma mühsam und mit einem schiefen Lächeln hervor.

"Ist das alles?" In der Frage des Mädchens klang Enttäuschung mit; Foma hörte es und fragte hoffnungsvoll:

„Ist das nicht genug?"

"Was wirst du jetzt machen?"

„Das ist genau das, worüber ich nachdenke."

„Liebst du sie sehr?"

Foma schwieg. Er schaute ins Fenster und antwortete verwirrt:

"Ich weiß nicht. Aber es scheint mir, dass ich sie jetzt mehr liebe als zuvor."

„Als vor dem Streit?"

"Ja."

„Ich frage mich, wie man so eine Frau lieben kann!" sagte das Mädchen und zuckte mit den Schultern.

„Eine solche Frau lieben? Natürlich! Warum nicht?" rief Foma aus.

„Ich kann es nicht verstehen. Ich denke, du hast eine Bindung zu ihr aufgebaut, nur weil du keine bessere Frau kennengelernt hast."

„Nein, ich habe keinen Besseren kennengelernt!" Foma stimmte zu und sagte nach einem Moment des Schweigens schüchtern: „Vielleicht gibt es nichts Besseres."

„Unter unserem Volk", warf Lubov ein.

„Ich brauche sie sehr! Denn Sie sehen, ich schäme mich vor ihr."

„Warum?"

„Oh, im Allgemeinen habe ich Angst vor ihr; das heißt, ich möchte nicht, dass sie schlecht über mich und andere denkt. Manchmal fühle ich mich angewidert. Ich denke – wäre es nicht eine tolle Idee, so einen Ausflug zu machen, bei dem alle meine Adern zu kribbeln beginnen würden? Und dann erinnere ich mich an sie und wage es nicht. Und bei allem anderen denke ich an sie: „Was ist, wenn sie es herausfindet?" und ich habe Angst davor."

„Ja", sagte das Mädchen nachdenklich, „das zeigt, dass du sie liebst. Mir würde es auch so gehen. Wenn ich liebte, würde ich an ihn denken – daran, was er sagen würde …"

„Und alles an ihr ist so eigenartig", erzählte Foma leise. „Sie spricht auf eine ganz eigene Art und Weise. Und Gott! Sie ist so hübsch! Und dann ist sie so klein, wie ein Kind."

„Und was ist zwischen euch passiert?" fragte Lubov.

Foma rückte seinen Stuhl näher an sie heran, beugte sich vor, senkte aus irgendeinem Grund seine Stimme und begann ihr alles zu erzählen, was zwischen ihm und Medinskaya geschehen war. Er sprach, und als er sich an die Worte erinnerte, die er zu Medinskaya gesagt hatte, wurden auch in ihm die Gefühle geweckt, die diese Worte hervorriefen.

„Ich sagte ihr: ‚Oh, du! Warum hast du dich über mich lustig gemacht?‘", sagte er wütend und vorwurfsvoll.

Und Luba, deren Wangen vor Lebhaftigkeit glühten, spornte ihn an und nickte anerkennend mit dem Kopf:

"Das ist es! Das ist gut! Na, und sie?"

„Sie schwieg!" sagte Foma traurig und zuckte mit den Schultern. „Das heißt, sie hat verschiedene Dinge gesagt; aber was nützt es?"

Er wedelte mit der Hand und verstummte. Auch Luba, die mit ihrem Zopf spielte, schwieg. Der Samowar war bereits kalt geworden. Und die Dunkelheit im Zimmer wurde immer dichter, draußen vor dem Fenster war es schwer von Dunkelheit, und die schwarzen Zweige der Linden zitterten nachdenklich.

„Du könntest die Lampe anzünden", fuhr Foma fort.

„Wie unglücklich wir beide sind", sagte Luba seufzend.

Foma gefiel das nicht.

„Ich bin nicht unglücklich", wandte er mit fester Stimme ein. „Ich bin einfach – noch nicht an das Leben gewöhnt."

„Wer nicht weiß, was er morgen tun wird, ist unglücklich", sagte Luba traurig. „Ich weiß es nicht und du auch nicht. Wohin? Doch wir müssen gehen. Warum ist mein Herz nie ruhig? In ihm zittert immer eine Art Sehnsucht."

„Bei mir ist es genauso", sagte Foma. „Ich beginne nachzudenken, aber worüber? Ich kann es mir nicht klarmachen. Es gibt auch ein schmerzhaftes Nagen in meinem Herzen. Äh! Aber ich muss in den Club gehen."

„Geh nicht weg", flehte Luba.

"Ich muss. Dort wartet jemand auf mich. Ich gehe. Auf Wiedersehen!"

"Bis wir uns wieder treffen!" Sie streckte ihm die Hand entgegen und blickte ihm traurig in die Augen.

„Gehst du jetzt schlafen?" fragte Foma und schüttelte ihr fest die Hand.

„Ich werde ein wenig lesen."

„Du verhältst dich zu deinen Büchern wie der Trunkenbold zu seinem Whisky", sagte der Junge mitleidig.

„Was gibt es, das besser ist?"

Als er die Straße entlangging, schaute er zu den Fenstern des Hauses und in einem davon bemerkte er Lubas Gesicht. Es war genauso vage wie alles, was das Mädchen ihm erzählte, sogar so vage wie ihre Sehnsüchte. Foma nickte ihr zu und dachte im Bewusstsein seiner Überlegenheit über sie:

„Sie hat sich auch verirrt, genau wie die andere."

Bei dieser Erinnerung schüttelte er den Kopf, als wolle er den Gedanken an Medinskaja verscheuchen, und beschleunigte seine Schritte.

Die Nacht brach herein und die Luft war frisch. Ein kalter, belebender Wind tobte heftig auf der Straße, trieb den Staub über die Gehwege und schleuderte ihn den Passanten ins Gesicht. Es war dunkel und die Leute schritten hastig durch die Dunkelheit. Foma runzelte das Gesicht, denn der Staub füllte seine Augen, und dachte:

„Wenn es eine Frau ist, die ich jetzt treffe, bedeutet das, dass Sophya Pawlowna mich wie zuvor freundlich empfangen wird. Ich werde sie morgen sehen. Und wenn es ein Mann ist – ich werde morgen nicht gehen, ich werde warten."

Aber es war ein Hund, der ihm entgegenkam, und das ärgerte Foma so sehr, dass er am liebsten mit dem Stock auf ihn eingeschlagen hätte.

Im Erfrischungsraum des Clubs wurde Foma vom fröhlichen Ookhtishchev empfangen. Er stand an der Tür und unterhielt sich mit einem gewissen kräftigen Mann mit Schnurrbart; aber als er Gordyeeff bemerkte, trat er ihm entgegen und sagte lächelnd:

„Wie geht es dir, bescheidener Millionär!" Foma mochte ihn wegen seiner fröhlichen Stimmung und freute sich immer, ihn kennenzulernen.

Foma schüttelte Ookhtishchev fest und gutherzig die Hand und fragte ihn:

„Und warum denkst du, dass ich bescheiden bin?"

"Was für eine Frage! Ein Mann, der wie ein Einsiedler lebt, der weder trinkt, noch spielt, noch Frauen mag. Wissen Sie übrigens, Foma Ignatjewitsch, dass unsere unvergleichliche Gönnerin morgen den ganzen Sommer ins Ausland fährt?"

„Sophja Pawlowna?" fragte Foma langsam. "Natürlich! Die Sonne meines Lebens geht unter. Und vielleicht auch von Ihnen?"

Ookhtishchev verzog das Gesicht komisch und verschlagen und blickte Foma ins Gesicht.

Und Foma stand vor ihm und hatte das Gefühl, dass sein Kopf sich auf seine Brust senkte und dass er es nicht verhindern konnte.

„Ja, die strahlende Aurora."

„Geht Medinskaya weg?" fragte eine tiefe Bassstimme. "Das ist in Ordnung! Ich bin froh."

„Darf ich wissen, warum?" rief Ookhtishchev aus. Foma lächelte verlegen und starrte verwirrt den Mann mit dem Schnurrbart an, Ookhtishchevs Gesprächspartner.

Dieser Mann strich sich mit bedeutungsvoller Miene über den Schnurrbart, und tiefe, schwere, abstoßende Worte kamen von seinen Lippen und drangen an Fomas Ohren.

„Denn, sehen Sie, es wird ein Co-Cot-te weniger in der Stadt geben."

„Schade, Martin Nikitich!" sagte Ookhtishchev vorwurfsvoll und runzelte die Stirn.

„Woher weißt du, dass sie eine Kokette ist?" fragte Foma streng und näherte sich dem Mann mit dem Schnurrbart. Der Mann musterte ihn mit einem verächtlichen Blick, drehte sich zur Seite, bewegte seinen Oberschenkel und sagte gedehnt:

„Ich habe nicht gesagt – kokett."

„Martin Nikitich, du darfst nicht so über eine Frau sprechen, die …", begann Ookhtishchev in überzeugendem Ton, aber Foma unterbrach ihn:

„Entschuldigung, einen Moment! Ich möchte den Herrn fragen: Was bedeutet das Wort, das er gesagt hat?"

Und während er dies fest und ruhig aussprach, steckte Foma die Hände tief in die Hosentaschen und warf die Brust nach vorne, was seiner Gestalt sofort eine trotzige Haltung verlieh. Der bärtige Herr beäugte Foma erneut mit einem sarkastischen Lächeln.

"Herren!" rief Ookhtishchev leise aus.

„Ich sagte, co-cot-te", verkündete der Mann mit dem Schnurrbart und bewegte seine Lippen, als würde er das Wort schmecken. „Und wenn du es nicht verstehst, kann ich es dir erklären."

„Du solltest es besser erklären", sagte Foma mit einem tiefen Seufzer, ohne den Blick von dem Mann abzuwenden.

Ookhtishchev faltete die Hände und eilte zur Seite.

„Eine Kokotte, wenn Sie es wissen wollen, ist eine Prostituierte", sagte der bärtige Mann mit leiser Stimme und rückte sein großes, fettes Gesicht näher an Foma heran.

Foma knurrte leise und bevor der Mann mit dem Schnurrbart Zeit hatte, sich zu entfernen, umklammerte er mit der rechten Hand sein lockiges, graues Haar. Mit einer krampfhaften Handbewegung begann Foma, den Kopf des Mannes und seinen großen, kräftigen Körper zu schütteln; Er hob seine linke Hand und sprach mit dumpfer Stimme im Takt der Strafe:

„Beschimpfen Sie einen Menschen nicht – in seiner Abwesenheit. Beschimpfe ihn – direkt in sein Gesicht – direkt in seine Augen."

Er empfand ein brennendes Entzücken, als er sah, wie komisch die kräftigen Arme in der Luft schwangen und wie die Beine des Mannes, den er schüttelte, sich unter ihm beugten und über den Boden kratzten. Seine goldene Uhr fiel aus der Tasche und baumelte an der Kette über seinem runden Bauch. Berauscht von seiner eigenen Kraft und von der Erniedrigung des gesetzten Mannes, erfüllt von dem brennenden Gefühl der Bösartigkeit, zitternd vor dem Glück der Rache, zerrte Foma ihn über den Boden und knurrte mit dumpfer Stimme böse, in wilder Freude. In diesen Momenten verspürte er ein großes Gefühl – das Gefühl der Befreiung von der ermüdenden Last, die sein Herz lange Zeit mit Kummer und Morbidität bedrückt hatte. Er hatte das Gefühl, dass er von hinten an der Taille und an den Schultern gepackt wurde, dass jemand seine Hand ergriff und sie beugte, um sie zu brechen; dass ihm jemand die Zehen zerquetschte; Aber er sah nichts und folgte mit seinen blutunterlaufenen Augen der dunklen, schweren Masse, die in seiner Hand stöhnte und sich bewegte. Schließlich rissen sie ihn weg und warfen ihn nieder, und wie durch einen rötlichen Nebel bemerkte er vor sich auf dem Boden, zu seinen Füßen, den Mann, den er verprügelt hatte. Zerzaust bewegte er seine Beine über den Boden und versuchte aufzustehen; Zwei dunkle Männer hielten ihn an den Armen, seine Hände baumelten wie gebrochene Flügel in der Luft, und mit schluchzender Stimme rief er zu Foma:

„Du darfst mich nicht schlagen! Das darfst du nicht! Ich habe ein...

"Befehl. Du Schlingel! Oh, Schlingel! Ich habe Kinder.

„Jeder kennt mich! Schurke! Savage, O-O-O! Sie können mit einem Duell rechnen!"

Und Ookhtishchev sprach laut in Fomas Ohr:

„Komm, mein lieber Junge, um Gottes willen!"

„Warte, ich gebe ihm einen Tritt ins Gesicht", bettelte Foma. Aber er wurde verschleppt. Es brummte in seinen Ohren, sein Herz schlug schnell, aber er fühlte sich erleichtert und wohlauf. Als er den Club betrat, atmete er tief auf und sagte mit einem gutmütigen Lächeln zu Ookhtishchev:

„Ich habe ihn ordentlich geschlagen, nicht wahr?"

"Hören!" rief die schwule Sekretärin empört aus. „Sie müssen mir verzeihen, aber das war die Tat eines Wilden! Der Teufel nimmt es. So etwas habe ich noch nie erlebt!"

„Mein lieber Mann!" sagte Foma freundlich, „hat er die Tracht Prügel nicht verdient? Ist er nicht ein Schurke? Wie kann er hinter dem Rücken einer Person so sprechen? NEIN! Lass ihn zu ihr gehen und es ihr allein deutlich sagen."

"Verzeihung. Der Teufel holt dich! Aber Sie haben ihn nicht allein wegen ihr verprügelt?"

„Das heißt, was meinst du – nicht für sie allein? Für wen dann?" fragte Foma erstaunt.

"Für wen? Ich weiß nicht. Offensichtlich hatten Sie alte Rechnungen zu begleichen! Oh Gott! Das war eine Szene! Ich werde es mein ganzes Leben lang nicht vergessen!"

„Er – dieser Mann – wer ist er?" fragte Foma und brach plötzlich in Gelächter aus. „Wie er brüllte, der Narr!"

Ookhtishchev sah ihm starr ins Gesicht und fragte:

„Sagen Sie mir, ist es wahr, dass Sie nicht wissen, wen Sie verprügelt haben? Und ist es wirklich nur für Sophya Pavlovna?"

„Das ist es, bei Gott!" erklärte Foma.

„Der Teufel weiß also, was das Ergebnis sein wird!" Er blieb abrupt stehen, zuckte verwirrt mit den Schultern, wedelte mit der Hand und begann erneut, auf dem Bürgersteig auf und ab zu gehen, wobei er Foma schief ansah. „Das wirst du bezahlen, Foma Ignatjewitsch."

„Wird er mich vor Gericht bringen?"

„Ich wünschte Gott, er würde es tun. Er ist der Schwiegersohn des Vizegouverneurs."

"Ist das so?" sagte Foma langsam und machte ein langes Gesicht.

"Ja. Um die Wahrheit zu sagen, er ist ein Schurke und ein Schlingel. Aufgrund dieser Tatsache muss ich zugeben, dass er eine Tracht Prügel verdient hat. Aber wenn man bedenkt, dass die Dame, die Sie verteidigt haben, auch –"

"Herr!" sagte Foma fest und legte seine Hand auf Ookhtishchevs Schulter.
„Ich habe dich immer gemocht, und jetzt gehst du mit mir. Ich verstehe es
und kann es wertschätzen. Aber sprich in meiner Gegenwart nicht schlecht
über sie. Was auch immer sie Ihrer Meinung nach sein mag, meiner Meinung
nach liegt sie mir am Herzen. Für mich ist sie die beste Frau. Das sage ich
Ihnen ganz offen. Fass sie nicht an, da du mit mir gehst. Ich halte sie für gut,
deshalb ist sie gut."

In Fomas Stimme lag große Emotion. Ookhtishchev sah ihn an und sagte
nachdenklich:

„Du bist ein seltsamer Mann, das muss ich gestehen."

„Ich bin ein einfacher Mann – ein Wilder. Ich habe ihm eine Tracht Prügel
verpasst, und jetzt fühle ich mich gut, und was das Ergebnis betrifft, möge
kommen, was kommt.'

„Ich habe Angst, dass daraus etwas Schlimmes entsteht. Weißt du – um
ehrlich zu sein, als Gegenleistung für deine Offenheit mag ich dich auch,
obwohl – Mm! Es ist ziemlich gefährlich, mit dir zusammen zu sein. Solch
ein ritterliches Temperament könnte dich überfallen und einer könnte von
deinen Händen verprügelt werden."

"Wie so? Dies war jedoch das erste Mal. Ich werde nicht jeden Tag
Menschen schlagen, oder?" sagte Foma verwirrt. Sein Begleiter begann zu
lachen.

„Was für ein Monster du bist! Hören Sie mir zu – es ist grausam zu
kämpfen – Sie müssen mich entschuldigen, aber es ist abscheulich. Dennoch
muss ich Ihnen sagen, dass Sie in diesem Fall eine glückliche Wahl getroffen
haben. Sie haben einen Lebemann, einen Zyniker, einen Parasiten verprügelt
– einen Mann, der ungestraft seine Neffen ausgeraubt hat."

„Nun, Gott sei Dank dafür!" sagte Foma zufrieden. „Jetzt habe ich ihn
ein wenig bestraft."

"Ein wenig? Nun gut, nehmen wir mal an, es wäre ein bisschen gewesen.
Aber höre mir zu, mein Kind, erlaube mir, dir einen Rat zu geben. Ich bin
ein Mann des Gesetzes. Er, dieser Kayazev, ist ein Schlingel! WAHR! Aber
man darf nicht einmal einen Schurken verprügeln, denn er ist ein soziales
Wesen, das unter der väterlichen Obhut des Gesetzes steht. Sie dürfen ihn
nicht berühren, bis er die Grenzen des Strafgesetzbuchs überschreitet. Aber
selbst dann werden nicht Sie, sondern wir, die Richter, ihm das Recht geben,
was ihm zusteht. Sie müssen zwar Geduld haben."

„Und wird er bald in deine Hände fallen?" fragte Foma naiv.

„Das ist schwer zu sagen. Da er alles andere als dumm ist, wird er wahrscheinlich nie gefasst werden und bis ans Ende seiner Tage mit Ihnen und mir im gleichen Maß an Gleichheit vor dem Gesetz leben. Oh Gott, was ich dir sage!" sagte Ookhtishchev mit einem komischen Seufzer.

„Geheimnisse verraten?" grinste Foma.

„Es sind keine Geheimnisse; aber ich sollte nicht leichtsinnig sein. Verdammt! Aber dann hat mich diese Angelegenheit belebt. Tatsächlich bleibt sich Nemesis selbst dann treu, wenn sie einfach wie ein Pferd um sich schlägt."

Foma blieb plötzlich stehen, als wäre er auf seinem Weg auf ein Hindernis gestoßen.

„Nemesis – die Göttin der Gerechtigkeit", plapperte Ookhtishchev. "Was ist los mit dir?"

„Und alles kam zustande", sagte Foma langsam und mit dumpfer Stimme, „weil Sie sagten, dass sie weggehen würde."

"WHO?

„Sophja Pawlowna."

„Ja, sie geht weg. Also?"

Er stand Foma gegenüber und starrte ihn mit einem Lächeln in den Augen an. Gordyeeff schwieg, senkte den Kopf und klopfte mit seinem Stock auf die Steine des Bürgersteigs.

„Komm", sagte Ookhtishchev.

Foma zuckte zusammen und sagte gleichgültig:

„Nun, lass sie gehen. Und ich bin allein." Ookhtishchev schwenkte seinen Stock und begann zu pfeifen, während er seinen Begleiter ansah.

„Soll ich nicht ohne sie auskommen?" fragte Foma, blickte irgendwo vor sich hin und antwortete dann, nach einer Pause, leise und unentschlossen:

„Natürlich werde ich das tun."

"Hört mir zu!" rief Ookhtishchev aus. „Ich gebe dir einen guten Rat. Ein Mann muss er selbst sein. Du bist sozusagen ein epischer Mann, und das Lyrische steht dir nicht. Es ist nicht dein Genre."

„Sprechen Sie einfacher mit mir, Sir", sagte Foma, nachdem er seinen Worten aufmerksam zugehört hatte.

"Einfacher? Sehr gut. Ich möchte sagen: Hör auf, an diese kleine Dame zu denken. Sie ist giftiges Essen für dich."

„Sie hat mir dasselbe erzählt", warf Foma düster ein.

"Sie sagte dir?" fragte Ookhtishchev und wurde nachdenklich. „Nun, ich sage dir, sollten wir nicht vielleicht zum Abendessen gehen?"

„Lass uns gehen", stimmte Foma zu. Und plötzlich brüllte er hartnäckig, ballte die Fäuste und wedelte damit in der Luft: „Nun, lass uns gehen, dann werde ich mich aufregen; Ich werde nach all dem ausbrechen, also kannst du mich nicht zurückhalten!"

"Wozu? Wir werden es bescheiden machen."

"NEIN! Warten!" sagte Foma besorgt und packte ihn an der Schulter. "Was ist das? Bin ich schlimmer als andere Menschen? Jeder lebt, wirbelt, treibt sich herum, hat seinen eigenen Standpunkt. Während ich müde bin. Jeder ist mit sich zufrieden. Und was ihr Klagen betrifft, so lügen sie, die Schurken! Sie tun nur so, als ob sie schön wären. Ich habe keinen Grund, so zu tun. Ich bin ein Idiot. Ich verstehe nichts, mein Lieber. Ich möchte einfach leben! Ich kann nicht denken. Ich fühle mich angewidert; Einer sagt dies, ein anderer das! Pah! Aber sie, eh! Wenn Sie wüssten. Meine Hoffnung ruhte auf ihr. Ich habe von ihr erwartet – genau das, was ich erwartet habe, kann ich nicht sagen; aber sie ist die beste aller Frauen! Und ich hatte so großes Vertrauen in sie – wenn sie manchmal so seltsame Worte sprach, ganz ihre eigenen. Ihre Augen, mein lieber Junge, sind so schön! Oh Gott! Ich schämte mich, sie anzusehen, und wie ich Ihnen sage, sagte sie ein paar Worte, und mir wurde alles klar. Denn ich bin nicht nur aus Liebe zu ihr gekommen – ich bin mit meiner ganzen Seele zu ihr gekommen! Ich suchte – ich dachte, dass ich, weil sie so schön war, ein Mann an ihrer Seite werden könnte!"

Ookhtishchev lauschte den schmerzhaften, unzusammenhängenden Worten, die über die Lippen seines Begleiters kamen. Er sah, wie sich die Muskeln seines Gesichts zusammenzogen, als er sich anstrengte, seine Gedanken auszudrücken, und er spürte, dass sich hinter diesem Bombast eine große, ernste Trauer verbarg. Die Machtlosigkeit dieses starken und wilden Jugendlichen, der plötzlich begann, mit großen, unebenen Schritten auf dem Bürgersteig auf und ab zu gehen, hatte etwas zutiefst Mitleiderregendes. Ookhtishchev hüpfte mit seinen kurzen Beinen hinter ihm her und hielt es für seine Pflicht, Foma irgendwie zu beruhigen. Alles, was Foma an diesem Abend gesagt und getan hatte, weckte in dem fröhlichen Sekretär ein Gefühl lebhafter Neugier gegenüber Foma, und dann fühlte er sich geschmeichelt von der Offenheit des jungen Millionärs. Diese Offenheit verwirrte ihn mit ihrer dunklen Macht; Der Druck beunruhigte ihn, und obwohl er trotz seiner Jugend über einen Vorrat an Wörtern für alle Gelegenheiten im Leben verfügte, brauchte er eine ganze Weile, um sich an sie zu erinnern.

„Ich habe das Gefühl, dass an mir alles dunkel und eng ist", sagte Gordyeeff. „Ich habe das Gefühl, dass eine Last auf meinen Schultern lastet, aber was es ist, kann ich nicht verstehen! Es schränkt mich ein und schränkt meine Bewegungsfreiheit auf dem Weg des Lebens ein. Wenn man Menschen zuhört, hört man, dass jeder etwas anderes sagt. Aber sie hätte sagen können –"

„Eh, mein lieber Junge!" Ookhtishchev unterbrach Foma und nahm sanft seinen Arm. „Das ist nicht richtig! Du hast gerade angefangen zu leben und philosophierst schon! Nein, das ist nicht richtig! Das Leben ist uns zum Leben geschenkt! Das bedeutet: Lebe und lass andere leben. Das ist die Philosophie! Und diese Frau. Bah! Ist sie dann die Einzige auf der Welt? Die Welt ist groß genug. Wenn Sie möchten, stelle ich Ihnen eine so männliche Frau vor, dass selbst die kleinste Spur Ihrer Philosophie sofort aus Ihrer Seele verschwinden würde! Oh, eine bemerkenswerte Frau! Und wie gut weiß sie, wie sie das Leben nutzen kann! Wissen Sie, dass sie auch etwas Episches an sich hat? Sie ist schön; eine Phryne, könnte ich sagen, und was für eine Partie würde sie zu dir passen! Ach, Teufel! Es ist wirklich eine großartige Idee. Ich werde dich mit ihr bekannt machen! Wir müssen einen Nagel mit dem anderen ausschlagen."

„Mein Gewissen lässt es nicht zu", sagte Foma traurig und streng. „Solange sie lebt, kann ich Frauen nicht einmal ansehen."

„So ein robuster und gesunder junger Mann. Ho, ho!" rief Ookhtishchev aus und begann im Tonfall eines Lehrers mit Foma zu argumentieren, dass es für ihn wichtig sei, seiner Leidenschaft in einem schönen Bummel in Gesellschaft von Frauen freien Lauf zu lassen.

„Das wird großartig sein und ist für Sie unverzichtbar. Sie können mir glauben. Und was das Gewissen betrifft, müssen Sie mich entschuldigen. Du definierst es nicht ganz richtig. Es ist nicht das Gewissen, das einen stört, sondern Schüchternheit, glaube ich. Du lebst außerhalb der Gesellschaft. Du bist schüchtern und unbeholfen. Sie sind sich all dessen nur vage bewusst, und es ist dieses Bewusstsein, das Sie mit dem Gewissen verwechseln. In diesem Fall kann es keine Frage des Gewissens geben. Was hat das Gewissen hier zu tun, da es für den Menschen natürlich ist, sich zu amüsieren, da es seine Notwendigkeit und sein Recht ist?"

Foma ging weiter, passte seine Schritte denen seines Begleiters an und blickte die Straße entlang, die zwischen zwei Gebäudereihen lag, einem riesigen Graben ähnelte und von Dunkelheit erfüllt war. Es schien, als gäbe es kein Ende der Straße und als würde in der Ferne etwas Dunkles, Unerschöpfliches und Erstickendes langsam entlangfließen. Ookhtishchevs freundliche, einschmeichelnde Stimme klang eintönig in Fomas Ohren, und obwohl er seinen Worten nicht zuhörte, hatte er das Gefühl, dass sie auf ihre

Art hartnäckig waren; dass sie an ihm festhielten und dass er sie unfreiwillig auswendig lernte. Obwohl ein Mann neben ihm ging, hatte er das Gefühl, allein im Dunkeln zu sein. Und die Dunkelheit ergriff ihn und zog ihn langsam weiter, und er hatte das Gefühl, irgendwohin gezogen zu werden, und doch hatte er keine Lust aufzuhören. Eine Art Müdigkeit behinderte sein Denken; Er hatte kein Verlangen, den Ermahnungen seines Gefährten zu widerstehen – und warum sollte er ihnen widerstehen?

„Es ist nicht jedermanns Sache, zu philosophieren", sagte Ookhtishchev, seinen Stock in der Luft schwingend und von seiner Weisheit ein wenig mitgerissen. „Denn wenn jeder philosophieren würde, wer würde dann leben? Und wir leben nur einmal! Und deshalb wäre es am besten, sich mit dem Leben zu beeilen. Von Gott! Das ist richtig! Aber was nützt es, zu reden? Erlauben Sie mir, Sie aufzurütteln? Lass uns sofort zu einem Vergnügungshaus gehen, das ich kenne. Dort leben zwei Schwestern. Ach, wie sie leben! Sie werden kommen?"

„Nun, ich werde gehen", sagte Foma ruhig und gähnte. „Ist es nicht ziemlich spät?" fragte er und schaute zum Himmel hinauf, der mit Wolken bedeckt war.

„Es ist nie zu spät, sie zu besuchen!" rief Ookhtishchev fröhlich aus.

KAPITEL VIII

Am dritten Tag nach der Szene im Club befand sich Foma etwa sieben Werst von der Stadt entfernt auf dem Holzkai des Kaufmanns Zvantzev in Begleitung des Sohnes des Kaufmanns, Oochtishchev – eines ruhigen, kahlköpfigen und rothaarigen Mannes. Herr mit Nase und Backenbart – und vier Damen. Der junge Zvantzev trug eine Brille, war dünn und blass, und wenn er aufstand, zitterten die Waden seiner Beine ständig, als hätten sie Ekel davor, den schwachen Körper zu tragen, der in einen langen, karierten Mantel mit einem Umhang gekleidet war faltete einen kleinen Kopf in einer Jockey-Mütze und schüttelte komisch. Der Herr mit dem Backenbart nannte ihn Jean und sprach diesen Namen aus, als ob er an einer chronischen Erkältung leiden würde. Jeans Dame war eine große, kräftige Frau mit einer auffälligen Oberweite. Ihr Kopf war an den Seiten zusammengedrückt, ihre niedrige Stirn war zurückgefallen, ihre lange, spitze Nase gab ihrem Gesicht einen etwas vogelähnlichen Ausdruck. Und dieses hässliche Gesicht war vollkommen bewegungslos, und die Augen allein, klein, rund und kalt, lächelten immer ein durchdringendes und listiges Lächeln. Ookhtishchevs Dame hieß Vera; sie war eine große, blasse Frau mit roten Haaren. Sie hatte so viele Haare, dass es schien, als hätte die Frau eine riesige Mütze auf ihren Kopf gesetzt, die ihr über die Ohren, die Wangen und die hohe Stirn reichte, unter der ihre großen blauen Augen ruhig und träge hervorschauten.

Der Herr mit dem Backenbart saß neben einem jungen, rundlichen, üppigen Mädchen, das ständig mit klingender Stimme über etwas kicherte, das er ihr ins Ohr flüsterte, während er sich über ihre Schulter beugte.

Und Fomas Dame war eine stattliche Brünette, ganz in Schwarz gekleidet. Sie hatte eine dunkle Hautfarbe und wellige Locken, hielt den Kopf so aufrecht und hoch und betrachtete alles um sich herum mit solch herablassendem Hochmut, dass es sofort klar war, dass sie sich dort für die wichtigste Person hielt.

Die Gesellschaft saß auf dem äußersten Glied des Floßes, das weit in die glatte Fläche des Flusses hineinragte. Auf dem Floß waren Bretter ausgebreitet und in der Mitte stand ein grob konstruierter Tisch; Überall lagen leere Flaschen, Proviantkörbe, Bonbonpapier und Orangenschalen verstreut. In der Ecke des Floßes befand sich ein Erdhaufen, auf dem ein Lagerfeuer brannte, und ein Bauer in einem kurzen Pelzmantel hockte, wärmte seine Hände über dem Feuer und warf verstohlene Blicke auf die Leute, die um den Tisch saßen. Sie hatten gerade ihre Störsuppe aufgegessen, und nun standen Weine und Früchte vor ihnen auf dem Tisch.

Erschöpft von einem zweitägigen Ausflug und dem gerade beendeten Abendessen befand sich die Gesellschaft in einer erschöpften Stimmung. Sie blickten alle auf den Fluss und unterhielten sich, aber ihre Unterhaltung wurde hin und wieder durch lange Pausen unterbrochen.

Der Tag war klar und hell und jung wie im Frühling. Der kalte, klare Himmel streckte sich majestätisch über das trübe Wasser des gigantisch breiten, überfließenden Flusses, der so ruhig war wie der Himmel und so weit wie das Meer. Das ferne, bergige Ufer war sanft in bläulichen Nebel getaucht. Dazwischen, dort auf den Berggipfeln, blitzten die Kreuze der Kirchen wie große Sterne. Der Fluss war am bergigen Ufer belebt; Dampfer fuhren hin und her, und ihr Lärm drang in tiefem Stöhnen zu den Flößen und in die Wiesen, wo der ruhige Lauf der Wellen die Luft mit sanften und schwachen Geräuschen erfüllte. Riesige Lastkähne streckten sich einer nach dem anderen gegen die Strömung wie riesige Schweine und zerrissen die glatte Fläche des Flusses. Schwarzer Rauch stieg in dicken Wolken aus den Schornsteinen der Dampfer auf und schmolz langsam in der frischen Luft, die von strahlendem Sonnenschein erfüllt war. Manchmal ertönte ein Pfiff – es war wie das Brüllen eines riesigen, wütenden Tieres, verbittert von der Mühe. Und auf den Wiesen neben den Flößen war alles ruhig und still. Einzelne Bäume, die von der Flut überschwemmt worden waren, waren jetzt bereits mit hellgrünen Blattwerken bedeckt. Das Wasser, das ihre Wurzeln bedeckte und ihre Spitzen reflektierte, gab ihnen das Aussehen von Kugeln, und es schien, als würde die leichteste Brise sie in phantastischer Schönheit den spiegelähnlichen Busen des Flusses hinabtreiben lassen.

Die rothaarige Frau begann nachdenklich in die Ferne zu blicken und begann leise und traurig zu singen:

„An der Wolga schwimmt ein kleines Boot.“

Die Brünette blickte verächtlich mit ihren großen, strengen Augen und sagte, ohne sie anzusehen: „Ohne das fühlen wir uns ziemlich düster.“

„Fass sie nicht an. Lass sie singen!“ flehte Foma freundlich und blickte seiner Dame ins Gesicht. Er war blass, ab und zu schien ein Funke in seinen Augen aufzublitzen, und ein unbestimmtes, träges Lächeln spielte um seine Lippen.

„Lasst uns im Chor singen!“ schlug der Mann mit dem Backenbart vor.

„Nein, lasst die beiden singen!“ rief Ookhtishchev begeistert aus. „Vera, sing das Lied! Wissen Sie: „Ich werde im Morgengrauen gehen.“ Wie ist das? Singe, Pawlinka!“

Das kichernde Mädchen blickte die Brünette an und fragte sie respektvoll:

„Soll ich singen, Sasha?“

„Ich werde selbst singen", verkündete Fomas Begleiterin, wandte sich der Dame mit dem Vogelgesicht zu und befahl:

„Vassa, sing mit mir!"

Vassa brach sofort das Gespräch mit Zvantzev ab, strich ihr ein wenig mit der Hand über den Hals und richtete ihre runden Augen auf das Gesicht ihrer Schwester. Sascha stand auf, stützte ihre Hand auf den Tisch, hob hochmütig den Kopf und begann mit kraftvoller, fast männlicher Stimme zu deklamieren:

„Das Leben auf Erden ist hell für den, der weder Sorgen noch Leid kennt und dessen Herz nicht vom glühenden Glanz der Leidenschaft verzehrt wird!"

Ihre Schwester nickte mit dem Kopf und begann langsam und klagend in einem tiefen Alt zu stöhnen:

„Ah ich! Von mir die Jungfrauenmesse."

Sasha blickte ihre Schwester an und rief in ihren tiefen Tönen:

„Wie ein Grashalm ist mein Herz verdorrt."

Die beiden Stimmen vermischten sich und schwebten in melodischen, vollen Klängen über dem Wasser, das vor Übermacht bebte. Einer von ihnen klagte über den unerträglichen Schmerz im Herzen, und berauscht vom Gift seiner Klage schluchzte er vor Melancholie und ohnmächtigem Kummer; schluchzte und löschte mit Tränen das Feuer des Leidens. Die andere – die tiefere, maskulinere Stimme – rollte kraftvoll durch die Luft, erfüllt vom Gefühl blutiger Demütigung und der Bereitschaft zur Rache. Als sie die Worte deutlich aussprach, kam die Stimme in einem tiefen Strom aus ihrer Brust, und jedes Wort stank nach kochendem Blut, aufgewühlt von Empörung, vergiftet von Beleidigung und gewaltiger Forderung nach Rache.

„Ich werde es ihm vergelten"

sang Vassa klagend und schloss die Augen.

„Ich werde ihn entzünden,

Ich werde ihn austrocknen",

Sasha versprach es streng und selbstbewusst und ließ starke, kräftige Töne in die Luft steigen, die wie Schläge klangen. Und plötzlich änderte sie das Tempo des Liedes, schlug eine höhere Tonlage an und begann, ebenso langsam wie ihre Schwester, üppige und jubelnde Drohungen zu singen:

„Trockener als der tobende Wind, trockener als das gemähte Gras, Oi, das gemähte und vertrocknete Gras."

Seine Ellbogen auf den Tisch gestützt, neigte Foma den Kopf und blickte mit zusammengezogener Stirn in das Gesicht der Frau, in ihre schwarzen, halbgeschlossenen Augen. Sie blickte starr in die Ferne und ihre Augen blitzten so hell und bösartig auf, dass, wegen ihr Licht, die samtige Stimme, die aus der Brust der Frau brach, erschien ihm ebenfalls schwarz und blitzend, wie ihre Augen. Er erinnerte sich an ihre Liebkosungen und dachte:

„Wie kommt sie zu dem, was sie ist? Es ist sogar ängstlich, mit ihr zusammen zu sein."

Ookhtishchev, der mit einem Ausdruck des Glücks im Gesicht dicht neben seiner Dame saß, hörte dem Lied zu und strahlte vor Zufriedenheit. Der Herr mit dem Backenbart und Zvantzev tranken Wein und flüsterten leise etwas, während sie sich zueinander neigten. Die rothaarige Frau untersuchte nachdenklich die Handfläche von Ookhtishchev, die sie in ihrer eigenen hielt, und das fröhliche Mädchen wurde traurig. Sie senkte den Kopf und lauschte dem Lied, regungslos, als wäre sie davon verzaubert. Aus dem Feuer kam der Bauer. Er stieg vorsichtig auf den Zehenspitzen über die Bretter; seine Hände waren auf dem Rücken verschränkt, und sein breites, bärtiges Gesicht verwandelte sich nun in ein Lächeln des Erstaunens und einer naiven Freude.

„Äh! aber fühle, mein gütiger, tapferer Mann!"

flehte Vassa klagend und nickte mit dem Kopf. Und ihre Schwester beendete das Lied mit nach vorne gebeugter Brust und noch höher erhobener Hand in kraftvollen, triumphalen Tönen:

„Die Sehnsucht und die Schmerzen der Liebe!"

Als sie mit dem Singen fertig war, sah sie sich hochmütig um, setzte sich neben Foma und umfasste seinen Hals mit fester und kräftiger Hand.

„Na, war es ein schönes Lied?"

"Dessen Hauptstadt!" sagte Foma seufzend und lächelte sie an.

Das Lied erfüllte sein Herz mit Durst nach Zärtlichkeit und, immer noch voller bezaubernder Klänge, bebte es, aber bei der Berührung ihres Armes fühlte er sich vor den anderen Menschen unbehaglich und beschämt.

„Bravo-o! Bravo, Aleksandra Sareljewna!" schrie Ookhtishchev, und die anderen klatschten in die Hände. Aber sie schenkte ihnen keine Beachtung, umarmte Foma gebieterisch und sagte:

„Na, schenke mir etwas für das Lied."

„Sehr gut, das werde ich", stimmte Foma zu.

"Was?"

"Du sagst es mir."

„Ich werde es dir sagen, wenn wir in die Stadt kommen. Und wenn du mir gibst, was ich mag – Oh, wie werde ich dich lieben!"

"Für das Geschenk?" fragte Foma und lächelte misstrauisch. „Du solltest mich sowieso lieben."

Sie sah ihn ruhig an und sagte nach kurzem Nachdenken entschlossen:

„Es ist sowieso zu früh, dich zu lieben. Ich werde nicht lügen. Warum sollte ich dich anlügen? Ich sage es dir ganz offen. Ich liebe dich für Geld, für Geschenke. Denn außer Geld haben Männer nichts. Mehr als Geld können sie nicht geben. Nichts Wertvolles. Ich weiß es schon gut. Man kann einfach so lieben. Ja, warte ein wenig – ich werde dich besser kennen lernen und dann kann ich dich vielleicht umsonst lieben. Und in der Zwischenzeit darfst du mich nicht falsch verstehen. Ich brauche in meiner Lebensweise viel Geld."

Foma hörte ihr zu, lächelte und zitterte ab und zu vor der Nähe ihres gesunden, wohlgeformten Körpers. Zvantzevs saure, brüchige und langweilige Stimme drang in seine Ohren. „Es gefällt mir nicht. Ich kann die Schönheit dieses berühmten russischen Liedes nicht verstehen. Was klingt darin? Äh? Das Heulen eines Wolfes. Etwas Hungriges, Wildes. Äh! es ist das Stöhnen eines kranken Hundes – alles in allem etwas Bestialisches. Da ist nichts Fröhliches, es ist nicht schick; es gibt keine lebendigen und belebenden Klänge darin. Nein, Sie sollten hören, was und wie der französische Bauer singt. Ah! oder der Italiener."

„Entschuldigen Sie, Iwan Nikolajewitsch", rief Ookhtishchev aufgeregt.

„Ich muss Ihnen zustimmen, das russische Lied ist eintönig und düster. Es hat, wissen Sie, nicht diese Brillanz der Kultur", sagte der Mann mit dem Backenbart müde, während er etwas Wein aus seinem Glas nippte.

„Aber trotzdem ist immer ein warmes Herz dabei", warf die rothaarige Dame ein, während sie eine Orange schälte.

Die Sonne ging unter. Irgendwo weit hinter dem Wald, am Wiesenufer, versank es, übermalte den gesamten Wald mit violetten Farbtönen und warf rosige und goldene Flecken über das dunkle, kalte Wasser. Foma blickte in diese Richtung und betrachtete dieses Spiel der Sonnenstrahlen, beobachtete, wie sie zitterten, als sie über die ruhige und weite Fläche des Wassers wanderten, und als er Gesprächsfetzen auffing, stellte er sich die Worte vor wie einen Schwarm dunkler Schmetterlinge, die eifrig flattern in der Luft.

Sascha, den Kopf auf seiner Schulter ruhend, flüsterte ihm leise etwas ins Ohr, woraufhin er errötete und verwirrt war, denn er spürte, dass sie in ihm den Wunsch entfachte, diese Frau zu umarmen und sie unaufhörlich zu küssen. Außer ihr interessierte ihn keiner der Anwesenden – während ihm Zvantzev und der Herr mit dem Backenbart eigentlich zuwider waren.

"Auf was starrst du? Äh?" er hörte Ookhtishchevs scherzhafte, strenge Stimme.

Der Bauer, den Ookhtishchev anschrie, nahm die Mütze vom Kopf, drückte sie gegen sein Knie und antwortete lächelnd:

„Ich kam herüber, um mir das Lied der Dame anzuhören."

„Na, singt sie gut?"

"Was für eine Frage! Natürlich", sagte der Bauer und sah Sascha voller Bewunderung an.

"Das ist richtig!" rief Ookhtishchev aus.

„In der Brust dieser Dame liegt eine große Stimmkraft", sagte der Bauer und nickte mit dem Kopf.

Bei seinen Worten brachen die Damen in Gelächter aus und die Männer machten einige doppeldeutige Bemerkungen über Sasha.

Nachdem sie diesen ruhig zugehört und nichts geantwortet hatte, fragte Sascha den Bauern:

"Singst du?"

„Wir singen ein bisschen!" und er wedelte mit der Hand: „Welche Lieder kennst du?"

"Alle Arten. Ich mag es, zu singen." Und er lächelte entschuldigend.

„Komm, lass uns gemeinsam etwas singen, du und ich."

"Wie können wir? Passe ich zu dir?"

„Na, schlagt zu!"

"Darf ich mich setzen?"

„Komm her, an den Tisch."

„Wie lebendig das ist!" rief Zvantzev und runzelte das Gesicht.

„Wenn du es langweilig findest, geh und ertränke dich", sagte Sasha und blickte ihn wütend an.

„Nein, das Wasser ist kalt", antwortete Zvantzev und zuckte bei ihrem Blick zusammen.

"Wie du magst!" Die Frau zuckte mit den Schultern. „Aber es ist an der Zeit, dass du es tust, und außerdem gibt es jetzt auch noch reichlich Wasser, damit du nicht alles mit deinem verfaulten Körper verdirbst."

„Pfui, wie witzig!" zischte der junge Mann, wandte sich von ihr ab und fügte verächtlich hinzu: „In Russland sind sogar die Prostituierten unhöflich."

Er wandte sich an seinen Nachbarn, doch dieser schenkte ihm nur ein betrunkenes Lächeln. Auch Ookhtishchev war betrunken. Mit trüben Augen starrte er seinem Begleiter ins Gesicht, murmelte etwas und hörte nichts. Die Dame mit dem Vogelgesicht pickte Süßigkeiten und hielt sich die Schachtel unter die Nase. Pavlinka ging zum Rand des Floßes und warf dort stehend Orangenschalen ins Wasser.

„Ich habe noch nie an einem so absurden Ausflug und einer so absurden Gesellschaft teilgenommen", sagte Zvantzev klagend zu seinem Nachbarn.

Und Foma beobachtete ihn mit einem Lächeln und freute sich darüber, dass dieser schwache und hässlich aussehende Mann sich langweilte und dass Sasha ihn beleidigt hatte. Ab und zu warf er ihr einen freundlichen, anerkennenden Blick zu. Er war erfreut über die Tatsache, dass sie allen gegenüber so offenherzig war und dass sie sich stolz verhielt, wie eine echte sanfte Frau.

Der Bauer setzte sich auf die Bretter zu ihren Füßen, umfasste seine Knie mit seinen Händen, hob sein Gesicht zu ihr und lauschte ernsthaft ihren Worten.

„Du musst deine Stimme erheben, wenn ich meine reduziere, verstanden?"

"Ich verstehe; aber, meine Dame, Sie sollten mir etwas geben, nur um mir Mut zu machen!"

„Foma, gib ihm ein Glas Brandy!"

Und als der Bauer es leerte, räusperte er sich vor Vergnügen, leckte sich die Lippen und sagte: „Jetzt kann ich es schaffen", befahl sie und runzelte die Stirn:

"Beginnen!"

Der Bauer verzog den Mund, richtete den Blick auf ihr Gesicht und begann in einem hohen Tenor:

„Ich kann nicht trinken, ich kann nicht essen."

Die Frau zitterte in allen Gliedern und schluchzte zitternd und mit seltsamer Traurigkeit:

„Wein kann meine Seele nicht erfreuen."

Der Bauer lächelte süß, warf den Kopf hin und her, schloss die Augen und ließ eine zitternde Welle hoher Töne in die Luft strömen:

„Oh, es ist Zeit für mich, mich zu verabschieden!"

Und die Frau zitterte und krümmte sich, stöhnte und jammerte:

„Oi, ich muss mich von meiner Verwandtschaft trennen."

Der Bauer senkte die Stimme, schwankte hin und her und deklamierte in einem Singsang mit einem bemerkenswert intensiven Ausdruck des Kummers:

„Leider muss ich in fremde Länder aufbrechen."

Als die beiden Stimmen sich sehnsüchtig und schluchzend in die Stille und Frische des Abends ergossen, schien alles an ihnen wärmer und besser; Alles schien das traurige Lächeln des Mitgefühls über die Qual des Mannes zu lächeln, den eine dunkle Macht aus seiner Heimat an einen fremden Ort entführt, wo ihm harte Arbeit und Erniedrigung bevorstehen. Es schien, als ob nicht die Geräusche, noch das Lied, sondern die brennenden Tränen des menschlichen Herzens, in dem die Klage aufgestiegen war – es schien, als ob diese Tränen die Luft befeuchteten. Wilder Kummer und Schmerz von den Wunden des Körpers und der Seele, die im Kampf mit dem harten Leben ermüdet waren; intensive Leiden durch die Wunden, die dem Menschen durch die eiserne Hand der Not zugefügt wurden – all dies wurde in einfache, grobe Worte gepackt und in unbeschreiblich melancholischen Klängen in den fernen, leeren Himmel geschleudert, der für niemanden und irgendetwas ein Echo hat.

Foma war von den Sängern beiseite getreten und starrte sie mit einem Gefühl an, das an Schrecken erinnerte, und das Lied ergoss sich in einer gewaltigen Welle in seine Brust, und die wilde Macht des Kummers, mit der es erfüllt war, erfasste seine Herz schmerzt. Er hatte das Gefühl, als würden bald Tränen aus seiner Brust strömen, etwas verstopfte seine Kehle und sein Gesicht zitterte. Er sah undeutlich Sashas schwarze Augen; unbeweglich und düster aufblitzend kamen sie ihm riesig vor und wurden immer größer. Und es schien ihm, dass es nicht zwei Personen waren, die sangen – dass alles um ihn herum sang und schluchzte, in Strömen der Trauer zitterte und klopfte, wie wahnsinnig nach irgendwohin strebte, brennende Tränen vergoss und so weiter – und alles Lebendige schien umschlossen zu sein eine kraftvolle Umarmung der Verzweiflung. Und es kam ihm vor, als würde auch er im

Einklang mit allen singen – mit den Menschen, dem Fluss und dem fernen Ufer, von wo klagendes Stöhnen kam, das sich mit dem Lied vermischte.

Jetzt ging der Bauer auf die Knie, blickte Sascha an und wedelte mit den Händen, und sie beugte sich zu ihm hinab und schüttelte den Kopf, wobei sie im Takt der Bewegungen seiner Hände blieb. Beide sangen nun ohne Worte, nur mit Geräuschen, und Foma konnte immer noch nicht glauben, dass nur zwei Stimmen dieses Stöhnen und Schluchzen mit so gewaltiger Kraft in die Luft ergossen.

Als sie mit dem Singen fertig waren, blickte Foma sie zitternd vor Aufregung und mit tränenüberströmtem Gesicht an und lächelte traurig.

„Na, hat es dich bewegt?" fragte Sascha. Sie war blass vor Müdigkeit und atmete schnell und schwer.

Foma warf einen Blick auf den Bauern. Dieser wischte sich den Schweiß von der Stirn und sah sich mit einem so wandernden Blick um, als könne er nicht erkennen, was geschehen war.

Alles war still. Alle waren regungslos und sprachlos.

"Oh Gott!" seufzte Foma und stand auf. „Äh, Sascha! Bauer! Wer bist du?" er hätte fast geschrien.

„Ich bin – Stepan", sagte der Bauer verwirrt lächelnd und stand ebenfalls auf. „Ich bin Stepan. Natürlich!"

„Wie du singst! Ah!" rief Foma erstaunt aus und trat unruhig von einem Fuß auf den anderen.

„Eh, Euer Ehren!" seufzte der Bauer und fügte leise und überzeugend hinzu: „Trauer kann einen Ochsen dazu bringen, wie eine Nachtigall zu singen." Und was die Dame dazu bringt, so zu singen, weiß nur Gott. Und sie singt mit all ihren Adern – das heißt, dass man sich einfach hinlegen und vor Kummer sterben könnte! Nun, das ist eine Dame."

„Das war sehr gut gesungen!" sagte Ookhtishchev mit betrunkener Stimme.

„Nein, der Teufel weiß, was das ist!" Schrie Zvantzev plötzlich, fast weinend, genervt, als er vom Tisch aufsprang. „Ich bin hierher gekommen, um eine schöne Zeit zu verbringen. Ich möchte mich amüsieren, und hier wird eine Trauerfeier für mich durchgeführt! Was für eine Empörung! Ich kann das nicht länger ertragen. Ich gehe weg!"

„Jean, ich gehe auch. Ich bin auch müde", verkündete der Herr mit dem Backenbart.

„Vassa", rief Zvantzev seiner Dame zu, „zieh dich an!"

„Ja, es ist Zeit zu gehen", sagte die rothaarige Dame zu Ookhtishchev. „Es ist kalt und bald wird es dunkel."

„Stepan! Räumen Sie alles weg!" befahl Vassa.

Alle fingen an, sich zu bewegen, alle begannen über etwas zu reden. Foma starrte sie gespannt an und schauderte. Taumelnd schritt die Menge an den Flößen entlang. Blass und müde sagten sie einander dumme, unzusammenhängende Dinge. Sasha drängte sie kurzerhand, während sie ihre Sachen zusammenpackte.

„Stepan! Ruf nach den Pferden!"

„Und ich werde noch etwas Cognac trinken. Wer möchte noch etwas Cognac mit mir?" sagte der Herr mit dem Backenbart gedehnt mit seligmachender Stimme und hielt eine Flasche in den Händen.

Vassa bedeckte Zvantzevs Hals mit einem Schal. Er stand vor ihr, stirnrunzelnd, unzufrieden, die Lippen kapriziös verzogen, die Waden seiner Beine zitternd. Foma empfand Ekel, als er sie ansah, und ging zum anderen Floß. Er wunderte sich darüber, dass sich all diese Leute so verhielten, als hätten sie das Lied überhaupt nicht gehört. In seiner Brust lebte das Lied, und dort erweckte es den rastlosen Wunsch, etwas zu tun, etwas zu sagen. Aber er hatte niemanden da, mit dem er sprechen konnte.

Die Sonne war untergegangen und die Ferne war in blauen Nebel gehüllt. Foma blickte dorthin und wandte sich ab. Er hatte keine Lust, mit diesen Leuten in die Stadt zu gehen, und er hatte auch keine Lust, hier bei ihnen zu bleiben. Und sie gingen immer noch mit ungleichmäßigen Schritten auf dem Floß auf und ab, zitterten von einer Seite zur anderen und murmelten unzusammenhängende Worte. Die Frauen waren nicht ganz so betrunken wie die Männer, und nur die Rothaarige konnte sich lange Zeit nicht von der Bank erheben, und schließlich, als sie aufstand, erklärte sie:

„Nun, ich bin betrunken."

Foma setzte sich auf einen Holzscheit, hob die Axt, mit der der Bauer Holz für das Feuer gehackt hatte, begann damit zu spielen, warf sie in die Luft und fing sie auf.

"Ach du lieber Gott! Wie gemein ist das!" Zvantzevs launische Stimme war zu hören.

Foma begann zu spüren, dass er es hasste und ihn und alle außer Sasha, die in ihm ein gewisses Unbehagen weckte, das gleichzeitig Bewunderung für sie und die Angst, sie könnte etwas Unerwartetes und Schreckliches tun, beinhaltete.

„Brute!" schrie Zvantzev mit schriller Stimme, und Foma bemerkte, dass er den Bauern auf die Brust schlug, woraufhin der Bauer demütig seine Mütze abnahm und zur Seite trat.

„Dummkopf!" rief Zvantzev, ging hinter ihm her und hob seine Hand.

Foma sprang auf und sagte drohend mit lauter Stimme:

„Äh, du! Fass ihn nicht an!"

„Was?" Zvantzev drehte sich zu ihm um.

„Stepan, komm her", rief Foma.

"Bauer!" Zvantzev stieß einen verächtlichen Satz aus und sah Foma an.

Foma zuckte mit den Schultern und machte einen Schritt auf ihn zu; aber plötzlich schoss ihm ein Gedanke lebhaft durch den Kopf! Er lächelte boshaft und fragte Stepan leise:

„Die Flöße sind an drei Stellen vertäut, nicht wahr?

„In drei, natürlich!"

„Kappt die Verbindungen!"

"Und sie?"

„Bleib ruhig! Schneiden!"

"Aber-"

"Schneiden! Leise, damit sie es nicht bemerken!"

Der Bauer nahm die Axt in die Hand, ging langsam zu der Stelle, wo ein Glied gut an einem anderen befestigt war, schlug ein paar Mal mit seiner Axt und kehrte nach Foma zurück.

„Ich bin nicht verantwortlich, Euer Ehren", sagte er.

„Hab keine Angst."

„Sie sind aufgebrochen", flüsterte der Bauer erschrocken und machte hastig das Kreuzzeichen. Und Foma starrte ihn an, lachte leise und verspürte ein schmerzliches Gefühl, das ihm mit einer gewissen seltsamen, angenehmen und süßen Angst scharf und scharf ins Herz stach.

Die Leute auf dem Floß gingen immer noch auf und ab, bewegten sich langsam, drängten sich gegenseitig, halfen den Damen beim Tragen ihrer Tücher, lachten und redeten, und das Floß drehte sich unterdessen langsam und unentschlossen im Wasser.

„Wenn die Strömung sie gegen die Flotte treibt", flüsterte der Bauer, „schlagen sie gegen den Bug – und werden in Splitter zerschmettert."

„Bleib ruhig!"

„Sie werden ertrinken!"

„Du schnappst dir ein Boot und überholst sie."

"Das ist es! Danke schön. Was dann? Sie sind schließlich Menschen. Und wir werden dafür verantwortlich gemacht." Nun zufrieden, lachend vor Freude, rannte der Bauer in Sprüngen über die Flöße zum Ufer. Und Foma stand am Wasser und verspürte das leidenschaftliche Verlangen, etwas zu schreien, aber er beherrschte sich, um dem Floß Zeit zu geben, weiter wegzutreiben, damit diese betrunkenen Leute nicht zu den festgemachten Ankern springen konnten. Er empfand ein angenehmes, streichelndes Gefühl, als er sah, wie das Floß sanft auf dem Wasser schaukelte und jeden Augenblick immer weiter von ihm entfernte. Das schwere und dunkle Gefühl, das in dieser Zeit sein Herz erfüllt hatte, schien nun zusammen mit den Menschen auf dem Floß davonzuschweben. Ruhig atmete er die frische Luft ein und mit ihr etwas Geräusch, das sein Gehirn klar machte. Am äußersten Rand des schwimmenden Floßes stand Sascha mit dem Rücken zu Foma; er betrachtete ihre schöne Figur und erinnerte sich unwillkürlich an Medinskaya. Letzterer war kleiner. Die Erinnerung an sie schmerzte ihn, und er schrie mit lauter, spöttischer Stimme:

„Äh, da! Auf Wiedersehen! Ha! Ha! Ha!"

Plötzlich kamen die dunklen Gestalten der Menschen auf ihn zu und drängten sich in der Mitte des Floßes zu einer Gruppe zusammen. Aber zu diesem Zeitpunkt blitzte zwischen ihnen und Foma ein klarer Wasserstreifen von etwa drei Metern Breite auf.

Es herrschte einige Sekunden lang Stille.

Dann wurde plötzlich ein Orkan schriller, abstoßender, mitleiderregender Geräusche voller tierischer Angst auf Foma geschleudert, und lauter als alles andere und abstoßender als alles andere drang Zvantzevs schriller, erschütternder Schrei ins Ohr:

„He-e-elp!"

Jemand – aller Wahrscheinlichkeit nach der ruhige Herr mit dem Backenbart – brüllte in seinem Bass:

"Ertrinken! Sie ertrinken Menschen!"

„Seid ihr Menschen?" rief Foma wütend, genervt von ihren Schreien, die ihn zu beißen schienen. Und die Leute liefen auf dem Floß in wahnsinniger

Angst umher; Das Floß schwankte unter ihren Füßen, schwamm dadurch schneller und das aufgewühlte Wasser spritzte laut dagegen und darunter. Die Schreie zerrissen die Luft, die Leute sprangen herum und wedelten mit den Händen, und allein die stattliche Gestalt Saschas stand regungslos und sprachlos am Rand des Floßes.

„Grüße die Krabben von mir!" rief Foma. Foma fühlte sich umso fröhlicher und erleichtert, je mehr das Floß von ihm wegtrieb.

„Foma Ignatjewitsch!" „Achtung, das ist ein gefährlicher Witz", sagte Ookhtishchev mit schwacher, aber nüchterner Stimme. Ich werde eine Beschwerde einreichen."

„Wenn du ertrunken bist? Sie können sich beschweren!" antwortete Foma fröhlich.

„Du bist ein Mörder!" rief Zvantzev schluchzend aus. Aber zu diesem Zeitpunkt war ein klingelndes Plätschern des Wassers zu hören, als ob es vor Schreck oder Erstaunen stöhnte. Foma schauderte und war wie versteinert. Dann erklangen die wilden, ohrenbetäubenden Schreie der Frauen und die entsetzten Schreie der Männer, und alle Gestalten auf dem Floß blieben wie versteinert an ihrem Platz. Und als Foma auf das Wasser starrte, hatte er das Gefühl, wirklich versteinert zu sein. Im Wasser schwamm etwas Schwarzes, umgeben von Spritzern, auf ihn zu.

Eher instinktiv als bewusst warf sich Foma mit der Brust auf die Balken des Floßes, streckte die Hände aus und ließ den Kopf über das Wasser hängen. Es vergingen mehrere unglaublich lange Sekunden. Kalte, nasse Arme umfassten seinen Hals und dunkle Augen blitzten vor ihm auf. Dann verstand er, dass es Sasha war.

Das dumpfe Entsetzen, das ihn plötzlich erfasst hatte, verschwand und wurde nun durch wilde, rebellische Freude ersetzt. Nachdem er die Frau aus dem Wasser gezogen hatte, packte er sie an der Taille, drückte sie an seine Brust, und da er nicht wusste, was er ihr sagen sollte, starrte er ihr erstaunt in die Augen. Sie lächelte ihn liebkosend an.

„Mir ist kalt", sagte Sasha leise und zitterte am ganzen Körper.

Foma lachte fröhlich über den Klang ihrer Stimme, hob sie in seine Arme und rannte schnell, fast rennend, über die Flöße zum Ufer. Sie war nass und kalt, aber ihr Atem war heiß, er brannte in Fomas Wange und erfüllte seine Brust mit wilder Freude.

„Du wolltest mich ertränken?" sagte sie fest und drückte sich dicht an ihn. „Es war eher zu früh. Warten!"

„Wie gut du es gemacht hast", murmelte Foma im Laufen.

„Du bist ein feiner, mutiger Kerl! Und dein Gerät war auch nicht schlecht, obwohl du so friedfertig zu sein scheinst."

„Und da brüllen sie immer noch, ha! Ha!"

„Der Teufel nimmt sie! Wenn sie ertrinken, werden wir nach Sibirien geschickt", sagte die Frau, als wolle sie ihn damit trösten und ermutigen. Sie begann zu zittern, und das Zittern ihres Körpers, das Foma spürte, veranlasste ihn, seinen Schritt zu beschleunigen.

Schluchzen und Hilferufe folgten ihnen vom Fluss her. Dort, auf dem ruhigen Wasser, schwamm in der Dämmerung eine kleine Insel, die sich vom Ufer in Richtung der Hauptströmung des Flusses zurückzog, und auf dieser kleinen Insel liefen dunkle menschliche Gestalten umher.

Die Nacht brach über ihnen herein.

KAPITEL IX

EINES Sonntagnachmittags trank Jakow Tarasowitsch Majakin Tee in seinem Garten und unterhielt sich mit seiner Tochter. Mit aufgeknöpftem Hemdkragen, ein Handtuch um den Hals geschlungen, saß er auf einer Bank unter einem Blätterdach üppiger Kirschbäume, wedelte mit den Händen in der Luft, wischte sich den Schweiß vom Gesicht und schüttete unaufhörlich Wasser in die Luft flotte Rede.

„Der Mann, der seinem Bauch die Oberhand über sich lässt, ist ein Narr und ein Schurke! Gibt es nichts Schöneres auf der Welt als Essen und Trinken? Worauf wirst du vor den Menschen stolz sein, wenn du wie ein Schwein bist?"

Die Augen des alten Mannes funkelten gereizt und wütend, seine Lippen verzogen sich vor Verachtung und die Falten seines düsteren Gesichts zitterten.

„Wenn Foma mein eigener Sohn wäre, hätte ich einen Mann aus ihm gemacht!"

Lubov spielte mit einem Akazienzweig und lauschte stumm den Worten ihres Vaters, wobei sie hin und wieder einen prüfenden Blick in sein aufgeregtes, zitterndes Gesicht warf. Als sie älter wurde, veränderte sie, ohne es zu merken, ihr misstrauisches und kaltes Verhältnis zu dem alten Mann. In seinen Worten begann sie nun die gleichen Ideen zu finden, die in ihren Büchern standen, und dies überzeugte sie väterlicherseits, was dazu führte, dass das Mädchen unwillkürlich seine lebendigen Worte den kalten Buchstaben des Buches vorzog. Immer überfordert mit geschäftlichen Angelegenheiten, immer wachsam und klug, ging er allein seinen Weg, und sie spürte seine Einsamkeit, wusste, wie schmerzlich sie war, und ihre Beziehungen zu ihrem Vater wurden immer herzlicher. Manchmal geriet sie sogar in Streit mit dem alten Mann; er betrachtete ihre Bemerkungen stets verächtlich und sarkastisch; aber von Zeit zu Zeit zärtlicher und aufmerksamer.

„Wenn der verstorbene Ignat in den Zeitungen lesen könnte, welch unanständiges Leben sein Sohn führt, hätte er Foma getötet!" sagte Mayakin und schlug mit den Fäusten auf den Tisch. „Wie sie es aufgeschrieben haben! Es ist eine Schande!"

„Er hat es verdient", sagte Lubov.

„Ich sage nicht, dass es willkürlich gemacht wurde! Sie haben ihn angebellt, wie es nötig war. Und wer war es, der einen solchen Wutanfall bekam?"

„Welchen Unterschied macht es für Sie?" fragte das Mädchen.

„Es ist interessant zu wissen. Wie geschickt der Schlingel Fomas Verhalten beschrieb. Offensichtlich muss er bei ihm gewesen sein und die ganzen Unanständigkeiten selbst miterlebt haben."

„Oh nein, er würde nicht mit Foma auf einen Ausflug gehen!" sagte Lubov zuversichtlich und errötete tief beim forschenden Blick ihres Vaters.

"Also! Du hast tolle Bekanntschaften, Lubka!" sagte Mayakin mit humorvoller Bitterkeit. „Nun, wer hat es geschrieben?"

„Warum willst du es wissen, Papa?"

„Komm, sag es mir!"

Sie hatte keine Lust, es zu sagen, aber der alte Mann blieb hartnäckig und seine Stimme wurde immer trockener und wütender. Dann fragte sie ihn unbehaglich:

„Und du wirst ihm dafür nichts Böses tun?"

"ICH? Ich werde ihm den Kopf abbeißen! Narr! Was kann ich mit ihm machen? Sie, diese Schriftsteller, sind keine dummen Leute und deshalb eine Macht – eine Macht, die Teufel! Und ich bin nicht der Gouverneur, und selbst er kann einem nicht die Hand aus den Gelenken reißen oder einem die Zunge binden. Wie Mäuse nagen sie nach und nach an uns. Und wir müssen sie nicht mit Streichhölzern vergiften, sondern mit Rubeln. Ja! Nun, wer ist es?"

„Erinnern Sie sich, als ich zur Schule ging, kam ein Gymnasiast auf uns zu. Joschow? So ein düsterer kleiner Kerl!"

„Mm! Natürlich habe ich ihn gesehen. Ich kenne ihn. Also ist er es?"

"Ja."

„Die kleine Maus! Schon damals konnte man erkennen, dass etwas Falsches aus ihm herauskommen würde. Schon damals stand er anderen Menschen im Weg. Er war ein mutiger Junge. Ich hätte mich dann um ihn kümmern sollen. Vielleicht hätte ich einen Mann aus ihm machen können."

Lubov sah ihren Vater an, lächelte feindselig und fragte hitzig:

„Und ist der, der für Zeitungen schreibt, nicht ein Mann?"

Der alte Mann antwortete seiner Tochter lange Zeit nicht. Nachdenklich trommelte er mit den Fingern auf dem Tisch und betrachtete sein Gesicht, das sich im glänzend polierten Messing des Samowars spiegelte. Dann hob er den Kopf, zwinkerte mit den Augen und sagte eindrucksvoll und gereizt:

„Das sind keine Männer, das sind Wunden! Das Blut des russischen Volkes hat sich vermischt, es hat sich vermischt und verdorben, und aus dem bösen Blut sind all diese Buch- und Zeitungsschreiber, diese schrecklichen Pharisäer hervorgegangen. Sie sind überall ausgebrochen, und sie brechen immer mehr aus. Woher kommt dieses Blutvergießen? Aus der Langsamkeit der Bewegung. Woher zum Beispiel die Mücken? Aus dem Sumpf. In stehenden Gewässern vermehren sich alle Arten von Unreinheit. Das Gleiche gilt für ein ungeordnetes Leben.“

„Das stimmt nicht, Papa!“ sagte Lubov leise.

„Was meinst du mit – nicht richtig?“

„Schriftsteller sind die selbstlosesten Menschen, sie sind edle Persönlichkeiten! Sie wollen nichts – alles, was sie anstreben, ist Gerechtigkeit – Wahrheit! Das sind keine Mücken.“

Lubov wurde aufgeregt, als sie ihr geliebtes Volk lobte; Ihr Gesicht war gerötet, und ihre Augen blickten ihren Vater mit so viel Gefühl an, als ob sie ihn anflehen wollten, ihr zu glauben, obwohl sie ihn nicht überzeugen konnten.

„Äh, du!“ sagte der alte Mann seufzend und unterbrach sie. „Du hast zu viel gelesen! Du wurdest vergiftet! Sag mir – wer sind sie? Niemand weiß! Dieser Joschow – was ist er? Das weiß nur Gott. Alles, was sie wollen, ist die Wahrheit, sagen Sie? Was sind das für bescheidene Menschen! Und angenommen, die Wahrheit wäre das Teuerste, was es gibt? Vielleicht sucht es jeder im Stillen? Glauben Sie mir – der Mensch kann nicht selbstlos sein. Der Mensch wird nicht für etwas kämpfen, das ihm nicht gehört, und wenn er kämpft, heißt er „Narr“, und er nützt niemandem. Ein Mensch muss in der Lage sein, für sich selbst einzustehen, für seine Eigenheiten, dann wird er etwas erreichen! Hier hast du es! Wahrheit! Hier lese ich seit fast vierzig Jahren dieselbe Zeitung und kann gut sehen – hier ist mein Gesicht vor Ihnen, und vor mir, dort auf dem Samowar ist wieder mein Gesicht, aber es ist ein anderes Gesicht. Sehen Sie, diese Zeitungen geben allem ein Samowar-Gesicht und sehen nicht das echte. Und doch glaubst du ihnen. Aber ich weiß, dass mein Gesicht auf dem Samowar verzerrt ist. Niemand kann die wahre Wahrheit sagen; Dafür ist der Hals des Menschen zu empfindlich. Und dann ist die wahre Wahrheit niemandem bekannt.“

"Papa!" rief Lubov traurig aus, „Aber in Büchern und Zeitungen verteidigen sie die allgemeinen Interessen des gesamten Volkes.“

„Und in welcher Zeitung steht geschrieben, dass Sie des Lebens überdrüssig sind und dass es Zeit für Sie sei zu heiraten? Da werden Ihre Interessen also nicht verteidigt! Äh! Du! Meines ist auch nicht verteidigt. Wer weiß, was ich brauche? Wer außer mir selbst versteht meine Interessen?“

„Nein, Papa, das ist nicht richtig, das ist nicht richtig! Ich kann Sie nicht widerlegen, aber ich habe das Gefühl, dass das nicht richtig ist!" sagte Lubov fast verzweifelt.

"Es ist richtig!" sagte der alte Mann bestimmt. „Russland ist verwirrt und es gibt nichts Beständiges darin; alles ist atemberaubend! Jeder lebt schief, jeder läuft auf einer Seite, es gibt keine Harmonie im Leben. Alle schreien verstimmt und mit unterschiedlicher Stimme. Und keiner versteht, was der andere braucht! Über allem liegt ein Nebel – jeder atmet diesen Nebel ein, und deshalb ist das Blut der Menschen verdorben – daher die Wunden. Dem Menschen wird große Freiheit bei der Vernunft eingeräumt, aber er darf nichts tun – deshalb lebt der Mensch nicht; aber es verrottet und stinkt."

„Was soll man dann tun?" fragte Lubov, stützte ihre Ellbogen auf den Tisch und beugte sich zu ihrem Vater.

"Alles!" rief der alte Mann leidenschaftlich. "Alles tun. Fortfahren! Jeder soll das tun, was er am besten kann! Aber dafür muss dem Menschen Freiheit gegeben werden – völlige Freiheit! Denn es ist eine Zeit gekommen, in der jeder rohe Jugendliche glaubt, er wisse alles und sei für die vollständige Gestaltung des Lebens geschaffen – gib ihm, gib dem Schurken die Freiheit! Hier, Aas, lebe! Komm, komm, lebe! Ah! Dann wird eine solche Komödie folgen; Wenn der Mensch das Gefühl hat, dass ihm die Zügel abgenommen sind, stürmt er höher als bis zu seinen Ohren und fliegt wie eine Feder hierhin und dorthin. Er wird glauben, dass er ein Wundertäter ist, und dann wird er beginnen, seinen Geist zu zeigen."

Der alte Mann hielt eine Weile inne und fuhr mit gesenkter Stimme und einem boshaften Lächeln fort:

„Aber von diesem kreativen Geist ist in ihm sehr wenig! Er wird sich ein oder zwei Tage lang aufbäumen, sich nach allen Seiten strecken – und der arme Kerl wird bald schwach werden. Denn sein Herz ist faul – er, er, er! Hier, er, er, er! Der liebe Kerl wird von den echten, würdigen Menschen gefangen werden, von den echten Menschen, die fähig sind, die eigentlichen bürgerlichen Herren zu sein, die ihr Leben nicht mit der Rute oder mit der Feder, sondern mit Finger und Verstand meistern werden.

„Was, werden sie sagen. Sind Sie müde geworden, meine Herren? Was, werden sie sagen, Ihre Milz kann einem echten Feuer nicht standhalten, oder? Also –" und der alte Mann erhob seine Stimme und beendete seine Rede in einem autoritativen Ton:

„Na dann, du Gesindel, halte deinen Mund und quieke nicht! Oder wir schütteln Sie von der Erde, wie Würmer von einem Baum! Schweigen Sie, liebe Leute! Hahaha! So wird es passieren, Lubavka! Er, er, er!"

Der alte Mann war in fröhlicher Stimmung. Seine Falten bebten, und er ließ sich von seinen Worten mitreißen, er zitterte, schloss ab und zu die Augen und schmatzte mit den Lippen, als würde er seine eigene Weisheit kosten.

„Und dann werden diejenigen, die in der Verwirrung die Oberhand gewinnen, das Leben weise und nach ihrer eigenen Art gestalten. Dann laufen die Dinge nicht zufällig ab, sondern wie von selbst. Schade, dass wir das nicht mehr erleben werden!"

Die Worte des alten Mannes fielen einer nach dem anderen auf Lubov wie die Maschen eines großen, starken Netzes – sie fielen und verfingen sie, und das Mädchen, das sich nicht von ihnen befreien konnte, schwieg, benommen von den Worten ihres Vaters. Sie starrte ihm mit eindringlichem Blick ins Gesicht, suchte Halt in seinen Worten und hörte in ihnen etwas Ähnliches, was sie in Büchern gelesen hatte und was ihr als die wahre Wahrheit erschien. Aber das boshafte, triumphale Lachen ihres Vaters schmerzte ihr im Herzen, und die Falten, die auf seinem Gesicht herumzukriechen schienen wie so viele dunkle kleine Schlangen, flößten ihr in seiner Gegenwart eine gewisse Angst um sich selbst ein. Sie hatte das Gefühl, dass er sie von dem ablenkte, was ihr in ihren Träumen so einfach und leicht vorgekommen war.

"Papa!" fragte sie plötzlich den alten Mann, im Gehorsam gegenüber einem Gedanken und einem Wunsch, der ihr unerwartet durch den Kopf schoss. "Papa! Und was für ein Mann – was ist Ihrer Meinung nach Taras?"

Mayakin schauderte. Seine Augenbrauen begannen sich wütend zu bewegen, er richtete seine scharfen, kleinen Augen auf das Gesicht seiner Tochter und fragte sie trocken:

„Was ist das für ein Gespräch?"

„Muss er nicht einmal erwähnt werden?" sagte Lubov leise und verwirrt.

Ich möchte nicht über ihn sprechen – und ich rate Ihnen auch, nicht über ihn zu sprechen! „-der alte Mann drohte ihr mit dem Finger und senkte mit düsterem Stirnrunzeln den Kopf. Als er aber sagte, er wolle nicht über seinen Sohn sprechen, verstand er sich offenbar selbst nicht richtig, denn nach einer Schweigeminute sagte er streng und wütend:

„Taraska ist auch eine Wunde. Das Leben atmet euch an, ihr Milchmänner, und ihr könnt seine wahren Gerüche nicht unterscheiden, und ihr schluckt allerlei Dreck, weshalb in euren Köpfen Unruhe herrscht. Deshalb sind Sie nicht kompetent, etwas zu tun, und Sie sind wegen dieser Inkompetenz unglücklich. Taraska. Ja. Er muss jetzt ungefähr vierzig sein. Er ist für mich verloren! Ein Galeerensklave – ist das mein Sohn? Ein junges

Schwein mit stumpfer Schnauze. Er wollte nicht mit seinem Vater sprechen und – er stolperte."

"Was hat er getan?" fragte Lubov und lauschte gespannt den Worten des alten Mannes.

"Wer weiß? Es kann sein, dass er sich jetzt selbst nicht verstehen kann, wenn er vernünftig geworden wäre, und er muss ein vernünftiger Mann geworden sein; Er ist der Sohn eines Vaters, der nicht dumm ist, und dann muss er nicht wenig gelitten haben. Sie verhätscheln sie, die Nihilisten! Sie hätten sie mir übergeben sollen. Ich würde ihnen zeigen, was zu tun ist. In die Wüste! In die abgelegenen Orte – marschiert! Kommt nun, meine weisen Gefährten, gestaltet das Leben dort nach eurem eigenen Willen! Fortfahren! Und als Autoritäten über sie würde ich die robusten Bauern einsetzen. Nun, meine verehrten Herren, man hat Ihnen Essen und Trinken gegeben, Sie haben eine Ausbildung erhalten – was haben Sie gelernt? Zahlen Sie Ihre Schulden, beten Sie. Ja, ich würde keinen kaputten Grosch dafür ausgeben. Ich würde den ganzen Preis aus ihnen herauspressen – gib es auf! Du darfst einen Mann nicht zunichte machen. Es reicht nicht, ihn einzusperren! Sie haben gegen das Gesetz verstoßen und sind ein Gentleman? Egal, du musst arbeiten. Aus einem einzigen Samenkorn entsteht eine Kornähre, und einem Menschen sollte nicht gestattet werden, ohne Nutzen umzukommen! Ein sparsamer Zimmermann findet für jedes einzelne Holzstück einen Platz – genauso muss jeder Mensch gewinnbringend und vollständig bis zur letzten Ader verbraucht werden. Alle Arten von Müll haben einen Platz im Leben, und der Mensch ist niemals Müll. Äh! Es ist schlecht, wenn die Macht ohne Vernunft lebt, und es ist auch nicht gut, wenn die Vernunft ohne Macht lebt. Nimm Foma jetzt. Wer kommt da – schauen Sie mal vorbei."

Als er sich umdrehte, bemerkte Lubov, dass der Kapitän der „Jermak", Jefim, den Gartenweg entlangkam. Er hatte respektvoll seine Mütze abgenommen und sich vor ihr verneigt. Auf seinem Gesicht lag ein hoffnungslos schuldbewusster Ausdruck und er wirkte beschämt. Jakow Tarassowitsch erkannte ihn und rief, sofort beunruhigt:

"Wo kommst du her? Was ist passiert?"

„Ich – ich bin zu dir gekommen!" sagte Jefim und blieb mit einer tiefen Verbeugung am Tisch stehen.

„Nun, ich verstehe, du bist zu mir gekommen. Was ist los? Wo ist der Dampfer?"

„Der Dampfer ist da!" Yefim hob seine Hand irgendwo in die Luft und trat schwerfällig von einem Fuß auf den anderen.

„Wo ist es, Teufel? Sprechen Sie zusammenhängend – was ist passiert?"
rief der alte Mann wütend.

„Also – ein Unglück, Jakow."

„Bist du kaputtgegangen?"

„Nein, Gott hat uns gerettet."

„Verbrannt? Nun, sprich schneller."

Yefim holte Luft in seine Brust und sagte langsam:

„Lastkahn Nr. 9 wurde versenkt – zerschmettert. Einem Mann war der
Rücken gebrochen, einer fehlt völlig, sodass er ertrunken sein muss.
Ungefähr fünf weitere wurden verletzt, aber nicht so schwer, obwohl einige
behindert waren."

„So-o!" rief Mayakin gedehnt und musterte den Kapitän mit einem
unheilvollen Blick.

„Nun, Jefimushka, ich werde dir die Haut abziehen."

„Ich war es nicht, der es getan hat!" sagte Yefim schnell.

"Nicht du?" rief der alte Mann und zitterte vor Wut. "Wer denn?"

„Der Meister selbst."

„Foma? Und du. Wo warst du?"

„Ich lag in der Luke."

"Ah! Du hast gelogen."

„Ich war dorthin gebunden."

„Was?" schrie der alte Mann mit schriller Stimme.

„Erlauben Sie mir, Ihnen alles so zu erzählen, wie es passiert ist. Er war
betrunken und schrie: „Geh weg! Ich übernehme selbst das Kommando!' Ich
sagte: „Das kann ich nicht!" Ich bin der Kapitän.' „Binde ihn!" sagte er. Und
als sie mich gefesselt hatten, ließen sie mich zusammen mit den Matrosen in
die Luke hinab. Und da der Meister betrunken war, wollte er etwas Spaß
haben. Eine Flotte von Booten kam auf uns zu. Sechs leere Lastkähne,
geschleppt von „Cheruigorez". Also versperrte Foma Ignatyich ihnen den
Weg. Sie pfiffen. Mehr als einmal. Ich muss die Wahrheit sagen – sie haben
gepfiffen!"

"Also?"

„Nun, und sie haben es nicht geschafft – die beiden Lastkähne vor uns
sind gegen uns gekracht. Und als sie die Seite unseres Neunten trafen, wurden

wir in Stücke gerissen. Und auch die beiden Lastkähne wurden zerschlagen. Aber uns erging es viel schlechter."

Mayakin erhob sich vom Stuhl und brach in schallendes, wütendes Gelächter aus. Und Yefim seufzte und sagte mit ausgestreckten Händen: „Er hat einen sehr gewalttätigen Charakter. Wenn er nüchtern ist, schweigt er die meiste Zeit und geht nachdenklich umher, aber wenn er seine Federn mit Wein benetzt, reißt er sich los. Dann ist er nicht Herr seiner selbst und seines Geschäfts – sondern ihr wilder Feind – Sie müssen mich entschuldigen! Und ich möchte gehen, Jakow Tarasowitsch! Ich bin es nicht gewohnt, ohne Meister zu sein, ich kann nicht ohne Meister leben!"

„Bleib ruhig!" sagte Mayakin streng. „Wo ist Foma?"

"Dort; Am selben Platz. Unmittelbar nach dem Unfall kam er zu sich und schickte sofort Arbeiter. Sie werden den Lastkahn heben. Möglicherweise haben sie zu diesem Zeitpunkt bereits begonnen."

„Ist er dort allein?" fragte Mayakin und senkte den Kopf.

„Nicht ganz", antwortete Yefim leise und warf Lubov einen verstohlenen Blick zu.

"Wirklich?"

„Da ist eine Dame bei ihm. Eine dunkle."

"Also."

„Es sieht so aus, als ob die Frau den Verstand verloren hat", sagte Yefim seufzend. „Sie singt für immer. Sie singt sehr gut. Es ist sehr fesselnd."

„Ich frage dich nicht nach ihr!" rief Mayakin wütend. Die Falten in seinem Gesicht zitterten schmerzhaft, und Lubov hatte das Gefühl, als würde ihr Vater gleich weinen.

„Beruhige dich, Papa!" sie flehte streichelnd. „Vielleicht ist der Verlust nicht so groß."

"Nicht gut?" rief Jakow Tarasowitsch mit klingender Stimme. „Was verstehst du, du Narr? Liegt es nur daran, dass der Lastkahn zerschlagen wurde? Äh, du! Ein Mann ist verloren! Das ist es! Und er ist für mich unverzichtbar! Ich brauche ihn, ihr dummen Teufel, die ihr seid!" Der alte Mann schüttelte wütend den Kopf und ging mit schnellen Schritten den Gartenweg entlang, der zum Haus führte.

Und Foma war zu dieser Zeit etwa vierhundert Werst von seinem Paten entfernt, in einer Dorfhütte am Ufer der Wolga. Er war gerade aus dem Schlaf erwacht, und auf dem Boden liegend, auf einem Bett aus frischem

Heu, mitten in der Hütte, blickte er düster aus dem Fenster in den Himmel, der mit grauen, vereinzelten Wolken bedeckt war.

Der Wind riss sie auseinander und trieb sie irgendwohin; Schwer und müde, einer überholte den anderen, zogen sie in einem riesigen Schwarm über den Himmel. Mal eine feste Masse bildend, mal in Bruchstücke zerfallend, mal tief über die Erde fallend, in stiller Verwirrung, mal wieder emporsteigend, eines vom anderen verschluckt.

Ohne den vom Rausch schweren Kopf zu bewegen, schaute Foma hin

lange an den Wolken und begann sich schließlich wie stille Wolken anzufühlen

gingen auch durch seine Brust, – vorbei und atmeten feucht

Kälte lag in seinem Herzen und bedrückte ihn. Da war etwas Machtloses

in der Bewegung der Wolken am Himmel. Und er fühlte dasselbe in seinem Inneren

ihn. Ohne nachzudenken stellte er sich alles vor, was er durchgemacht hatte

in den vergangenen Monaten. Es kam ihm vor, als wäre er in einen gefallen

trüber, kochender Bach, und nun war er von dunklen Wellen erfasst worden

ähnelten diesen Wolken am Himmel; war beschlagnahmt und weggetragen worden

irgendwo, auch wenn die Wolken vom Wind getragen wurden. In der Dunkelheit

und den Tumult, der ihn umgab, sah er wie durch einen Nebel

dass gewisse andere Leute mit ihm eilten – heute nicht

die von gestern, jeden Tag neue, und doch sehen alle gleich aus – gleich

erbärmlich und abstoßend. Berauscht, laut, gierig flogen sie umher

ihn wie in einem Wirbelsturm, auf seine Kosten gezechzt, ihn misshandelt, gekämpft,

schrie und weinte sogar mehr als einmal. Und er hat sie geschlagen. Er erinnerte sich

dass er eines Tages jemanden ins Gesicht geschlagen und ihm den Mantel vom Leib gerissen habe

Alle diese Menschen, wie er selbst, wild und tierhaft geworden, wurden von derselben dunklen Welle erfasst und wie Müll davongetragen. Alle diese Menschen, wie er selbst, müssen Angst davor gehabt haben, nach vorne zu blicken und zu sehen, wohin diese mächtige, wilde Welle sie trug. Und ihre Angst im Wein ertränkend, stürmten sie durch die Strömung vorwärts, kämpften, schrien, taten etwas Absurdes, spielten Narren, brüllten und brüllten, ohne jemals fröhlich zu sein. Er tat dasselbe und wirbelte in ihrer Mitte herum. Und jetzt schien es ihm, dass er das alles aus Angst vor sich selbst tat, um diesen Lebensabschnitt schneller hinter sich zu lassen oder um nicht daran zu denken, was danach kommen würde.

Inmitten des brennenden Tumults der Zechereien, in der Menschenmenge, von Ausschweifungen erfasst, von heftigen Leidenschaften verwirrt, halb verrückt in ihrer Sehnsucht, sich selbst zu vergessen – nur Sascha war ruhig und zurückhaltend. Sie trank nie bis zur Trunkenheit, redete immer mit fester, autoritärer Stimme zu den Menschen und alle ihre Bewegungen waren gleichermaßen selbstbewusst, als hätte dieser Strom sie nicht erfasst, sondern sie selbst würde seinen gewalttätigen Lauf meistern. Sie erschien Foma als die klügste Person von allen, die ihn umgaben, und als diejenige, die sich am meisten auf Lärm und Gelage einließ; Sie hielt sie alle in ihrer Gewalt, erfand immer wieder etwas Neues und sprach zu allen auf die gleiche Art und Weise; Für den Fahrer, den Lakaien und den Matrosen hatte sie den gleichen Ton und die gleichen Worte wie für ihre Freunde und für Foma. Sie war jünger und hübscher als Pelageya, aber ihre Liebkosungen waren still und kalt. Foma stellte sich vor, dass sie tief in ihrem Herzen etwas Schreckliches vor allen verheimlichte, dass sie niemals jemanden lieben und sich niemals ganz offenbaren würde. Diese

Geheimniskrämerei der Frau zog ihn mit einem Gefühl ängstlicher Neugier zu ihr hin, eines großen, angespannten Interesses an ihrer ruhigen, kalten Seele, die sogar so dunkel schien wie ihre Augen.

Irgendwie sagte Foma eines Tages zu ihr:

„Aber was für eine Menge Geld haben Sie und ich verschwendet!"

Sie warf ihm einen Blick zu und fragte:

„Und warum sollten wir es retten?"

„In der Tat, warum?" dachte Foma, erstaunt über die Tatsache, dass sie so einfach argumentierte.

"Wer bist du?" fragte er sie bei einer anderen Gelegenheit.

„Warum, hast du meinen Namen vergessen?"

„Na ja, die Idee!"

„Was möchtest du dann wissen?"

„Ich frage dich nach deiner Herkunft."

"Ah! Ich komme aus der Provinz Jaroslawl. Ich komme aus Ooglich. Ich war Harfenist. Nun, werde ich für dich süßer schmecken, jetzt, wo du weißt, wer ich bin?"

„Weiß ich es?" fragte Foma lachend.

„Ist das nicht genug für dich? Ich werde Ihnen nichts mehr darüber erzählen. Wozu? Wir kommen alle vom selben Ort, sowohl Menschen als auch Tiere. Und was kann ich Ihnen über mich erzählen? Und wozu? Dieses ganze Gerede ist Unsinn. Lasst uns lieber ein wenig darüber nachdenken, wie wir den Tag verbringen werden."

An diesem Tag machten sie eine Fahrt auf einem Dampfer mit Musikorchester, tranken Champagner und jeder von ihnen war furchtbar betrunken. Sasha sang ein eigenartiges, wunderbar trauriges Lied, und Foma weinte, bewegt von ihrem Gesang, wie ein Kind. Dann tanzte er mit ihr den „Russentanz" und warf sich schließlich, schwitzend und müde, in seinen Kleidern über Bord und wäre fast ertrunken.

Jetzt, als er sich an all das und noch viel mehr erinnerte, schämte er sich und war mit Sascha unzufrieden. Er betrachtete ihre wohlgeformte Figur, hörte ihren gleichmäßigen Atem und spürte, dass er diese Frau nicht liebte und dass sie für ihn unnötig war. In seinem schweren, schmerzenden Kopf schossen langsam bestimmte graue, bedrückende Gedanken hoch. Es kam ihm vor, als sei alles, was er in dieser Zeit erlebt hatte, in ihm zu einem schweren, feuchten Ball zusammengeballt, und dieser Ball rollte nun in seiner

Brust umher, entrollte sich langsam, und die dünnen grauen Schnüre fesselten ihn.

„Was geht in mir vor?" er dachte. „Ich habe angefangen zu zechen. Warum? Ich weiß nicht, wie ich leben soll. Ich verstehe mich selbst nicht. Wer bin ich?"

Diese Frage überraschte ihn, und er hielt inne und versuchte, sich klarzumachen, warum er nicht in der Lage war, so fest und selbstbewusst zu leben wie andere Menschen. Er wurde nun noch mehr gefoltert. aus Gewissen. Dieser Gedanke beunruhigte ihn noch mehr, er wälzte sich im Heu hin und her und schubste Sascha genervt mit dem Ellbogen.

"Seien Sie vorsichtig!" sagte sie, obwohl sie fast schlief.

"Es ist alles in Ordnung. Du bist keine so gute Dame!" murmelte Foma.

"Was ist los mit dir?"

"Nichts."

Sie drehte ihm den Rücken zu und sagte träge mit einem trägen Gähnen:

„Ich habe geträumt, dass ich wieder Harfenistin werde. Es schien mir, als würde ich ein Solo singen, und mir gegenüber stand ein großer, schmutziger Hund, der knurrte und darauf wartete, dass ich das Lied zu Ende brachte. Und ich hatte Angst vor dem Hund. Und ich wusste, dass es mich verschlingen würde, sobald ich aufhörte zu singen. Also sang und sang ich weiter. Und plötzlich schien es, als würde meine Stimme versagen. Schrecklich! Und der Hund knirscht mit den Zähnen. Oh Herr, erbarme dich meiner! Was bedeutet das?"

„Hör auf mit deinem müßigen Gerede!" Foma unterbrach sie streng. „Erzählen Sie mir besser, was Sie über mich wissen."

„Ich weiß zum Beispiel, dass du jetzt wach bist", antwortete sie, ohne sich zu ihm umzudrehen.

"Wach? Das ist richtig. Ich bin aufgewacht", sagte Foma nachdenklich und fuhr fort: „Deshalb frage ich dich." Für was für einen Mann hältst du mich?"

„Ein Mann mit betrunkenen Kopfschmerzen", antwortete Sasha gähnend.

„Aleksandra!" rief Foma flehentlich aus: „Reden Sie keinen Unsinn! Sag mir gewissenhaft, was denkst du über mich?"

„Ich denke nichts!" sagte sie trocken. „Warum belästigen Sie mich mit Unsinn?"

„Ist das Unsinn?" sagte Foma traurig. „Eh, ihr Teufel! Das ist das Wichtigste. Das Wichtigste für mich."

Er seufzte tief und verstummte. Nach einer Schweigeminute begann Sasha mit ihrer gewohnten, gleichgültigen Stimme zu sprechen:

„Sag ihm, wer er ist und warum er so ist, wie er ist? Hast du jemals gesehen! Ist es angemessen, Frauen unserer Art solche Fragen zu stellen? Und aus welchem Grund sollte ich über jeden einzelnen Menschen nachdenken? Ich habe nicht einmal Zeit, über mich selbst nachzudenken, und vielleicht habe ich überhaupt keine Lust, es zu tun."

Foma lachte trocken und sagte:

„Ich wünschte, ich wäre so – und hätte keine Wünsche nach irgendetwas."

Dann hob die Frau den Kopf vom Kissen, sah Foma ins Gesicht, legte sich wieder hin und sagte:

„Du grübelst zu viel. Passen Sie auf, es wird Ihnen nichts Gutes bringen. Ich kann dir nichts über dich sagen. Es ist unmöglich, etwas Wahres über einen Mann zu sagen. Wer kann ihn verstehen? Der Mensch kennt sich selbst nicht. Nun, hier sage ich Ihnen: Sie sind besser als andere. Aber was ist damit?"

„Und in welcher Hinsicht bin ich besser?" fragte Foma nachdenklich.

"Also! Wenn man ein gutes Lied singt, weint man. Wenn einer etwas Gemeines tut, schlägt man ihn. Gegenüber Frauen bist du einfach, du bist ihnen gegenüber nicht unverschämt. Du bist friedfertig. Und manchmal kann man auch mutig sein."

Doch all dies befriedigte Foma nicht.

„Du sagst mir nicht das Richtige!" sagte er leise. „Nun, ich weiß nicht, was du willst. Aber sehen Sie hier, was werden wir tun, nachdem sie den Lastkahn angehoben haben?"

"Was können wir tun?" fragte Foma.

„Sollen wir nach Nischni oder nach Kasan fahren?"

"Wozu?"

„Zum Feiern."

„Ich will kein Gelage mehr machen."

„Was wirst du sonst noch tun?"

"Was? Nichts."

Und beide schwiegen lange, ohne einander anzusehen.

„Du hast einen unangenehmen Charakter", sagte Sascha, „einen ermüdenden Charakter."

„Aber ich werde mich trotzdem nicht mehr betrinken!" sagte Foma fest und selbstbewusst.

"Du lügst!" erwiderte Sasha ruhig.

"Du wirst sehen! Was denkst du – ist es gut, ein solches Leben zu führen?"

"Ich werde sehen."

„Nein, sag es mir einfach – ist es gut?"

„Aber was ist besser?"

Foma sah sie schief an und sagte irritiert:

„Was für abstoßende Worte du sprichst."

„Nun, auch hier habe ich ihn nicht erfreut!" sagte Sascha lachend.

„Was für ein tolles Publikum!" sagte Foma und runzelte schmerzhaft das Gesicht. „Sie sind wie Bäume. Sie leben auch, aber wie? Niemand versteht. Sie kriechen irgendwo hin. Und können weder sich selbst noch anderen gegenüber Rechenschaft ablegen. Wenn die Kakerlake kriecht, weiß sie, wohin und warum sie gehen will? Und du? Wohin gehst du?"

"Festhalten!" Sasha unterbrach ihn und fragte ihn ruhig: „Was hast du mit mir zu tun?" Du kannst mir alles nehmen, was du willst, aber schleiche dich nicht in meine Seele!"

„In deinen So-o-ul!" Foma sagte gedehnt und voller Verachtung. „In welche Seele? Er, er!"

Sie begann im Raum auf und ab zu gehen und sammelte die überall verstreuten Kleidungsstücke zusammen. Foma beobachtete sie und war unzufrieden, weil sie wegen seiner Worte über ihre Seele nicht wütend auf ihn wurde. Ihr Gesicht sah wie immer ruhig und gleichgültig aus, aber er wünschte, sie wütend oder beleidigt zu sehen; er wünschte sich etwas Menschliches von der Frau.

"Die Seele!" rief er und beharrte auf seinem Ziel. „Kann jemand, der eine Seele hat, so leben wie du? In einer Seele brennt Feuer, in ihr steckt ein Gefühl der Scham."

Inzwischen saß sie auf einer Bank und zog ihre Strümpfe an, doch bei seinen Worten hob sie den Kopf und blickte streng auf sein Gesicht.

"Auf was starrst du?" fragte Foma.

„Warum sprichst du so?" sagte sie, ohne den Blick von ihm abzuwenden.

„Weil ich muss."

„Passen Sie auf – müssen Sie wirklich?"

Ihre Frage hatte etwas Bedrohliches. Foma fühlte sich eingeschüchtert und sagte, diesmal ohne Provokation in seiner Stimme:

„Wie könnte ich beim Sprechen helfen?"

"Oh du!" seufzte Sasha und begann sich wieder anzuziehen

"Und was ist mit mir?"

„Nur so. Du scheinst von zwei Vätern geboren zu sein. Wissen Sie, was ich bei Menschen beobachtet habe?"

"Also?"

„Wenn ein Mann nicht für sich selbst antworten kann, bedeutet das, dass er Angst vor sich selbst hat, dass sein Preis ein Grosch ist!"

„Beziehen Sie sich auf mich?" fragte Foma nach einer Pause.

"Dir auch."

Sie warf sich ein rosa Morgenkleid über die Schultern und streckte, in der Mitte des Zimmers stehend, ihre Hand nach Foma aus, der zu ihren Füßen lag, und sagte mit leiser, dumpfer Stimme zu ihm:

„Du hast kein Recht, über meine Seele zu sprechen. Du hast nichts damit zu tun! Und deshalb haltet den Mund! Ich darf sprechen! Wenn es mir gefällt, könnte ich euch allen etwas sagen. Eh, wie ich es sagen könnte! Nur – wer wird es wagen, mir zuzuhören, wenn ich mit lauter Stimme sprechen sollte? Und ich habe ein paar Worte über dich – sie sind wie Hämmer! Und ich könnte euch alle umhauen, sodass ihr den Verstand verliert. Und obwohl Sie alle Schurken sind, können Sie nicht durch Worte geheilt werden. Ihr sollt im Feuer verbrannt werden – so wie Bratpfannen am ersten Montag der Fastenzeit ausgebrannt sind."

Sie hob die Hände und lockerte plötzlich ihr Haar, und als es ihr in schweren, schwarzen Locken über die Schultern fiel, schüttelte die Frau hochmütig den Kopf und sagte verächtlich:

„Es ist egal, dass ich ein lockeres Leben führe! Es kommt oft vor, dass der Mann, der im Schmutz lebt, reiner ist als der, der in Seide umhergeht. Wenn ihr nur wüsstet, was ich von euch halte, ihr Hunde, welchen Zorn ich gegen euch hege! Und wegen dieses Zorns – ich schweige! Denn ich fürchte, wenn ich es dir singen würde, würde meine Seele leer werden. Ich hätte nichts zum Leben." Foma sah sie an und nun war er zufrieden mit ihr. In ihren Worten lag so etwas wie seine Gemütsverfassung. Lachend sagte er zu ihr, mit Genugtuung im Gesicht und in der Stimme:

„Und ich spüre auch, dass etwas in meiner Seele wächst. Eh, auch ich werde zu Wort kommen, wenn die Zeit gekommen ist."

"Gegen wen?" fragte Sascha nachlässig.

„Ich – gegen alle!" rief Foma und sprang auf. „Gegen die Lüge. Ich werde fragen –"

„Fragen Sie, ob der Samowar fertig ist", befahl Sasha gleichgültig.

Foma warf ihr einen Blick zu und rief wütend:

"Geh zum Teufel! Frag dich selbst."

„Na gut, das werde ich tun. Worüber knurrst du?"

Und sie trat aus der Hütte.

In durchdringenden Böen wehte der Wind über den Fluss, schlug gegen seine Brust und bedeckte ihn mit unruhigen dunklen Wellen. Der Fluss rauschte krampfhaft mit lautem Plätschern dem Wind entgegen, und das alles im Schaum des Zorns. Die Weidenbüsche am Ufer beugten sich tief zum Boden – zitternd, bald wollten sie sich auf den Boden legen, bald stießen sie erschrocken davon ab, getrieben von den Schlägen des Windes. In der Luft erklang ein Pfiff, ein Heulen und ein tiefes Stöhnen, das aus Dutzenden menschlicher Brüste brach:

„Es geht – es geht – es geht!"

Dieser Ausruf, abrupt wie ein Schlag und schwer wie der Atem einer riesigen Brust, die vor Anstrengung erstickt, schwebte über dem Fluss und fiel auf die Wellen, als ob sie ihr verrücktes Spiel mit dem Wind anspornen wollten, und sie schlugen auf die Ufer mit Macht.

Zwei leere Kähne lagen vor Anker am bergigen Ufer, und ihre hohen Masten ragten in den Himmel und schwankten hin und her, als würden sie ein unsichtbares Muster in der Luft beschreiben. Die Decks beider Lastkähne waren mit Gerüsten aus dicken braunen Balken überladen; Überall hingen riesige Garben; Ketten und Seile waren daran befestigt und schaukelten in der Luft; Die Glieder der Ketten klirrten leise. Eine Schar von Bauern in blauen und roten Blusen zog einen großen Balken über den Kai und stöhnte mit lauter Füßestampfen und voller Brust:

„Es geht – es geht – es geht!"

Hier und da hingen menschliche Gestalten wie große blaue und rote Klumpen an den Gerüsten; Der Wind, der ihre Blusen und Hosen wehte, gab den Männern seltsame Formen und ließ sie mal bucklig, mal rund und aufgeblasen wie Blasen erscheinen. Die Leute auf den Gerüsten und auf den Decks der Kähne machten schnell, hauen, sägen, treiben Nägel; und große Arme mit bis zu den Ellbogen hochgekrempelten Hemdsärmeln waren überall zu sehen. Der Wind streute Holzsplitter und ein buntes, lebhaftes, lebhaftes Geräusch lag in der Luft; die Säge nagte am Holz und würgte vor böser Freude; die von den Äxten verwundeten Balken stöhnten und stöhnten trocken; die Bretter knackten kränklich, als sie durch die Schläge, die sie abbekamen, splitterten; Der Tischler quietschte böswillig. Das eiserne Klirren der Ketten und das ächzende Knarren der Garben gesellten sich zum zornigen Brausen der Wellen, und der Wind heulte laut, zerstreute den Lärm der Arbeit über den Fluss und trieb die Wolken über den Himmel.

„Mischka-a! Die Zwei holen dich!" rief jemand von der Spitze des Gerüsts. Und vom Deck aus antwortete ein großgewachsener Bauer mit nach oben geworfenem Kopf:

„Was?" Und der Wind spielte mit seinem langen Flachsbart und schleuderte ihn ihm ins Gesicht.

„Gib uns das Ende."

Ein schallender Bass schrie wie durch eine Sprechtrompete:

„Sehen Sie, wie Sie dieses Brett befestigt haben, Sie blinder Teufel? Kannst du nicht sehen? Ich reibe dir die Augen!"

„Zieht, meine Jungs, kommt!"

„Noch einmal – tapfere – Jungs!" rief jemand mit lauter, flehender Stimme.

Gutaussehend und stattlich, in einer kurzen Stoffjacke und hohen Stiefeln, stand Foma da, mit dem Rücken an einen Mast gelehnt und mit zitternder Hand seinen Bart streichend, bewunderte er die kühne Arbeit der Bauern. Der Lärm um ihn herum weckte in ihm den anhaltenden Wunsch zu schreien, mit den Bauern zusammenzuarbeiten, Holz zu schlagen, Lasten zu tragen, zu befehlen – alle zu zwingen, auf ihn zu achten und ihnen seine Stärke, sein Können zu zeigen und die lebendige Seele in ihm. Aber er hielt sich zurück. Und er stand sprachlos und regungslos da, schämte sich und hatte Angst vor etwas. Es war ihm peinlich, dass er dort Herr über alle war und dass, wenn er anfangen würde, selbst zu arbeiten, niemand glauben würde, dass er nur arbeitete, um seinen Wunsch zu befriedigen, und nicht, um sie in ihrer Arbeit anzuspornen; um ihnen ein Beispiel zu geben. Und dann würden die Bauern aller Wahrscheinlichkeit nach über ihn lachen.

Ein blonder Kerl mit lockigem Kopf und aufgeknöpftem Hemdkragen lief hin und wieder an ihm vorbei, bald trug er einen Baumstamm auf der

Schulter, bald eine Axt in den Händen; Er hüpfte dahin wie eine ausgelassene Ziege, schüttelte fröhliches, schallendes Gelächter, Scherze und heftige Flüche um sich und arbeitete unaufhörlich, bald dem einen, bald dem anderen, während er geschickt und schnell über das mit Holz versperrte Deck lief und Späne. Foma beobachtete ihn aufmerksam und beneidete diesen fröhlichen Kerl, der vor etwas Gesundem und Inspirierendem strahlte.

„Offensichtlich ist er glücklich", dachte Foma, und dieser Gedanke löste in ihm den scharfen, durchdringenden Wunsch aus, ihn irgendwie zu beleidigen, ihn in Verlegenheit zu bringen. Alle um ihn herum waren von der Eifer drängender Arbeit erfüllt, alle befestigten einstimmig und hastig die Gerüste, stellten die Flaschenzüge auf und bereiteten sich darauf vor, den versunkenen Lastkahn vom Grund des Flusses zu heben; alle waren gesund und fröhlich – sie lebten alle. Während er allein dastand, abseits von ihnen, nicht wusste, was er tun sollte, nicht wusste, wie er etwas tun sollte, fühlte er sich für diese große Mühe überflüssig. Das Gefühl, unter den Menschen überflüssig zu sein, ärgerte ihn, und je genauer er sie beobachtete, desto größer wurde dieser Ärger. Und am meisten schmerzte ihn der Gedanke, dass das alles für ihn getan wurde. Und doch war er dort fehl am Platz.

„Wo ist dann mein Platz?" dachte er düster. „Wo ist meine Arbeit? Bin ich also ein deformiertes Wesen? Ich habe genauso viel Kraft wie alle anderen. Aber welchen Nutzen hat es für mich?" Die Ketten klirrten, die Flaschenzüge ächzten, die Schläge der Äxte hallten laut über den Fluss, und die Kähne schaukelten unter den Erschütterungen der Wellen, aber für Foma schien es, als schwankte er nicht, weil der Kahn unter seinen Füßen schaukelte, sondern Vielmehr war er dazu nicht bestimmt, weil er nirgends fest stehen konnte.

Der Bauunternehmer, ein kleiner Bauer mit einem kleinen spitzen grauen Bart und schmalen kleinen Augen in seinem grauen, faltigen Gesicht, kam auf ihn zu und sagte, nicht laut, sondern indem er seine Worte mit einem bestimmten Ton vom Grund des Flusses aus aussprach . Er wünschte, dass es ihnen nicht gelingen würde, dass sie sich in seiner Gegenwart schämen würden, und ein böser Gedanke schoss ihm durch den Kopf:

„Vielleicht reißen die Ketten."

"Jungen! Aufmerksamkeit!" schrie der Auftragnehmer. „Fangen Sie alle gemeinsam an. Gott segne uns!" Und plötzlich schrie er mit schriller Stimme, die Hände in die Luft streckend:

„Lass – sie – gehen-oo!"

Die Arbeiter ergriffen seinen Ruf, und alle riefen mit einer Stimme, voller Aufregung und Anstrengung:

"Lasst sie los! Sie bewegt sich."

Die Flaschenzüge quietschten und knarrten, die Ketten klirrten, gespannt unter dem schweren Gewicht, das plötzlich auf sie fiel; und die Arbeiter, die ihre Brust gegen den Griff der Ankerwinden stützten, brüllten und trampelten schwer. Die Wellen plätscherten laut zwischen den Lastkähnen, als wollten sie ihre Beute nicht den Männern überlassen. Überall in Foma waren Ketten und Seile gespannt und sie zitterten vor Anstrengung – sie krochen irgendwo über das Deck, an seinen Füßen vorbei, wie riesige graue Würmer; Sie wurden Glied für Glied nach oben gehoben und fielen mit rasselndem Geräusch zurück, und all diese Geräusche wurden vom ohrenbetäubenden Brüllen der Arbeiter übertönt.

„Es geht, es geht, es geht", sangen alle einstimmig und triumphierend. Aber die klingende Stimme des Bauunternehmers durchdrang die tiefe Welle ihrer Stimmen und schnitt sie, so wie ein Messer Brot schneidet.

"Meine Jungs! Machen Sie weiter, auf einmal, auf einmal."

Foma wurde von einer seltsamen Emotion erfasst; Jetzt sehnte er sich leidenschaftlich danach, sich in dieses aufgeregte Brüllen der Arbeiter zu mischen, das so breit und so kraftvoll war wie der Fluss – sich mit diesem lästigen Knarren, Quietschen, Klirren von Eisen und dem turbulenten Plätschern der Wellen zu vermischen. Wegen der Intensität seines Verlangens trat ihm der Schweiß ins Gesicht, und plötzlich wurde er blass vor Aufregung, als er sich vom Mast losriss und mit großen Schritten auf die Ankerwinden zueilte.

"Alles auf einmal! Auf einmal!" er weinte mit wilder Stimme. Als er den Hebel der Ankerwinde erreichte, stieß er mit aller Kraft seine Brust dagegen, und ohne den Schmerz zu spüren, begann er brüllend und fest mit den Füßen auf das Deck aufzustampfen, um die Ankerwinde herumzugehen. Etwas Kraftvolles und Brennendes schoss in seine Brust und ersetzte die Anstrengungen, die er beim Drehen des Ankerwindenhebels aufwendete! Unaussprechliche Freude tobte in ihm und drängte sich in einem aufgeregten Schrei nach draußen. Es kam ihm vor, als wäre er allein, als würde nur seine Kraft den Hebel betätigen und so das Gewicht erhöhen, und als würde seine Kraft immer größer. Er beugte sich vor und senkte den Kopf wie ein Stier. Er sammelte die Kraft des Gewichts, das ihn zurückwarf, gab ihm aber dennoch nach. Jeder Schritt vorwärts erregte ihn umso mehr, jede aufgewendete Anstrengung wurde in ihm sofort durch eine Flut brennenden und leidenschaftlichen Stolzes ersetzt. Sein Kopf schwankte, seine Augen waren blutunterlaufen, er sah nichts, er fühlte nur, dass sie ihm nachgaben, dass er bald siegen würde, dass er mit seiner Kraft etwas Riesiges stürzen würde, das ihm den Weg versperrte – würde stürzen, siegen und dann atme leicht und frei, voller stolzer Freude. Zum ersten Mal in seinem Leben erlebte er ein solch kraftvolles, spirituelles Gefühl, und er trank es mit der ganzen Kraft einer hungrigen, durstigen Seele; er war davon berauscht und gab seiner Freude in lauten, jubelnden Rufen im Einklang mit den Arbeitern Luft:

„Es geht – es geht – es geht."

"Festhalten! Befestigen! Wartet, Jungs!"

Etwas prallte gegen Fomas Brust und er wurde nach hinten geschleudert.

„Ich gratuliere Ihnen zu einem erfolgreichen Ergebnis, Foma Ignatyich!" Der Bauunternehmer gratulierte ihm und die Falten auf seinem Gesicht strahlten fröhlich.

"Gott sei Dank! Du musst jetzt ziemlich müde sein?"

Kalter Wind wehte Foma ins Gesicht. Ein zufriedenes, prahlerisches Treiben lag in der Luft um ihn herum; Freundlich, fröhlich und mit einem Lächeln auf der schweißnassen Stirn fluchten die Bauern auf ihn zu und umringten ihn eng. Er lächelte verlegen: Die Aufregung in ihm hatte sich noch nicht beruhigt und das hinderte ihn daran zu verstehen, was passiert war und warum alle, die ihn umgaben, so fröhlich und zufrieden waren.

„Wir haben hundertsiebzigtausend Puds gezüchtet, als ob wir einen Rettich aus einem Gartenbeet pflücken würden!" sagte jemand.

„Wir sollten von unserem Herrn einen Vedro Whisky bekommen."

Foma, der auf einem Kabelhaufen stand, blickte über die Köpfe der Arbeiter hinweg und sah; Zwischen den Lastkähnen stand, Seite an Seite mit ihnen, ein dritter Lastkahn, schwarz, rutschig, beschädigt, in Ketten gewickelt. Es war am ganzen Körper verzogen, es schien, als wäre es von einer schrecklichen Krankheit angeschwollen, und kraftlos, ungeschickt hing es zwischen seinen Gefährten und lehnte an sie. Sein gebrochener Mast ragte traurig in der Mitte hervor; Rötliche Wasserströme liefen wie Blut über das Deck, das mit Rostflecken bedeckt war. Überall auf dem Deck lagen Haufen von Eisen, schwarzen, nassen Holzstümpfen und Seilen.

"Erzogen?" fragte Foma, der beim Anblick dieser hässlichen, schweren Masse nicht wusste, was er sagen sollte, und sich erneut beleidigt fühlte bei dem Gedanken, dass seine Seele nur deshalb vor Freude aufgeschäumt war, nur um dieses schmutzige, verletzte Monster aus dem Wasser zu heben.

„Wie geht es dem Lastkahn?" fragte Foma auf unbestimmte Zeit und wandte sich an den Auftragnehmer.

"Es ist sehr gut! „Wir müssen sofort entladen und eine Kompanie von etwa zwanzig Tischlern mit der Arbeit beauftragen – sie werden es schnell in Form bringen", sagte der Bauunternehmer tröstend.

Und der hellhaarige Kerl, der Foma fröhlich und breit ins Gesicht lächelte, fragte:

„Wollen wir Wodka trinken?"

„Kannst du nicht warten? Du hast Zeit!" sagte der Auftragnehmer streng. „Sehen Sie nicht – der Mann ist müde."

Dann begannen die Bauern zu sprechen:

„Natürlich ist er müde!

„Das war keine leichte Arbeit!"

„Natürlich wird man müde, wenn man es nicht gewohnt ist zu arbeiten."

„Es ist sogar schwer, Brei zu essen, wenn man es nicht gewohnt ist."

„Ich bin nicht müde", sagte Foma düster, und wieder waren die respektvollen Ausrufe der Bauern zu hören, als sie ihn enger umringten.

„Arbeit ist, wenn man sie mag, eine angenehme Sache."

„Es ist wie Spielen."

„Es ist, als würde man mit einer Frau spielen."

Doch der hellhaarige Kerl beharrte auf seiner Bitte:

"Deine Ehre! Du solltest uns einen Vedro Wodka gönnen, oder?" sagte er lächelnd und seufzend.

Foma blickte auf die bärtigen Gesichter vor ihm und hätte am liebsten etwas Beleidigendes zu ihnen gesagt. Aber irgendwie geriet in seinem Gehirn alles durcheinander, er fand keine Gedanken darin und sagte schließlich, ohne sich über seine Worte Rechenschaft zu geben, wütend:

„Alles, was Sie wollen, ist, die ganze Zeit zu trinken! Es macht für Sie keinen Unterschied, was Sie tun! Du hättest denken sollen – warum? Zu welchem Zweck? Äh, du!"

Auf den Gesichtern derer, die ihn umgaben, war ein Ausdruck der Ratlosigkeit zu erkennen, blaue und rote, bärtige Gestalten begannen zu seufzen, sich zu kratzen, von einem Fuß auf den anderen zu treten. Andere warfen einen hoffnungslosen Blick auf Foma und wandten sich ab.

"Ja ja!" sagte der Bauunternehmer mit einem Seufzer. „Das würde nicht schaden! Das heißt, darüber nachzudenken, warum und wie. Das sind Worte der Weisheit."

Der hellhaarige Kerl war in dieser Angelegenheit anderer Meinung; Er lächelte gutherzig, winkte mit der Hand und sagte:

„Wir müssen nicht über unsere Arbeit nachdenken! Wenn wir es haben –
wir machen es! Unser Geschäft ist einfach! Wenn ein Rubel verdient wird –
Gott sei Dank! wir können alles machen."

„Und wissen Sie, was zu tun ist?" fragte Foma, irritiert über den
Widerspruch.

„Alles ist notwendig – dies und das."

„Aber wo bleibt der Sinn?"

„Für unsere Klasse hat alles nur ein und denselben Sinn – wenn man Brot
und Steuern verdient hat – lebe! Und wenn es etwas zu trinken gibt,
obendrein."

„Äh, du!" rief Foma verächtlich aus. „Du redest auch! Was verstehst du?"

„Ist es unsere Aufgabe zu verstehen?" sagte der hellhaarige Kerl mit einem
Kopfnicken. Es langweilte ihn jetzt, mit Foma zu sprechen. Er vermutete,
dass er ihnen keinen Wodka schenken wollte und war etwas wütend.

"Das ist es!" sagte Foma lehrreich, erfreut darüber, dass der Kerl ihm
nachgab, und warf, ohne das Kreuz zu bemerken, sarkastische Blicke zu.
„Und wer es versteht, fühlt, dass es notwendig ist, ewiges Werk zu tun!"

„Das heißt, für Gott!" erklärte der Bauunternehmer mit Blick auf die
Bauern und fügte mit einem andächtigen Seufzer hinzu:

"Das ist richtig. Oh, wie wahr ist das!"

Und Foma verspürte den Wunsch, etwas Richtiges und Wichtiges zu
sagen, woraufhin diese Leute ihn in einem anderen Licht betrachten könnten,
denn er war unzufrieden mit der Tatsache, dass alle außer dem hellhaarigen
Kerl schwiegen und ihn schief ansahen , mürrisch, mit so müden, düsteren
Augen.

„Solche Arbeit ist notwendig", sagte er und zog die Augenbrauen hoch.
„Eine solche Arbeit, dass die Menschen in tausend Jahren sagen könnten:
‚Das haben die Bauern von Bogorodsk gemacht – ja!'"

Der hellhaarige Kerl warf Foma einen erstaunten Blick zu und fragte:

„Sollen wir die Wolga vielleicht trocken trinken?" Dann schniefte er und
verkündete mit dem Kopf nickend: „Das können wir nicht machen, wir
würden alle platzen."

Foma wurde bei seinen Worten verwirrt und sah sich um; Die Bauern
lächelten mürrisch, verächtlich und sarkastisch. Und dieses Lächeln stach in
ihm wie Nadeln. Ein ernst aussehender Bauer mit einem großen grauen Bart,

der seinen Mund bis dahin noch nicht geöffnet hatte, öffnete ihn nun plötzlich, trat näher an Foma heran und sagte langsam:

„Und selbst wenn wir die Wolga leer trinken und obendrein diesen Berg hinauf fressen würden – auch das wäre vergessen, Euer Ehren. Alles wird vergessen. Das Leben ist lang. Es steht uns nicht zu, solche Taten zu vollbringen, die über alles andere hinausragen. Aber wir können Gerüste aufstellen – das können wir!"

Er sprach und spuckte ihm skeptisch zu Füßen, entfernte sich gleichgültig von Foma und schlüpfte wie ein Keil in einen Baum in die Menge. Seine Worte erschütterten Foma völlig; er hatte das Gefühl, dass die Bauern ihn für dumm und lächerlich hielten. Und um seine Bedeutung als Herr in ihren Augen zu retten, um die inzwischen erschöpfte Aufmerksamkeit der Bauern wieder auf sich zu ziehen, ärgerte er sich, blähte komisch die Wangen und platzte mit beeindruckender Stimme heraus:

„Ich schenke dir drei Eimer Wodka."

Kurze Reden haben immer die größte Bedeutung und können immer einen starken Eindruck hinterlassen. Die Bauern machten respektvoll Platz für Foma, verneigten sich tief vor ihm und dankten ihm mit einem fröhlichen und dankbaren Lächeln für seine Großzügigkeit mit einhelligem Zustimmungsgebrüll.

„Bring mich ans Ufer", sagte Foma und spürte, dass die Erregung, die gerade in ihm geweckt worden war, nicht lange anhalten würde. Ein Wurm nagte an seinem Herzen und er war müde.

„Ich fühle mich angewidert!" sagte er, als er die Hütte betrat, wo Sascha in einem eleganten rosa Kleid geschäftig am Tisch herumhüpfte und Weine und Erfrischungen arrangierte. „Ich fühle mich angewidert, Aleksandra! Wenn du nur etwas mit mir machen könntest, was?"

Sie sah ihn aufmerksam an und sagte, Schulter an Schulter neben ihm auf der Bank sitzend:

„Da du dich eklig fühlst, bedeutet das, dass du etwas willst. Was wollen Sie?"

"Ich weiß nicht!" antwortete Foma und nickte traurig mit dem Kopf.

„Denken Sie darüber nach – suchen Sie."

„Ich kann nicht denken. Aus meinem Denken ergibt sich nichts."

„Eh, du, mein Kind!" sagte Sascha leise und verächtlich und entfernte sich von ihm. „Dein Kopf ist für dich überflüssig."

Foma verstand weder ihren Ton noch bemerkte sie ihre Bewegung. Er stützte seine Hände auf die Bank, beugte sich vor, blickte auf den Boden und sagte, indem er seinen Körper hin und her bewegte:

„Manchmal denke und denke ich – und die ganze Seele ist von Gedanken wie von Teer festgeklebt. Und plötzlich verschwindet alles, ohne Spuren zu hinterlassen. Dann ist es in der Seele dunkel wie in einem Keller – dunkel, feucht und leer – da ist überhaupt nichts drin! Es ist sogar schrecklich – ich fühle mich dann, als wäre ich kein Mensch, sondern eine bodenlose Schlucht. Du fragst mich, was ich will?“

Sasha sah ihn schief an und begann nachdenklich leise zu singen:

„Äh, wenn der Wind weht – Nebel kommt vom Meer.“

„Ich möchte nicht zechen – es ist abstoßend! Immer das Gleiche – die Menschen, die Vergnügungen, der Wein. Wenn ich bösartig werde, verprügele ich jeden. Ich bin nicht zufrieden mit Männern – was sind sie? Es ist unmöglich, sie zu verstehen – warum leben sie weiter? Und wenn sie die Wahrheit sagen – auf wen sollen wir dann hören? Einer sagt dies, ein anderer das. Während ich – ich kann nichts sagen.“

„Eh, ohne dich, Liebling, ist mein Leben langweilig.“

sang Sasha und starrte auf die Wand vor ihr. Und Foma rockte weiter und sagte:

„Es gibt Zeiten, in denen ich mich vor Männern schuldig fühle. Alle leben, machen Lärm, während ich Angst habe, taumele – als ob ich die Erde unter mir nicht spüren würde. War es vielleicht meine Mutter, die mir Apathie verlieh? Mein Pate sagt, dass sie eiskalt war – dass sie sich immer nach etwas sehnte. Ich habe auch Sehnsucht. Nach Männern sehne ich mich. Ich möchte zu ihnen gehen und sagen: „Brüder, hilf mir!“ Lehre mich! Ich weiß nicht, wie ich leben soll! Und wenn ich schuldig bin – verzeih mir!‘ Aber wenn ich mich umsehe, sehe ich, dass es niemanden gibt, mit dem ich sprechen kann. Niemand will es – sie sind alle Schurken! Und es scheint, dass sie noch schlimmer sind als ich. Denn ich schäme mich zumindest dafür, so zu leben, wie ich bin, während sie es nicht sind! Sie machen weiter.“

Foma stieß einige heftige, unziemliche Beschimpfungen aus und verstummte. Sasha brach ihr Lied ab und entfernte sich noch weiter von ihm. Draußen vor dem Fenster tobte der Wind und schleuderte Staub gegen die Fensterscheiben. Kakerlaken raschelten auf dem Ofen, während sie über einen Haufen Kiefernholzsplitter krochen. Irgendwo im Hof bellte ein Kalb mitleiderregend.

Sasha warf Foma mit einem sarkastischen Lächeln einen Blick zu und sagte:

„Da ist noch eine unglückliche Kreatur, die brüllt. Du solltest zu ihm gehen; Vielleicht könntest du im Einklang singen. Und indem sie ihre Hand auf seinen Lockenkopf legte, schob sie ihn scherzhaft zur Seite.

„Wozu sind Leute wie du gut? Daran sollten Sie denken. Worüber stöhnst du? Es ekelt dich, untätig zu sein – beschäftige dich also mit dem Geschäft."

"Oh Gott!" Foma nickte. „Es ist schwer für einen, sich verständlich zu machen. Ja, es ist schwer!" Und genervt hätte er fast geschrien: „Was für ein Geschäft?" Ich habe keine Sehnsucht nach dem Geschäft! Was ist Geschäft? Geschäft ist nur ein Name – und wenn Sie ihm in die Tiefe, in die Wurzel blicken, werden Sie feststellen, dass es nichts als Absurdität ist! Verstehe ich es nicht? Ich verstehe alles, ich sehe alles, ich fühle alles! Nur meine Zunge ist dumm. Welches Ziel gibt es im Unternehmen? Geld? Ich habe jede Menge davon! Ich könnte dich damit ersticken, dich damit zudecken. Dieses ganze Geschäft ist nichts als Betrug. Ich treffe Geschäftsleute – und was ist mit denen? Ihre Gier ist immens, und doch wirbeln sie absichtlich im Geschäft herum, um sich selbst nicht zu sehen. Sie verstecken sich, die Teufel. Versuchen Sie, sie aus diesem Trubel zu befreien – was wird passieren? Wie Blinde werden sie hierhin und dorthin tappen; Sie werden den Verstand verlieren – sie werden verrückt! Ich weiß es! Glauben Sie, dass das Geschäft den Menschen glücklich macht? Nein, das stimmt nicht – hier fehlt noch etwas anderes. Das ist noch nicht alles! Der Fluss fließt, damit die Menschen darauf segeln können; der Baum wächst – um nützlich zu sein; der Hund – um das Haus zu bewachen. Es gibt für alles auf der Welt eine Rechtfertigung! Und Menschen sind wie Kakerlaken auf der Erde völlig überflüssig. Alles ist für sie, und sie – wozu sind sie da? Aha! Worin liegt ihre Rechtfertigung? Hahaha!"

Foma triumphierte. Es schien ihm, als hätte er etwas Gutes für sich gefunden, etwas Strenges gegen die Menschen. Und als er spürte, dass darüber große Freude in ihm war, lachte er laut.

„Tut dir nicht der Kopf weh?" fragte Sascha besorgt und musterte sein Gesicht.

„Meine Seele schmerzt!" rief Foma leidenschaftlich aus. „Und es schmerzt, weil es aufrecht ist – weil es sich nicht mit Kleinigkeiten zufrieden geben kann. Beantworten Sie die Frage: Wie soll man leben? Zu welchem Zweck? Da – nimm meinen Paten – er ist weise! Er sagt: Erschaffe Leben! Aber er ist der einzige, der so ist. Nun, ich werde ihn fragen, warte! Und alle sagen: Das Leben hat uns usurpiert! Das Leben hat uns erstickt. Ich werde diese auch fragen. Und wie können wir Leben erschaffen? Dazu musst du es in deinen Händen halten, du musst Herr darüber sein. Man kann nicht einmal einen Topf herstellen, ohne den Ton in die Hand zu nehmen."

"Hören!" sagte Sascha ernst. „Ich denke, du solltest heiraten, das ist alles!"

"Wozu?" fragte Foma und zuckte mit den Schultern.

„Du brauchst ein Zaumzeug."

"In Ordnung! Ich lebe mit dir – ihr seid alle gleich, nicht wahr? Das eine ist nicht süßer als das andere. Ich hatte vor dir eins, von der gleichen Art wie du. Nein, aber dieser hat es aus Liebe getan. Sie hatte Gefallen an mir gefunden – und willigte ein; Sie war gut – aber ansonsten war sie in jeder Hinsicht gleich wie du – obwohl du hübscher bist als sie. Aber ich fand Gefallen an einer bestimmten Dame – einer Dame von adliger Herkunft! Sie sagten, sie führe ein lockeres Leben, aber ich habe sie nicht verstanden. Ja, sie war klug, intelligent; sie lebte im Luxus. Früher dachte ich: Da probiere ich das Echte! Ich habe sie nicht bekommen – und wenn es mir gelungen wäre, wäre vielleicht alles anders verlaufen. Ich sehnte mich nach ihr. Ich dachte – ich konnte mich nicht losreißen. Während ich mich jetzt dem Trinken hingegeben habe, habe ich sie im Wein ertränkt – ich vergesse sie – und auch das ist falsch. O Mann! Um ehrlich zu sein, bist du ein Schlingel."

Foma verstummte und versank in Meditation. Und Sascha erhob sich von der Bank, ging in der Hütte auf und ab und biss sich auf die Lippen. Dann blieb sie kurz vor ihm stehen und sagte, die Hände vor dem Kopf verschränkt:

"Weißt du, was? Ich werde dich verlassen."

"Wo wirst du hingehen?" fragte Foma, ohne den Kopf zu heben.

„Ich weiß nicht – es ist alles das Gleiche!"

"Aber warum?"

„Du sagst immer unnötige Dinge. Es ist einsam mit dir. Du machst mich traurig."

Foma hob den Kopf, sah sie an und brach in trauriges Gelächter aus.

"Wirklich? Ist es möglich?"

„Du machst mich wirklich traurig! Wissen Sie? Wenn ich darüber nachdenken sollte, würde ich verstehen, was Sie sagen und warum Sie es sagen – denn ich bin auch von dieser Art –, wenn die Zeit gekommen ist, werde ich auch über all das nachdenken. Und dann werde ich verloren sein. Aber jetzt ist es zu früh für mich. Nein, ich will noch leben, und dann, später, kommt, was kommt!"

„Und ich – werde ich auch verloren sein?" fragte Foma gleichgültig, bereits erschöpft von seinen Worten.

"Natürlich!" antwortete Sascha ruhig und selbstbewusst. „Alle diese Leute sind verloren. Er, dessen Charakter unflexibel ist und der keinen Verstand hat – was für ein Leben hat er? Wir sind so."

„Ich habe überhaupt keinen Charakter", sagte Foma und reckte sich. Dann fügte er nach einem Moment des Schweigens hinzu:

„Und ich habe auch keinen Verstand."

Sie schwiegen eine Minute lang und beäugten einander.

"Was werden wir machen?" fragte Foma.

„Wir müssen zu Abend essen."

„Nein, ich meine, im Allgemeinen? Nachher?"

"Nachher? Ich weiß nicht?"

„Also verlässt du mich?"

"Ich bin. Komm, lass uns noch etwas feiern, bevor wir uns trennen. Lasst uns nach Kasan fahren und dort einen Riesenspaß machen – Rauch und Flammen! Ich werde dein Abschiedslied singen."

„Sehr gut", stimmte Foma zu. „Beim Abschiednehmen ist das ganz normal. Äh, du Teufel! Das ist ein fröhliches Leben! Hör zu, Sascha. Sie sagen, dass Frauen Ihrer Art geldgierig seien; sind sogar Diebe."

„Lass sie reden", sagte Sasha ruhig.

„Fühlst du dich nicht beleidigt?" fragte Foma neugierig. „Aber du bist nicht gierig. Es ist für Sie von Vorteil, bei mir zu sein. Ich bin reich, und doch gehst du weg; Das zeigt, dass du nicht gierig bist."

"ICH?" Sasha dachte eine Weile nach und sagte mit einer Handbewegung: „Vielleicht bin ich nicht gierig – was ist damit?" Ich gehöre nicht zu den niedrigsten Straßenfrauen. Und gegen wen soll ich einen Groll hegen? Lassen Sie sie sagen, was sie wollen. Es wird nur menschliches Gerede sein, nicht das Gebrüll von Bullen. Und menschliche Heiligkeit und Ehrlichkeit sind mir durchaus vertraut! Oh, wie gut kenne ich sie! Wenn ich zum Richter gewählt würde, würde ich nur die Toten freisprechen." Sascha brach in bösartiges Gelächter aus und sagte: „Nun, das reicht, wir haben genug Unsinn geredet. Setz dich an den Tisch!"

Am Morgen des nächsten Tages standen Foma und Sascha Seite an Seite auf der Gangway eines Dampfers, der sich einem Hafen auf der Ustje näherte. Saschas großer schwarzer Hut zog durch seine geschickt gebogene

Krempe und seine weißen Federn die Aufmerksamkeit aller auf sich, und Foma fühlte sich unbehaglich, als er neben ihr stand, und es war, als ob neugierige Blicke über sein verwirrtes Gesicht krochen. Der Dampfer zischte und zitterte, als er sich der Landungsbrücke näherte, die von einer wartenden Menschenmenge in hellen Sommerkleidern übersät war, und Foma schien es, als würde er in der Menge der verschiedenen Gesichter und Gestalten eine Person erkennen, die er kannte, die Jetzt schien er sich hinter dem Rücken anderer Leute zu verstecken und ließ ihn dennoch nicht aus den Augen.

„Lass uns in die Kabine gehen!" sagte er unruhig zu seinem Begleiter.

„Gewöhnen Sie sich nicht an, Ihre Sünden vor den Menschen zu verbergen", antwortete Sascha lächelnd. „Ist Ihnen dort vielleicht ein Bekannter aufgefallen?"

„Mm. Ja. Jemand beobachtet mich."

„Eine Krankenschwester mit einer Milchflasche? Hahaha!"

„Na, da wieherst du ja!" sagte Foma wütend und sah sie schief an. „Glaubst du, ich habe Angst?"

„Ich kann sehen, wie mutig du bist."

"Du wirst sehen. Ich werde gegen jeden antreten", sagte Foma wütend, aber nachdem er die Menschenmenge im Hafen genau betrachtet hatte, nahm sein Gesicht plötzlich einen anderen Ausdruck an und er fügte leise hinzu:

„Oh, es ist mein Pate."

Ganz am Rande des Landungsstegs stand Jakow Tarasowitsch, eingezwängt zwischen zwei beleibten Frauen, sein eisernes Gesicht nach oben gereckt, und er wedelte mit boshafter Höflichkeit mit seiner Mütze in der Luft. Sein Bart zitterte, sein kahler Scheitel blitzte auf, und sein kleines Auge durchbohrte Foma wie ein Bohrer.

„Was für ein Geier!" murmelte Foma, hob seine Mütze und nickte seinem Paten zu.

Sein Bogen bereitete Mayakin offenbar große Freude. Der alte Mann rollte sich irgendwie zusammen, stampfte mit den Füßen und sein Gesicht schien von einem böswilligen Lächeln zu strahlen.

„Der kleine Junge wird offenbar Geld für Nüsse bekommen!" Sasha neckte Foma. Ihre Worte schienen zusammen mit dem Lächeln seines Paten ein Feuer in Fomas Brust entfacht zu haben.

„Wir werden sehen, was passieren wird", zischte Foma und plötzlich versteinerte er in böswilliger Ruhe. Der Dampfer machte fest, und die

Menschen strömten in einer Welle zum Anlegeplatz. Von der Menge bedrängt, verschwand Mayakin für eine Weile aus den Augen seines Patensohns und erschien mit einem boshaft triumphierenden Lächeln wieder. Foma starrte ihn mit gerunzelter Stirn starr an und kam langsam auf ihn zu, indem sie über die Gangplanken auf und ab ging. Sie stießen ihn in den Rücken, sie stützten sich auf ihn, sie drückten ihn, und das provozierte Foma noch mehr. Nun stand er dem alten Mann gegenüber, und dieser begrüßte ihn mit einer höflichen Verbeugung und fragte:

„Wohin reisen Sie, Foma Ignatyich?"

„Über meine Angelegenheiten", antwortete Foma bestimmt, ohne seinen Paten zu begrüßen.

„Das ist lobenswert, mein lieber Herr!" sagte Jakow Tarasowitsch, alle strahlten mit einem Lächeln. „Die Dame mit den Federn – was bedeutet sie dir, darf ich fragen?"

„Sie ist meine Geliebte", sagte Foma laut, ohne den Blick zu senken, als er den scharfen Blick seines Paten sah.

Sasha stand hinter ihm und musterte ruhig über seine Schulter hinweg den kleinen alten Mann, dessen Kopf Fomas Kinn kaum erreichte. Von Fomas lauten Worten angezogen, blickte das Publikum sie an und witterte einen Skandal. Und auch Mayakin erkannte sofort die Möglichkeit eines Skandals und schätzte die streitsüchtige Stimmung seines Patensohns sofort richtig ein. Er zog seine Falten zusammen, biss sich auf die Lippen und sagte friedlich zu Foma:

„Ich habe etwas, worüber ich mit dir sprechen möchte. Kommst du mit mir ins Hotel?"

"Ja; für eine Weile."

„Du hast also keine Zeit? Das ist doch ganz klar, Sie müssen es doch eilig haben, einen weiteren Lastkahn zu zerstören, oder?" sagte der alte Mann, der sich nicht mehr zurückhalten konnte.

„Und warum nicht sie zerstören, da sie zerstört werden können?" erwiderte Foma leidenschaftlich und bestimmt.

„Natürlich hast du sie nicht selbst verdient; Warum solltest du sie verschonen? Nun, komm. Und könnten wir diese Dame nicht für eine Weile im Wasser ertränken?" sagte Mayakin leise.

„Fahr in die Stadt, Sascha, und buche dir ein Zimmer im Siberian Inn. Ich bin gleich da!" sagte Foma, wandte sich an Mayakin und verkündete kühn:

"Ich bin bereit! Lass uns gehen!"

Auf dem Weg zum Hotel sagte keiner von ihnen ein Wort. Foma, der sah, dass sein Pate hüpfen musste, um mit ihm Schritt zu halten, machte absichtlich größere Schritte, und die Tatsache, dass der alte Mann nicht mit ihm Schritt halten konnte, unterstützte und verstärkte in ihm das turbulente Gefühl des Protests, das er empfand war zu diesem Zeitpunkt kaum noch in der Lage, es zu meistern.

"Kellner!" sagte Mayakin sanft, als er die Halle des Hotels betrat und sich einer abgelegenen Ecke zuwandte: „Lass uns eine Flasche Moorbeerkwas trinken.“

„Und ich möchte etwas Cognac“, befahl Foma.

„So-o! Wenn man schlechte Karten hat, spielt man am besten immer zuerst den niedrigsten Trumpf!“ Mayakin beriet ihn sarkastisch.

„Du kennst mein Spiel nicht!“ sagte Foma und setzte sich an den Tisch.

"Wirklich? Komm, komm! Viele spielen so.“

"Wie?"

„Ich meine, wie Sie es tun – mutig, aber dumm.“

„Ich spiele so, dass entweder der Kopf in Stücke zerschmettert oder die Wand in zwei Hälften zerbrochen wird“, sagte Foma hitzig und schlug mit der Faust auf den Tisch.

„Hast du dich noch nicht von deiner Trunkenheit erholt?“ fragte Mayakin mit einem Lächeln.

Foma setzte sich fester in seinen Stuhl und sagte mit vor zorniger Aufregung verzerrtem Gesicht:

„Pate, du bist ein vernünftiger Mann. Ich respektiere Sie für Ihren gesunden Menschenverstand.“

„Danke, mein Sohn!“ und Mayakin verneigte sich, erhob sich leicht und stützte seine Hände auf den Tisch.

„Erwähne es nicht. Ich möchte Ihnen sagen, dass ich nicht mehr zwanzig bin. Ich bin kein Kind mehr.“

"Natürlich nicht!" stimmte Mayakin zu. „Du hast eine gute Zeit gelebt, das versteht sich von selbst! Wenn eine Mücke so lange gelebt hätte, wäre sie vielleicht so groß geworden wie eine Henne.“

„Hör auf, Witze zu machen!“ Foma warnte ihn, und er tat es so ruhig, dass Mayakin zurückschreckte und die Falten in seinem Gesicht vor Angst zuckten.

„Warum bist du hierher gekommen?" fragte Foma.

"Ah! Du hast hier ziemlich schlechte Arbeit geleistet. Ich möchte also herausfinden, ob es große Schäden gibt! Sie sehen, ich bin ein Verwandter von Ihnen. Und dann bin ich der Einzige, den du hast."

„Du machst dir vergebens Sorgen. Weißt du, Papa, was ich dir sagen werde? Geben Sie mir entweder völlige Freiheit oder nehmen Sie alle meine Angelegenheiten selbst in die Hand. Nimm alles! Alles – bis zum letzten Rubel!"

Dieser Vorschlag kam Foma völlig unerwartet in den Sinn; An so etwas hatte er noch nie gedacht. Aber als er nun solche Worte zu seinem Paten sprach, wurde ihm plötzlich klar, dass er ein vollkommen freier Mann werden würde, wenn sein Pate ihm sein gesamtes Eigentum wegnehmen würde, er könnte gehen, wohin er wollte, und tun, was er wollte. Bis zu diesem Moment war er mit etwas gefesselt und verstrickt gewesen, aber er kannte seine Fesseln nicht und konnte sie nicht brechen, während sie jetzt so einfach, so leicht von selbst abfielen. Eine zugleich beunruhigende und freudige Hoffnung flammte in seiner Brust auf, als ob er bemerkte, dass plötzlich Licht auf sein trübes Leben zu blitzen begann und dass nun eine breite, weitläufige Straße vor ihm offen lag. Bestimmte Bilder tauchten in seinem Kopf auf, und als er ihre Veränderungen beobachtete, murmelte er zusammenhangslos:

„Hier, das ist besser als alles andere! Nimm alles und fertig! Und – was mich betrifft – ich werde die Freiheit haben, überall in der weiten Welt hinzugehen! Ich kann so nicht leben. Es kommt mir vor, als hingen Gewichte an mir, als wäre ich gefesselt. Da – ich darf nicht gehen, das darf ich nicht tun. Ich möchte in Freiheit leben, damit ich alles selbst wissen kann. Ich werde das Leben für mich selbst suchen. Denn was bin ich sonst? Ein Gefangener! Sei nett, nimm alles. Der Teufel nimmt alles! Gib mir Freiheit, bete! Was für ein Händler bin ich? Ich mag nichts. Und so – ich würde den Männern – allem – den Rücken kehren. Ich würde einen Platz für mich selbst finden, ich würde irgendeine Arbeit finden und würde arbeiten. Von Gott! Vater! lass mich frei! Im Moment trinke ich. Ich bin mit dieser Frau verwickelt."

Mayakin sah ihn an, lauschte aufmerksam seinen Worten, und sein Gesicht war streng, unbeweglich, als wäre er versteinert. Ein dumpfer Kneipenlärm erfüllte die Luft, einige Leute gingen an ihnen vorbei, sie begrüßten Mayakin, aber er sah nichts und starrte starr auf das aufgeregte Gesicht seines Patensohns, der zerstreut, sowohl freudig als auch mitleiderregend, lächelte.

„Eh, meine saure Brombeere!" sagte Mayakin seufzend und unterbrach Fomas Rede. „Ich sehe, du hast dich verirrt. Und du schwatzst Unsinn. Ich würde gerne wissen, ob der Cognac daran schuld ist oder ob es Ihre Dummheit ist?"

"Papa!" rief Foma aus, „das ist sicherlich machbar." Es gab Fälle, in denen Menschen ihren gesamten Besitz weggeworfen und sich so selbst gerettet haben."

„Das war nicht zu meiner Zeit. Nicht Menschen, die mir nahe stehen!" sagte Mayakin streng, „sonst hätte ich ihnen gezeigt, wie sie weggehen können!"

„Viele sind nach ihrem Weggang zu Heiligen geworden."

„Mm! Sie hätten mir nicht entgehen können! Die Sache ist einfach – Sie wissen, wie man Dame spielt, nicht wahr? Bewegen Sie sich von einem Ort zum anderen, bis Sie geschlagen sind. Wenn Sie nicht geschlagen werden, haben Sie die Königin. Dann stehen Dir alle Wege offen. Verstehst du? Und warum rede ich ernsthaft mit dir? Pscha!"

"Papa! Warum willst du es nicht?" rief Foma wütend.

"Hört mir zu! Wenn du ein Schornsteinfeger bist, geh, Aas, auf das Dach! Wenn Sie Feuerwehrmann sind, stehen Sie auf dem Wachturm! Und jeder Mensch muss seine eigene Lebensweise haben. Kälber können nicht wie Bären brüllen! Wenn du dein eigenes Leben lebst; Mach weiter, lebe es! Und reden Sie keinen Unsinn und schleichen Sie sich nicht dorthin, wo Sie nicht hingehören. Ordne dein Leben nach deinem Muster." Und aus den dunklen Lippen des alten Mannes strömten in einem zitternden, glitzernden Strom die erschütternden, aber selbstbewussten und kühnen Worte hervor, die Foma so vertraut waren. Von dem Gedanken an die Freiheit, die ihm so leicht möglich schien, ergriffen, hörte Foma nicht auf seine Worte. Dieser Gedanke hatte sich in sein Gehirn gefressen, und in seinem Herzen wurde der Wunsch immer stärker, alle Verbindungen zu diesem leeren und ermüdenden Leben, zu seinem Paten, zu den Dampfern, den Lastkähnen und den Karussells, zu allem, was es dazwischen gab, abzubrechen eng und erdrückend für ihn zu leben.

Die Worte des alten Mannes schienen ihn aus der Ferne zu erreichen; sie vermischten sich mit dem Klappern des Geschirrs, mit dem Scharren der Füße des Lakaien über den Boden, mit dem Geschrei eines Betrunkenen. Nicht weit von ihnen saßen vier Kaufleute an einem Tisch und stritten lautstark:

„Zweieinviertel – und Gott sei Dank!"

„Luka Mitrich! Wie kann ich?"

„Geben Sie ihm zweieinhalb!"

"Das ist richtig! Man sollte es lassen, es ist ein guter Dampfer, er zieht flott."

„Meine Lieben, ich kann nicht. Zweieinviertel!"

„Und dieser ganze Unsinn ist dir aus deiner jugendlichen Leidenschaft in den Sinn gekommen!" sagte Mayakin wichtig und begleitete seine Worte mit einem Klopfen auf den Tisch. „Deine Kühnheit ist Dummheit; Alle diese Worte von dir sind Unsinn. Würden Sie vielleicht ins Kloster gehen? Oder haben Sie vielleicht Lust, auf die Autobahn zu fahren?"

Foma hörte schweigend zu. Das Summen um ihn herum schien sich nun weiter von ihm zu entfernen. Er stellte sich vor, wie er sich inmitten einer riesigen, unruhigen Menschenmenge befand; ohne zu wissen, warum sie hin und her eilten, sprangen sie aufeinander los; ihre Augen wurden gierig weit geöffnet; Sie schrien, fluchten, fielen, zerschmetterten einander und drängten sich alle auf einer Stelle. Er fühlte sich unter ihnen schlecht, weil er nicht verstand, was sie wollten, weil er ihren Worten keinen Glauben schenkte, und er hatte das Gefühl, dass sie keinen Glauben an sich selbst hatten, dass sie nichts verstanden. Und wenn jemand sich aus ihrer Mitte in die Freiheit, an den Rand des Lebens, losreißen und sie von dort aus betrachten würde – dann würde ihm alles klar werden. Dann würde er auch verstehen, was sie wollten, und seinen eigenen Platz unter ihnen finden.

„Verstehe ich das nicht", sagte Mayakin sanfter, als er sah, dass Foma in Gedanken versunken war und annahm, dass er über seine Worte nachdachte – „ich verstehe, dass du Glück für dich selbst willst. Nun, mein Freund, es ist nicht leicht zu ergreifen. Du musst das Glück suchen, so wie sie im Wald nach Pilzen suchen, du musst deinen Rücken beugen, um es zu suchen und es zu finden, um zu sehen, ob es nicht ein Fliegenpilz ist."

„Also wirst du mich befreien?" fragte Foma und hob plötzlich den Kopf, und Mayakin wandte den Blick von seinem feurigen Blick ab.

"Vater! Zumindest für kurze Zeit! Lass mich atmen, lass mich von allem Abstand nehmen!" flehte Foma. „Ich werde beobachten, wie alles weitergeht. Und wenn nicht, werde ich zum Trunkenbold."

„Reden Sie keinen Unsinn. Warum spielst du den Narren?" rief Mayakin wütend.

"Sehr gut, dann!" antwortete Foma ruhig. "Sehr gut! Du willst es nicht? Dann wird es nichts geben! Ich werde alles verschwenden! Und mehr gibt es für uns nicht zu besprechen. Auf Wiedersehen! Ich mache mich an die Arbeit, du wirst sehen! Es wird Ihnen Freude bereiten. Alles wird in Rauch aufgehen!" Foma war ruhig, er sprach selbstbewusst; Es schien ihm, dass sein

Pate ihn nicht daran hindern konnte, da er sich so entschieden hatte. Aber Mayakin richtete sich in seinem Stuhl auf und sagte ebenfalls klar und ruhig:

„Und weißt du, wie ich mit dir umgehen kann?"

"Wie Sie möchten!" sagte Foma mit einer Handbewegung. "Na dann. Jetzt gefällt mir Folgendes: Ich kehre in die Stadt zurück und werde dafür sorgen, dass du für verrückt erklärt und in eine Irrenanstalt gebracht wirst."

„Kann das gemacht werden?" fragte Foma misstrauisch, aber mit einem Ton des Schreckens in der Stimme.

„Wir können alles schaffen, meine Liebe."

Foma senkte den Kopf und warf einen verstohlenen Blick auf das Gesicht seines Paten, schauderte und dachte:

„Er wird es tun; er wird mich nicht verschonen."

„Wenn du dich ernsthaft zum Narren hältst, muss ich mich auch ernsthaft mit dir befassen. Ich habe deinem Vater versprochen, einen Mann aus dir zu machen, und ich werde es tun; Wenn du nicht auf den Beinen stehen kannst, werde ich dich in Fesseln legen. Dann wirst du stehen. Obwohl ich weiß, dass all diese heiligen Worte von Ihnen nur hässliche Launen sind, die aus übermäßigem Alkoholkonsum resultieren. Aber wenn du das nicht aufgibst, wenn du dich weiterhin unanständig benimmst, wenn du aus Übermut das von deinem Vater angesammelte Vermögen ruinierst, werde ich dich alle vertuschen. Ich werde eine Glocke über dir schmieden lassen. Es ist sehr unbequem, mit mir zu täuschen."

Mayakin sprach sanft. Seine Wangenfalten hoben sich, und seine kleinen Augen in ihren dunklen Höhlen lächelten sarkastisch und kalt. Und die Falten auf seiner Stirn bildeten ein seltsames Muster, das bis zu seinem kahlen Scheitel reichte. Sein Gesicht war streng und gnadenlos und hauchte Fomas Seele Melancholie und Kälte ein.

„Also gibt es für mich keinen Ausweg?" fragte Foma düster. „Du versperrst mir alle Wege?"

"Da ist ein Weg. Geh dorthin! Ich werde dich führen. Mach dir keine Sorgen, es wird schon stimmen! Sie werden genau an den richtigen Ort kommen."

Dieses Selbstvertrauen, diese unerschütterliche Prahlerei erregten Fomas Empörung. Er steckte die Hände in die Taschen, um den alten Mann nicht zu schlagen, richtete sich in seinem Stuhl auf, biss die Zähne zusammen und sagte, indem er Mayakin genau ansah:

„Warum prahlst du? Womit prahlen Sie? Dein eigener Sohn, wo ist er? Deine Tochter, was ist sie? Äh, du – du Lebensgestalter! Nun, du bist schlau. Du weißt alles. Sag mir, wofür lebst du? Wozu sammelst du Geld an? Glaubst du, dass du nicht sterben wirst? Na, was dann? Du hast mich gefangen genommen. Du hast mich ergriffen, du hast mich erobert. Aber warte, vielleicht reiße ich mich noch von dir los! Es ist noch nicht das Ende! Äh, du! Was hast du fürs Leben getan? Wodurch werden Sie in Erinnerung bleiben? Mein Vater zum Beispiel hat eine Herberge gestiftet, und du – was hast du getan?"

Mayakins Falten bebten und sanken nach unten, weshalb sein Gesicht einen kränklichen, weinenden Ausdruck annahm.

„Wie rechtfertigen Sie sich?" fragte Foma leise, ohne den Blick von ihm abzuwenden.

„Halt den Mund, du Welpe!" sagte der alte Mann mit leiser Stimme und warf einen alarmierten Blick durch das Zimmer.

„Ich habe alles gesagt! Und jetzt gehe ich! Halt mich zurück!"

Foma erhob sich von seinem Stuhl, setzte seine Mütze auf den Kopf und musterte den alten Mann voller Abscheu.

„Du kannst gehen; aber ich werde – ich werde dich fangen! Es wird herauskommen, wie ich es sage!" sagte Jakow Tarasowitsch mit gebrochener Stimme.

„Und ich werde einen Ausflug machen! Ich werde alles verschwenden!"

„Sehr gut, wir werden sehen!"

"Auf Wiedersehen! „Du Held", lachte Foma.

„Auf Wiedersehen, für kurze Zeit! Ich werde nicht alleine zurückkehren. Ich liebe es. Ich liebe dich auch. Macht nichts, du bist ein guter Kerl!" sagte Mayakin leise und wie außer Atem.

„Liebe mich nicht, sondern lehre mich. Aber dann kannst du mir doch nicht das Richtige beibringen!" sagte Foma, als er dem alten Mann den Rücken zuwandte und die Halle verließ.

Yakov Tarasovich Mayakin blieb allein in der Taverne. Er saß am Tisch, beugte sich darüber und zeichnete Muster auf das Tablett, indem er seinen zitternden Finger in den verschütteten Kwas tauchte, und sein spitzer Kopf sank immer tiefer über den Tisch, als ob er nicht entzifferte , und konnte nicht erkennen, was sein knochiger Finger auf das Tablett zeichnete.

Schweißperlen glitzerten auf seinem kahlen Scheitel, und wie üblich zuckten die Falten auf seinen Wangen unter häufigem, gereiztem Zucken.

In der Taverne erfüllte ein lauter Tumult die Luft, so dass die Fensterscheiben klapperten. Von der Wolga drang das Pfeifen der Dampfer, das dumpfe Schlagen der Räder auf dem Wasser, das Geschrei der Lader — das Leben ging unaufhörlich und fraglos weiter.

Jakow Tarasowitsch rief den Kellner mit einem Nicken herbei und fragte ihn mit besonderer Eindringlichkeit und Eindringlichkeit:

„Wie viel schulde ich für das alles?"

KAPITEL X

Vor seinem Streit mit Mayakin hatte Foma aus Lebensmüdigkeit, aus Neugier und halb aus Gleichgültigkeit ein Zechgelage gemacht; jetzt führte er ein ausschweifendes Leben aus Trotz, fast aus Verzweiflung; Jetzt war er von einem Gefühl der Rache und von einer gewissen Unverschämtheit gegenüber den Menschen erfüllt, eine Unverschämtheit, die zuweilen sogar ihn selbst in Erstaunen versetzte. Er sah, dass es den Menschen um ihn herum, wie ihm selbst, an Halt und Vernunft mangelte, nur dass sie dies nicht verstanden oder es absichtlich nicht verstehen wollten, um sich nicht daran zu hindern, blind zu leben und sich ganz und ohne einen Gedanken hinzugeben. zu ihrem ausschweifenden Leben. Er fand darin nichts Festes, nichts Standhaftes; im nüchternen Zustand kamen sie ihm elend und dumm vor; wenn sie betrunken waren, waren sie für ihn abstoßend und noch dümmer. Keiner von ihnen flößte ihm Respekt, tiefes, herzliches Interesse ein; er fragte sie nicht einmal, wie sie hießen; er vergaß, wo und wann er sie kennengelernt hatte, und betrachtete sie mit verächtlicher Neugier, sehnte er sich immer danach, etwas zu sagen und zu tun, das sie beleidigen würde. Er verbrachte Tage und Nächte mit ihnen an verschiedenen Vergnügungsorten, und seine Bekanntschaften hingen immer nur von der Kategorie jedes dieser Orte ab. In den teuren und eleganten Restaurants umgaben ihn gewisse Scharfmacher der besseren Gesellschaftsschicht – Spieler, Coupletsänger, Jongleure, Schauspieler und Grundbesitzer, die durch ein verdorbenes Leben ruiniert waren. Zuerst behandelten ihn diese Leute mit einer gönnerhaften Miene und rühmten sich vor ihm ihres raffinierten Geschmacks, ihres Wissens um die Vorzüge von Wein und Essen, und dann buhlten sie um seine Gunst, umschmeichelten ihn, liehen sich Geld von ihm und verteilten es ohne zu zählen herum, zog es von den Banken und borgte es bereits auf Schuldscheinen. In den billigen Wirtshäusern umringten ihn Friseure, Markierer, Angestellte, Funktionäre und Chorsänger wie Geier; und unter diesen Menschen fühlte er sich immer besser – freier. Darin sah er einfache Menschen, nicht so ungeheuerlich deformiert und verzerrt wie die „saubere Gesellschaft" der eleganten Restaurants; diese waren weniger verdorben, klüger und für ihn besser verständlich. Manchmal drückten sie heilsame, starke Gefühle aus, und immer war etwas Menschlicheres in ihnen. Doch wie die „saubere Gesellschaft" waren auch diese geldgierig und beraubten ihn schamlos, und er sah es und verspottete sie grob.

Natürlich gab es Frauen. Körperlich gesund, aber nicht sinnlich, kaufte Foma sie, die Lieben und die Billigen, die Schönen und die Hässlichen, gab ihnen viel Geld, wechselte sie fast jede Woche und behandelte die Frauen im Allgemeinen besser als die Männer . Er lachte über sie, sagte schändliche und beleidigende Worte zu ihnen, aber er konnte sich in ihrer Gegenwart, selbst wenn er halb betrunken war, nie einer gewissen Schüchternheit entledigen. Sie alle, selbst die dreistesten, stärksten und schamlosesten, kamen ihm schwach und wehrlos vor, wie kleine Kinder. Immer bereit, jeden Mann zu verprügeln, legte er nie Hand an Frauen, obwohl er sie manchmal unanständig beschimpfte, wenn er sich über etwas ärgerte. Er hatte das Gefühl, dass er unermesslich stärker war als jede Frau, und jede Frau schien ihm unermesslich elender als er. Diejenigen der Frauen, die ihr ausschweifendes Leben kühn führten und sich ihrer Verderbtheit rühmten, lösten in Foma ein Gefühl der Schüchternheit aus, das ihn schüchtern und unbeholfen machte. Eines Abends, während des Abendessens, schlug eine dieser Frauen, betrunken und unverschämt, Foma mit einer Melonenschale auf die Wange. Foma war halb betrunken. Er wurde bleich vor Wut, erhob sich von seinem Stuhl, steckte die Hände in die Taschen und sagte mit wilder Stimme, die vor Empörung zitterte:

„Du Aas, verschwinde. Los geht's! Jemand anderes hätte dir dafür den Kopf gebrochen. Und du weißt, dass ich nachsichtig mit dir bin und dass mein Arm sich niemals gegen jemanden von deiner Art erhebt. Vertreibe sie zum Teufel!"

Wenige Tage nach ihrer Ankunft in Kasan wurde Sascha die Geliebte des Sohnes eines gewissen Wodkabrenners, der zusammen mit Foma zechte. Als sie mit ihrem neuen Herrn an einen Ort an der Kama ging, sagte sie zu Foma:

„Auf Wiedersehen, lieber Mann! Vielleicht sehen wir uns wieder. Wir gehen beide den gleichen Weg! Aber ich rate Ihnen, Ihrem Herzen nicht freien Lauf zu lassen. Genießen Sie es, ohne auf irgendetwas zurückzublicken. Und wenn der Brei aufgegessen ist, zerschmettere die Schüssel auf dem Boden. Auf Wiedersehen!"

Und sie drückte ihm einen heißen Kuss auf die Lippen, woraufhin ihre Augen noch dunkler wirkten.

Foma war froh, dass sie ihn verließ, er hatte sie satt und ihre kalte Gleichgültigkeit machte ihm Angst. Doch nun zitterte etwas in ihm, er wandte sich von ihr ab und sagte mit leiser Stimme:

„Vielleicht werdet ihr nicht gut zusammenleben, dann kommt zurück zu mir."

"Danke schön!" antwortete sie und brach aus irgendeinem Grund in heiseres Gelächter aus, was bei ihr ungewöhnlich war.

So lebte Foma Tag für Tag, immer an ein und demselben Ort, inmitten von Menschen, die immer gleich waren und die ihn nie mit edlen Gefühlen erfüllten. Und dann fühlte er sich ihnen überlegen, weil der Gedanke an die Möglichkeit, sich aus diesem Leben zu befreien, sich immer tiefer in seinem

Kopf festsetzte, weil die Sehnsucht nach Freiheit ihn immer fester umarmte, weil die Bilder immer heller wurden während er sich vorstellte, wie er an die Grenzen des Lebens abdriftete, weg von diesem Tumult und dieser Verwirrung. Mehr als einmal schloss er nachts, ganz allein, fest die Augen und stellte sich eine dunkle Menschenmenge vor, die unzählig groß und in ihrer Unermesslichkeit sogar schrecklich war. Irgendwo in einem tiefen Tal, das von Hügeln umgeben und von staubigem Nebel umgeben war, drängte sich diese Menge in lärmender Verwirrung an derselben Stelle zusammen und sah aus wie Getreide in einem Trichter. Es war, als würde ein unsichtbarer Mühlstein, der unter den Füßen der Menge verborgen war, es mahlen, und die Menschen bewegten sich wie Wellen um ihn herum – mal stürzten sie nach unten, um schneller zermahlen zu werden und zu verschwinden, mal brachen sie nach oben in dem Bemühen, dem gnadenlosen Mühlstein zu entkommen . Es gab auch Menschen, die wie Krabben aussahen, die gerade gefangen und in einen riesigen Korb geworfen wurden – sie klammerten sich aneinander, schlangen sich schwer umeinander, krochen irgendwohin und störten sich gegenseitig und konnten nichts tun, um sich aus der Gefangenschaft zu befreien.

Foma sah bekannte Gesichter in der Menge: Dort geht sein Vater kühn, stößt kräftig beiseite und wirft jeden auf seinem Weg nieder; Er arbeitet mit seinen langen Pfoten, massiert alles mit seiner Brust und lacht in donnerndem Ton. Und dann verschwindet er und versinkt irgendwo in der Tiefe, unter den Füßen der Menschen. Dort zappelt er wie eine Schlange, springt mal auf die Schultern der Menschen, mal gleitet er zwischen ihren Füßen hindurch und arbeitet mit seinem schlanken, aber geschmeidigen und sehnigen Körper. Hier weint und kämpft Lubov, folgt ihrem Vater mit abrupten, aber schwachen Bewegungen, bleibt mal hinter ihm, mal nähert sie sich ihm wieder. Mit sanften Schritten und einem freundlichen Lächeln im Gesicht geht Tante Anfisa langsam voran, tritt von allen zur Seite und macht allen Platz. Ihr Bild zittert in der Dunkelheit vor Foma wie die bescheidene Flamme einer Wachskerze. Und es erlischt und verschwindet in der Dunkelheit. Pelagaya geht schnell irgendwohin auf einer geraden Straße. Dort steht Sofija Pawlowna Medinskaja mit kraftlos herabhängenden Händen, genau wie sie in ihrem Wohnzimmer stand, als er sie das letzte Mal sah. Ihre Augen waren groß, aber ein großer Schrecken blitzte darin auf. Auch Sasha ist hier. Gleichgültig, ohne auf das Gedränge zu achten, stürzt sie sich tapfer direkt in den Abschaum des Lebens und singt ihre Lieder mit lauter Stimme, ihre dunklen Augen in die Ferne gerichtet. Foma hört Tumult, Geheul, Gelächter, betrunkenes Geschrei, gereizte Debatten über Kopeken – Lieder und Schluchzen schweben über diesem riesigen, unruhigen Haufen lebender Menschenkörper, die in einer Grube zusammengedrängt sind. Sie springen, fallen, kriechen, zerquetschen einander, springen einander auf die Schultern, tappen überall wie Blinde, stolpern überall über andere wie sie selbst, kämpfen und verschwinden, fallend, aus dem Blickfeld. Geld raschelt, fliegt wie Fledermäuse über den Köpfen der Menschen, und die Menschen strecken gierig ihre Hände danach aus, das goldene und silberne Klingeln, Flaschen rasseln, Korken knallen, jemand schluchzt und eine melancholische Frauenstimme singt:

„Und so lasst uns leben, solange wir können, und dann – vielleicht hört sogar das Gras auf zu wachsen!"

Dieses wilde Bild verankerte sich fest in Fomas Geist und wurde mit jedem Mal klarer, größer und lebendiger, als es vor ihm auftauchte, und erweckte in seiner Brust etwas Chaotisches, ein großes, unbestimmtes Gefühl, in das, wie Bäche in einen Fluss, Angst und Empörung eindrangen und Mitgefühl und Zorn und viele andere Dinge. All dies brodelte in seiner Brust zu einem angespannten Verlangen, das es in ein Verlangen spaltete, dessen Macht ihn erstickte, und seine Augen füllten sich mit Tränen; Er sehnte sich danach, zu schreien, zu heulen wie ein Tier, das ganze Volk zu erschrecken, ihr sinnloses Treiben einzudämmen, etwas Neues, sein Eigenes in den Tumult und die Eitelkeit ihres Lebens zu gießen – ihnen bestimmte laute, feste Worte zu sagen, sie zu leiten alles in eine Richtung und nicht einer gegen den anderen. Er wollte sie am Kopf packen, sie auseinanderreißen, die einen verprügeln, die anderen streicheln, ihnen allen Vorwürfe machen und sie mit einem gewissen Feuer erleuchten.

Es gab nichts in ihm, weder die nötigen Worte noch das Feuer; Alles, was er hatte, war die Sehnsucht, die ihm klar war, die aber nicht erfüllt werden konnte. Er stellte sich das Leben außerhalb des tiefen Tals vor, in dem die Menschen geschäftig umhergingen; er sah sich selbst fest auf den Beinen stehen und – sprachlos. Er hätte den Leuten vielleicht zurufen können:

„Sehen Sie, wie Sie leben! Schämst du dich nicht?"

Und er könnte sie missbraucht haben. Aber wenn sie fragen würden, als sie seine Stimme hörten:

„Und wie sollen wir leben?"

Ihm war völlig klar, dass er nach einer solchen Frage mit dem Kopf voran von der dortigen Höhe, unter den Füßen der Menge, auf den Mühlstein hinunterfliegen musste. Und Lachen würde ihn bis zu seinem Untergang begleiten.

Manchmal war er unter dem Druck dieses Albtraums wahnsinnig. Bestimmte bedeutungslose und unzusammenhängende Worte kamen aus seinen Lippen; er schwitzte sogar wegen dieses schmerzhaften Kampfes in seinem Inneren. Manchmal kam ihm der Gedanke, dass er vor lauter Trunkenheit verrückt wurde und dass dies der Grund dafür war, dass ihm dieses schreckliche und düstere Bild in den Sinn kam. Mit großer Willensanstrengung schob er diese Bilder und Aufregungen beiseite; aber sobald er allein und nicht sehr betrunken war, wurde er erneut von seinem Delirium erfasst und fiel erneut unter seiner Last in Ohnmacht. Und sein Freiheitsdrang wurde immer stärker und quälte ihn mit seiner Wucht. Aber er konnte sich nicht von den Fesseln seines Reichtums befreien. Mayakin, der Fomas volle Vollmacht hatte, seine Angelegenheiten zu regeln, handelte nun so, dass Foma fast jeden Tag die Last der Verpflichtungen spüren musste, die auf ihm ruhten. Ständig beantragten Menschen Zahlungen bei ihm und schlugen ihm Bedingungen für den Gütertransport vor. Seine Mitarbeiter überhäuften ihn persönlich und per Brief mit Kleinigkeiten, mit denen er sich vorher nie beschäftigt hatte, da sie diese Kleinigkeiten auf eigene Gefahr erledigten. Sie suchten ihn und fanden ihn in den Tavernen, fragten ihn, was und wie es zu tun sei; Manchmal erzählte er es ihnen, ohne überhaupt zu verstehen, wie dies oder das getan werden sollte. Er bemerkte ihre verborgene Verachtung ihm gegenüber und sah fast immer, dass sie die Arbeit nicht so verrichteten, wie er es befohlen hatte, sondern auf eine andere und bessere Art und Weise. Dabei spürte er die kluge Hand seines Paten und verstand, dass der alte Mann ihn so drängte, um ihn auf seinen Weg zu bringen. Und gleichzeitig bemerkte er, dass er nicht der Herr seines Geschäfts war, sondern nur ein Teil davon, und zwar ein unbedeutender Teil. Das irritierte ihn und entfernte ihn weiter von dem alten Mann, es verstärkte seinen Wunsch, sich von seinem Geschäft loszureißen, selbst um den Preis seines eigenen Ruins. Wütend warf er Geld in die Tavernen und Kneipen, aber das hielt nicht lange an. Jakow Tarasowitsch schloss seine Bankkonten und zog alle Einlagen ab. Schon bald hatte Foma das Gefühl, dass man ihm das Geld auch bei Schuldscheinen nicht mehr ganz so bereitwillig überreichte wie zuvor. Das schmerzte seine Eitelkeit; und seine Empörung war geweckt, und er hatte Angst, als er erfuhr, dass sein Pate in der Geschäftswelt das Gerücht verbreitet hatte, er, Foma, sei verrückt und es könnte notwendig werden, einen Vormund für ihn zu ernennen . Foma kannte die Grenzen der Macht seines Paten nicht und wagte es nicht, in dieser Angelegenheit den Rat von irgendjemandem einzuholen. Er war davon überzeugt, dass der alte Mann in der Geschäftswelt eine Macht war und alles tun konnte, was er wollte. Zuerst war es für ihn schmerzhaft, Mayakins Hand auf sich zu spüren, aber später versöhnte er sich damit, verzichtete auf alles und nahm sein ruheloses, betrunkenes Leben wieder auf, in dem es nur einen Trost gab — die Menschen. Mit jedem Tag kam er mehr und mehr zu der Überzeugung, dass sie irrationaler und insgesamt schlimmer waren als er — dass sie nicht die Herren des Lebens, sondern seine Sklaven waren und dass es sie nach seinem Willen umdrehte, beugte und brach. während sie ihm gefühllos und resigniert nachgaben und keiner von ihnen außer ihm die Freiheit wünschte. Aber er wollte es und erhob sich deshalb stolz über seine Trinkgefährten, da er in ihnen nichts anderes als Unrecht sehen wollte.

Eines Tages beklagte sich in einer Taverne ein gewisser halb betrunkener Mann bei ihm über sein Leben. Es war ein kleiner, magerer Mann mit trüben, verängstigten Augen, unrasiert, in einem kurzen Gehrock und mit einer hellen Krawatte. Er blinzelte mitleiderregend, seine Ohren zitterten krampfhaft und auch seine sanfte kleine Stimme zitterte.

„Ich habe hart darum gekämpft, mich unter den Männern durchzusetzen; Ich habe alles versucht, ich habe wie ein Bulle gearbeitet. Aber das Leben drängte mich beiseite, zermalmte mich, ließ mir keine Chance. Meine ganze Geduld ließ nach. Äh! und so habe ich angefangen zu trinken. Ich habe das Gefühl, dass ich ruiniert sein werde. Nun, das ist der einzige Weg, der mir offensteht!“

"Narr!" sagte Foma verächtlich. „Warum wolltest du deinen Weg unter die Männer finden? Du hättest dich von ihnen fernhalten sollen, nach rechts. Wenn du beiseite gestanden hättest, hättest du vielleicht sehen können, wo dein Platz unter ihnen war, und dann direkt zur Sache gegangen!“

„Ich verstehe deine Worte nicht.“ Der kleine Mann schüttelte seinen kurzgeschnittenen, kantigen Kopf.

Foma lachte selbstzufrieden.

„Ist es deine Aufgabe, es zu verstehen?“ "NEIN; Weißt du, ich denke, dass der, den Gott beschlossen hat –“

„Nicht Gott, sondern der Mensch gestaltet das Leben!“ Platzte es aus Foma heraus und war selbst erstaunt über die Kühnheit seiner Worte. Und auch der kleine Mann, der ihn schief ansah, zuckte schüchtern zusammen.

„Hat Gott dir Vernunft gegeben?“ fragte Foma und erholte sich von seiner Verlegenheit.

"Natürlich; das heißt, so viel wie der Anteil eines kleinen Mannes ist“, sagte Fomas Gesprächspartner unentschlossen.

„Nun, und du hast kein Recht, auch nur ein Körnchen mehr von ihm zu verlangen! Gestalte dein eigenes Leben aus deinem eigenen Grund. Und Gott wird dich richten. Wir alle stehen in Seinem Dienst. Und in seinen Augen sind wir alle gleichwertig. Verstehen?"

Es kam sehr oft vor, dass Foma plötzlich etwas sagte, was sogar ihm selbst kühn erschien und ihn gleichzeitig in seinen eigenen Augen erhob. Es gab bestimmte unerwartete, gewagte Gedanken und Worte, die plötzlich wie Funken aufblitzten, als ob ein Eindruck sie aus Fomas Gehirn erzeugt hätte. Und er bemerkte mehr als einmal, dass er alles, was er sich zuvor sorgfältig ausgedacht hatte, nicht ganz so gut und unklarer ausdrückte, als das, was plötzlich in seinem Herzen aufblitzte.

Foma lebte wie in einem Sumpf und drohte bei jedem Schritt im Schlamm und Schlamm zu versinken, während sein Pate sich wie eine Flussschmerle auf einem trockenen, festen kleinen Fleckchen zappelte und aus der Ferne wachsam das Leben seines Patensohns beobachtete .

Nach seinem Streit mit Foma kehrte Jakow Tarasowitsch düster und nachdenklich nach Hause zurück. Seine Augen blitzten trocken und er richtete sich auf wie eine gespannte Schnur. Seine Falten schrumpften schmerzhaft, sein Gesicht schien kleiner und dunkler geworden zu sein, und als Lubov ihn in diesem Zustand sah, schien es ihr, dass er ernsthaft krank war, sich aber anstrengte und zurückhielt. Stumm und nervös warf der alte Mann im Zimmer umher, antwortete auf die Fragen seiner Tochter mit trockenen, knappen Worten und rief ihr schließlich zu:

"Lass mich in ruhe! Du siehst, es hat nichts mit dir zu tun."

Er tat ihr leid, als sie den düsteren und melancholischen Ausdruck seiner scharfen, grünen Augen bemerkte; Sie machte es sich zur Aufgabe, ihn zu befragen, was mit ihm geschehen sei, und als er sich an den Esstisch setzte, kam sie plötzlich auf ihn zu, legte ihre Hände auf seine Schultern, blickte in sein Gesicht und fragte ihn zärtlich und besorgt :

„Papa, bist du krank? Sag mir!"

Ihre Liebkosungen waren äußerst selten; Sie beruhigten den einsamen alten Mann immer, und obwohl er aus irgendeinem Grund nicht auf sie reagierte, konnte er dennoch nicht umhin, sie zu würdigen. Und nun zuckte er mit den Schultern, warf so ihre Hände ab und sagte:

„Geh, geh zu dir. Wie die juckende Neugier von Eva einem keine Ruhe gibt."

Aber Lubov ging nicht weg; Sie schaute ihm beharrlich in die Augen und fragte mit beleidigtem Ton in der Stimme:

„Papa, warum sprichst du immer so mit mir, als wäre ich ein kleines Kind oder ganz dumm?"

„Weil du erwachsen und doch nicht sehr klug bist. Ja! Das ist die ganze Geschichte! Geh, setz dich und iss!"

Sie ging weg, setzte sich schweigend ihrem Vater gegenüber und presste beleidigend die Lippen zusammen. Entgegen seiner Gewohnheit aß Mayakin langsam, rührte lange Zeit mit dem Löffel in seinem Teller mit der Kohlsuppe und untersuchte die Suppe genau.

„Wenn Ihr behinderter Verstand die Gedanken Ihres Vaters nur begreifen könnte!" sagte er plötzlich und seufzte mit einer Art Pfeifgeräusch.

Lubov warf ihren Löffel beiseite und sagte fast mit Tränen in der Stimme:

„Warum beleidigst du mich, Papa? Du siehst, ich bin allein, immer allein! Du verstehst, wie schwierig mein Leben ist, und sagst nie ein einziges freundliches Wort zu mir. Du sagst mir nie etwas! Und du bist auch einsam; Das Leben ist auch für dich schwierig, das kann ich sehen. Es fällt dir sehr schwer zu leben, aber du allein bist schuld daran! Du allein!

„Jetzt hat auch Bileams Esel angefangen zu reden!" sagte der alte Mann lachend. "Also! was kommt als nächstes?"

„Du bist sehr stolz auf deine Weisheit, Papa."

"Und was noch?"

„Das ist nicht gut; und es schmerzt mich sehr. Warum stößt du mich ab? Du weißt das, außer dir, ich habe niemanden."

Tränen stiegen ihr in die Augen; Ihr Vater bemerkte sie und sein Gesicht zitterte.

„Wenn du kein Mädchen wärst!" er rief aus. „Wenn du zum Beispiel so viel Verstand hättest wie Marfa Poosadnitza. Äh, Lubov? Dann lachte ich über jeden und über Foma. Komm jetzt, weine nicht!"

Sie wischte sich die Augen und fragte:

„Was ist mit Foma?"

„Er ist rebellisch. Ha! Ha! er sagt: „Nimm mir mein Eigentum weg, gib mir Freiheit!" Er möchte seine Seele im Kabak retten. Das ist es, was Foma in den Sinn kam."

„Nun, was ist das?" fragte Lubov unentschlossen. Sie wollte sagen, dass Fomas Wunsch gut war, dass es ein edler Wunsch war, wenn er ernst war, aber sie fürchtete, ihren Vater mit ihren Worten zu irritieren, und blickte ihn nur fragend an.

"Was ist es?" sagte Mayakin aufgeregt und zitternd. „Das kommt entweder von übermäßigem Alkoholkonsum oder – der Himmel bewahre es – von seiner Mutter, dem orthodoxen Geist. Und wenn dieser heidnische Sauerteig in ihm aufgehen soll, muss ich hart mit ihm kämpfen! Es wird einen großen Konflikt zwischen uns geben. Er ist mit der Brust voran gegen mich vorgegangen; er hat sofort große Kühnheit bewiesen. Er ist jung, es steckt noch nicht viel Gerissenheit in ihm. Er sagt: „Ich werde alles austrinken, alles wird in Rauch aufgehen!" Ich zeige dir, wie man trinkt!""

Mayakin hob die Hand über den Kopf und drohte wütend, die Faust geballt.

"Wie kannst du es wagen? Wer hat das Unternehmen gegründet? Wer hat es aufgebaut? Du? Dein Vater. Vierzig Jahre Arbeit wurden darin investiert, und Sie möchten es zerstören? Wir müssen alle zusammen als ein Mann an unseren Platz hier gehen, dort vorsichtig, einer nach dem anderen. Wir Kaufleute, Handwerker haben Russland jahrhundertelang auf unseren Schultern getragen, und wir tragen es immer noch. Peter der Große war ein Zar göttlicher Weisheit, er kannte unseren Wert. Wie er uns unterstützt hat! Er hatte Bücher zu dem ausdrücklichen Zweck gedruckt, uns das Geschäftliche beizubringen. Dort habe ich ein Buch über Inventar, das im Auftrag von Polidor Virgily Oorbansky im Jahr 1720 gedruckt wurde. Ja, das muss man verstehen. Er hat es verstanden und den Weg für uns frei gemacht. Und jetzt stehen wir auf eigenen Füßen und spüren unseren Platz. Machen Sie uns den Weg frei! Wir haben das Fundament des Lebens gelegt, statt Ziegelsteine haben wir uns in die Erde gelegt. Jetzt müssen wir die Geschichten aufbauen. Geben Sie uns Handlungsspielraum! Da müssen wir unseren Kurs halten. Hier liegt das Problem; aber Foma versteht das nicht. Aber er muss es verstehen, muss die Arbeit wieder aufnehmen. Er verfügt über die Mittel seines Vaters. Wenn ich sterbe, wird meins zu seinem hinzugefügt. Arbeite, du Welpe! Und er schwärmt. Nein, warte! Ich werde dich an den richtigen Punkt bringen!"

Der alte Mann würgte vor Aufregung und blickte seine Tochter mit blitzenden Augen so wütend an, als säße Foma an ihrer Stelle. Seine Aufregung machte Lubov Angst, aber ihr fehlte der Mut, ihren Vater zu unterbrechen, und sie blickte schweigend in sein strenges und düsteres Gesicht.

„Der Weg wurde von unseren Vätern gepflastert, und Sie müssen ihn beschreiten. Zu welchem Zweck habe ich fünfzig Jahre lang gearbeitet? Damit meine Kinder es nach meinem Tod wieder aufnehmen können. Meine Kinder! Wo sind meine Kinder?"

Der alte Mann senkte traurig den Kopf, seine Stimme versagte und er sagte traurig, als würde er zu sich selbst sprechen:

„Der eine ist ein völlig ruinierter Sträfling; der andere, ein Trunkenbold. Ich habe wenig Hoffnung in ihn. Meine Tochter, wem soll ich dann meine Arbeit vor meinem Tod überlassen? Wenn ich nur einen Schwiegersohn hätte. Ich dachte, Foma würde ein Mann werden und geschärft werden, dann würde ich dich ihm geben und mit dir alles, was ich habe – da! Aber Foma taugt zu nichts, und ich sehe niemanden an seiner Stelle. Was für Leute haben wir jetzt! Früher waren die Menschen aus Eisen, heute sind sie aus

Kautschuk. Sie beugen sich jetzt alle. Und nichts – sie haben keine Festigkeit in sich. Was ist es? Wieso ist es so?"

Mayakin sah seine Tochter alarmiert an. Sie schwieg.

„Sag mir", fragte er sie, „was brauchst du?" Wie lebt es sich Ihrer Meinung nach richtig? Was willst du? Du hast studiert, gelesen, sag mir, was du brauchst?"

Die Fragen fielen Lubov ganz unerwartet auf den Kopf und sie war verlegen. Sie freute sich, dass ihr Vater sie zu dieser Angelegenheit fragte, hatte aber gleichzeitig Angst, darauf zu antworten, weil er befürchtete, dass sie dadurch in seiner Wertschätzung herabgesetzt würde. Und dann nahm sie allen Mut zusammen, als wollte sie über den Tisch springen, und sagte unentschlossen und mit zitternder Stimme:

„Dass alle Menschen glücklich und zufrieden sein sollten; dass alle Menschen gleich sein sollten, dass alle Menschen das gleiche Recht auf Leben haben, auf die Glückseligkeit des Lebens, dass alle Freiheit haben müssen, so wie sie Luft haben. Und Gleichheit in allem!"

Zu Beginn ihrer aufgeregten Rede schaute ihr Vater mit ängstlicher Neugier ins Gesicht, aber als sie weiter hastig ihre Worte auf ihn schleuderte, nahmen seine Augen einen ganz anderen Ausdruck an, und schließlich sagte er mit ruhiger Verachtung zu ihr:

„Ich wusste es schon einmal – du bist ein goldener Narr!"

Sie senkte den Kopf, hob ihn aber sofort wieder und rief traurig:

„Das hast du selbst gesagt – Freiheit."

„Du solltest lieber den Mund halten!" schrie der alte Mann sie grob an. „Man kann nicht einmal das sehen, was außerhalb jedes Menschen sichtbar erzwungen wird. Wie können alle Menschen glücklich und gleich sein, wenn jeder über dem anderen stehen möchte? Sogar der Bettler hat seinen Stolz und prahlt vor anderen immer mit irgendetwas. Als kleines Kind möchte auch er der Erste unter seinen Spielkameraden sein. Und ein Mann wird niemals einem anderen nachgeben; Nur Narren glauben daran. Jeder Mensch hat seine eigene Seele und sein eigenes Gesicht; Nur diejenigen, die ihre Seele nicht lieben und sich nicht um ihre Gesichter kümmern, können auf die gleiche Größe reduziert werden. Äh, du! Du hast viel Müll gelesen und ihn verschlungen!"

Im Gesicht des alten Mannes drückten sich bitterer Vorwurf und beißende Verachtung aus. Er schob geräuschvoll seinen Stuhl vom Tisch weg, sprang auf, verschränkte die Hände auf dem Rücken und fing an, mit kurzen Schritten im Zimmer umherzuhuschen, wobei er den Kopf schüttelte und in einem wütenden, zischenden Flüstern etwas zu sich selbst sagte. Lubov, bleich vor Emotionen und Wut, fühlte sich vor ihm dumm und machtlos, lauschte seinem Flüstern und ihr Herz klopfte wild.

„Ich bin allein, allein, wie Hiob. Oh Gott! Was soll ich tun? Oh, allein! Bin ich nicht weise? Bin ich nicht schlau? Aber das Leben hat mich auch überlistet. Was liebt es? Wen streichelt es? Es schlägt die Guten und lässt die Bösen nicht ungestraft, und niemand versteht die Gerechtigkeit des Lebens.“

Das Mädchen begann, den alten Mann schmerzlich zu bemitleiden; Sie wurde von einem starken Verlangen erfasst, ihm zu helfen; sie sehnte sich danach, ihm von Nutzen zu sein.

Sie folgte ihm mit brennenden Augen und sagte plötzlich mit leiser Stimme:

„Papa, Schatz! Sei nicht traurig. Taras lebt noch. Vielleicht hat er —“

Mayakin blieb plötzlich stehen, als wäre er festgenagelt, und hob langsam den Kopf.

„Der Baum, der in seiner Jugend schief gewachsen ist und es nicht ausgehalten hat, wird mit Sicherheit brechen, wenn er alt ist. Aber trotzdem ist jetzt auch Taras für mich ein Strohhalm. Allerdings bezweifle ich, ob er besser ist als Foma. Gordyeeff hat einen Charakter, er hat den Wagemut seines Vaters. Er kann viel auf sich nehmen. Aber Taraska, du hast ihn gerade noch rechtzeitig zurückgerufen. Ja!"

Und der alte Mann, der soeben den Mut verloren hatte, sich zu beschweren, und vor Kummer wie eine Maus in der Falle durch das Zimmer gelaufen war, trat nun ruhig und bestimmt mit verhärmtem Gesicht an den Tisch, Sorgfältig rückte er seinen Stuhl zurecht, setzte sich und sagte:

„Wir müssen Taraska anhören. Er lebt in einer Fabrik in Usolye. Einige Händler sagten mir, dass sie dort Limonade herstellen, glaube ich. Ich werde die Einzelheiten herausfinden. Ich werde ihm schreiben.“

„Erlaube mir, ihm zu schreiben, Papa!“ flehte Lubov leise, errötend und vor Freude zitternd.

"Du?" fragte Mayakin und warf ihr einen kurzen Blick zu; Dann schwieg er, dachte eine Weile nach und sagte:

"Das ist in Ordnung. Das ist sogar noch besser! Schreibe ihm. Fragen Sie ihn, ob er nicht verheiratet ist, wie er lebt, was er denkt. Aber dann sage ich dir, was du schreiben sollst, wenn es soweit ist.“

„Mach es sofort, Papa“, sagte das Mädchen.

„Es ist notwendig, dich früher zu verheiraten. Ich behalte einen bestimmten rothaarigen Kerl im Auge. Er scheint nicht dumm zu sein. Er wurde übrigens im Ausland aufpoliert.

„Ist es Smolin, Papa?" fragte Lubov neugierig und besorgt.

„Und wenn wir annehmen, dass er es ist, was ist dann?" fragte Jakow Tarasowitsch in sachlichem Ton.

„Nichts, ich kenne ihn nicht", antwortete Lubov unbestimmt.

„Wir machen Sie bekannt. Es ist Zeit, Lubov, es ist Zeit. Unsere Hoffnungen für Foma sind gering, obwohl ich ihn nicht aufgeben werde."

„Ich habe nicht mit Foma gerechnet – was bedeutet er für mich?"

"Das ist falsch. Wenn du schlauer gewesen wärst, wäre er vielleicht nicht in die Irre gegangen! Immer wenn ich euch zusammen sah, dachte ich: „Mein Mädchen wird den Kerl an sich ziehen!" Das wird eine schöne Sache!' Aber ich habe mich getäuscht. Ich dachte, dass Sie wissen würden, was für Sie von Vorteil ist, ohne dass es Ihnen gesagt wird. So ist es, mein Mädchen!" sagte der Vater lehrreich.

Sie wurde nachdenklich, als sie seiner beeindruckenden Rede zuhörte. Die robuste und starke Lubov dachte in letzter Zeit immer häufiger an die Ehe, denn sie sah keinen anderen Ausweg aus ihrer Einsamkeit. Der Wunsch, ihren Vater zu verlassen und irgendwohin zu gehen, um etwas zu studieren, etwas zu tun. Dieses Verlangen hatte sie längst überwunden, ebenso wie sie in sich selbst viele andere ebenso starke, aber oberflächliche und unbestimmte Sehnsüchte überwunden hatte. Aus den verschiedenen Büchern, die sie gelesen hatte, blieb ein dicker Sediment in ihrem Inneren zurück, und obwohl es etwas Lebendiges war, hatte es das Leben eines Protoplasmas. Dieses Sediment entwickelte bei dem Mädchen ein Gefühl der Unzufriedenheit mit ihrem Leben, eine Sehnsucht nach persönlicher Unabhängigkeit, eine Sehnsucht, von der schweren Vormundschaft ihres Vaters befreit zu werden, aber sie hatte weder die Kraft, diese Wünsche zu verwirklichen, noch eine klare Vorstellung davon ihrer Verwirklichung. Aber die Natur hatte ihren Einfluss auf sie, und beim Anblick junger Mütter mit Kindern im Arm verspürte Lubov oft eine traurige und traurige Trägheit in sich. Manchmal blieb sie vor dem Spiegel stehen und betrachtete darin traurig ihr rundes, frisches Gesicht mit dunklen Ringen um die Augen, und sie hatte Mitleid mit sich selbst. Sie hatte das Gefühl, dass das Leben an ihr vorbeiging und sie irgendwo nebenbei vergaß. Als sie nun den Worten ihres Vaters lauschte, stellte sie sich vor, was für ein Mann Smolin sein könnte. Sie hatte ihn kennengelernt, als er noch Gymnasiast war, sein Gesicht war voller Sommersprossen, er hatte eine Stupsnase, immer sauber, ruhig und ermüdend. Er tanzte schwerfällig, unbeholfen, er redete uninteressant.

Seitdem war eine lange Zeit vergangen, er war im Ausland gewesen, hatte dort etwas studiert, wie ging es ihm jetzt? Von Smolin aus wanderten ihre Gedanken zu ihrem Bruder, und mit sinkendem Herzen dachte sie: Was würde er auf ihren Brief antworten? Was für ein Mann war er? Das Bild ihres Bruders, wie sie es sich vorgestellt hatte, hinderte sie daran, sowohl ihren Vater als auch Smolin zu sehen, und sie hatte bereits beschlossen, der Heirat nicht zuzustimmen, bevor sie Taras traf, als ihr Vater ihr plötzlich zurief:

„Äh, Lubovka! Warum bist du nachdenklich? Woran denkst du hauptsächlich?"

„Also, alles geht so schnell", antwortete Luba lächelnd.

„Was geht schnell?"

"Alles. Vor einer Woche war es unmöglich, mit Ihnen über Taras zu sprechen, während jetzt –"

„Das ist nötig, mein Mädchen! Not ist eine Kraft, sie biegt einen Stahlstab in eine Feder. Und Stahl ist hartnäckig. Taras, wir werden sehen, was er ist! Der Mensch ist an seinem Widerstand gegen die Macht des Lebens zu schätzen; Wenn es nicht das Leben ist, das ihn quält, sondern er, der das Leben nach seinen Wünschen gestaltet, dann gilt mein Respekt vor diesem Mann! Erlauben Sie mir, Ihnen die Hand zu schütteln, lassen Sie uns unser Geschäft gemeinsam führen. Äh, ich bin alt. Und wie lebhaft ist das Leben jetzt geworden! Mit jedem Jahr wächst das Interesse daran und die Freude daran wächst! Ich wünschte, ich könnte ewig leben, ich wünschte, ich könnte die ganze Zeit schauspielern!" Der alte Mann schmatzte mit den Lippen, rieb sich die Hände und seine kleinen Augen leuchteten gierig.

„Aber Sie sind ein dünnblütiger Haufen! Bevor du erwachsen bist, bist du bereits überwachsen und verdorrt. Du lebst wie ein alter Rettich. Und dass das Leben immer gerechter wird, ist für Sie unverständlich. Ich habe siebenundsechzig Jahre auf dieser Erde gelebt, und obwohl ich jetzt nahe an meinem Grab stehe, kann ich sehen, dass es in früheren Jahren, als ich jung war, weniger Blumen auf der Erde gab und die Blumen nicht ganz so schön waren wie Sie sind jetzt. Alles wird schöner! Was für Gebäude haben wir jetzt! Welche unterschiedlichen Handelsimplementierungen. Was für riesige Dampfer! In allem steckt eine Welt voller Gehirne! Du schaust und denkst; Was seid ihr doch für schlaue Kerle – Oh Leute! Du verdienst Belohnung und Respekt! Du hast das Leben geschickt arrangiert. Alles ist gut, alles ist angenehm. Nur Sie, unsere Nachfolger, Ihnen fehlt jedes lebendige Gefühl! Jeder kleine Scharlatan aus dem einfachen Volk ist schlauer als Sie! Nehmen wir zum Beispiel diesen Joschow, was ist das denn? Und doch stellt er sich als Richter über uns und sogar über das Leben selbst dar – er hat Mut. Aber du, pshaw! Ihr lebt wie Bettler! In eurer Freude seid ihr Tiere, in eurem

Unglück Ungeziefer! Du bist faul! Sie sollten Feuer in deine Adern spritzen, sie sollten dir die Haut abziehen und Salz auf dein rohes Fleisch streuen, dann wärst du gesprungen!"

Jakow Tarasowitsch, kleinwüchsig, faltig und knochig, mit schwarzen, abgebrochenen Zähnen im Mund, kahlköpfig und dunkel, als wäre er von der Hitze des Lebens verbrannt und darin geraucht, zitterte in heftiger Aufregung und überschüttete ihn mit schallenden Worten der Verachtung seine Tochter, die jung, großgewachsen und rundlich war. Sie sah ihn mit einem schuldbewussten Ausdruck in den Augen an, lächelte verwirrt und in ihrem Herzen wuchs ein immer größerer Respekt vor dem lebenden alten Mann, der so standhaft in seinen Wünschen war.

.. . .

Und Foma wanderte und tobte weiter, verbrachte seine Tage und Nächte in Tavernen und Höhlen und beherrschte immer fester sein verächtlich-hasserfülltes Verhalten gegenüber den Menschen, die ihn umgaben. Zuweilen weckten sie in ihm die traurige Sehnsucht, unter ihnen einen Widerstand gegen seine bösen Gefühle zu finden, einen würdigen und mutigen Mann zu treffen, der ihn durch seinen brennenden Vorwurf vor Scham erröten lassen würde. Diese Sehnsucht wurde deutlicher – jedes Mal, wenn sie in ihm aufkam, war es die Sehnsucht nach Hilfe seitens eines Mannes, der das Gefühl hatte, den Weg verloren zu haben und zugrunde zu gehen.

"Brüder!" weinte er eines Tages, als er halb betrunken am Tisch in einer Taverne saß und von gewissen unbekannten und gierigen Leuten umgeben war, die aßen und tranken, als hätten sie schon seit vielen langen Tagen kein Stück Brot im Mund gehabt.

"Brüder! Ich fühle mich angewidert. Ich habe dich satt! Schlagt mich unbarmherzig, vertreibt mich! Ihr seid Schurken, aber ihr seid einander näher als mir. Warum? Bin ich nicht auch ein Trunkenbold und ein Schlingel? Und doch bin ich ein Fremder für dich! Ich kann sehen, dass ich ein Fremder bin. Du trinkst aus mir und spuckst mich heimlich an. Ich kann es fühlen! Warum tust du das?"

Natürlich könnten sie ihn anders behandeln. Im Grunde seiner Seele hielt sich vielleicht keiner von ihnen für niedriger als Foma, aber er war reich, und das hinderte sie daran, ihn mehr als Gefährten zu behandeln, und dann sprach er immer gewisse komisch zornige, gewissenszerreißende Worte, und das hier brachte sie in Verlegenheit. Außerdem war er stark und kampfbereit, und sie wagten nicht, ein Wort gegen ihn zu sagen. Und genau das wollte er. Er wünschte sich immer stärker, dass einer dieser Menschen, die er verachtete, ihm von Angesicht zu Angesicht entgegentreten und ihm etwas

Starkes sagen würde, das ihn wie einen Hebel von der steilen Straße abbringen würde, deren Gefahr er spürte, und dessen Schmutz er sah, erfüllt von hilfloser Abneigung dagegen.

Und Foma fand, was er brauchte.

Eines Tages, verärgert über die mangelnde Aufmerksamkeit, die ihm zuteil wurde, rief er seinen Trinkgefährten zu:

„Ihr Jungs, bleibt ruhig, jeder von euch! Wer gibt dir zu trinken und zu essen? Hast du es vergessen? Ich bringe dich in Ordnung! Ich zeige dir, wie du mich respektieren kannst! Sträflinge! Wenn ich spreche, müsst ihr alle schweigen!"

Und tatsächlich verstummten alle; entweder aus Angst, sie könnten seinen guten Willen verlieren, oder vielleicht aus Angst, dass er, dieses gesunde und starke Tier, sie schlagen könnte. Sie saßen etwa eine Minute lang schweigend da, verbargen ihre Wut auf ihn, beugten sich über die Teller und versuchten, ihre Angst und Verlegenheit vor ihm zu verbergen. Foma musterte sie mit selbstzufriedenem Blick und sagte voller Genugtuung über ihre sklavische Unterwürfigkeit:

"Ah! Du bist jetzt dumm geworden, das ist die Art und Weise! Ich bin streng! ICH-"

„Du Faulpelz!" kam jemandes ruhiger, lauter Ausruf.

„Was?" brüllte Foma und sprang von seinem Stuhl auf. "Wer hat das gesagt?"

Dann erhob sich am Ende des Tisches ein gewisser, seltsamer, schäbig aussehender Mann; Er war groß, trug einen langen Gehrock und hatte einen Haufen grauer Haare auf seinem großen Kopf. Sein Haar war steif und stand in dichten Locken in alle Richtungen ab, sein Gesicht war gelb, unrasiert und hatte eine lange, schiefe Nase. Foma kam es vor, als glich er einem Wattestäbchen, mit dem man die Decks eines Dampfers wäscht, und das amüsierte den halb betrunkenen Kerl.

„Wie gut!" sagte er sarkastisch. „Worüber knurrst du denn? Weißt du wer ich bin?"

Mit der Geste eines tragischen Schauspielers streckte der Mann Foma seine Hand entgegen, mit ihren langen, geschmeidigen Fingern wie die eines Jongleurs, und er sagte mit tiefem, heiserem Bass:

„Du bist die faule Krankheit deines Vaters, der, obwohl er ein Plünderer war, im Vergleich zu dir dennoch ein würdiger Mann war."

Wegen dieser Unerwartetheit und wegen seines Zorns schrumpfte Fomas Herz. Er riss heftig die Augen auf und schwieg, da er keine Worte fand, um auf diese Unverschämtheit zu antworten. Und der Mann, der vor ihm stand, fuhr heiser und lebhaft fort und rollte wie ein Tier mit seinen großen, aber trüben und geschwollenen Augen:

„Du verlangst von uns Respekt vor dir, du Narr! Wie hast du es verdient? Wer bist du? Ein Trunkenbold, der das Vermögen deines Vaters vertrinkt. Du Wilder! Sie sollten stolz darauf sein, dass ich, ein renommierter Künstler, ein uneigennütziger und treuer Verehrer am Schrein der Kunst, mit Ihnen aus derselben Flasche trinke! Diese Flasche enthält Sandelholz und Melasse, angereichert mit Schnupftabak, während man denkt, es handele sich um Portwein. Es ist deine Lizenz für den Namen „Wilder und Arsch."

„Eh, du Gefängniswärter!" brüllte Foma und stürmte auf den Künstler zu. Aber er wurde ergriffen und zurückgehalten. Er kämpfte in den Armen derer, die ihn packten, und war gezwungen, dem donnernden, tiefen und schweren Bass des Mannes zu lauschen, der einem Tupfer ähnelte, ohne zu antworten.

„Sie haben den Menschen ein paar Kopeken aus den gestohlenen Rubel zugeworfen und halten sich für einen Helden! Du bist zweimal ein Dieb. Sie haben die Rubel gestohlen und jetzt stehlen Sie die Dankbarkeit für Ihre wenigen Kopeken! Aber ich werde es dir nicht geben! Ich, der ich mein ganzes Leben der Verurteilung des Lasters gewidmet habe, stehe vor dir und sage offen: „Du bist ein Narr und ein Bettler, weil du zu reich bist!" Hier liegt die Weisheit: Alle Reichen sind Bettler.' So dient der berühmte Coupletist Rimsky-Kannibalsky der Wahrheit!"

Foma stand nun demütig zwischen den Menschen, die ihn dicht umringt hatten, und lauschte gespannt den donnernden Worten des Coupletisten, die nun in ihm das Gefühl erweckten, als würde jemand eine wunde Stelle kratzen, und so den heftigen Juckreiz des Schmerzes lindern. Die Leute waren aufgeregt; Einige versuchten, die Beredsamkeit des Coupletisten zu bremsen, andere wollten Foma irgendwohin führen. Ohne ein Wort zu sagen, schob er sie beiseite und hörte zu, immer mehr vertieft in das tiefe Vergnügen der Demütigung, das er in der Gegenwart dieser Menschen empfand. Der durch die Worte des Coupletisten gereizte Schmerz streichelte Fomas Seele immer leidenschaftlicher, und der Coupletist donnerte weiter, berauscht von der Unreinheit seiner Anklage:

„Du denkst, dass du der Herr des Lebens bist? Du bist der niedrige Sklave des Rubels."

Jemand in der Menge bekam einen Schluckauf und fluchte, offensichtlich unzufrieden mit sich selbst, jedes Mal, wenn er einen Schluckauf bekam:

„Oh Teufel."

Und ein gewisser, unrasierter Mann mit dickem Gesicht hatte Mitleid mit Foma, oder vielleicht wurde er es leid, diese Szene mitzuerleben, und er wedelte mit den Händen und sagte kläglich:

„Meine Herren, lassen Sie das fallen! Es ist nicht gut! Denn wir sind alle Sünder! Eindeutig alle, glauben Sie mir!"

„Nun, reden Sie weiter!" murmelte Foma. „Sag alles! Ich werde dich nicht anfassen."

Die Spiegel an den Wänden spiegelten diese betrunkene Verwirrung wider, und die Menschen, wie sie sich in den Spiegeln spiegelten, wirkten ekelhafter und abscheulicher, als sie in Wirklichkeit waren.

„Ich will nicht sprechen!" rief der Coupletist aus: „Ich möchte die Perlen der Wahrheit und meines Zorns nicht vor dich werfen."

Er stürmte vorwärts, hob majestätisch den Kopf und wandte sich mit tragischen Schritten der Tür zu.

"Du lügst!" sagte Foma und versuchte ihm zu folgen. "Festhalten! Du hast mich aufgeregt, jetzt beruhige mich."

Sie packten ihn, umzingelten ihn und riefen ihm etwas zu, während er vorwärts stürmte und alle umwarf. Als er auf seinem Weg auf fühlbare Hindernisse traf, verschaffte ihm der Kampf mit ihnen Erleichterung und vereinte alle seine wilden Gefühle in einem einzigen Verlangen, das zu überwinden, was ihn behinderte. Und jetzt, nachdem er sie alle beiseite gestoßen hatte und auf die Straße gestürmt war, war er schon weniger aufgeregt. Als er auf dem Bürgersteig stand, sah er sich auf der Straße um und dachte beschämt:

„Wie konnte ich zulassen, dass dieser Tupfer mich verspottete und meinen Vater als Dieb beschimpfte?"

Es war dunkel und still um ihn herum, der Mond schien hell und eine leichte, erfrischende Brise wehte. Foma hielt sein Gesicht in die kühle Brise, während er mit schnellen Schritten gegen den Wind ging, sich schüchtern nach allen Seiten umsah und wünschte, dass ihm niemand aus der Taverne folgen würde. Er verstand, dass er sich in den Augen all dieser Menschen erniedrigt hatte. Während er ging, dachte er darüber nach, wozu er gekommen war: Ein Scharfschütze hatte ihn öffentlich in schändlicher Weise beschimpft, während er, der Sohn eines bekannten Kaufmanns, es ihm für seinen Spott nicht vergelten konnte.

„Es tut mir recht!" dachte Foma traurig und bitter. „Das tut mir recht! Verliere nicht den Kopf, verstehe. Und andererseits wollte ich es selbst. Ich habe mich bei allen eingemischt, also nimm jetzt deinen Anteil!" Diese

Gedanken lösten in ihm ein schmerzliches Mitleid aus. Von ihnen ergriffen und ernüchtert, schlenderte er weiter durch die Straßen und suchte nach etwas Starkem und Festem in sich. Aber alles in ihm war verwirrt; es bedrückte lediglich sein Herz, ohne bestimmte Formen anzunehmen. Wie in einem schmerzhaften Traum erreichte er den Fluss, setzte sich auf die Balken am Ufer und begann auf das ruhige, dunkle Wasser zu blicken, das von winzigen Wellen bedeckt war. Ruhig und fast geräuschlos floss der breite, mächtige Fluss und trug enorme Gewichte an seiner Brust. Der Fluss war ganz mit schwarzen Schiffen bedeckt, die Signallichter und die Sterne spiegelten sich in seinem Wasser; Die winzigen Wellen brachen leise murmelnd am Ufer zu Füßen von Foma. Traurigkeit wehte vom Himmel herab, das Gefühl der Einsamkeit bedrückte Foma.

„Oh Herr Jesus Christus!" dachte er und blickte traurig in den Himmel. „Was für ein Versager ich bin. In mir ist nichts. Gott hat nichts in mich hineingelegt. Welchen Nutzen habe ich? Oh Herr Jesus!"

Bei der Erinnerung an Christus fühlte sich Foma etwas besser – seine Einsamkeit schien gelindert zu sein, und mit einem tiefen Seufzer begann er, sich schweigend an Gott zu wenden:

„Oh Herr Jesus Christus! Andere Menschen verstehen auch nichts, aber sie denken, dass ihnen alles bekannt ist und es ihnen deshalb leichter fällt, zu leben. Während ich – ich keine Rechtfertigung habe. Hier ist es Nacht, und ich bin allein, ich habe keinen Ort, an den ich gehen kann, ich kann niemandem etwas sagen. Ich liebe niemanden – nur meinen Paten, und er ist seelenlos. Hättest Du ihn nur irgendwie bestraft! Er glaubt, dass es niemanden gibt, der klüger und besser ist als er selbst. Während Du es erleidest. Und das Gleiche gilt auch für mich. Wenn mir nur ein Unglück zuteil würde. Wenn mich eine Krankheit überkommen würde. Aber hier bin ich stark wie Eisen. Ich trinke und führe ein schwules Leben. Ich lebe im Dreck, aber der Körper rostet nicht einmal und nur meine Seele schmerzt. Oh Gott! Welchen Zweck hat ein solches Leben?"

Unbestimmte Protestgedanken schossen einer nach dem anderen durch den Kopf des einsamen, streunenden Mannes, während die Stille um ihn herum immer tiefer und die Nacht immer dunkler wurde. Nicht weit vom Ufer entfernt lag ein Boot vor Anker; es schwankte von einer Seite zur anderen, und irgendetwas darin knarrte, als ob es stöhnte.

„Wie kann ich mich aus so einem Leben befreien?" dachte Foma und starrte auf das Boot. „Und welcher Beruf ist für mich bestimmt? Alle arbeiten."

Und plötzlich kam ihm ein Gedanke, der ihm großartig vorkam:

„Und harte Arbeit ist billiger als leichte Arbeit! Der eine gibt sich für einen Rubel ganz seiner Arbeit hin, während ein anderer tausend mit einem Finger nimmt."

Dieser Gedanke erregte ihn angenehm. Es schien ihm, als hätte er eine weitere Unwahrheit im Leben der Menschen entdeckt, einen weiteren Betrug, den sie verbergen. Er erinnerte sich an einen seiner Heizer, den alten Mann Ilja, der für zehn Kopeken acht Stunden hintereinander bei drückender Hitze am Kamin Wache hielt und für einen Kameraden arbeitete. Eines Tages, als er wegen Überarbeitung krank geworden war, lag er am Bug des Dampfers, und als Foma ihn fragte, warum er sich so ruinierte, antwortete Ilja grob und streng:

„Weil mir jeder Kopeke wichtiger ist als hundert Rubel für Sie. Deshalb!"

Und als der alte Mann dies sagte, drehte er seinen vor Schmerzen brennenden Körper mit dem Rücken zu Foma.

Als er über den Heizer nachdachte, umarmte er plötzlich und mühelos alle kleinen Leute, die harte Arbeit leisteten. Er fragte sich: Warum leben sie? Was für ein Vergnügen ist es für sie, auf der Erde zu leben? Sie verrichten ständig nur ihre schmutzige, harte Arbeit, sie essen schlecht, sind schlecht gekleidet, sie trinken. Ein Mann ist sechzig Jahre alt und arbeitet dennoch Seite an Seite mit den jungen Burschen. Und sie alle erschienen Foma wie ein riesiger Haufen Würmer, die auf der Erde umher kämpften, nur um etwas zu essen zu bekommen. In seiner Erinnerung tauchten nacheinander seine Begegnungen mit diesen Menschen auf – ihre Bemerkungen über das Leben – bald sarkastische und traurige, bald hoffnungslos düstere Bemerkungen – ihre klagenden Lieder. Und jetzt erinnerte er sich auch daran, wie Yefim eines Tages im Büro zu dem Angestellten gesagt hatte, der die Matrosen anheuerte:

„Einige Lopuchin-Bauern sind hierher gekommen, um sich zu verdingen, also geben Sie ihnen nicht mehr als zehn Rubel im Monat. Ihr Haus ist letzten Sommer niedergebrannt, und jetzt sind sie in größter Not – sie werden für zehn Rubel arbeiten."

Foma saß auf den Balken und wiegte seinen ganzen Körper hin und her, und aus der Dunkelheit, vom Fluss her, erschienen lautlos verschiedene menschliche Gestalten vor ihm – Matrosen, Heizer, Angestellte, Kellner, halb betrunkene bemalte Frauen und Wirtshausliegen . Sie schwebten wie Schatten in der Luft; Etwas Feuchtes und Brackiges kam von ihnen, und die dunkle, dichte Menge bewegte sich langsam, lautlos und schnell weiter, wie Wolken am Herbsthimmel. Das sanfte Plätschern der Wellen drang in seine Seele wie traurig seufzende Musik. Weit weg, irgendwo am anderen Ufer des Flusses, brannte ein Holzstoß; Von allen Seiten umhüllt von der Dunkelheit, wurde es manchmal fast von ihr absorbiert und zitterte in der Dunkelheit, ein rötlicher Fleck, der für das Auge kaum sichtbar war. Doch nun flammte das Feuer wieder auf, die Dunkelheit zog sich zurück und es war offensichtlich, dass die Flamme nach oben strebte. Und dann sank es wieder.

„Oh Herr, oh Herr!" dachte Foma schmerzlich und bitter und spürte, wie die Trauer sein Herz mit immer größerer Kraft bedrückte. „Hier bin ich allein, genau wie dieses Feuer. Nur kommt von mir kein Licht, nichts als Dämpfe und Rauch. Wenn ich nur einen weisen Mann treffen könnte! Jemand, mit dem man reden kann. Es ist für mich völlig unmöglich, alleine zu leben. Ich kann nichts tun. Ich wünschte, ich könnte einen Mann treffen."

Weit entfernt, am Fluss, erschienen zwei große violette Feuer, und hoch über ihnen brannte ein drittes. In der Ferne erklang ein dumpfes Geräusch, etwas Schwarzes bewegte sich auf Foma zu.

„Ein Dampfer, der flussaufwärts fährt", dachte er. „Vielleicht sind mehr als hundert Leute an Bord, und keiner von ihnen denkt auch nur einen einzigen Gedanken an mich. Sie alle wissen, wohin sie segeln. Jeder von ihnen hat etwas Eigenes. Ich glaube, jeder versteht, was er will. Aber was will ich? Und wer wird es mir sagen? Wo ist so ein Mann?"

Die Lichter des Dampfers spiegelten sich im Fluss und zitterten darin; Das erleuchtete Wasser rauschte mit dumpfem Rauschen davon, und der Dampfer sah aus wie ein riesiger schwarzer Fisch mit Feuerflossen.

Nach dieser schmerzhaften Nacht vergingen einige Tage, und Foma feierte erneut. Es geschah zufällig und gegen seinen Willen. Er hatte beschlossen, sich vom Trinken zurückzuhalten, und ging daher zum Abendessen in eines der teuersten Hotels der Stadt, in der Hoffnung, dort keinen seiner vertrauten Trinkgefährten anzutreffen, die sich für ihre Mahlzeiten immer die billigeren und weniger angesehenen Lokale aussuchten Trinkgelage. Doch seine Berechnung erwies sich als falsch; er geriet sofort in die freundliche, freudige Umarmung des Sohnes des Branntweinbrenners, der Sascha zur Geliebten genommen hatte.

Er lief auf Foma zu, umarmte ihn und brach in fröhliches Gelächter aus.

„Hier ist ein Treffen! Dies ist der dritte Tag, an dem ich hier gegessen habe, und ich bin erschöpft von dieser schrecklichen Einsamkeit. Da es in der ganzen Stadt keinen anständigen Mann gibt, musste ich Bekanntschaft mit Zeitungsleuten machen. Sie sind ein schwuler Haufen, obwohl sie anfangs den Aristokraten spielten und mich ständig verspotteten. Nach einer Weile waren wir alle todtrunken. Sie werden heute wieder hier sein – ich schwöre beim Glück meines Vaters! Ich werde sie Ihnen vorstellen. Es gibt hier einen Autor von Feuilletons; Wissen Sie, dass jemand, der Sie immer gelobt hat, wie heißt er? Ein amüsanter Kerl, der Teufel soll ihn holen! Wussten Sie, dass es eine gute Sache wäre, so ein Gerät für den persönlichen

Gebrauch zu mieten? Geben Sie ihm einen bestimmten Geldbetrag und befehlen Sie ihm, sich zu amüsieren! Wie ist das? Ich hatte einen gewissen Coupletisten in meinem Dienst – es war ziemlich unterhaltsam, mit ihm zusammen zu sein. Manchmal sagte ich zu ihm: „Rimsky!" Gib uns ein paar Verse!' Er würde anfangen, das sage ich dir, und er würde dich vor Lachen spalten. Schade, er ist irgendwo weggelaufen. Hattest du Abendessen?"

"Noch nicht. Und wie geht es Aleksandra?" fragte Foma, etwas taub von der lauten Rede dieses großen, offenen, rotgesichtigen Kerls in einem bunten Kostüm.

„Na, wissen Sie", sagte dieser stirnrunzelnd, „dass Aleksandra eine böse Frau ist!" Sie ist so undurchsichtig, es ist ermüdend, mit ihr zusammen zu sein, der Teufel holt sie! Sie ist so kalt wie ein Frosch – brrr! Ich schätze, ich werde sie wegschicken."

„Kalt – das stimmt", sagte Foma und wurde nachdenklich. „Jeder Mensch muss seine Arbeit erstklassig machen", sagte der Sohn des Brenners lehrreich. „Und wenn Sie jemandes Geliebte werden, müssen Sie Ihre Pflicht bestmöglich erfüllen, wenn Sie eine anständige Frau sind. Na, sollen wir etwas trinken?"

Sie tranken etwas. Und natürlich haben sie sich betrunken. Gegen Abend versammelte sich eine große und laute Gesellschaft im Hotel. Und Foma, betrunken, aber traurig und ruhig, sprach mit schwerer Stimme zu ihnen:

„So verstehe ich es: Manche Menschen sind Würmer, andere Spatzen. Die Spatzen sind die Händler. Sie picken die Würmer. Das ist ihr Schicksal. Sie sind notwendig, aber ich und Sie – Sie alle – haben keinen Zweck. Wir leben so, dass wir mit nichts verglichen werden können – ohne Begründung, einfach zufällig. Und wir sind völlig unnötig. Aber selbst diese hier und alle anderen, zu welchem Zweck dienen sie? Das müssen Sie verstehen. Brüder! Wir werden alle platzen! Von Gott! Und warum sollen wir platzen? Denn es gibt immer etwas Überflüssiges in uns, es gibt etwas Überflüssiges in unserer Seele. Und unser ganzes Leben ist überflüssig! Kameraden! Ich weine. Zu welchem Zweck bin ich? Ich bin unnötig! Töte mich, damit ich sterbe; Ich will sterben."

Und er weinte und vergoss viele betrunkene Tränen. Ein betrunkener, kleiner, dunkler Mann setzte sich neben ihn, begann ihn an etwas zu erinnern, versuchte ihn zu küssen, schlug mit einem Messer auf den Tisch und rief:

"WAHR! Schweigen! Das sind kraftvolle Worte! Lassen Sie die Elefanten und Mammuts von der Unordnung des Lebens sprechen! Das rohe russische Gewissen spricht heilige Worte! Brüll weiter, Gordyeeff! Brüllen Sie alles an!" Und wieder packte er Fomas Schultern, warf sich auf seine Brust und hob zu Fomas Gesicht seinen runden, schwarzen, kurzgeschorenen Kopf, der sich unaufhörlich auf seinen Schultern nach allen Seiten drehte, so dass Foma sein Gesicht nicht sehen konnte. und er war darüber zornig auf ihn und stieß ihn fortwährend beiseite und rief aufgeregt:

„Geh weg! Wo ist dein Gesicht? Mach weiter!"

Ein ohrenbetäubendes, betrunkenes Gelächter erfüllte die Luft um sie herum, und vor Lachen erstickt, brüllte der Sohn des Branntweinbrenners heiser zu jemandem:

"Komm zu mir! Hundert Rubel im Monat mit Kost und Logis! Wirf das Papier den Hunden vor. Ich gebe dir mehr!"

Und alles schwankte in rhythmischer, wellenartiger Bewegung hin und her. Bald entfernten sich die Menschen weiter von Foma, bald näherten sie sich ihm, die Decke senkte sich, der Boden hob sich, und es kam Foma so vor, als würde er bald niedergedrückt und zerquetscht werden. Dann hatte er das Gefühl, irgendwo über einem ungeheuer breiten und stürmischen Fluss zu schweben, und taumelnd schrie er vor Angst:

„Wo schweben wir? Wo ist der Kapitän?"

Ihm antwortete das laute, sinnlose Gelächter der betrunkenen Menge und der schrille, abstoßende Ruf des dunkelhäutigen kleinen Mannes:

"WAHR! wir sind alle ohne Steuer und Segel. Wo ist der Kapitän? Was? Hahaha!"

Foma erwachte aus diesem Albtraum in einem kleinen Raum mit zwei Fenstern und das erste, worauf sein Blick fiel, war ein verdorrter Baum. Es stand in der Nähe des Fensters; sein dicker, rindenloser Stamm mit verfaultem Kern verhinderte, dass das Licht in den Raum eindrang; Die gebogenen, schwarzen Zweige ohne Blätter streckten sich traurig und hilflos in die Luft und zitterten hin und her und knarrten leise und klagend. Es regnete; Wasserstrahlen schlugen gegen die Fensterscheiben, und man konnte hören, wie das Wasser vom Dach auf die Erde fiel und dort schluchzte. Zu diesem Schluchzen gesellte sich ein weiteres Geräusch – ein schrilles, oft unterbrochenes, hastiges Kratzen einer Feder über Papier und dann ein gewisses krampfhaftes Grummeln.

Als er mühsam seinen schmerzenden, schweren Kopf auf dem Kissen drehte, bemerkte Foma einen kleinen, dunkelhäutigen Mann, der am Tisch saß und hastig mit der Feder über das Papier strich, zustimmend seinen runden Kopf schüttelte, ihn von einer Seite zur anderen wedelte und achselzuckend war seine Schultern, und mit seinem ganzen kleinen Körper nur in Nachtgewänder gehüllt, bewegte er sich ständig auf seinem Stuhl, als säße er in Flammen und könnte aus irgendeinem Grund nicht aufstehen. Seine linke Hand, mager und dünn, rieb sich bald fest über die Stirn und machte bald gewisse unverständliche Zeichen in der Luft; Seine nackten Füße kratzten über den Boden, eine bestimmte Ader an seinem Hals zuckte und sogar seine Ohren bewegten sich. Als er sich zu Foma umdrehte, sah Foma, wie seine dünnen Lippen etwas flüsterten, seine spitze Nase bis zu seinem dünnen Schnurrbart nach unten gerichtet, der jedes Mal nach oben zuckte, wenn der kleine Mann lächelte. Sein Gesicht war gelb, aufgedunsen und faltig, und seine schwarzen, lebhaften kleinen funkelnden Augen schienen nicht zu ihm zu gehören.

Nachdem Foma es satt hatte, ihn anzusehen, begann er langsam, den Raum mit seinen Augen zu untersuchen. An den großen Nägeln, die in die Wände geschlagen waren, hingen Stapel von Zeitungen, die den Wänden das Aussehen gaben, als wären sie mit Schwellungen übersät. Die Decke war mit einstmals weißem Papier beklebt; jetzt war es aufgebläht wie Blasen, hier und da zerrissen, abgeblättert und hing in schmutzigen Fetzen; Kleidung, Stiefel, Bücher und zerrissene Papierstücke lagen verstreut auf dem Boden. Insgesamt machte der Raum den Eindruck, als sei er mit kochendem Wasser verbrüht.

Der kleine Mann ließ den Stift fallen, beugte sich über den Tisch, trommelte lebhaft mit den Fingern auf dessen Kante und begann mit leiser Stimme leise zu singen:

„Nimm die Trommel und fürchte dich nicht – und küsse die Marketenderin laut – das ist der Sinn des Lernens – und das ist Philosophie."

Foma seufzte tatkräftig und sagte:

„Darf ich etwas Selters haben?"

"Ah!" rief der kleine Mann, sprang von seinem Stuhl auf und erschien in der breiten, mit Wachstuch bedeckten Lounge, in der Foma lag. „Wie geht es dir, Kamerad! Selters? Natürlich! Mit Cognac oder pur?"

„Besser mit Cognac", sagte Foma, schüttelte die schmale, brennende Hand, die ihm entgegengestreckt wurde, und starrte dem kleinen Mann starr ins Gesicht.

„Jegorowna!" rief dieser an der Tür, wandte sich an Foma und fragte: „Erkennen Sie mich nicht, Foma Ignatjewitsch?"

„Ich erinnere mich an etwas. Mir kommt es so vor, als hätten wir uns schon einmal irgendwo getroffen."

„Dieses Treffen dauerte vier Jahre, aber das ist lange her! Joschow."

"Oh Gott!" rief Foma erstaunt aus und erhob sich leicht aus dem Wohnzimmer. „Ist es möglich, dass du es bist?"

„Es gibt Zeiten, mein Lieber, da glaube ich selbst nicht daran, aber eine echte Tatsache ist etwas, von dem der Zweifel zurückspringt wie ein Gummiball vom Eisen."

Yozhovs Gesicht war komisch verzerrt, und aus irgendeinem Grund begannen seine Hände, seine Brust zu berühren.

"Gut gut!" sagte Foma gedehnt. „Aber wie alt bist du geworden! Ah ah! Wie alt bist du?"

"Dreißig."

„Und du siehst aus, als wärst du fünfzig, schlank, gelb. Das Leben scheint dir nicht angenehm zu sein? Und du trinkst auch, wie ich sehe."

Es tat Foma leid, seinen fröhlichen und lebhaften Schulkameraden so erschöpft zu sehen und in diesem Hundeloch zu leben, das von Verbrennungen geschwollen zu sein schien. Er sah ihn an, zwinkerte traurig mit den Augen und sah, dass Joschows Gesicht ständig zuckte und seine kleinen Augen vor Verärgerung brannten. Joschow versuchte gerade, die Wasserflasche zu entkorken, war so beschäftigt und schwieg; Er drückte die Flasche zwischen seine Knie und versuchte vergeblich, den Korken herauszuziehen. Und seine Impotenz bewegte Foma.

"Ja; Das Leben hat dich ausgesaugt. Und du hast studiert. Sogar die Wissenschaft scheint dem Menschen nur wenig zu helfen", sagte Gordyeeff klagend.

"Trinken!" sagte Joschow, wurde vor Müdigkeit blass und reichte ihm das Glas. Dann wischte er sich die Stirn, setzte sich neben Foma auf die Lounge und sagte:

„Lass die Wissenschaft in Ruhe! Wissenschaft ist ein Getränk der Götter; aber es ist noch nicht ausreichend fermentiert und daher nicht zum Gebrauch geeignet, wie Wodka, der noch nicht aus empyreumatischem Öl gereinigt wurde. Die Wissenschaft ist nicht bereit für das Glück des Menschen, mein Freund. Und die lebenden Menschen, die es benutzen, bekommen nichts als Kopfschmerzen. So wie die, die Sie und ich derzeit haben. Warum trinkst du so voreilig?"

"ICH? Was soll ich sonst noch tun?" fragte Foma lachend. Yozhov blickte Foma mit halb geschlossenen Augen forschend an und sagte:

„Wenn ich Ihre Frage mit allem verbinde, was Sie letzte Nacht geplappert haben, spüre ich in meiner aufgewühlten Seele, dass auch Sie, mein Freund, sich nicht amüsieren, weil das Leben für Sie fröhlich ist."

„Äh!" seufzte Foma schwer und erhob sich aus dem Wohnzimmer. "Was ist mein Leben? Es ist etwas Sinnloses. Ich lebe alleine. Ich verstehe nichts.

Und doch gibt es etwas, nach dem ich mich sehne. Ich sehne mich danach, alle anzuspucken und dann irgendwo zu verschwinden! Ich würde am liebsten vor allem davonlaufen. Ich bin so müde!"

"Das ist interessant!" sagte Joschow, rieb sich die Hände und drehte sich in alle Richtungen um. „Das ist interessant, wenn es wahr und tiefgreifend ist, denn es zeigt, dass der heilige Geist der Unzufriedenheit mit dem Leben bereits in die Schlafgemächer der Kaufleute, in die Todeskammern der in fetter Kohlsuppe ertrunkenen Seelen, in die Teeseen eingedrungen ist und andere Flüssigkeiten. Geben Sie mir einen ausführlichen Bericht darüber. Dann, meine Liebe, werde ich einen Roman schreiben."

„Mir wurde gesagt, dass Sie bereits etwas über mich geschrieben haben?" fragte Foma neugierig und musterte noch einmal aufmerksam seinen alten Freund, der nicht verstehen konnte, was ein so elendes Geschöpf schreiben konnte.

"Natürlich habe ich! Hast du es gelesen?"

„Nein, ich hatte keine Chance."

„Und was haben sie dir erzählt?"

„Dass du mich geschickt ausgeschimpft hast."

"Hm! Und interessiert es Sie nicht, es selbst zu lesen?" fragte Yozhov und musterte Gordyeeff genau.

„Ich werde es lesen!" Foma versicherte ihm, dass er sich vor Joschow schämte und dass Joschow sich über die Wertschätzung seiner Schriften beleidigt fühlte. „In der Tat ist es interessant, da es um mich selbst geht", fügte er hinzu und lächelte seinen Kameraden freundlich an.

Er hatte überhaupt kein Interesse daran, dies zu sagen, und er sagte es nur aus Mitleid mit Joschow. Es war ein ganz anderes Gefühl in ihm; Er wollte wissen, was für ein Mann Joschow war und warum er so erschöpft war. Dieses Treffen mit Yozhov löste in ihm ein ruhiges und freundliches Gefühl aus; es weckte Erinnerungen an seine Kindheit, und diese blitzten jetzt in seiner Erinnerung auf – blitzten wie bescheidene kleine Lichter auf, die ihn aus der Ferne der Vergangenheit schüchtern anstrahlten. Joschow ging zu dem Tisch, auf dem ein kochender Samowar stand, schenkte sich schweigend zwei Gläser teerstarken Tee ein und sagte zu Foma:

„Komm und trink Tee. Und erzähl mir etwas über dich."

„Ich habe dir nichts zu sagen. Ich habe nichts im Leben gesehen. Mein Leben ist leer! Du solltest mir besser etwas über dich erzählen. Ich bin mir jedenfalls sicher, dass Sie mehr wissen als ich."

Joschow wurde nachdenklich und hörte nicht auf, seinen ganzen Körper zu drehen und mit dem Kopf zu wackeln. Nachdenklich wurde sein Gesicht bewegungslos, alle Falten sammelten sich um seine Augen und schienen sie mit Strahlen zu umgeben, und dadurch verschwanden seine Augen tiefer unter seiner Stirn.

„Ja, meine Liebe, ich habe das eine oder andere gesehen, und ich weiß eine ganze Menge", begann er kopfschüttelnd. „Und vielleicht weiß ich sogar mehr, als ich wissen muss, und mehr zu wissen, als es notwendig ist, ist für den Menschen genauso schädlich, wie es ist, nicht zu wissen, was man unbedingt wissen muss. Soll ich Ihnen erzählen, wie ich gelebt habe? Sehr gut; das heißt, ich werde es versuchen. Ich habe noch nie jemandem von mir erzählt, weil ich bei niemandem Interesse geweckt habe. Es ist höchst beleidigend, auf der Erde zu leben, ohne das Interesse der Menschen an einem zu wecken!"

„Ich kann an deinem Gesicht und an allem anderen erkennen, dass dein Leben nicht reibungslos verlief!" sagte Foma und war erfreut darüber, dass das Leben allem Anschein nach auch für seinen Kameraden nicht angenehm war. Joschow trank seinen Tee in einem Zug, stellte das Glas auf die Untertasse, stellte seine Füße auf die Stuhlkante, umfasste seine Knie mit den Händen und legte sein Kinn darauf. In dieser Pose, klein und flexibel wie Gummi, begann er:

„Der Schüler Sachkov, mein früherer Lehrer, der jetzt Doktor der Medizin, Whistspieler und rundum ein gemeiner Kerl ist, sagte mir immer, wenn ich meine Lektion gut kannte: ‚Du bist ein guter Kerl, Kolya!' Du bist ein fähiger Junge. Wir Proletariate, einfache und arme Menschen, die aus dem Hinterhof des Lebens kommen, müssen lernen und lernen, um vor allen an die Front zu kommen. Russland braucht weise und ehrliche Menschen. Versuchen Sie, so zu sein, und Sie werden Herr Ihres Schicksals und ein nützliches Mitglied der Gesellschaft sein. Auf uns Bürgern ruhen die besten Hoffnungen des Landes. Wir sind dazu bestimmt, Licht, Wahrheit und so weiter hineinzubringen. Ich habe ihm geglaubt, dem Unmenschen. Und seitdem sind etwa zwanzig Jahre vergangen. Wir Proletariate sind erwachsen geworden, haben uns aber weder Weisheit angeeignet noch Licht ins Leben gebracht. Nach wie vor leidet Russland immer noch unter seiner chronischen Krankheit – einem Überfluss an Schurken; während wir, die Proletariate, Freude daran haben, ihr dichtes Gedränge zu füllen. Mein Lehrer, ich wiederhole, ist ein Lakai, ein charakterloses und dummes Geschöpf, das den Befehlen des Bürgermeisters gehorchen muss. Während ich ein Clown im Dienste der Gesellschaft bin. Der Ruhm verfolgt mich hier in der Stadt, Liebes. Ich gehe die Straße entlang und höre einen Fahrer zum anderen sagen: „Da fährt Joschow!" Wie geschickt er bellt, die beiden schnappen ihn!' Ja! Selbst dies kann nicht so einfach erreicht werden."

Yozhovs Gesicht verzog sich zu einer bitteren Grimasse, und er begann lautlos, nur mit den Lippen, zu lachen. Foma verstand seine Worte nicht, und um etwas zu sagen, bemerkte er zufällig:

„Du hast also nicht getroffen, worauf du gezielt hast?"

„Ja, ich dachte, ich würde höher aufwachsen. Und das sollte ich auch tun! Das sollte ich also tun, sage ich!"

Er sprang von seinem Stuhl auf, rannte im Zimmer umher und rief mit schriller Stimme:

„Aber um sein Selbst ein Leben lang rein zu bewahren und darin ein freier Mann zu sein, muss man über enorme Kräfte verfügen! Ich hatte sie. Ich hatte Elastizität und Klugheit. Das alles habe ich ausgegeben, um etwas zu lernen, was für mich jetzt absolut unnötig ist. Ich habe mein ganzes Ich verschwendet, um etwas in mir zu bewahren. Oh Teufel! Ich selbst und viele andere mit mir, wir alle haben uns selbst beraubt, um etwas fürs Leben anzusparen. Denken Sie nur daran: In dem Wunsch, mich zu einem wertvollen Mann zu machen, habe ich meine Individualität auf jede erdenkliche Weise unterschätzt. Um zu studieren und nicht zu verhungern, habe ich sechs Jahre hintereinander Dummköpfen das Lesen und Schreiben beigebracht und musste eine Menge Abscheulichkeiten durch verschiedene Papas und Mütter ertragen, die mich ohne jeden Zwang erniedrigten. Ich konnte mein Brot und meinen Tee nicht verdienen, ich hatte nicht die Zeit, meine Schuhe zu verdienen, und ich musste mich aufgrund meiner Armut mit bescheidenen Anträgen auf Kredite an Wohltätigkeitsorganisationen wenden. Wenn die Philanthropen nur abschätzen könnten, wie viel von der Seele sie im Menschen töten, während sie gleichzeitig das Leben seines Körpers unterstützen! Wenn sie nur wüssten, dass jeder Rubel, den sie für Brot geben, Gift für die Seele im Wert von neunundneunzig Kopeken enthält! Wenn sie nur vor dem Übermaß ihrer Güte und ihres Stolzes ausbrechen könnten, die sie aus ihrer heiligen Tätigkeit ziehen! Es gibt niemanden auf Erden, der ekelhafter und abstoßender ist als der, der ein Almosen gibt, und es gibt auch niemanden, der elender ist als der, der es annimmt!"

Joschow torkelte im Zimmer umher wie ein Betrunkener, vom Wahnsinn gepackt, und das Papier unter seinen Füßen raschelte, zerriss und flog in Fetzen. Er knirschte mit den Zähnen, schüttelte den Kopf, seine Hände wedelten in der Luft wie abgebrochene Vogelflügel, und insgesamt schien es, als würde er in einem Kessel mit heißem Wasser gekocht. Foma sah ihn mit einem seltsamen, gemischten Gefühl an; Er hatte Mitleid mit Joschow und freute sich gleichzeitig, ihn leiden zu sehen.

„Ich bin nicht allein, er leidet auch“, dachte Foma, als Yozhov sprach. Und etwas klirrte in Yozhovs Kehle wie Glasscherben und knarrte wie ein ungeöltes Scharnier.

„Von der Freundlichkeit der Menschen vergiftet, wurde ich durch die verhängnisvolle Fähigkeit jedes armen Kerls während seiner Laufbahn ruiniert, durch die Fähigkeit, sich mit wenig in Erwartung von viel zu versöhnen. Oh! Wissen Sie, dass mehr Menschen durch mangelndes Selbstwertgefühl sterben als durch Konsum, und vielleicht dienen die Anführer der Massen deshalb als Bezirksinspektoren!“

„Der Teufel schnappt sich die Bezirksinspektoren!“ sagte Foma mit einer Handbewegung. "Erzähl mir von dir."

"Über mich! Ich bin hier ganz!“ rief Joschow, blieb mitten im Zimmer stehen und schlug sich mit den Händen auf die Brust. „Ich habe bereits alles erreicht, was ich erreichen konnte. Ich habe den Rang eines Volksunterhalters erreicht – und das ist alles, was ich tun kann! Zu wissen, was zu tun ist, und es nicht tun zu können, keine Kraft für die Arbeit zu haben – das ist Folter!“

"Das ist es! Warte eine Weile!" sagte Foma begeistert. „Jetzt sagen Sie mir, was man tun sollte, um ruhig zu leben; das heißt, um mit sich selbst zufrieden zu sein.“

Für Foma klangen diese Worte laut, aber leer, und ihre Töne verklangen, ohne in seinem Herzen irgendeine Emotion zu erwecken, ohne einen einzigen Gedanken in seinem Kopf hervorzurufen.

„Du musst immer in etwas verliebt sein, das für dich unerreichbar ist. Ein Mann wächst an Größe, indem er sich nach oben streckt.“

Da er nun aufgehört hatte, über sich selbst zu sprechen, begann Joschow ruhiger und mit anderer Stimme zu sprechen. Seine Stimme war fest und entschlossen, und sein Gesicht nahm einen Ausdruck von Wichtigkeit und Strenge an. Er stand in der Mitte des Raumes, die Hand mit ausgestreckten Fingern erhoben, und sprach, als würde er lesen:

„Männer sind niedrig, weil sie nach Sättigung streben. Der wohlgenährte Mensch ist ein Tier, denn Sättigung ist die Selbstzufriedenheit des Körpers. Und die Selbstzufriedenheit des Geistes macht auch den Menschen zum Tier.“

Erneut zuckte er zusammen, als wären plötzlich alle seine Adern und Muskeln angespannt, und erneut begann er in brodelnder Aufregung durch den Raum zu rennen.

„Ein selbstzufriedener Mann ist die verhärtete Schwellung in der Brust der Gesellschaft. Er ist mein Erzfeind. Er füllt sich mit billigen Wahrheiten, mit abgenagten Brocken muffiger Weisheit, und er existiert wie ein Lagerraum, in dem eine geizige Hausfrau allerlei Unsinn aufbewahrt, der für sie absolut unnötig und wertlos ist. Wenn du einen solchen Mann berührst, wenn du die Tür zu ihm öffnest, wird dir der Gestank des Verfalls eingehaucht, und ein Strahl muffigen Mülls wird in die Luft, die du einatmest, gegossen. Diese unglücklichen Menschen nennen sich Männer mit festem Charakter, Männer mit Prinzipien und Überzeugungen. Und niemand kümmert sich darum, dass Überzeugungen für sie etwas anderes sind als die Kleidung, mit der sie die armselige Nacktheit ihrer Seelen bedecken. Auf den schmalen Brauen solcher Menschen leuchtet immer die allen so vertraute Inschrift: Ruhe und Zuversicht. Was für eine falsche Inschrift! Reiben Sie ihnen einfach mit fester Hand die Stirn und schon sehen Sie das echte Schild mit der Aufschrift: ‚Bengstsinn und Seelenschwäche!‘“

Foma beobachtete, wie Joschow im Zimmer umherstreifte, und dachte traurig:

„Wen missbraucht er? Ich kann es nicht verstehen; aber ich kann sehen, dass er schrecklich verwundet wurde.“

„Wie viele solcher Leute habe ich gesehen!“ rief Joschow voller Zorn und Schrecken. „Wie sich diese kleinen Einzelhandelsgeschäfte im Laufe des Lebens vervielfacht haben! Darin finden Sie Kattun für Leichentücher und Teer, Süßigkeiten und Borax zur Vernichtung von Kakerlaken, aber Sie werden nichts Frisches, Heißes, Gesundes finden! Du kommst mit einer schmerzenden Seele, erschöpft von der Einsamkeit, zu ihnen; Du kommst und dürstest danach, etwas zu hören, das Leben in sich trägt. Und sie bieten Ihnen einige Wurmkuren an, wiederkäuende Buchgedanken, die mit dem Alter sauer geworden sind. Und diese trockenen, abgestandenen Gedanken sind immer so dürftig, dass man, um ihnen Ausdruck zu verleihen, eine Unmenge hochtönender und leerer Worte gebrauchen muss. Wenn so ein Mann spricht, sage ich mir: „Da geht eine wohlgenährte, aber überwässerte Stute, ganz geschmückt mit Glocken; Sie karrt eine Ladung Müll aus der Stadt, und der elende Kerl ist mit seinem Schicksal zufrieden.“‘“

„Das sind also überflüssige Leute“, sagte Foma. Joschow blieb vor ihm stehen und sagte mit einem beißenden Lächeln auf den Lippen:

„Nein, sie sind nicht überflüssig, oh nein! Sie dienen als Beispiel, um zu zeigen, was der Mensch nicht sein sollte. Ehrlich gesagt sind die anatomischen Museen ihr richtiger Platz, wo sie alle Arten von Monstern und verschiedene kränkliche Abweichungen vom Normalen aufbewahren. Im Leben gibt es nichts, was überflüssig ist, mein Lieber. Sogar ich bin notwendig! Nur diejenigen Menschen, in deren Seelen eine sklavische

Feigheit vor dem Leben wohnt, in deren Busen riesige Geschwüre der abscheulichsten Selbstverehrung an die Stelle ihrer toten Herzen treten – nur diese Menschen sind überflüssig; Aber selbst sie sind notwendig, und sei es nur, damit ich meinen Hass auf sie ausschütten kann."

Den ganzen Tag, bis zum Abend, war Joschow aufgeregt und ließ seine Lästerung an Männern aus, die er hasste, und seine Worte, obwohl ihr Inhalt für Foma unklar war, infizierten ihn mit ihrer bösen Hitze, und die Ansteckung rief in ihm ein leidenschaftliches Verlangen nach Kampf hervor. Manchmal keimte in ihm Misstrauen gegenüber Joschow auf, und in einem dieser Augenblicke fragte er ihn deutlich:

"Also! Und kann man so vor Menschen sprechen?"

„Ich mache es bei jeder passenden Gelegenheit. Und jeden Sonntag in der Zeitung. Wenn Sie möchten, lese ich Ihnen etwas vor."

Ohne Fomas Antwort abzuwarten, riss er ein paar Blätter Papier von der Wand, rannte weiter im Zimmer umher und begann ihm vorzulesen. Er brüllte, quiekte, lachte, zeigte seine Zähne und sah aus wie ein wütender Hund, der in machtloser Wut versucht, die Kette zu zerbrechen. Da er die Ideale in den Schöpfungen seines Freundes nicht begriff, spürte Foma ihre kühne Kühnheit, ihren beißenden Sarkasmus, ihre leidenschaftliche Bosheit, und er war so zufrieden mit ihnen, als hätte man ihn mit Besen in einem heißen Bad gegeißelt.

"Clever!" rief er aus und fing einen separaten Satz auf. „Das ist klug gezielt!"

Hin und wieder blitzten vor ihm die bekannten Namen von Kaufleuten und bekannten Bürgern auf, die Joschow mal kräftig und scharf, mal respektvoll und mit einem feinen, nadelartigen Stich gestochen hatte.

Fomas Zustimmung, seine vor Zufriedenheit brennenden Augen und sein aufgeregtes Gesicht inspirierten Yozhov noch mehr, und er weinte und brüllte immer lauter und lauter, mal fiel er vor Erschöpfung auf die Liege, mal sprang er wieder auf und stürmte auf Foma zu.

„Kommen Sie jetzt und lesen Sie etwas über mich!" rief Foma aus und sehnte sich danach, es zu hören. Joschow kramte in einem Stapel Papiere herum, riss ein Blatt heraus, hielt es mit beiden Händen und blieb mit weit gespreizten Beinen vor Foma stehen, während Foma sich in dem kaputten Sessel zurücklehnte und lächelnd zuhörte.

Die Mitteilung über Foma begann mit einer Beschreibung der Spree auf den Flößen, und beim Lesen der Mitteilung hatte Foma das Gefühl, dass ihn bestimmte Worte wie Mücken stachen. Sein Gesicht wurde ernster und er senkte den Kopf in düsterem Schweigen. Und die Mücken vermehrten sich weiter.

„Das ist doch zu viel!" sagte er schließlich verwirrt und unzufrieden. „Sicherlich kann man die Gunst Gottes nicht nur dadurch erlangen, dass man weiß, wie man einen Menschen blamiert."

„Bleib ruhig! Warte eine Weile!" sagte Joschow knapp und las weiter.

Nachdem er in seinem Artikel festgestellt hatte, dass der Kaufmann in Sachen Belästigung und Skandalbildung zweifellos über den Vertretern anderer Gesellschaftsschichten steht, fragte er: „Warum ist das so?" und antwortete:

„Mir scheint, dass diese Vorliebe für wilde Streiche auf den Mangel an Kultur insofern zurückzuführen ist, als sie auf übermäßiger Energie und Müßiggang beruht. Es besteht kein Zweifel daran, dass unsere Kaufmannsklasse mit wenigen Ausnahmen die gesündeste und gleichzeitig inaktivste Klasse ist."

"Das ist richtig!" rief Foma und schlug mit der Faust auf den Tisch. "Das ist richtig! Ich habe die Kraft eines Stiers und verrichte die Arbeit eines Spatzen."

„Wo soll der Kaufmann seine Energie einsetzen? Da er nicht viel davon für die Börse ausgeben kann, verschwendet er den Überschuss seines muskulösen Kapitals in Trinkgelagen in Kabaky; denn er hat keine Vorstellung von anderen Anwendungen seiner Kraft, die produktiver und wertvoller für das Leben sind. Er ist immer noch ein Biest, und das Leben ist für ihn bereits zu einem Käfig geworden, der ihm mit seiner hervorragenden Gesundheit und seiner Vorliebe für Zügellosigkeit zu eng ist. Von der Kultur behindert, beginnt er sofort ein ausschweifendes Leben zu führen. Die Ausschweifung eines Kaufmanns ist immer die Revolte eines gefangenen Tieres. Das ist natürlich schlecht. Aber, ah! Es wird noch schlimmer sein, wenn dieses Tier zusätzlich zu seiner Kraft auch einen Sinn erlangt und es diszipliniert hat. Glauben Sie mir, selbst dann wird er nicht aufhören, Skandale zu verursachen, aber es werden historische Ereignisse sein. Der Himmel bewahre uns vor solchen Ereignissen! Denn sie werden dem Machthunger des Kaufmanns entspringen; Ihr Ziel wird die Allmacht einer Klasse sein, und der Kaufmann wird sich nicht besonders über die Mittel zur Erreichung dieses Ziels im Klaren sein.

„Nun, was sagen Sie, ist das wahr?" fragte Joschow, als er die Zeitung zu Ende gelesen hatte, und warf sie beiseite.

„Ich verstehe das Ende nicht", antwortete Foma. „Und was die Stärke angeht, das stimmt! Wo soll ich meine Kraft einsetzen, da keine Nachfrage danach besteht! Ich sollte mit Räubern kämpfen oder selbst zum Räuber werden. Generell sollte ich etwas Großes machen. Und das sollte nicht mit dem Kopf geschehen, sondern mit den Armen und der Brust. Während wir hier sind, müssen wir zur Börse gehen und versuchen, gut zu zielen, um einen Rubel zu verdienen. Wofür brauchen wir es? Und was ist es überhaupt? Ist das Leben schon immer in dieser Form arrangiert? Was ist das für ein Leben, wenn jeder trauert und es ihm zu eng wird? Das Leben sollte nach dem Geschmack des Menschen sein. Wenn es für mich schmal ist, muss ich es auseinandernehmen, damit ich mehr Platz habe. Ich muss es brechen und rekonstruieren. Aber nicken? Darin liegt das Problem! Was muss getan werden, damit das Leben freier wird? Das verstehe ich nicht, und das ist alles."

"Ja!" sagte Joschow gedehnt. „Da bist du also hingegangen! Das, mein Lieber, ist eine gute Sache! Ah, du solltest ein wenig lernen! Wie steht es mit Büchern? Lesen Sie welche?"

„Nein, ich interessiere mich nicht für sie. Ich habe keines gelesen."

„Das ist einfach der Grund, warum du dich nicht um sie kümmerst." „Ich habe sogar Angst, sie zu lesen. Ich kenne eins – ein bestimmtes Mädchen – das ist schlimmer, als mit ihr zu trinken! Und welchen Sinn haben Bücher? Ein Mann stellt sich etwas vor und druckt es aus, andere lesen es. Wenn es interessant ist, ist es in Ordnung. Aber aus einem Buch lernen, wie man lebt! – das ist etwas Absurdes. Es wurde von Menschen geschrieben, nicht von Gott, und welche Gesetze und Beispiele kann der Mensch für sich selbst aufstellen?"

„Und wie wäre es mit den Evangelien? Wurden sie nicht von Männern geschrieben?"

„Das waren Apostel. Jetzt gibt es keine mehr."

„Gut, Ihre Widerlegung ist fundiert! Es ist wahr, mein Lieber, es gibt keine Apostel. Nur die Judas blieben übrig, und zwar elende."

Foma fühlte sich sehr wohl, denn er sah, dass Joschow seinen Worten aufmerksam zuhörte und jedes einzelne Wort, das er sagte, abzuwägen schien. Als Foma zum ersten Mal in seinem Leben eine solche Haltung ihm gegenüber erfuhr, entlud er sich kühn und frei vor seinem Freund, ohne sich um die Wahl der Worte zu scheren, und hatte das Gefühl, dass er verstanden werden würde, weil Joschow ihn verstehen wollte.

„Du bist ein neugieriger Kerl!" sagte Yozhov etwa zwei Tage nach ihrem Treffen. „Und obwohl du mit Schwierigkeiten sprichst, spürt man, dass viel in dir steckt – großes Wagemut im Herzen! Wenn Sie nur ein wenig über die

Ordnung des Lebens wüssten! Dann würde man laut genug sprechen, denke ich. Ja!"

„Aber mit Worten kann man sich nicht reinwaschen, man kann sich dann auch nicht befreien", bemerkte Foma seufzend. „Sie haben etwas über Leute gesagt, die so tun, als wüssten sie alles und könnten alles. Ich kenne auch solche Leute. Mein Pate zum Beispiel. Es wäre gut, gegen sie vorzugehen und sie zu verurteilen; Sie sind ein ziemlich gefährliches Set!"

„Ich kann mir nicht vorstellen, Foma, wie du im Leben zurechtkommst, wenn du in dir behältst, was du jetzt hast", sagte Yozhov nachdenklich.

"Es ist sehr schwer. Mir fehlt die Standhaftigkeit. Plötzlich könnte ich vielleicht etwas tun. Ich verstehe sehr gut, dass das Leben für jeden von uns schwierig und eng ist. Ich weiß, dass mein Pate das auch sieht! Aber er profitiert von dieser Enge. Er fühlt sich darin wohl; Er ist scharf wie eine Nadel und geht seinen Weg, wohin er will. Aber ich bin ein großer, schwerer Mann, deshalb ersticke ich! Deshalb lebe ich in Fesseln. Ich könnte mich mit einer einzigen Anstrengung von allem befreien: Nur meinen Körper mit aller Kraft bewegen, und dann würden alle Fesseln platzen!"

"Und was dann?" fragte Joschow.

"Dann?" Foma wurde nachdenklich und winkte nach kurzem Nachdenken ab. „Ich weiß nicht, was dann sein wird. Ich werde sehen!"

"Wir werden sehen!" stimmte Joschow zu.

Er wurde zu trinken gegeben, dieser kleine Mann, der vom Leben verbrüht war. Sein Tag begann so: Am Morgen beim Tee blätterte er in den Lokalzeitungen und schöpfte aus den Nachrichtenmeldungen Material für sein Feuilleton, das er dann und dort auf die Tischecke schrieb. Dann rannte er in die Redaktion, wo er aus Ausschnitten aus Landeszeitungen „Provincial Pictures" zusammenstellte. Am Freitag musste er sein Sonntagsfeuilleton schreiben. Für alles zahlten sie ihm monatlich einhundertfünfundzwanzig Rubel; Er arbeitete schnell und widmete seine ganze Freizeit der „Erhebung und dem Studium gemeinnütziger Einrichtungen". Zusammen mit Foma schlenderte er bis spät in die Nacht durch die Clubs, Hotels und Tavernen und sammelte überall Material für seine Artikel, die er „Pinsel zur Reinigung des Gewissens der Gesellschaft" nannte. Den Zensor bezeichnete er als „Aufseher für die Verbreitung von Wahrheit und Gerechtigkeit im Leben", die Zeitung bezeichnete er als „Vermittler, der den Leser mit gefährlichen Ideen vertraut macht" und sein eigenes Werk als „den Verkauf einer Seele". Einzelhandel" und „eine Neigung zur Kühnheit gegen heilige Institutionen".

Foma konnte kaum erkennen, wann Joschow scherzte und wann er es ernst meinte. Er sprach enthusiastisch und leidenschaftlich über alles, er verurteilte alles scharf und Foma gefiel es. Aber oft begann er mit Begeisterung zu argumentieren, widerlegte und widersprach sich selbst mit ebenso großer Begeisterung oder beendete seine Rede mit einer lächerlichen Wendung. Dann schien es Foma, dass dieser Mann nichts liebte, dass nichts fest in ihm verwurzelt war, dass ihn nichts leitete. Nur wenn er von sich selbst sprach, sprach er mit einer ziemlich eigenartigen Stimme, und je leidenschaftlicher er von sich selbst sprach, desto gnadenloser und wütender wurde er, wenn er alles und jeden beschimpfte. Und seine Beziehung zu Foma war zwiespältig; manchmal machte er ihm Mut und redete hitzig zu ihm, wobei er am ganzen Körper zitterte.

"Fortfahren! Widerlegen und stürzen Sie alles, was Sie können! Gehen Sie mit aller Kraft voran. Es gibt nichts Wertvolleres als den Menschen, wissen Sie das! Schreie lauthals: „Freiheit!" Freiheit!"

Aber als Foma, aufgewärmt durch die glühenden Funken dieser Worte, darüber zu träumen begann, wie er anfangen sollte, Menschen zu widerlegen und zu stürzen, die aus persönlichem Profit heraus ihr Leben nicht erweitern wollen, unterbrach ihn Jozhov oft:

"Lass es fallen! Du kannst gar nichts! Menschen wie Sie werden nicht gebraucht. Deine Zeit, die Zeit der Starken, aber nicht Klugen, ist vorbei, mein Lieber! Du bist zu spät! Es gibt keinen Platz für dich im Leben."

"NEIN? Du lügst!" rief Foma, verärgert über den Widerspruch.

„Nun, was können Sie erreichen?"

"ICH?"

"Du!"

„Warum, ich kann dich töten!" sagte Foma wütend und ballte die Faust.

„Eh, du Vogelscheuche!" sagte Joschow überzeugend und mitleiderregend mit einem Schulterzucken. „Ist da etwas dran? Ich bin sowieso schon halb tot an meinen Wunden."

Und plötzlich, von melancholischer Bosheit entflammt, reckte er sich und sagte:

„Mein Schicksal hat mir Unrecht getan. Warum habe ich mich erniedrigt und die Kritik der Öffentlichkeit akzeptiert? Warum habe ich zwölf Jahre hintereinander wie eine Maschine gearbeitet, um zu studieren? Warum habe ich zwölf lange Jahre im Gymnasium und an der Universität den trockenen und langweiligen Müll und den widersprüchlichen Unsinn geschluckt, der für mich absolut nutzlos ist? Um Feuilletonschreiber zu werden, jeden Tag den Clown zu spielen, das Publikum zu unterhalten und mich davon zu überzeugen, dass das für es notwendig und nützlich ist. Wo ist das Pulver meiner Jugend? Ich habe die ganze Ladung meiner Seele für drei Kopeken pro Schuss abgefeuert. Welchen Glauben habe ich für mich erworben? Nur der Glaube daran, dass alles in diesem Leben wertlos ist, dass alles kaputt und zerstört werden muss. Was liebe ich? Ich selbst. Und ich habe das Gefühl, dass das Objekt meiner Liebe meine Liebe nicht verdient. Was kann ich erreichen?"

Er weinte fast und kratzte sich ständig mit seinen dünnen, schwachen Händen an der Brust und am Hals.

Aber manchmal überkam ihn ein Anflug von Mut, und dann sprach er in einem anderen Geist:

"ICH? Oh nein, mein Lied ist noch nicht zu Ende gesungen! Meine Brust hat etwas aufgesaugt und ich zische wie eine Peitsche! Warte, ich lasse die Zeitung fallen, ich beginne ernsthaft zu arbeiten und schreibe ein kleines Buch, das ich „Das Vergehen der Seele" nennen werde; Es gibt ein Gebet mit diesem Namen, es wird für Sterbende gelesen. Und vor ihrem Tod wird diese Gesellschaft, verflucht durch den Fluch innerer Ohnmacht, mein Buch wie Weihrauch empfangen."

Als Foma jedem seiner Worte zuhörte, ihn beobachtete und seine Bemerkungen verglich, erkannte er, dass Jozhov genauso schwach war wie er, dass auch er sich verirrt hatte. Aber Joschows Stimmung wirkte immer noch auf Foma ein, seine Reden bereicherten Fomas Wortschatz, und manchmal bemerkte er mit freudiger Freude, wie klug und eindringlich er selbst diese oder jene Idee zum Ausdruck gebracht hatte. In Joschows Haus traf er oft auf bestimmte seltsame Menschen, die, wie es ihm schien, alles wussten, alles verstanden, allem widersprachen und in allem Betrug und Unwahrheit sahen. Er beobachtete sie schweigend und lauschte ihren Worten; Ihre Kühnheit gefiel ihm, aber ihr herablassendes und hochmütiges Verhalten ihm gegenüber war ihm peinlich und abstoßend. Und dann sah er deutlich, dass sie in Joschows Zimmer alle klüger und besser waren als auf der Straße und in den Hotels. Sie führten eigenartige Gespräche, Worte und Gesten zur Verwendung im Raum, und all dies wurde außerhalb des Raumes in das Alltäglichste und Menschlichste verwandelt. Manchmal loderten sie alle im Raum wie ein riesiger Holzhaufen, und Joschow war der hellste Brandstifter unter ihnen; aber das Licht dieses Freudenfeuers erhellte nur schwach die Dunkelheit von Foma Gordyeeffs Seele.

Eines Tages sagte Joschow zu ihm:

„Heute feiern wir! Unsere Komponisten haben eine Gewerkschaft gegründet und werden im Rahmen eines Vertrags die gesamte Arbeit vom Verlag übernehmen. Aus diesem Grund wird etwas getrunken, und ich bin eingeladen. Ich habe ihnen dazu geraten. Lass uns gehen? Du wirst ihnen eine gute Belohnung geben."

"Sehr gut!" sagte Foma, dem es egal war, mit wem er die Zeit verbrachte, die ihm eine Last war.

Am Abend dieses Tages saßen Foma und Joschow in Gesellschaft von Menschen mit rauen Gesichtern am Rande eines Wäldchens außerhalb der Stadt. Dort waren zwölf Komponisten, ordentlich gekleidet; Sie behandelten Joschow einfach wie einen Kameraden, was Foma etwas überraschte und verlegen machte, in dessen Augen Joschow schließlich so etwas wie ein Herr oder ein Vorgesetzter für sie war, während sie eigentlich nur seine Diener waren. Sie schienen Gordyjew nicht zu bemerken, doch als Joschow ihnen Foma vorstellte, schüttelten sie ihm die Hand und sagten, sie seien froh, ihn zu sehen. Er legte sich unter einen Haselstrauch und beobachtete sie alle, kam sich in dieser Gesellschaft wie ein Fremder vor und bemerkte, dass selbst Joschow offenbar absichtlich von ihm weggegangen war und ihm kaum Beachtung schenkte. Er bemerkte etwas Seltsames an Joschow; Der kleine Feuilletonschreiber schien den Ton und die Sprache der Komponisten nachzuahmen. Er tummelte sich mit ihnen am Holzstapel, entkorkte Bierflaschen, fluchte, lachte laut und versuchte, ihnen nachzueifern. Er war sogar einfacher gekleidet als sonst.

„Äh, Brüder!" rief er begeistert aus. „Ich fühle mich wohl bei dir! Ich bin auch kein großer Vogel. Ich bin nur der Sohn des Gerichtswärters und Unteroffiziers Matvey Yozhov!"

„Warum sagt er das?" dachte Foma. „Welchen Unterschied macht es, wessen Sohn ein Mann ist? Ein Mann wird nicht wegen seines Vaters respektiert, sondern wegen seines Verstandes."

Die Sonne ging wie ein riesiges Lagerfeuer am Himmel unter und färbte die Wolken in Gold- und Bluttöne. Feuchtigkeit und Stille wehten aus dem Wald, während an seinen Rändern dunkle menschliche Gestalten lärmend umherwuselten. Einer von ihnen, klein und schlank, mit einem breitkrempigen Strohhut, spielte Akkordeon; ein anderer, mit dunklem Schnurrbart und der Mütze auf dem Hinterkopf, sang leise eine Begleitung. Zwei andere zogen an einem Stock und testeten ihre Kraft. Mehrere beschäftigten sich mit dem Korb mit Bier und Proviant; Ein großer Mann mit gräulichem Bart warf Äste auf das Feuer, das von dichtem, weißlichem Rauch umhüllt war. Die feuchten Zweige, die auf das Feuer fielen, knisterten und raschelten klagend, und das Akkordeon spielte neckisch eine lebhafte Melodie, während das Falsett des Sängers seine lauten Töne verstärkte und vervollständigte.

Außer ihnen allen lagen am Rande einer kleinen Schlucht drei junge Burschen, und vor ihnen stand Joschow, der mit klingender Stimme sprach:

„Sie tragen das heilige Banner der Arbeit. Und ich bin, wie Sie, Privatsoldat in derselben Armee. Wir alle dienen Ihrer Majestät, der Presse. Und wir müssen in fester, solider Freundschaft leben."

„Das stimmt, Nikolay Matveyich!" Jemandes dicke Stimme unterbrach ihn. „Und wir möchten Sie bitten, Ihren Einfluss beim Verlag geltend zu machen! Nutzen Sie Ihren Einfluss bei ihm! Krankheit und Trunkenheit können nicht als ein und dasselbe behandelt werden. Und nach seinem System kommt es so heraus; wenn einer von uns betrunken ist, wird ihm eine Geldstrafe in Höhe seines Tagesverdienstes auferlegt; Wenn er krank wird, geschieht das Gleiche. Zur Gewissheit sollte es uns gestattet sein, im Krankheitsfall das ärztliche Attest vorzulegen; und um gerecht zu sein, müsste er dem Stellvertreter mindestens die Hälfte des Lohns des Kranken zahlen. Ansonsten fällt es uns schwer. Was wäre, wenn drei von uns plötzlich gleichzeitig krank würden?"

"Ja; das ist sicherlich vernünftig", stimmte Joschow zu. „Aber, meine Freunde, das Prinzip der Zusammenarbeit –"

Foma hörte der Rede seines Freundes nicht mehr zu, denn seine Aufmerksamkeit wurde durch die Unterhaltung anderer abgelenkt. Zwei Männer redeten; einer war ein großer, schwindsüchtiger, schlecht gekleideter und wütend aussehender Mann; der andere ein blondhaariger und blondbärtiger junger Mann.

„Meiner Meinung nach", sagte der große Mann streng und hustend, „ist es dumm! Wie können Männer wie wir heiraten? Es wird Kinder geben. Haben wir genug, um sie zu unterstützen? Die Frau muss bekleidet sein – und dann kann man nicht sagen, was für eine Frau man treffen wird."

„Sie ist ein feines Mädchen", sagte der blonde Mann leise. „Nun, jetzt geht es ihr gut. Ein verlobtes Mädchen ist eine Sache, eine Ehefrau etwas ganz anderes. Aber das ist nicht der Hauptpunkt. Du kannst es versuchen – vielleicht wird sie wirklich gut. Aber dann werden Ihnen die Mittel fehlen. Du wirst dich mit der Arbeit umbringen, und du wirst sie auch ruinieren. Heiraten ist für uns eine unmögliche Sache. Wollen Sie damit sagen, dass wir mit diesem Einkommen eine Familie ernähren können? Sehen Sie, ich bin erst seit vier Jahren verheiratet und mein Ende ist nahe. Ich habe keine Freude gesehen – nichts als Sorge und Fürsorge."

Er begann zu husten, hustete lange und stöhnte, und als er aufgehört hatte, sagte er mit erstickter Stimme zu seinem Kameraden:

„Lass es fallen, es wird nichts dabei herauskommen!"

Sein Gesprächspartner neigte traurig den Kopf, während Foma dachte:

„Er spricht vernünftig. Es ist offensichtlich, dass er gut argumentieren kann."

Die mangelnde Aufmerksamkeit, die Foma entgegengebracht wurde, beleidigte ihn etwas und erweckte in ihm gleichzeitig ein Gefühl des Respekts vor diesen Männern mit dunklen, bleistaubgetränkten Gesichtern. Fast alle von ihnen führten ein ernsthaftes Gespräch, und ihre Bemerkungen waren mit eigentümlichen Worten gespickt. Keiner von ihnen umschmeichelte ihn, keiner belästigte ihn mit Liebe, mit dem Rücken zum Feuer, und er sah vor sich eine Reihe hell erleuchteter, fröhlicher und einfacher Gesichter. Sie waren alle vom Trinken aufgeregt, aber noch nicht betrunken; Sie lachten, scherzten, versuchten zu singen, tranken und aßen Gurken, Weißbrot und Würstchen. Für Foma hatte das alles einen besonders angenehmen Geschmack; Er wurde mutiger, von dem allgemeinen Wohlgefühl erfasst, und er sehnte sich danach, diesen Menschen etwas Gutes zu sagen, um ihnen allen auf die eine oder andere Weise eine Freude zu machen. Joschow, der neben ihm saß, bewegte sich auf dem Boden, stieß ihn mit der Schulter an und murmelte kopfschüttelnd etwas undeutliches.

"Brüder!" schrie der stämmige Kerl. „Lasst uns das Studentenlied anstimmen. Na ja, eins, zwei!"

„Schnell wie die Wellen"

Jemand brüllte mit seiner Bassstimme:

„Sind die Tage unseres Lebens."

"Freunde!" sagte Joschow und erhob sich, ein Glas in der Hand. Er taumelte und legte die andere Hand gegen Fomas Kopf. Das angefangene Lied wurde abgebrochen und alle wandten ihre Köpfe zu ihm.

„Arbeiter! Erlauben Sie mir, ein paar Worte zu sagen, Worte, die von Herzen kommen. Ich freue mich in Ihrer Gesellschaft! Ich fühle mich wohl in Deiner Mitte. Das liegt daran, dass ihr Männer der Arbeit seid, Männer, an deren Recht auf Glück kein Zweifel besteht, auch wenn es nicht anerkannt wird. In eurer veredelnden Mitte, oh ehrliches Volk, atmet der einsame Mann, der vom Leben vergiftet ist, so leicht, so frei."

Yozhovs Stimme zitterte und bebte, und sein Kopf begann zu zittern. Foma spürte, wie etwas Warmes auf seine Hand tropfte, und er blickte in das faltige Gesicht Joschows, der am ganzen Körper zitternd weitersprach:

"Ich bin nicht der einzige. Es gibt viele wie mich, die vom Schicksal eingeschüchtert, gebrochen und leidend sind. Wir sind unglücklicher als Sie, weil wir körperlich und seelisch schwächer sind, aber wir sind stärker als Sie, weil wir mit Wissen ausgestattet sind, das wir nicht anwenden können. Wir sind gerne bereit, zu Ihnen zu kommen, uns auf Sie einzulassen und Ihnen zu helfen, zu leben. Es bleibt uns nichts anderes übrig! Ohne dich haben wir keinen Boden, auf dem wir stehen können. Ohne uns bist du ohne Licht! Kameraden! wir wurden vom Schicksal selbst geschaffen, um einander zu ergänzen!"

„Was bittet er von ihnen?" dachte Foma und hörte verblüfft Joschows Worten zu. Und als er die Gesichter der Verfasser betrachtete, sah er, dass auch sie den Redner fragend, verwirrt und müde ansahen.

„Die Zukunft gehört euch, meine Freunde!" sagte Joschow schwach und schüttelte traurig den Kopf, als ob er Mitleid mit der Zukunft hätte und diesen Menschen gegen seinen Willen die Vorherrschaft über sie überlassen würde. „Die Zukunft gehört den Männern ehrlicher Arbeit. Du hast eine große Aufgabe vor dir! Sie müssen eine neue Kultur schaffen, alles frei, lebendig und hell! Ich, der ich im Fleisch und im Geiste einer von euch bin; Wer ist der Sohn eines Soldaten? Ich stoße auf Ihre Zukunft an! Hurra!"

Yozhov leerte sein Glas und sank schwerfällig zu Boden. Die Setzer griffen einstimmig seinen gebrochenen Ausruf auf, und ein gewaltiger, donnernder Schrei hallte durch die Luft und ließ die Blätter der Bäume erzittern.

„Lass uns jetzt ein Lied beginnen", schlug der stämmige Kerl noch einmal vor.

"Aufleuchten!" läutete zwei- oder dreistimmig. Es kam zu einem lautstarken Streit darüber, was gesungen werden sollte. Joschow lauschte dem Lärm, drehte den Kopf von einer Seite zur anderen und musterte sie alle.

„Brüder", rief Joschow plötzlich erneut, „antwortet mir." Sagen Sie ein paar Worte als Antwort auf meine Begrüßungsansprache."

Wieder – wenn auch nicht sofort – verstummten alle, einige blickten ihn neugierig an, andere verbargen ein Grinsen, wieder anderen war ein Ausdruck der Unzufriedenheit deutlich ins Gesicht geschrieben. Und er erhob sich wieder vom Boden und sagte hitzig:

„Zwei von uns hier werden vom Leben verstoßen – ich und der andere. Wir wünschen uns beide die gleiche Achtung vor dem Menschen und das Glück, uns für andere nützlich zu fühlen. Kameraden! Und dieser große, dumme Mann –"

„Nikolay Matveyich, du solltest unseren Gast besser nicht beleidigen!" sagte jemand mit tiefer, unzufriedener Stimme.

„Ja, das ist unnötig", bestätigte der stämmige Kerl, der Foma an den Kamin eingeladen hatte. „Warum beleidigende Sprache verwenden?"

Eine dritte Stimme ertönte laut und deutlich:

„Wir sind zusammengekommen, um uns zu amüsieren – um uns auszuruhen."

„Narren!" lachte Yozhov schwach. „Gutherzige Narren! Hast du Mitleid mit ihm? Aber wissen Sie, wer er ist? Er gehört zu den Leuten, die dir Blut aussaugen."

„Das reicht, Nikolay Matveyich!" sie riefen zu Joschow. Und alle begannen zu reden und schenkten ihm keine weitere Aufmerksamkeit. Foma hatte so großes Mitleid mit seinem Freund, dass er es nicht einmal beleidigte. Er sah, dass diese Leute, die ihn gegen Joschows Angriffe verteidigten, den Feuilletonschreiber nun absichtlich ignorierten, und er verstand, dass es Joschow weh tun würde, wenn er es bemerken würde. Und um seinen Freund von möglichen Unannehmlichkeiten abzuhalten, stieß er ihn in die Seite und sagte mit einem gutherzigen Lachen:

„Na, du Nörgler, sollen wir etwas trinken? Oder ist es Zeit, nach Hause zu gehen?"

"Heim? Wo ist die Heimat des Mannes, der unter den Menschen keinen Platz hat?" fragte Joschow und rief erneut: „Genossen!"

Ohne Antwort ging sein Ruf im allgemeinen Gemurmel unter. Dann senkte er den Kopf und sagte zu Foma:

„Lass uns von hier aus weitermachen."

"Lass uns gehen. Obwohl es mir nichts ausmacht, etwas länger zu sitzen. Es ist interessant. Sie benehmen sich so edel, die Teufel. Von Gott!"

„Ich kann es nicht länger ertragen. Mir ist kalt. Ich ersticke."

„Na dann komm doch."

Foma erhob sich, nahm seine Mütze ab, verneigte sich vor den Komponisten und sagte laut und fröhlich:

„Vielen Dank, meine Herren, für Ihre Gastfreundschaft! Auf Wiedersehen!"

Sie umringten ihn sofort und sprachen überzeugend zu ihm:

"Bleib hier! Wo gehst du hin? Vielleicht singen wir alle zusammen, oder?"

„Nein, ich muss gehen, es wäre meinem Freund unangenehm, allein zu gehen. Ich werde ihn begleiten. Ich wünsche Ihnen ein fröhliches Fest!“

„Äh, du solltest noch ein bisschen warten!“ rief der dicke Kerl und flüsterte dann:

„Jemand wird ihn nach Hause begleiten!“

Der Schwindsüchtige bemerkte außerdem mit leiser Stimme:

"Du bleibst hier. Wir begleiten ihn in die Stadt, setzen ihn in ein Taxi und – da sind Sie!“

Foma wollte dort bleiben und hatte gleichzeitig Angst vor etwas. Während Joschow aufstand und die Ärmel seines Mantels umklammerte, murmelte er:

„Komm, der Teufel nimmt sie!“

„Bis wir uns wiedersehen, meine Herren! Ich gehe!" sagte Foma und ging unter Ausrufen höflichen Bedauerns.

"Hahaha!" Joschow brach in Gelächter aus, als er sich etwa zwanzig Schritte vom Feuer entfernt hatte. „Sie verabschieden uns mit Trauer, aber sie sind froh, dass ich weggehe. Ich habe sie daran gehindert, sich in Tiere zu verwandeln.“

„Es stimmt, du hast sie gestört“, sagte Foma. „Warum halten Sie solche Reden? Die Leute sind hierhergekommen, um sich zu amüsieren, und Sie drängen sich ihnen auf. Das langweilt sie!“

„Bleib ruhig! Du verstehst nichts!“ rief Joschow barsch. „Glaubst du, ich bin betrunken? Es ist mein Körper, der berauscht ist, aber meine Seele ist nüchtern, sie ist immer nüchtern; es fühlt alles. Oh, wie viel Gemeinheit gibt es auf der Welt, wie viel Dummheit und Elend! Und Männer – diese dummen, elenden Männer.“

Joschow hielt inne, verschränkte die Hände vor dem Kopf und stand eine Weile taumelnd da.

"Ja!" sagte Foma gedehnt. „Sie sind einander sehr unähnlich. Nun, diese Männer, wie höflich sie sind, wie Gentlemen. Und sie argumentieren auch richtig und so weiter. Sie haben gesunden Menschenverstand. Dennoch sind sie nur Arbeiter.“

In der Dunkelheit hinter ihnen stimmten die Männer ein kraftvolles Chorlied an. Zunächst unharmonisch, schwoll es an und wuchs, bis es in einer riesigen, kraftvollen Welle durch die belebende Nachtluft über dem verlassenen Feld rollte.

"Mein Gott!" sagte Yozhov traurig und leise und seufzte. „Wo sollen wir leben? Woran befestigen wir unsere Seele? Wer soll seinen Durst nach Freundschaft, Brüderlichkeit, Liebe, nach reiner und heiliger Arbeit stillen?"

„Diese einfachen Leute", sagte Foma langsam und nachdenklich, ohne auf die Worte seines Begleiters zu hören, der in seine eigenen Gedanken versunken war, „wenn man in diese Leute hineinschaut, sind sie gar nicht so schlecht!" Es ist sogar sehr – es ist interessant. Bauern, Arbeiter, im Klartext betrachtet, sind sie wie Pferde. Sie tragen Lasten, sie pusten und blasen."

„Sie tragen unser Leben auf ihrem Rücken", rief Joschow verärgert aus. „Sie tragen es wie Pferde, unterwürfig, dumm. Und diese Unterwürfigkeit ist unser Unglück, unser Fluch!"

Und Foma, von seinen eigenen Gedanken mitgerissen, argumentierte:

„Sie tragen Lasten, sie schuften ihr ganzes Leben lang für Kleinigkeiten. Und plötzlich sagen sie etwas, was einem in einem Jahrhundert nicht mehr in den Sinn gekommen wäre. Offensichtlich fühlen sie. Ja, es ist interessant, mit ihnen zusammen zu sein."

Schwankend ging Jozhov lange Zeit schweigend weiter, dann schwenkte er plötzlich die Hand in der Luft und begann mit dumpfer, erstickter Stimme zu deklamieren, die klang, als käme sie aus seinem Bauch:

„Das Leben hat mich grausam getäuscht, ich habe so viel Schmerz erlitten."

„Das, lieber Junge, sind meine eigenen Verse", sagte er, hielt inne und nickte traurig mit dem Kopf. „Wie laufen sie? Ich habe vergessen. Träume haben etwas an sich, heilige und reine Sehnsüchte, die in meiner Brust vom Dunst des Lebens erstickt werden. Oh!"

„Die vergrabenen Träume in meiner Brust werden nie wieder auferstehen."

"Bruder! Du bist glücklicher als ich, weil du dumm bist. Während ich-"

„Sei nicht unhöflich!" sagte Foma irritiert. „Du solltest besser zuhören, wie sie singen."

„Ich möchte nicht die Lieder anderer Leute hören", sagte Yozhov kopfschüttelnd. „Ich habe mein eigenes, es ist das Lied einer vom Leben in Stücke gerissenen Seele."

Und er begann mit wilder Stimme zu jammern:

„Die vergrabenen Träume in meiner Brust werden nie wieder auferstehen... Wie groß ihre Zahl ist!"

„Es gab einen ganzen Blumengarten voller strahlender, lebendiger Träume und Hoffnungen. Sie gingen zugrunde, verdorrten und gingen zugrunde. Der Tod ist in meinem Herzen. Die Leichen meiner Träume verfaulen dort. Oh! Oh!"

Yozhov brach in Tränen aus und schluchzte wie eine Frau. Foma hatte Mitleid mit ihm und fühlte sich unwohl mit ihm. Er zuckte ungeduldig an seiner Schulter und sagte:

"Hör auf zu weinen! Komm, wie schwach bist du, Bruder!" Den Kopf in die Hand gestützt, richtete Joschow seinen gebeugten Körper auf, bemühte sich und begann erneut traurig und wild:

„Wie groß ist ihre Zahl! Ihr Grab, wie eng! Ich habe sie alle in Leichentücher aus Reimen gekleidet und von Zeit zu Zeit viele traurige und feierliche Lieder über sie gesungen!"

"Oh Gott!" seufzte Foma verzweifelt. „Hört damit auf, um Himmels willen! Bei Gott, wie traurig!"

In der Ferne hallte der laute Chorgesang durch die Dunkelheit und Stille. Jemand pfiff und hielt den Takt zum Refrain, und dieser schrille Ton, der ins Ohr drang, lief vor der Woge kraftvoller Stimmen voran. Foma schaute in diese Richtung und sah die hohe, schwarze Waldwand, den hellen, feurigen Fleck des Freudenfeuers, der darauf schien, und die nebligen Gestalten, die das Feuer umgaben. Die Waldwand war wie eine Brust und das Feuer darin wie eine blutige Wunde. Es schien, als würde die Brust zittern, während das Blut in brennenden Strömen herabströmte. Von allen Seiten in dichte Düsternis gehüllt, schienen die Menschen vor dem Hintergrund des Waldes wie kleine Kinder; Auch sie schienen zu brennen, beleuchtet vom Glanz des Freudenfeuers. Sie wedelten mit den Händen und sangen laut und kraftvoll ihre Lieder.

Und Joschow, der neben Foma stand, sprach aufgeregt:

„Du hartherziger Dummkopf! Warum stößt du mich ab? Du solltest dem Lied der sterbenden Seele lauschen und darüber weinen, denn warum wurde sie verwundet, warum stirbt sie? Verschwinde von mir, verschwinde! Glaubst du, ich sei betrunken? Ich bin vergiftet, geh!"

Ohne den Blick vom Wald und dem in der Dunkelheit so schönen Feuer abzuwenden, trat Foma ein paar Schritte von Joschow ab und sagte mit leiser Stimme zu ihm:

„Spiel dich nicht zum Narren. Warum beschimpfst du mich wahllos?"

„Ich möchte allein bleiben und mein Lied zu Ende singen."

Taumelnd trat auch er von Foma zur Seite und rief nach ein paar Sekunden erneut mit schluchzender Stimme aus:

„Mein Lied ist fertig! Und niemals mehr

Soll ich ihren Todesschlaf stören?

Oh Herr, oh Herr, ruhe meine Seele!

Denn es ist hoffnungslos in seinen Wunden,

Oh Herr, ruhe meine Seele. "

Foma schauderte beim Klang ihres düsteren Wehklagens und eilte Joschow hinterher; Doch bevor er ihn einholte, stieß der kleine Feuilletonschreiber einen hysterischen Schrei aus, warf sich mit der Brust auf den Boden und brach in klagendes und leises Schluchzen aus, so wie kränkliche Kinder weinen.

„Nikolay!" sagte Foma und hob ihn an den Schultern hoch. „Hör auf zu weinen; Was ist los? Oh Gott. Nikolay! Genug, schämst du dich nicht?"

Aber Joschow schämte sich nicht; Er kämpfte auf dem Boden wie ein Fisch, der gerade aus dem Wasser geholt wurde, und als Foma ihn auf die Füße gehoben hatte, drückte er sich dicht an Fomas Brust, umfasste seine Seiten mit seinen dünnen Armen und schluchzte weiter.

„Nun, das reicht!" sagte Foma mit fest zusammengebissenen Zähnen. „Genug, Liebes."

Und erschüttert über das Leiden des Mannes, der durch die Enge des Lebens verletzt wurde, voller Zorn über ihn, wandte er sein Gesicht der Dunkelheit zu, in der die Lichter der Stadt schimmerten, und brüllte in einem Ausbruch zornigen Kummers mit tiefer, lauter Stimme:

„Aa-ana-thema! Sei verflucht! Warte einfach. Auch du wirst ersticken! Sei verflucht!"

KAPITEL XI

„LUBAWKA!" sagte Mayakin eines Tages, als er von der Börse nach Hause kam: „Bereiten Sie sich auf diesen Abend vor. Ich werde dir einen Bräutigam bringen! Bereiten Sie ein schönes, herzhaftes kleines Mittagessen für uns vor. Stellen Sie so viel wie möglich von unserem alten Besteck auf den Tisch und bringen Sie auch die Obstvasen heraus, damit er von unserem Tisch beeindruckt ist! Lass ihn sehen, dass alles, was wir haben, eine Seltenheit ist!"

Lubov saß am Fenster und stopfte die Socken ihres Vaters, den Kopf über ihre Arbeit gesenkt.

„Was soll das alles, Papa?" fragte sie unzufrieden und beleidigt.

„Warum, wegen der Soße, wegen des Geschmacks. Und dann ist es in der richtigen Reihenfolge. Denn ein Mädchen ist kein Pferd; Ohne das Geschirr kann man sie nicht loswerden."

Voller Beleidigung warf Lubov nervös den Kopf, warf ihre Arbeit beiseite und warf einen Blick auf ihren Vater. und als sie die Socken wieder aufnahm, beugte sie ihren Kopf noch tiefer darüber. Der alte Mann ging im Zimmer auf und ab und zupfte voller Angst an seinem feurigen Bart. Seine Augen starrten irgendwo in die Ferne, und es war offensichtlich, dass er ganz in einen großen, komplizierten Gedanken vertieft war. Das Mädchen verstand, dass er nicht auf sie hören würde und nicht begreifen wollte, wie erniedrigend seine Worte für sie waren. Ihre romantischen Träume von einem befreundeten Ehemann, einem gebildeten Mann, der mit ihr weise Bücher lesen und ihr helfen würde, sich in ihren verwirrten Wünschen wiederzufinden, wurden durch den unflexiblen Entschluss ihres Vaters, sie mit Smolin zu verheiraten, unterdrückt. Sie waren getötet worden und hatten sich zersetzt und sich als bitterer Bodensatz in ihrer Seele niedergelassen. Sie war es gewohnt, sich für besser und höher zu halten als das durchschnittliche Mädchen der Kaufmannsklasse, als das leere und dumme Mädchen, das nur an Kleider denkt und fast immer nach der Berechnung seiner Eltern, aber selten, heiratet im Einklang mit dem freien Willen ihres Herzens. Und jetzt will sie selbst heiraten, nur weil es an der Zeit war und weil ihr Vater einen Schwiegersohn brauchte, der ihm in seinem Geschäft nachfolgen konnte. Und ihr Vater glaubte offenbar, dass sie allein kaum in der Lage sei, die Aufmerksamkeit eines Mannes auf sich zu ziehen, und schmückte sie deshalb mit Silber. Aufgeregt arbeitete sie nervös, stach sich die Finger, zerbrach Nadeln, schwieg aber, da sie wusste, dass alles, was sie sagen würde, das Herz ihres Vaters nicht erreichen würde.

Und der alte Mann ging immer wieder im Zimmer auf und ab, bald summte er leise Psalmen, bald wies er seine Tochter eindrucksvoll an, wie sie sich dem Bräutigam gegenüber verhalten sollte. Und dann zählte er auch etwas an seinen Fingern, runzelte die Stirn und lächelte.

„Mm! Also! Prüfe mich, oh Herr, und verurteile mich. Errette mich von dem Ungerechten und dem Falschen. Ja! Zieh die Smaragde deiner Mutter an, Lubov."

„Genug, Papa!" rief das Mädchen traurig. „Bitte, lass das in Ruhe."

„Nicht treten! Hören Sie zu, was ich Ihnen sage."

Und er war wieder in seine Berechnungen vertieft, schnappte mit seinen grünen Augen und spielte mit seinen Fingern vor seinem Gesicht.

„Das macht fünfunddreißig Prozent. Mm! Der Kerl ist ein Schurke. Sende dein Licht und deine Wahrheit herab."

"Papa!" rief Lubov traurig und erschrocken aus.

"Was?"

„Bist du mit ihm zufrieden?"

"Mit wem?

„Smolin."

„Smolin? Ja, er ist ein Schurke, er ist ein kluger Kerl, ein großartiger Kaufmann! Nun, ich bin jetzt weg. Seien Sie also auf der Hut, bewaffnen Sie sich."

Als Lubov allein blieb, warf sie ihre Arbeit beiseite, lehnte sich gegen die Stuhllehne und schloss fest die Augen. Ihre fest gefalteten Hände lagen auf ihren Knien und ihre Finger zuckten. Von der Bitterkeit gekränkter Eitelkeit erfüllt, verspürte sie eine beunruhigende Angst vor der Zukunft und betete schweigend:

"Mein Gott! Oh Gott! Wenn er nur ein freundlicher Mann wäre! Machen Sie ihn freundlich und aufrichtig. Oh Gott! Ein fremder Mann kommt, untersucht dich und nimmt dich jahrelang zu sich, wenn es dir gefällt! Wie schändlich das ist, wie schrecklich. Oh Herr, mein Gott! Wenn ich nur weglaufen könnte! Wenn ich nur jemanden hätte, der mir Ratschläge geben könnte, was ich tun soll! Wer ist er? Wie kann ich ihn kennenlernen? Ich kann nichts tun! Und ich habe nachgedacht, ach, wie viel habe ich nachgedacht! Ich habe gelesen. Zu welchem Zweck habe ich gelesen? Warum sollte ich wissen, dass es möglich ist, anders zu leben, obwohl ich nicht leben kann? Und es könnte sein, dass mein Leben einfacher und einfacher wäre, wenn es die Bücher nicht gäbe. Wie schmerzhaft ist das alles! Was für ein elendes, unglückliches Wesen ich bin! Allein. Wenn Taras wenigstens hier wäre."

Bei der Erinnerung an ihren Bruder empfand sie noch mehr Kummer, noch mehr Mitleid mit sich selbst. Sie hatte Taras einen langen, überschwänglichen Brief geschrieben, in dem sie von ihrer Liebe zu ihm und ihrer Hoffnung auf ihn gesprochen hatte; Während sie ihren Bruder anflehte, so schnell wie möglich zu seinem Vater zu kommen, hatte sie ihm Pläne für ein Zusammenleben ausgemalt und Taras versichert, dass ihr Vater äußerst klug sei und alles verstehe; Sie erzählte von seiner Einsamkeit, war über seine Lebenstauglichkeit in Ekstase geraten und hatte sich gleichzeitig über seine Haltung ihr gegenüber beklagt.

Zwei Wochen lang wartete sie ungeduldig auf eine Antwort, und als sie sie erhalten und gelesen hatte, brach sie vor Freude und Ernüchterung in Tränen aus. Die Antwort war trocken und kurz; Darin sagte Taras, dass er innerhalb eines Monats geschäftlich an der Wolga sein würde und es nicht versäumen würde, seinen Vater aufzusuchen, wenn der alte Mann wirklich nichts dagegen hätte. Der Brief war kalt wie ein Eisblock; Mit Tränen in den Augen betrachtete sie es immer wieder, zerknitterte es, faltete es, aber es wurde dadurch nicht wärmer, es wurde nur nass. Von dem Blatt steifen Notizpapiers, das mit Schriftzügen großer, fester Schrift bedeckt war, schien sie ein faltiges und misstrauisch gerunzeltes Gesicht anzuschauen, dünn und kantig wie das ihres Vaters.

Auf Jakow Tarasowitsch machte der Brief seines Sohnes einen anderen Eindruck. Als der alte Mann den Inhalt von Taras' Antwort erfuhr, zuckte er zusammen und wandte sich hastig lebhaft und mit einem seltsamen Lächeln an seine Tochter:

„Nun, lass es mich sehen! Zeig es mir! He-he! Lesen wir, wie weise Männer schreiben. Wo ist meine Brille? Mm! 'Liebe Schwester!' Ja."

Der alte Mann verstummte; Er las sich die Botschaft seines Sohnes vor, legte sie auf den Tisch und ging mit hochgezogenen Augenbrauen schweigend im Zimmer auf und ab, mit einem Ausdruck des Erstaunens auf seinem Gesicht. Dann las er den Brief noch einmal, klopfte nachdenklich mit den Fingern auf den Tisch und sagte:

„Dieser Brief ist nicht schlecht – er ist solide, ohne unnötige Worte. Also? Vielleicht ist der Mann in der Kälte wirklich abgehärtet. Dort ist die Kälte heftig. Lass ihn kommen, wir schauen ihn uns an. Es ist interessant. Ja. Im Psalm Davids über die Geheimnisse seines Sohnes heißt es: „Wenn du meinen Feind zurückgebracht hast" – ich habe vergessen, wie es weiter lautet. „Die Waffen meines Feindes sind am Ende schwächer geworden und sein

Gedächtnis ist im Lärm zugrunde gegangen." Nun, wir werden es in aller Stille mit ihm besprechen."

Der alte Mann versuchte ruhig und mit einem verächtlichen Lächeln zu sprechen, aber das Lächeln kam nicht; seine Falten zitterten gereizt und seine kleinen Augen hatten einen besonders deutlichen Glanz.

„Schreib ihm noch einmal, Lubovka. 'Mitkommen!' schreibe ihm: ‚Hab keine Angst zu kommen!'"

Lubov schrieb Taras einen weiteren Brief, aber dieses Mal war er kürzer und zurückhaltender, und nun wartete sie von Tag zu Tag auf eine Antwort und versuchte sich vorzustellen, was für ein Mann er sein musste, dieser mysteriöse Bruder von ihr. Früher dachte sie mit sinkendem Herzen an ihn, mit dem feierlichen Respekt, mit dem Gläubige an Märtyrer denken, Männer mit einem aufrichtigen Leben; Jetzt fürchtete sie ihn, denn er hatte sich das Recht erworben, Richter über Menschen und Leben zu sein, um den Preis schmerzlicher Leiden, um den Preis seiner Jugend, die im Exil ruiniert wurde. Als er kam, fragte er sie:

„Sie heiraten aus freien Stücken, aus Liebe, nicht wahr?"

Was sollte sie ihm sagen? Würde er ihre Kleinmut verzeihen? Und warum heiratet sie? Kann es wirklich sein, dass das alles ist, was sie tun kann, um ihr Leben zu verändern?

Düstere Gedanken schossen einer nach dem anderen im Kopf des Mädchens auf und verwirrten und quälten sie, obwohl sie nicht in der Lage war, ihnen einen eindeutigen, alles siegreichen Wunsch entgegenzustellen. Obwohl sie besorgt war und ihre Lippen zusammenpresste. Smolin erhob sich von seinem Stuhl, machte einen Schritt auf sie zu und verneigte sich respektvoll. Diese tiefe und höfliche Verbeugung gefiel ihr recht gut, auch der kostbare Gehrock, der hervorragend zu Smolins geschmeidiger Figur passte. Er hatte sich nur geringfügig verändert – er war derselbe rothaarige, kurzgeschorene, sommersprossige Jugendliche; nur sein Schnurrbart war lang geworden und seine Augen schienen größer geworden zu sein.

„Jetzt hat er sich verändert, was?" rief Mayakin seiner Tochter zu und zeigte auf den Bräutigam. Und Smolin schüttelte ihr die Hand und sagte lächelnd mit klingender Baritonstimme:

„Ich wage zu hoffen, dass Sie Ihren alten Freund nicht vergessen haben?"

"Es ist alles in Ordnung! Darüber können Sie später sprechen", sagte der alte Mann und musterte seine Tochter mit den Augen.

„Lubova, du kannst hier deine Vorkehrungen treffen, während wir unser kleines Gespräch beenden. Na dann, Afrikaner Mitrich, erkläre es."

„Sie werden mir doch verzeihen, Lubow Jakowlewna, nicht wahr?" fragte Smolin sanft.

„Bitte, stehen Sie nicht auf Zeremonien", sagte Lubov. „Er ist höflich und klug", bemerkte sie zu sich selbst; und als sie im Zimmer vom Tisch zur Anrichte umherging, begann sie Smolins Worten aufmerksam zuzuhören. Er sprach sanft, selbstbewusst und mit einer Einfachheit, in der man Herablassung gegenüber dem Gesprächspartner spürte. „Nun, vier Jahre lang habe ich den Zustand von russischem Leder auf ausländischen Märkten sorgfältig untersucht. Es ist ein trauriger und schrecklicher Zustand! Galt unser Leder dort vor rund dreißig Jahren noch als Standard, so sinkt heute die Nachfrage stetig, und damit geht natürlich auch der Preis einher. Und das ist völlig natürlich. Da es all diesen kleinen Lederproduzenten an Kapital und Wissen mangelt, sind sie nicht in der Lage, ihr Produkt auf den richtigen Standard zu bringen und gleichzeitig den Preis zu senken. Ihre Waren sind äußerst schlecht und teuer. Und sie alle tragen die Schuld daran, dass sie Russlands Ruf als Hersteller des besten Leders ruiniert haben. Im Allgemeinen ist der Kleinproduzent, dem es an technischem Wissen und Kapital mangelt, daher in der Lage, seine Produkte nicht im Verhältnis zur technischen Entwicklung zu verbessern. Ein solcher Produzent ist ein Unglück für das Land, der Parasit seines Handels."

"Hm!" brüllte der alte Mann, während er mit einem Auge seinen Gast ansah und mit dem anderen seine Tochter beobachtete. „Ihre Absicht ist es also, eine so große Fabrik zu bauen, dass alle anderen vor die Hunde gehen?"

"Ach nein!" rief Smolin und wehrte die Worte des alten Mannes mit einer leichten Handbewegung ab. „Warum anderen Unrecht tun? Welches Recht habe ich dazu? Mein Ziel ist es, die Bedeutung und den Preis des russischen Leders im Ausland zu steigern. Deshalb baue ich, ausgestattet mit den Kenntnissen über die Herstellung, eine Modellfabrik und fülle die Märkte mit Modellwaren. Die kommerzielle Ehre des Landes!"

„Braucht es viel Kapital, haben Sie gesagt?" fragte Mayakin nachdenklich.

„Ungefähr dreihunderttausend."

„Vater wird mir so eine Mitgift nicht geben", dachte Lubov.

„In meiner Fabrik werden auch Lederwaren wie Badehosen, Schuhe, Pferdegeschirre, Riemen usw. hergestellt."

„Und von wie viel Prozent träumst du?"

„Ich träume nicht, ich rechne mit aller Genauigkeit, die unter den Bedingungen in Russland möglich ist", sagte Smolin eindrucksvoll. „Der Hersteller sollte genauso strikt praktisch sein wie der Mechaniker, der eine Maschine herstellt. Die Reibung der kleinsten Schraube muss berücksichtigt werden, wenn man ernsthaft etwas Ernstes machen will. Ich kann Ihnen eine kleine Notiz vorlesen lassen, die ich auf der Grundlage meiner persönlichen Untersuchung der Viehzucht und des Fleischkonsums in Russland verfasst habe."

"Wie ist das!" lachte Mayakin. „Bring mir die Notiz, sie ist interessant! Es scheint, dass Sie Ihre Zeit nicht umsonst in Westeuropa verbracht haben. Und jetzt lasst uns etwas essen, nach russischer Art."

„Wie vertreibst du dir die Zeit, Lubow Jakowlewna?" fragte Smolin und bewaffnete sich mit Messer und Gabel.

„Sie ist hier bei mir ziemlich einsam", antwortete Mayakin für seine Tochter. „Meine Haushälterin, der ganze Haushalt liegt auf ihren Schultern, sie hat also keine Zeit, sich zu amüsieren."

„Und keinen Ort, muss ich hinzufügen", sagte Lubov. „Ich mag die Bälle und Unterhaltungen der Händler nicht."

„Und das Theater?" fragte Smolin.

„Ich gehe selten dorthin. Ich habe niemanden, mit dem ich gehen kann."

"Das Theater!" rief der alte Mann. „Sagen Sie mir bitte, warum ist es dann Mode geworden, den Kaufmann als wilden Idioten darzustellen? Es ist sehr amüsant, aber es ist unverständlich, weil es falsch ist! Bin ich ein Narr, wenn ich Herr im Stadtrat, Meister im Handel und auch Besitzer desselben Theaters bin? Siehst du den Kaufmann auf der Bühne an und siehst – er ist kein Leben-Leben! Wenn sie etwas Historisches präsentieren, wie zum Beispiel „Das Leben für den Zaren" mit Gesang und Tanz, oder „Hamlet", „Die Zauberin" oder „Wassilisa", ist eine wahrheitsgetreue Wiedergabe natürlich nicht erforderlich, denn es handelt sich um Sachverhalte der Vergangenheit und gehen uns nichts an. Ob wahr oder nicht, es spielt keine Rolle, solange sie gut sind, aber wenn Sie die moderne Zeit repräsentieren, dann lügen Sie nicht! Und zeige dem Mann, wie er wirklich ist."

Smolin hörte den Worten des alten Mannes mit einem begehrlichen Lächeln auf den Lippen zu und warf Lubov Blicke zu, die sie einzuladen schienen, ihren Vater zu widerlegen. Etwas verlegen sagte sie:

„Und doch, Papa, ist die Mehrheit der Kaufmannsklasse ungebildet und wild."

„Ja", bemerkte Smolin bedauernd und nickte zustimmend, „das ist die traurige Wahrheit."

„Nehmen Sie zum Beispiel Foma", fuhr das Mädchen fort.

"Oh!" rief Mayakin aus. „Nun, ihr seid junge Leute, ihr könnt Bücher in euren Händen halten."

„Und interessieren Sie sich für keine der Gesellschaften?" Smolin fragte Lubov. „Hier gibt es so viele verschiedene Gesellschaften."

„Ja", sagte Lubov seufzend, „aber ich lebe ziemlich abseits von allem."

„Hauswirtschaft!" warf der Vater dazwischen. „Wir haben hier so einen Vorrat an verschiedenen Dingen, alles muss sauber, in Ordnung und in der Anzahl vollständig gehalten werden."

Mit selbstzufriedener Miene nickte er zuerst zum Tisch, der mit glänzendem Kristall- und Silberbesteck gedeckt war, und dann zur Anrichte, deren Regale unter der Last der Artikel regelrecht zerbrachen und die an die Auslage in einem Laden erinnerte Fenster. Smolin bemerkte dies alles und ein ironisches Lächeln begann sich auf seinen Lippen zu spielen. Dann warf er einen Blick auf Lubovs Gesicht: In seinem Blick erkannte sie etwas Freundliches, Mitfühlendes ihr gegenüber. Eine leichte Röte bedeckte ihre Wangen, und sie sagte sich mit schüchterner Freude:

"Gott sei Dank!"

Das Licht der schweren Bronzelampe schien nun an den Seiten der Kristallvasen strahlender zu blitzen und es wurde heller im Raum.

„Ich mag unsere liebe Altstadt!" sagte Smolin und sah das Mädchen mit einem freundlichen Lächeln an, „es ist so schön, so kräftig; Es liegt eine Fröhlichkeit darin, die einen zur Arbeit inspiriert. Gerade seine malerische Natur ist etwas anregend. Darin hat man das Gefühl, ein schneidiges Leben zu führen. Man hat Lust, viel und ernsthaft zu arbeiten. Und dann ist es eine intelligente Stadt. Sehen Sie einfach, was für eine praktische Zeitung hier veröffentlicht wird. Wir haben übrigens vor, es zu kaufen."

„Wen meinst du mit „Du"? fragte Mayakin.

„Ich, Urvantzov, Shchukin –"

„Das ist lobenswert!" sagte der alte Mann und klopfte mit der Hand auf den Tisch. „Das ist sehr praktisch! Es ist Zeit, ihnen den Mund zu halten, es war längst höchste Zeit! Besonders, dass Yozhov; Er ist wie eine Säge mit scharfen Zähnen. Setzen Sie ihm einfach die Rändelschraube an! Und mach es gut!"

Smolin warf Lubov erneut einen lächelnden Blick zu, und ihr Herz zitterte erneut vor Freude. Mit errötendem Gesicht sagte sie zu ihrem Vater und wandte sich innerlich an den Bräutigam:

„Soweit ich es verstehe, afrikanischer Dmitrewitsch, möchte er die Zeitung keineswegs kaufen, um ihr den Mund zu stopfen, wie Sie sagen."

„Was kann man dann damit machen?" fragte der alte Mann und zuckte mit den Schultern. „Da ist nichts als leeres Gerede und Hetze drin. Natürlich, wenn die praktischen Leute, die Kaufleute selbst, anfangen, dafür zu schreiben –"

„Die Veröffentlichung einer Zeitung", begann Smolin lehrreich und unterbrach den alten Mann, „kann, rein vom kommerziellen Standpunkt aus betrachtet, ein sehr profitables Unternehmen sein. Aber abgesehen davon hat eine Zeitung noch ein anderes, wichtigeres Ziel – nämlich die Rechte des Einzelnen und die Interessen von Industrie und Handel zu schützen."

„Genau das sage ich: Wenn der Kaufmann die Zeitung selbst verwaltet, dann wird sie nützlich sein."

„Entschuldigung, Papa", sagte Lubov.

Sie begann das Bedürfnis zu verspüren, sich vor Smolin auszudrücken; Sie wollte ihm versichern, dass sie die Bedeutung seiner Worte verstand, dass sie keine gewöhnliche Kaufmannstochter war, die sich nur für Kleider und Bälle interessierte. Smolin gefiel ihr. Dies war das erste Mal, dass sie einen Kaufmann sah, der schon lange im Ausland gelebt hatte, der so beeindruckend argumentierte, der sich so anständig verhielt, der so gut gekleidet war und der mit ihrem Vater, dem klügsten Mann der Stadt, sprach der herablassende Ton eines Erwachsenen gegenüber einem Minderjährigen.

„Nach der Hochzeit werde ich ihn überreden, mich ins Ausland mitzunehmen", dachte Lubov plötzlich und vergaß, verwirrt über diesen Gedanken, was sie ihrem Vater sagen wollte. Sie errötete tief und schwieg einige Sekunden lang, voller Angst, Smolin könnte dieses Schweigen auf eine für sie unvorteilhafte Weise interpretieren.

„Aufgrund Ihres Gesprächs haben Sie vergessen, unserem Gast etwas Wein anzubieten", sagte sie schließlich nach einigen Sekunden schmerzlichen Schweigens.

"Das geht nur dich was an. „Sie sind Gastgeberin", erwiderte der alte Mann.

„Oh, stören Sie sich nicht!" rief Smolin lebhaft aus. „Ich trinke kaum."

"Wirklich?" fragte Mayakin.

"Ich versichere dir! Manchmal trinke ich ein oder zwei Gläser Wein, wenn ich müde oder krank bin. Aber Wein zum Vergnügen zu trinken, ist für mich unverständlich. Es gibt andere Freuden, die eines gebildeten Mannes würdiger sind."

„Du meinst meine Damen, nehme ich an?" fragte der alte Mann mit einem Augenzwinkern.

Smolins Wangen und Hals wurden rot und die Farbe sprang in sein Gesicht. Mit entschuldigenden Augen blickte er Lubov an und sagte trocken zu ihrem Vater:

„Ich meine das Theater, Bücher, Musik."

Lubov strahlte vor Freude über seine Worte.

Der alte Mann sah den würdigen jungen Mann schief an, lächelte scharf und platzte plötzlich heraus:

„Eh, das Leben geht weiter! Früher genoss der Hund eine Kruste, heute findet der Mops die Creme zu dünn; Verzeihen Sie mir meine säuerliche Bemerkung, aber sie ist sehr treffend. Es bezieht sich nicht direkt auf Sie selbst, sondern auf das Allgemeine."

Lubov wurde blass und sah Smolin erschrocken an. Er war ruhig und betrachtete eine alte Salzdose, die mit Emaille verziert war; Er drehte seinen Schnurrbart und sah aus, als hätte er die Worte des alten Mannes nicht gehört. Aber seine Augen wurden dunkler, seine Lippen waren ganz fest zusammengepresst und sein glattrasiertes Kinn ragte hartnäckig nach vorne.

„Und so, mein zukünftiger führender Hersteller", sagte Mayakin, als wäre nichts passiert, „dreihunderttausend Rubel, und Ihr Unternehmen wird wie ein Feuer aufflammen?"

„Und in anderthalb Jahren werde ich die erste Ladung Waren verschicken, nach denen sehnsüchtig gesucht wird", sagte Smolin einfach, mit unerschütterlicher Zuversicht, und er musterte den alten Mann mit einem kalten und festen Blick.

"So sei es; die Firma Smolin und Mayakin, und das ist alles? Also. Nur kommt es mir ziemlich spät vor, ein neues Unternehmen zu gründen, nicht wahr? Ich nehme an, das Grab ist schon lange für mich vorbereitet; was denkst du darüber?"

Anstelle einer Antwort brach Smolin in ein sattes, aber gleichgültiges und kaltes Gelächter aus und sagte dann:

„Oh, sag das nicht."

Der alte Mann schauderte vor Lachen und fuhr erschrocken mit einer kaum wahrnehmbaren Bewegung seines Körpers zurück. Nach Smolins Worten schwiegen alle drei etwa eine Minute lang.

„Ja", sagte Mayakin, ohne den tief gesenkten Kopf zu heben. „Darüber muss man nachdenken. Ich muss darüber nachdenken. Dann erhob er den

Kopf, musterte seine Tochter und den Bräutigam aufmerksam, erhob sich von seinem Stuhl und sagte streng und schroff: „Ich gehe für eine Weile in mein kleines Kabinett. Ohne mich wirst du dich bestimmt nicht einsam fühlen."

Und er ging mit gebeugtem Rücken und gesenktem Kopf hinaus, wobei er heftig mit den Füßen kratzte.

Die so in Ruhe gelassenen jungen Leute tauschten ein paar leere Phrasen aus, und da sie sich offenbar bewusst waren, dass diese nur dazu beitrugen, sie noch weiter voneinander zu entfernen, hielten sie ein schmerzliches, verlegenes und erwartungsvolles Schweigen aufrecht. Lubov nahm eine Orange und begann sie mit übertriebener Aufmerksamkeit zu schälen, während Smolin mit gesenktem Blick seinen Schnurrbart untersuchte, den er vorsichtig mit der linken Hand streichelte, mit einem Messer spielte und das Mädchen plötzlich mit gesenkter Stimme fragte:

„Entschuldigen Sie meine Indiskretion. Offensichtlich ist es für Sie, Lubov Yakovlevna, sehr schwierig, mit Ihrem Vater zusammenzuleben. Er ist ein Mann mit altmodischen Ansichten und, verzeihen Sie, er ist ziemlich hartherzig!"

Lubov schauderte, warf dem rothaarigen Mann einen dankbaren Blick zu und sagte:

„Es ist nicht einfach, aber ich habe mich daran gewöhnt. Er hat auch seine guten Qualitäten."

„Oh, zweifellos! Aber für Sie, die Sie so jung, schön und gebildet sind, für Sie mit Ihren Ansichten ... Sehen Sie, ich habe etwas über Sie gehört."

Er lächelte so freundlich und mitfühlend, und seine Stimme war so sanft, dass ein Hauch heiterer Wärme den Raum erfüllte. Und im Herzen des Mädchens flammte immer heller die schüchterne Hoffnung auf, das Glück zu finden, aus der engen Gefangenschaft der Einsamkeit befreit zu werden.

KAPITEL XII

Ein dichter, grauer Nebel lag über dem Fluss, und ein Dampfer, der ab und zu einen dumpfen Pfiff ausstieß, kämpfte sich langsam gegen die Strömung an. Feuchte und kalte Wolken von monotoner Blässe umhüllten den Dampfer von allen Seiten und übertönten alle Geräusche und lösten sie in ihrer unruhigen Feuchtigkeit auf. Das dreiste Dröhnen der Signale erklang in einem gedämpften, melancholischen Dröhnen und war seltsam kurz, als es aus dem Pfiff hervorbrach. Das Geräusch schien in der von schwerer Feuchtigkeit durchnässten Luft keinen Platz für sich zu finden und fiel nass und erstickt nach unten. Und das Plätschern der Räder des Dampfers klang so phantastisch dumpf, dass es schien, als ob es nicht in der Nähe, an den Seiten des Schiffes, sondern irgendwo in der Tiefe, auf dem dunklen Grund des Flusses, erzeugt worden wäre. Vom Dampfer aus konnte man weder das Wasser noch das Ufer noch den Himmel sehen; eine bleigraue Düsterkeit hüllte es von allen Seiten ein; schattierungslos, schmerzhaft eintönig, die Düsterkeit war bewegungslos, sie drückte den Dampfer mit unermesslicher Schwere, verlangsamte seine Bewegungen und schien sich darauf vorzubereiten, ihn zu verschlucken, ebenso wie er die Geräusche verschluckte. Trotz der dumpfen Schläge der Paddel auf dem Wasser und der gemessenen Erschütterungen des Schiffskörpers schien es, als würde der Dampfer schmerzhaft an einer Stelle kämpfen, vor Qual ersticken und zischend wie ein Märchenmonster heulend seinen letzten Atemzug geben in den Schmerzen des Todes, im Heulen vor Schmerz und in der Angst vor dem Tod.

Leblos waren die Dampferlichter. Um die Laterne am Mast hatte sich ein gelber, regungsloser Fleck gebildet; Ohne Glanz hing es im Nebel über dem Dampfer und beleuchtete nichts außer dem grauen Nebel. Das rote Steuerbordlicht sah aus wie ein riesiges Auge, das von jemandes grausamer Faust zerquetscht wurde, geblendet und voller Blut. Blasse Lichtstrahlen fielen aus den Fenstern des Dampfers in den Nebel und färbten nur seine kalte, freudlose Herrschaft über das Schiff, das von allen Seiten von der bewegungslosen Masse erdrückender Feuchtigkeit bedrängt wurde.

Der Rauch aus dem Schornstein fiel nach unten und drang zusammen mit Nebelfetzen in alle Ritzen des Decks, wo die Passagiere der dritten Klasse sich schweigend in ihre Lumpen hüllten und Gruppen wie Schafe bildeten. Aus der Nähe der Maschinerie drang tiefes, angestrengtes Stöhnen, Glockenläuten, dumpfe Befehlstöne und die schroffen Worte des Maschinisten:

„Ja – langsam! Ja – halbe Geschwindigkeit!"

Am Heck, in einer Ecke, blockiert von Fässern mit gesalzenem Fisch, versammelte sich eine Gruppe von Menschen, beleuchtet von einer kleinen elektrischen Lampe. Das waren ruhige, ordentlich und warm gekleidete Bauern. Einer von ihnen lag mit dem Gesicht nach unten auf einer Bank; ein anderer saß zu seinen Füßen, ein weiterer stand da und lehnte sich mit dem Rücken an ein Fass, während zwei andere flach auf dem Deck Platz nahmen. Ihre nachdenklichen und aufmerksamen Gesichter waren einem rundschultrigen Mann in einer kurzen, gelb gewordenen Soutane und einer zerrissenen Pelzmütze zugewandt. Dieser Mann saß mit gebeugtem Rücken auf einigen Kisten, starrte auf seine Füße und sprach mit leiser, selbstbewusster Stimme:

„Die lange Geduld des Herrn wird ein Ende haben, und dann wird sein Zorn über die Menschen ausbrechen. Wir sind wie Würmer vor Ihm, und wie können wir dann Seinen Zorn abwehren, mit welchem Wehklagen sollen wir Seine Gnade anrufen?"

Von seiner Trübsinnigkeit bedrückt, war Foma aus seiner Kajüte auf das Deck heruntergekommen und hatte eine Zeit lang im Schatten einiger mit Planen bedeckter Waren gestanden und der mahnenden und sanften Stimme des Predigers gelauscht. Als er auf dem Deck auf und ab ging, war er zufällig auf diese Gruppe gestoßen, und von der Gestalt des Pilgers angezogen, blieb er in deren Nähe stehen. In diesem großen, starken Körper, in diesem strengen, dunklen Gesicht, in diesen großen, ruhigen Augen kam ihm etwas bekannt vor. Das lockige, graue Haar, das unter der Schädeldecke hervorfiel, der ungepflegte, buschige Bart, der in dichten Locken auseinanderfiel, die lange, gebogene Nase, die spitzen Ohren, die dicken Lippen – all das hatte Foma schon einmal gesehen, aber Ich konnte mich nicht erinnern, wann und wo.

„Ja, wir sind vor dem Herrn sehr im Rückstand!" bemerkte einer der Bauern und seufzte tief.

„Wir müssen beten", flüsterte der Bauer, der auf der Bank lag, mit kaum hörbarer Stimme.

„Können Sie Ihr sündiges Elend mit Worten des Gebets von Ihrer Seele kratzen?" rief jemand laut, fast mit Verzweiflung in der Stimme.

Niemand von denen, die die Gruppe um den Pilger bildeten, drehte sich bei dieser Stimme um, nur ihre Köpfe sanken tiefer auf ihre Brüste, und lange Zeit saßen diese Menschen regungslos und sprachlos da:

Der Pilger musterte sein Publikum mit einem ernsten und meditativen Blick aus seinen blauen Augen und sagte leise:

„Ephraim, der Syrer, sagte: ‚Mache deine Seele zum Mittelpunkt deiner Gedanken und stärke dich in deinem Wunsch, frei von Sünde zu sein.‘“

Und wieder senkte er den Kopf und befingerte langsam die Perlen des Rosenkranzes.

„Das heißt, wir müssen nachdenken“, sagte einer der Bauern; „Aber wann hat ein Mensch während seines Erdenlebens Zeit zum Nachdenken?“

„Überall um uns herum herrscht Verwirrung.“

„Wir müssen in die Wüste fliehen“, sagte der Bauer, der auf der Bank lag.

„Nicht jeder kann es sich leisten.“

Die Bauern redeten und verstummten wieder. Ein schriller Pfiff ertönte, eine kleine Glocke begann an der Maschine zu klingeln. Jemandes lauter Ausruf ertönte:

„Äh, da! Zu den Wassermessstangen.“

"Oh Gott! Oh Königin des Himmels!“ – ein tiefer Seufzer war zu hören.

Und eine dumpfe, halb erstickte Stimme rief:

"Neun! neun!"

Nebelfetzen brachen auf das Deck und schwebten darüber wie kalter, grauer Rauch.

„Hier, gütige Leute, hört auf die Worte von König David“, sagte der Pilger, schüttelte den Kopf und begann deutlich zu lesen: „„Führe mich, o Herr, in deiner Gerechtigkeit wegen meiner Feinde; Gehe deinen Weg direkt vor meinem Angesicht. Denn in ihrem Mund ist keine Treue; ihr innerer Teil ist sehr böse; ihre Kehle ist ein offenes Grab; sie schmeicheln mit ihrer Zunge. Zerstöre sie, oh Gott; lasst sie durch ihre eigenen Ratschläge fallen.‘“

"Acht! Sieben!" Wie Stöhnen hallten diese Ausrufe in der Ferne wider.

Der Dampfer begann wütend zu zischen und verlangsamte seine Geschwindigkeit. Der Lärm des zischenden Dampfes übertönte die Worte des Pilgers, und Foma sah nur die Bewegung seiner Lippen.

"Aussteigen!" ein lauter, wütender Schrei war zu hören. „Es ist mein Platz!“

"Dein?"

„Hier hast du deins!“

„Ich werde dir auf den Kiefer klopfen; dann wirst du deinen Platz finden. Was für ein Herr!“

„Geh weg!“

Es kam zu einem Aufruhr. Die Bauern, die dem Pilger zuhörten, drehten ihre Köpfe in die Richtung, in der der Streit stattfand, und der Pilger seufzte und verstummte. In der Nähe der Maschine entbrannte ein lauter und lebhafter Streit, als ob trockene Zweige, die auf ein erlöschendes Scheiterhaufen geworfen worden wären, die Flammen gefangen hätten.

„Ich werde es euch geben, Teufel! Geht weg, ihr beide.“

„Bringen Sie sie zum Kapitän.“

"Ha! Ha! Ha! Das ist eine gute Lösung für Sie!“

„Das war ein guter Schlag, den er ihm auf den Hals gegeben hat!“

„Die Matrosen sind ein kluger Haufen.“

"Acht! neun!" schrie der Mann mit der Messlatte.

„Ja, Geschwindigkeit erhöhen!“ kam der laute Ausruf des Ingenieurs.

Von der Bewegung des Dampfers schwankend, stand Foma an die Plane gelehnt und lauschte aufmerksam jedem einzelnen Geräusch um ihn herum. Und alles verschmolz zu einem Bild, das ihm vertraut war. Durch Nebel und Ungewissheit, von allen Seiten von für das Auge undurchdringlicher Dunkelheit umgeben, bewegt sich das Leben des Menschen irgendwo langsam und schwer. Und die Menschen trauern über ihre Sünden, sie seufzen schwer und kämpfen dann um einen warmen Platz, und indem sie einander darum bitten, den Platz zu besitzen, erhalten sie auch Schläge von denen, die nach Ordnung im Leben streben. Sie suchen zaghaft nach einem freien Weg zum Ziel.

"Neun! acht!"

Der Klageschrei weht leise über das Schiff. „Und das heilige Gebet des Pilgers wird vom Tumult des Lebens betäubt. Und es gibt keine Erleichterung von der Trauer, es gibt keine Freude für den, der über sein Schicksal nachdenkt.“

Foma hatte das Gefühl, zu diesem Pilger zu sprechen, in dessen sanften Worten aufrichtige Furcht vor Gott und allerlei Furcht vor den Menschen vor seinem Angesicht klang. Die freundliche, mahnende Stimme des Pilgers besaß eine besondere Kraft, die Foma dazu zwang, auf ihre tiefen Töne zu lauschen.

„Ich würde ihn gerne fragen, wo er wohnt“, dachte Foma und musterte die riesige, gebeugte Gestalt aufmerksam. „Und wo habe ich ihn schon einmal gesehen? Oder ähnelt er einem Bekannten von mir?“

Plötzlich wurde es Foma besonders deutlich, dass der bescheidene Prediger vor ihm kein anderer war als der Sohn des alten Anany Shchurov. Von dieser Vermutung verblüfft, ging er auf den Pilger zu, setzte sich neben ihn und fragte freimütig:

„Sind Sie aus Irgiz, Vater?"

Der Pilger hob den Kopf, wandte langsam und schwer sein Gesicht Foma zu, musterte ihn und sagte mit ruhiger und sanfter Stimme:

„Ich war auch auf der Irgiz."

„Sind Sie ein Einheimischer dieses Ortes?"

„Kommst du jetzt von dort?"

„Nein, ich komme aus Sankt Stephan."

Das Gespräch brach ab. Foma hatte nicht den Mut, den Pilger zu fragen, ob er nicht Schtschurow sei.

„Wegen des Nebels kommen wir zu spät", sagte jemand.

„Wie können wir helfen, zu spät zu kommen!"

Alle schwiegen und sahen Foma an. Jung, gutaussehend, ordentlich und reich gekleidet, erregte er durch sein plötzliches Erscheinen unter ihnen die Neugier der Umstehenden; er war sich dieser Neugier bewusst, er verstand, dass sie alle auf seine Worte warteten, dass sie verstehen wollten, warum er zu ihnen gekommen war, und das alles verwirrte und ärgerte ihn.

„Es kommt mir so vor, als ob ich dich schon einmal irgendwo getroffen habe, Vater", sagte er schließlich.

Der Pilger antwortete, ohne ihn anzusehen:

"Vielleicht."

„Ich würde gerne mit Ihnen sprechen", verkündete Foma schüchtern und leise.

„Na dann sprich."

"Komm mit mir."

"Wohin?"

„Zu meiner Hütte."

Der Pilger schaute Foma ins Gesicht und stimmte nach einem Moment des Schweigens zu:

"Kommen."

Als er ging, spürte Foma die Blicke der Bauern auf seinem Rücken und nun war er erfreut zu wissen, dass sie sich für ihn interessierten.

In der Kabine fragte er sanft:

„Würdest du vielleicht etwas essen? Sag mir. Ich werde es bestellen."

„Gott bewahre es. Was möchten Sie?"

Dieser Mann, schmutzig und zerlumpt, in einer vom Alter geröteten und mit Flecken bedeckten Soutane, überblickte die Kabine mit zimperlichem Blick, und als er sich auf die mit Plüsch bezogene Lounge setzte, drehte er den Saum der Soutane, als ob er Angst hätte es durch den Plüsch zu beschmutzen.

„Wie heißt du, Vater?" fragte Foma, als sie den Ausdruck der Zimperlichkeit im Gesicht des Pilgers bemerkte.

„Miron."

„Nicht Mikhail?"

„Warum Michail?" fragte der Pilger.

„In unserer Stadt gab es den Sohn eines gewissen Kaufmanns Schtschurow, der ging auch nach Irgiz. Und sein Name war Mikhail."

Foma sprach und sah Pater Miron starr an; aber dieser war so ruhig wie ein Taubstumme –

„So einen Mann habe ich noch nie getroffen. Ich erinnere mich nicht, ich habe ihn nie getroffen", sagte er nachdenklich. „Also wollten Sie sich nach ihm erkundigen?"

"Ja."

„Nein, ich habe Michail Schtschurow nie getroffen. Nun, verzeihen Sie mir um Himmels willen!" und der Pilger erhob sich aus dem Aufenthaltsraum, verneigte sich vor Foma und ging zur Tür.

„Aber warte mal, setz dich, lass uns ein bisschen reden!" rief Foma und stürzte sich unruhig auf ihn. Der Pilger sah ihn forschend an und ließ sich auf die Lounge nieder. Aus der Ferne ertönte ein dumpfer Ton, wie ein tiefes Stöhnen, und gleich darauf ertönte der Signalpfiff des Dampfers wie in ängstlicher Weise über Fomas und die Köpfe seiner Gäste hinweg. Aus der Ferne kam eine weiter entfernte Antwort, und die Pfeife über ihnen gab erneut abrupte, ängstliche Töne von sich. Foma öffnete das Fenster. Durch den Nebel, nicht weit von ihrem Dampfer entfernt, bewegte sich etwas mit tiefem Lärm; Flecken phantastischer Lichter schwebten vorbei, der Nebel wurde unruhig und versank wieder in toter Unbeweglichkeit.

"Wie schrecklich!" rief Foma und schloss das Fenster.

„Wovor gibt es Angst zu haben?“ fragte der Pilger. „Siehst du! Es ist weder Tag noch Nacht, weder Dunkelheit noch Licht! Wir können nichts sehen, wir segeln, wir wissen nicht wohin, wir verirren uns auf dem Fluss.“

„Habe inneres Feuer in dir, habe Licht in deiner Seele, und du wirst alles sehen“, sagte der Pilger streng und lehrreich.

Foma war über diese kalten Worte unzufrieden und sah den Pilger schief an. Dieser saß mit gesenktem Kopf regungslos da, als sei er in Gedanken und Gebete versteinert. Die Perlen seines Rosenkranzes raschelten sanft in seinen Händen.

Die Haltung des Pilgers ließ in Foma leichten Mut entstehen, und er sagte:

„Sagen Sie mir, Pater Miron, ist es gut, in völliger Freiheit zu leben, ohne Arbeit, ohne Verwandte, ein Wanderer wie Sie?“

Pater Miron hob den Kopf und brach leise in das streichelnde Lachen eines Kindes aus. Sein ganzes Gesicht, gebräunt vom Wind und Sonnenbrand, von innerer Freude erhellt , strahlte vor stiller Freude; Er berührte Fomas Knie mit der Hand und sagte in aufrichtigem Ton:

„Lege alles Weltliche von dir ab, denn darin ist keine Süße enthalten. Ich sage dir das richtige Wort: Wende dich vom Bösen ab. Erinnern Sie sich, dass es hieß:

„Gesegnet ist der Mann, der nicht im Rat der Gottlosen wandelt und der Sünder nicht im Weg steht.“ Wende dich ab, erfrische deine Seele mit Einsamkeit und erfülle dich mit dem Gedanken an Gott. Denn nur durch den Gedanken an Ihn kann der Mensch seine Seele vor der Entweihung retten.“

„Das ist nicht die Sache!“ sagte Foma. „Ich habe nicht das Bedürfnis, meine Erlösung zu erwirken. Habe ich so viel gesündigt? Schauen Sie sich andere an. Was ich möchte, ist, Dinge zu verstehen.“

„Und du wirst es verstehen, wenn du dich von der Welt abwendest. Gehen Sie weiter auf der freien Straße, auf den Feldern, in den Steppen, auf den Ebenen, auf den Bergen. Geh hinaus und betrachte die Welt aus der Ferne, aus deiner Freiheit.“

"Das ist richtig!" rief Foma. „Genau das denke ich. Von der Seite sieht man besser!“

Und Miron achtete nicht auf seine Worte und sprach leise, als würde er von einem großen Geheimnis sprechen, das nur er, der Pilger, kannte:

„Die dichten, schlummernden Wälder um dich herum werden anfangen, mit süßen Stimmen die Weisheit des Herrn zu verkünden; Gottes kleine Vögel werden vor dir von seiner heiligen Herrlichkeit singen, und die Gräser der Steppe werden der Heiligen Jungfrau Weihrauch verbrennen."

Die Stimme des Pilgers hob und zitterte bald vor übermäßiger Emotion, bald sank sie zu einem geheimnisvollen Flüstern. Er schien jünger geworden zu sein; Seine Augen strahlten so zuversichtlich und klar, und sein ganzes Gesicht strahlte vom glücklichen Lächeln eines Mannes, der seiner Freude Ausdruck verliehen hat und sich darüber freute, wie er sie ausschüttete.

„Das Herz Gottes pocht in jedem einzelnen Grashalm; jedes einzelne Insekt der Luft und der Erde atmet seinen heiligen Geist. Gott, der Herr, Jesus Christus, lebt überall! Was für eine Schönheit gibt es auf der Erde, auf den Feldern und in den Wäldern! Waren Sie schon einmal auf der Kerzenz? Dort herrscht eine unvergleichliche Stille, die Bäume und das Gras sind wie im Paradies."

Foma hörte zu, und seine Fantasie, fasziniert von der ruhigen, bezaubernden Erzählung, stellte sich vor ihm diese weiten Felder und dichten Wälder voller Schönheit und seelenberuhigender Stille vor.

„Du schaust in den Himmel, während du irgendwo unter einem kleinen Busch ruhst, und der Himmel scheint auf dich herabzusinken, als würde er sich danach sehnen, dich zu umarmen. Deine Seele ist warm, erfüllt von stiller Freude, du begehrst nichts, du beneidest nichts. Und es kommt dir tatsächlich so vor, als gäbe es niemanden auf der Erde außer dir und Gott."

Der Pilger sprach, und seine Stimme und seine singende Rede erinnerten Foma an die wunderbaren Märchen von Tante Anfisa. Es kam ihm vor, als würde er nach einer langen Reise an einem heißen Tag das klare, kalte Wasser eines Waldbaches trinken, Wasser, das nach den Gräsern und Blumen duftete, die es umspült hatte. Noch weiter und weiter wurden die Bilder, als sie sich vor ihm entfalteten; hier ist ein Weg durch den dichten, schlummernden Wald; Die feinen Sonnenstrahlen dringen durch die Äste der Bäume und zittern in der Luft und unter den Füßen des Wanderers. Es riecht würzig nach Pilzen und verrottendem Laub; Der honigsüße Duft der Blumen, der intensive Geruch der Kiefer steigen unsichtbar in die Luft und dringen in einem warmen, reichen Strom in die Brust ein. Alles ist Stille: Nur die Vögel singen, und die Stille ist so wunderbar, dass es scheint, als würden sogar die Vögel in deiner Brust singen. Du gehst ohne Eile und dein Leben geht wie ein Traum weiter. Während hier alles in einen grauen, toten Nebel gehüllt ist, kämpfen wir törichterweise darin umher und sehnen uns nach Freiheit und Licht. Dort unten haben sie begonnen, mit kaum hörbarer Stimme etwas zu singen; es war halb Lied, halb Gebet. Wieder schreit und schimpft jemand. Und immer noch suchen sie den Weg:

"Siebeneinhalb. Sieben!"

„Und es ist dir egal", sagte der Pilger und seine Stimme murmelte wie ein Bach. „Jeder wird dir eine Kruste Brot geben; und was brauchst du sonst noch in deiner Freiheit? In der Welt legen sich Sorgen wie Fesseln auf die Seele."

„Du sprichst gut", sagte Foma seufzend.

"Mein lieber Bruder!" rief der Pilger leise und kam noch näher auf ihn zu. „Da die Seele erwacht ist, da sie sich nach Freiheit sehnt, wiege sie nicht mit Gewalt in den Schlaf; höre auf seine Stimme. Die Welt mit ihren Reizen hat keinerlei Schönheit und Heiligkeit, warum also ihren Gesetzen gehorchen? Bei Johannes Chrysostomus heißt es: „Die wahre Schechina ist der Mensch!" Shechinah ist ein hebräisches Wort und bedeutet das Allerheiligste. Folglich-"

Ein anhaltender, schriller Pfiff übertönte seine Stimme. Er hörte zu, erhob sich schnell aus dem Aufenthaltsraum und sagte:

„Wir nähern uns dem Hafen. Das ist es, was der Pfiff bedeutete. Ich muss weg! Nun, auf Wiedersehen, Bruder! Möge Gott Ihnen Kraft und Festigkeit geben, nach dem Willen Ihrer Seele zu handeln! Auf Wiedersehen, mein lieber Junge!"

Er verneigte sich tief vor Foma. In seinen Abschiedsworten und seiner Verbeugung lag etwas Weibliches, Zärtliches und Sanftes. Auch Foma verneigte sich tief vor ihm, verneigte sich und blieb wie versteinert stehen, mit gesenktem Kopf, die Hand auf den Tisch gelehnt.

„Kommen Sie zu mir, wenn Sie in der Stadt sind", bat er den Pilger, der hastig die Klinke der Hüttentür drehte.

"Ich werde! Ich werde kommen! Auf Wiedersehen! Christus rette dich!"

Als die Bordwand des Dampfers den Kai berührte, kam Foma auf das Deck und begann, nach unten in den Nebel zu blicken. Vom Dampfer aus gingen Menschen die Laufplanken hinunter, aber Foma konnte den Pilger zwischen den dunklen Gestalten, die in die dichte Dunkelheit gehüllt waren, nicht erkennen. Alle, die den Dampfer verließen, sahen gleichermaßen undeutlich aus und verschwanden alle schnell aus dem Blickfeld, als wären sie in der grauen Feuchtigkeit geschmolzen. Man konnte weder das Ufer noch etwas anderes Festes sehen; die Landungsbrücke schaukelte unter der Aufregung, die der Dampfer verursachte; darüber schwankte der gelbe Fleck der Laterne; der Lärm der Schritte und das Treiben der Menschen waren dumpf.

Der Dampfer legte ab und fuhr langsam in die Wolken hinein. Der Pilger, der Hafen, das Stimmengewirr der Menschen – alles verschwand plötzlich wie ein Traum, und wieder blieben nur die dichte Dunkelheit und der sich darin schwer drehende Dampfer. Foma starrte vor sich in das tote Nebelmeer und dachte an den blauen, wolkenlosen und streichelnd warmen Himmel – wo war er?

Am nächsten Tag, gegen Mittag, saß er in Joschows kleinem Zimmer und lauschte den Lokalnachrichten aus dem Mund seines Freundes. Joschow war auf den mit Zeitungen gestapelten Tisch geklettert und erzählte mit schwankenden Füßen:

„Der Wahlkampf hat begonnen. Die Kaufleute stellen deinen Paten als Bürgermeister ein – dieser alte Teufel! Wie der Teufel ist er unsterblich, obwohl er bereits über hundertfünfzig Jahre alt sein muss. Er heiratet seine Tochter mit Smolin. Du erinnerst dich an den rothaarigen Kerl. Sie sagen, er sei ein anständiger Mann, aber heutzutage nennen sie kluge Schurken sogar anständige Männer, weil es keine Männer gibt. Jetzt spielt Africashka den aufgeklärten Mann; Er hat es bereits geschafft, in die intelligente Gesellschaft einzudringen, hat dem einen oder anderen Unternehmen etwas gespendet und ist so sofort an die Front gelangt. Seinem Gesichtsausdruck nach zu urteilen, ist er ein Scharfsinniger im höchsten Maße, aber er wird eine herausragende Rolle spielen, denn er weiß sich anzupassen. Ja, Freund, Africashka ist eine Liberale. Und ein liberaler Kaufmann ist eine Mischung aus Wolf und Schwein, Kröte und Schlange.“

„Der Teufel nimmt sie alle!“ sagte Foma und wedelte gleichgültig mit der Hand. „Was habe ich mit ihnen zu tun? Wie steht es mit dir selbst – trinkst du immer noch weiter?“

"Ich tue! Warum sollte ich nicht trinken?“

Halbbekleidet und zerzaust sah Joschow aus wie ein gerupfter Vogel, der gerade erst gekämpft hatte und sich noch nicht von der Aufregung des Konflikts erholt hatte.

„Ich trinke, weil ich von Zeit zu Zeit das Feuer meines verletzten Herzens löschen muss. Und du, du feuchter Baumstumpf, du glimmst nach und nach?“

„Ich muss zum alten Mann“, sagte Foma und runzelte das Gesicht.

„Wage es!“

„Ich habe keine Lust zu gehen. Er wird anfangen, mich zu belehren.“

„Dann geh nicht!“

"Aber ich muss."

"Dann geh!"

„Warum spielst du immer den Possenreißer?" sagte Foma unzufrieden, „als ob du tatsächlich fröhlich wärst."

„Bei Gott, ich bin fröhlich!" rief Joschow und sprang vom Tisch herunter. „Was für eine feine Röstung habe ich gestern einem gewissen Herrn in der Zeitung gegeben! Und dann – ich habe eine kluge Anekdote gehört: Eine Gruppe saß am Meeresufer und philosophierte ausführlich über das Leben. Und ein Jude sagte zu ihnen: „Meine Herren, warum verwenden Sie so viele verschiedene Wörter?" Ich sage es euch allen auf einmal: Unser Leben ist keinen einzigen Kopeken wert, auch nicht dieses stürmische Meer! ""

„Eh, der Teufel holt dich!" sagte Foma. "Auf Wiedersehen. Ich gehe."

"Fortfahren! Mir geht es heute gut und ich werde nicht mit dir jammern. Umso mehr, wenn man bedenkt, dass man nicht stöhnt, sondern grunzt."

Foma ging weg und ließ Joschow zurück, der lauthals sang:

„Schlag die Trommel und fürchte dich nicht."

"Trommel? Du bist selbst eine Trommel;" dachte Foma verärgert, als er langsam auf die Straße hinaustrat.

Bei den Mayakins wurde er von Luba empfangen. Aufgeregt und lebhaft erschien sie plötzlich vor ihm und sprach schnell:

"Du? Mein Gott! Wie blass du bist! Wie dünn bist du geworden! Es scheint, dass du ein schönes Leben geführt hast."

Dann verzerrte sich ihr Gesicht vor Angst und sie rief fast flüsternd:

„Ah, Foma. Du weißt es nicht. Hörst du? Jemand klingelt. Vielleicht ist er es."

Und sie stürzte aus dem Zimmer und hinterließ das Rascheln ihres Seidenkleides in der Luft und die erstaunte Foma, die noch nicht einmal die Gelegenheit gehabt hatte, sie zu fragen, wo ihr Vater sei. Yakov Tarasovich war zu Hause. In seiner Festtagskleidung, in einem langen Gehrock mit Orden auf der Brust, stand er mit ausgestreckten Händen auf der Schwelle und klammerte sich an die Türpfosten. Seine grünen kleinen Augen musterten Foma, und als Foma ihren Blick spürte, hob er den Kopf und begegnete ihnen.

„Wie geht es Ihnen, mein feiner Herr?" sagte der alte Mann und schüttelte vorwurfsvoll den Kopf. „Woher kamst du gern, darf ich fragen? Wer hat dir dein Fett abgesaugt? Oder ist es wahr, dass ein Schwein nach einer Pfütze sucht und Foma nach einem Ort, der schlimmer ist?"

„Haben Sie keine anderen Worte für mich?" fragte Foma streng und sah dem alten Mann direkt ins Gesicht. Und plötzlich bemerkte er, dass sein Pate schauderte, seine Beine zitterten, seine Augen immer wieder zu blinzeln begannen und seine Hände sich mit Mühe an den Türpfosten festklammerten. Foma ging auf ihn zu und vermutete, dass sich der alte Mann krank fühlte, doch Jakow Tarasowitsch sagte mit dumpfer und wütender Stimme:

„Gehen Sie zur Seite. Ausweichen."

Und sein Gesicht nahm seinen gewohnten Ausdruck an.

Foma trat zurück und fand sich Seite an Seite mit einem eher kleinen, kräftigen Mann wieder, der sich vor Mayakin verneigte und mit heiserer Stimme sagte:

„Wie geht es dir, Papa?"

„Wie geht es dir, Taras Jakowlich, wie geht es dir?" sagte der alte Mann, verneigte sich, lächelte zerstreut und klammerte sich immer noch an die Türpfosten.

Foma trat verwirrt beiseite, setzte sich in einen Sessel und begann, vor Neugier versteinert und mit großen Augen, das Treffen von Vater und Sohn zu beobachten.

Der Vater, der in der Tür stand, wiegte seinen schwachen Körper, stützte seine Hände auf die Türpfosten und starrte seinen Sohn schweigend an, den Kopf zur Seite geneigt und die Augen halb geschlossen. Der Sohn stand etwa drei Schritte von ihm entfernt; sein schon grauer Kopf war hoch erhoben; Er runzelte die Stirn und blickte seinen Vater mit großen dunklen Augen an. Sein kleiner, schwarzer Spitzbart und sein kleiner Schnurrbart zitterten auf seinem mageren Gesicht mit der knorpeligen Nase, wie das seines Vaters. Und auch der Hut zitterte in seiner Hand. Hinter seiner Schulter sah Foma das blasse, verängstigte und freudige Gesicht von Luba – sie blickte ihren Vater mit flehenden Augen an und es schien, als wäre sie kurz davor, aufzuschreien. Für einige Momente waren alle still und regungslos, erdrückt von der Unermesslichkeit ihrer Gefühle. Die Stille wurde durch die tiefe, aber dumpfe und zitternde Stimme von Jakow Tarasowitsch unterbrochen:

„Du bist alt geworden, Taras."

Der Sohn lachte seinem Vater stumm ins Gesicht und musterte ihn mit einem raschen Blick von Kopf bis Fuß.

Der Vater riss seine Hände von den Türpfosten, machte einen Schritt auf seinen Sohn zu und blieb plötzlich stirnrunzelnd stehen. Dann trat Taras

Mayakin mit einem großen Schritt auf seinen Vater zu und reichte ihm die Hand.

„Nun, lass uns einander küssen", schlug der Vater sanft vor.

Die beiden alten Männer umklammerten einander krampfhaft, tauschten warme Küsse aus und traten dann auseinander. Die Falten des älteren Mannes bebten, das hagere Gesicht des jüngeren war unbeweglich, fast streng. Die Küsse hatten an der äußeren Seite dieser Szene nichts verändert, nur Lubov schluchzte vor Freude, und Foma bewegte sich unbeholfen auf seinem Sitz hin und her und hatte das Gefühl, als ob ihm der Atem ausginge.

„Oh, Kinder, ihr seid Wunden im Herzen – ihr seid nicht seine Freude", beklagte sich Jakow Tarasowitsch mit klingender Stimme, und er investierte offensichtlich viel in diese Worte, denn unmittelbar nachdem er sie ausgesprochen hatte, strahlte er noch mehr mutig, und er sagte forsch und wandte sich an seine Tochter:

„Na, bist du vor Freude dahingeschmolzen? Du solltest besser gehen und etwas für uns zubereiten – Tee und so weiter. Wir werden den verlorenen Sohn unterhalten. Du musst vergessen haben, mein kleiner alter Mann, was für ein Mann dein Vater ist?"

Taras Mayakin musterte seinen Eltern mit einem meditativen Blick aus seinen großen Augen und er lächelte sprachlos, ganz in Schwarz gekleidet, weshalb die grauen Haare auf seinem Kopf und in seinem Bart noch eindrucksvoller wirkten.

„Nun, setzen Sie sich. Sag mir – wie hast du gelebt, was hast du getan? Wo schaust du hin? Ah! Das ist mein Patensohn. Ignat Gordyeeffs Sohn, Foma. Erinnerst du dich an Ignat?"

„Ich erinnere mich an alles", sagte Taras.

"Oh! Das ist gut, wenn Sie nicht prahlen. Na, bist du verheiratet?"

"Ich bin ein Witwer."

„Haben Sie Kinder?"

"Sie starben. Ich hatte zwei."

"Das ist schade. Ich hätte Enkelkinder gehabt."

"Darf ich rauchen?" fragte Taras.

"Fortfahren. Schau ihn dir nur an, du rauchst Zigarren."

„Magst du sie nicht?"

"ICH? Komm schon, mir ist es egal. Ich sage, dass es eher aristokratisch aussieht, Zigarren zu rauchen."

„Und warum sollten wir uns als niedriger betrachten als die Aristokraten?" sagte Taras lachend.

„Tun wir, ich halte uns für niedriger?" rief der alte Mann. „Ich habe es nur gesagt, weil es für mich lächerlich aussah, für einen so ruhigen alten Kerl mit fremdartig gestutztem Bart und einer Zigarre im Mund. Wer ist er? Mein Sohn – he-he-he!" Der alte Mann tippte Taras auf die Schulter und sprang von ihm weg, als hätte er Angst, er könnte sich zu früh freuen, weil das nicht die richtige Art sein könnte, diesen halbgrauen Mann zu behandeln. Und er blickte forschend und misstrauisch in die großen Augen seines Sohnes, die von gelblichen Schwellungen umgeben waren.

Taras lächelte seinem Vater freundlich und warm ins Gesicht und sagte nachdenklich zu ihm:

„So erinnere ich mich an dich – fröhlich und lebhaft. Es sieht so aus, als hätten Sie sich in all den Jahren kein bisschen verändert."

Der alte Mann richtete sich stolz auf, schlug sich mit der Faust auf die Brust und sagte:

„Ich werde mich nie ändern, denn das Leben hat keine Macht über den, der seinen eigenen Wert kennt. Ist das nicht so?"

"Oh! Wie stolz du bist!"

„Ich muss nach meinem Sohn gesucht haben", sagte der alte Mann mit einer listigen Grimasse. „Weißt du, mein Lieber, mein Sohn hat siebzehn Jahre lang aus Stolz geschwiegen."

„Das liegt daran, dass sein Vater nicht auf ihn gehört hat", erinnerte ihn Taras.

„Jetzt ist alles in Ordnung. Kümmere dich nicht um die Vergangenheit. Nur Gott weiß, wer von uns schuld ist. Er, der Aufrichtige, Er wird es dir sagen – warte! Ich werde schweigen. Dies ist nicht der richtige Zeitpunkt für uns, diese Angelegenheit zu diskutieren. Sagen Sie mir besser: Was haben Sie all die Jahre gemacht? Wie sind Sie zu dieser Limonadenfabrik gekommen? Wie hast du deinen Weg gemacht?"

„Das ist eine lange Geschichte", sagte Taras seufzend; Er stieß eine große Rauchwolke aus seinem Mund aus und begann langsam: „Als ich die Möglichkeit erhielt, in Freiheit zu leben, betrat ich das Büro des Direktors der Goldminen der Remezovs."

"Ich weiß; sie sind sehr reich. Drei Brüder. Ich kenne sie alle. Der eine ist ein Krüppel, der andere ein Narr und der dritte ein Geizhals. Mach weiter!"

„Ich habe zwei Jahre lang unter ihm gedient. Und dann habe ich seine Tochter geheiratet", erzählte Mayakin mit heiserer Stimme.

„Die des Superintendenten? Das war überhaupt nicht dumm." Taras wurde nachdenklich und schwieg eine Weile. Der alte Mann blickte in sein trauriges Gesicht und verstand seinen Sohn.

„Und so lebten Sie glücklich mit Ihrer Frau zusammen", sagte er. „Na, was kannst du tun? Den Toten gehört das Paradies, und die Lebenden müssen weiterleben. Du bist noch nicht so alt. Bist du schon lange Witwer?"

„Dies ist das dritte Jahr."

"Also? Und wie sind Sie zufällig auf die Limonadenfabrik gekommen?"

„Das gehört meinem Schwiegervater."

"Aha! Was ist Ihr Gehalt?"

„Ungefähr fünftausend."

„Mm. Das ist keine abgestandene Kruste. Ja, das ist ein Galeerensklave für dich!"

Taras blickte seinen Vater mit festem Blick an und fragte ihn trocken:

„Übrigens, wie kommst du darauf, dass ich ein Sträfling war?"

Der alte Mann warf seinem Sohn einen erstaunten Blick zu, der sich schnell in Freude verwandelte:

"Ah! Was dann? Du warst nicht? Der Teufel nimmt sie! Dann – wie war es? Seien Sie nicht beleidigt! Woher soll ich das wissen? Sie sagten, Sie wären in Sibirien! Nun ja, und da sind die Galeeren!"

„Um dem ein für alle Mal ein Ende zu machen", sagte Taras ernst und eindrucksvoll und klatschte mit der Hand auf sein Knie, „erzähle ich dir gleich, wie alles passiert ist. Ich wurde nach Sibirien verbannt, um mich dort sechs Jahre lang niederzulassen, und während meiner gesamten Verbannung lebte ich im Bergbaugebiet der Lena. In Moskau war ich etwa neun Monate inhaftiert. Das ist alles!"

„So-o! Aber was bedeutet es?" murmelte Jakow Tarasowitsch verwirrt und freudig.

„Und hier verbreiteten sie dieses absurde Gerücht."

„Das stimmt – es ist in der Tat absurd!" sagte der alte Mann verzweifelt.

„Und bei einer bestimmten Gelegenheit hat es ziemlich großen Schaden angerichtet."

"Wirklich? Ist das möglich?"

"Ja. Ich war gerade dabei, mich selbstständig zu machen, und meine Kreditwürdigkeit war ruiniert, weil …"

"Pah!" sagte Jakow Tarasowitsch und spuckte wütend aus. „Oh, Teufel! Komm, komm, ist das möglich?"

Foma saß die ganze Zeit in seiner Ecke, lauschte dem Gespräch zwischen den Mayakins und musterte verwirrt blinzelnd den Neuankömmling. Er erinnerte sich an Lubovs Verhalten gegenüber ihrem Bruder und war bis zu einem gewissen Grad von ihren Geschichten über Taras beeinflusst. Er erwartete, in ihm etwas Ungewöhnliches zu sehen, etwas, das sich von den gewöhnlichen Menschen unterscheidet. Er hatte geglaubt, dass Taras auf eine eigenartige Weise sprechen und sich auf eine ihm eigene Weise kleiden würde; und im Allgemeinen wäre er anders als andere Menschen. Während vor ihm ein ruhiger, kräftiger Mann saß, makellos gekleidet, mit strengen Augen, im Gesicht seinem Vater sehr ähnlich, und der einzige Unterschied zwischen ihnen bestand darin, dass der Sohn eine Zigarre im Mund und einen schwarzen Bart hatte. Er sprach kurz und sachlich über alltägliche Dinge – wo war denn das Eigentümliche an ihm? Jetzt begann er, seinem Vater von den Gewinnen aus der Limonadenherstellung zu erzählen. Er war kein Galeerensklave gewesen – Lubov hatte gelogen! Und Foma war sehr erfreut, als er sich vorstellte, wie er mit Lubov über ihren Bruder sprechen würde.

Hin und wieder erschien sie während des Gesprächs zwischen ihrem Vater und ihrem Bruder in der Tür. Ihr Gesicht strahlte vor Glück und ihre Augen strahlten vor Freude, als sie die schwarze Gestalt von Taras betrachtete, gekleidet in einen so besonders dicken Gehrock, mit Taschen an den Seiten und großen Knöpfen. Sie ging auf Zehenspitzen und streckte irgendwie immer ihren Hals zu ihrem Bruder hin. Foma sah sie fragend an, aber sie bemerkte ihn nicht, sondern rannte ständig mit Tellern und Flaschen in den Händen an der Tür vorbei.

Zufällig warf sie gerade einen Blick ins Zimmer, als ihr Bruder ihrem Vater von den Galeeren erzählte. Sie blieb wie versteinert stehen, hielt ein Tablett in ihren ausgestreckten Händen und hörte sich alles an, was ihr Bruder über die ihm auferlegte Strafe sagte. Sie hörte zu und ging langsam weg, ohne Fomas erstaunten und sarkastischen Blick zu bemerken. Versunken in seine Gedanken über Taras, leicht beleidigt über die mangelnde Aufmerksamkeit, die ihm entgegengebracht wurde, und über die Tatsache, dass Taras ihm seit dem Händedruck bei der Vorstellung keinen einzigen Blick zugeworfen hatte, hörte Foma für eine Weile auf, der Unterhaltung der Mayakins zu folgen, und plötzlich hatte er das Gefühl, dass ihn jemand an der Schulter packte. Er zitterte und sprang auf, wobei er beinahe seinen Paten zu Boden stürzte, der mit aufgeregtem Gesicht vor ihm stand:

„Da – schau! Das ist ein Mann! Das ist ein Mayakin! Siebenmal haben sie ihn in Lauge gekocht; Sie haben Öl aus ihm herausgepresst, und doch lebt er! Verstehen? Ohne jegliche Hilfe – allein – hat er seinen Weg gefunden und seinen Platz gefunden und – er ist stolz! Das bedeutet Mayakin! Unter einem Mayakin versteht man einen Mann, der sein Schicksal selbst in der Hand hält. Verstehst du? Nehmen Sie eine Lektion von ihm! Schaue ihn an! Unter hundert kann man keinen anderen wie ihn finden; man müsste nach einem von tausend suchen. Was? Denken Sie nur daran: Man kann einen Mayakin weder vom Menschen zum Teufel noch zum Engel machen.“

Von diesem stürmischen Schock betäubt, wurde Foma verwirrt und wusste nicht, was sie auf den lauten Lobgesang des alten Mannes antworten sollte. Er sah, dass Taras, der ruhig seine Zigarre rauchte, seinen Vater ansah und dass seine Lippenwinkel vor einem Lächeln zitterten. Sein Gesicht sah herablassend zufrieden aus, und seine ganze Gestalt wirkte etwas aristokratisch und hochmütig. Er schien von der Freude des alten Mannes amüsiert zu sein.

Und Jakow Tarasowitsch tippte Foma mit dem Finger auf die Brust und sagte:

„Ich kenne ihn nicht, meinen eigenen Sohn. Er hat mir seine Seele nicht geöffnet. Es kann sein, dass zwischen uns ein solcher Unterschied entstanden ist, dass nicht nur ein Adler, sondern auch der Teufel selbst ihn nicht überwinden kann. Vielleicht ist sein Blut überkocht; dass nicht einmal der Geruch des Blutes des Vaters darin ist. Aber er ist ein Mayakin! Und ich kann es sofort spüren! Ich fühle es und sage: ,Heute vergibst du deinem Diener, oh Herr!‘“

Der alte Mann zitterte vor lauter Jubel und hüpfte regelrecht, als er vor Foma stand.

„Beruhige dich, Vater!“ sagte Taras, erhob sich langsam von seinem Stuhl und ging auf seinen Vater zu. „Warum den jungen Mann verwirren? Komm, lass uns Platz nehmen.“

Er schenkte Foma ein flüchtiges Lächeln, nahm seinen Vater am Arm und führte ihn zum Tisch.

„Ich glaube an Blut“, sagte Jakow Tarasowitsch; „im erblichen Blut. Darin liegt alle Macht! Ich erinnere mich, dass mein Vater zu mir sagte: „Yashka, du bist mein echtes Blut!“ Dort. Das Blut der Mayakins ist dick – es wird von Vater zu Vater weitergegeben und keine Frau kann es jemals schwächen.

Lasst uns etwas Champagner trinken! Sollen wir? Sehr gut, dann! Erzähl mir mehr – erzähl mir etwas über dich. Wie ist es dort in Sibirien?"

Und wieder richtete der alte Mann, als wäre er durch einen Gedanken erschrocken und ernüchtert, seinen forschenden Blick auf das Gesicht seines Sohnes. Und ein paar Minuten später lösten die umständlichen, aber kurzen Antworten seines Sohnes erneut eine laute Freude in ihm aus. Foma hörte und beobachtete weiter, während er ruhig in seiner Ecke saß.

„Der Goldabbau ist natürlich ein solides Geschäft", sagte Taras ruhig und ernst, „aber es ist ein ziemlich riskantes Unterfangen, das viel Kapital erfordert." Die Erde sagt kein Wort darüber, was sie in sich trägt. Der Umgang mit Ausländern ist sehr profitabel. Der Umgang mit ihnen bringt unter allen Umständen einen enormen Gewinn. Das ist ein vollkommen unfehlbares Unterfangen. Aber eine ermüdende Angelegenheit, das muss man zugeben. Es erfordert nicht viel Verstand; für einen außergewöhnlichen Mann ist darin kein Platz; Ein Mann mit großer Unternehmerkraft kann sich darin nicht entwickeln."

Lubov trat ein und lud sie alle ins Esszimmer ein. Als die Mayakins heraustraten, zupfte Foma Lubov unmerklich am Ärmel, blieb mit ihm allein und fragte hastig:

"Was ist es?"

„Nichts", sagte Foma lächelnd. „Ich möchte dich fragen, ob du dich freust?"

"Natürlich bin ich!" rief Lubov aus.

"Und was ist mit?"

„Das heißt, was meinst du?"

"Einfach so. Wie wäre es mit?"

„Du bist schwul!" sagte Lubov und sah ihn erstaunt an. „Kannst du nicht sehen?"

"Was?" fragte Foma sarkastisch.

„Was ist los mit dir?" sagte Lubov und sah ihn unruhig an.

„Äh, du!" rief Foma gedehnt mit verächtlichem Mitleid. „Kann dein Vater, kann die Kaufmannsklasse etwas Gutes hervorbringen? Kann man erwarten, dass ein Rettich Himbeeren hervorbringt? Und du hast mich angelogen. Taras ist dies, Taras ist das. Was steckt in ihm? Ein Kaufmann ist wie die anderen Kaufleute, und auch sein Bauch ist der des echten Kaufmanns. Hehe!" Er war zufrieden, als er sah, dass das Mädchen, verwirrt von seinen Worten, sich auf die Lippen biss, bald rot wurde, bald blass wurde.

„Du – du, Foma", begann sie mit erstickter Stimme, stampfte plötzlich mit dem Fuß auf und rief:

„Wage es nicht, mit mir zu sprechen!"

Als sie die Schwelle des Zimmers erreichte, wandte sie ihm ihr wütendes Gesicht zu und rief mit leiser und nachdrücklicher Stimme:

„Oh, du bösartiger Mann!"

Foma brach in Gelächter aus. Er hatte keine Lust, an den Tisch zu gehen, wo drei glückliche Menschen sich lebhaft unterhielten. Er hörte ihre fröhlichen Stimmen, ihr zufriedenes Lachen, das Klappern des Geschirrs und verstand, dass neben ihnen mit dieser Last auf seinem Herzen kein Platz für ihn war. Auch für ihn gab es nirgends einen Platz. Wenn alle Menschen ihn nur hassen würden, so wie Lubov ihn jetzt hasste, würde er sich in ihrer Mitte wohler fühlen, dachte er. Dann wüsste er, wie er sich ihnen gegenüber verhalten sollte, würde etwas finden, was er ihnen sagen konnte. Während er jetzt nicht verstehen konnte, ob sie Mitleid mit ihm hatten oder ob sie ihn auslachten, weil er sich verirrt hatte und sich an nichts anpassen konnte. Als er eine Weile allein in der Mitte des Zimmers stand, beschloss er unbewusst, dieses Haus zu verlassen, in dem die Menschen jubelten und in dem er überflüssig war. Als er die Straße erreichte, fühlte er sich von den Mayakins beleidigt. Schließlich waren sie die einzigen Menschen auf der Welt, die ihm nahestanden. Vor ihm erhob sich das Gesicht seines Paten, dessen Falten vor Aufregung zitterten und das vom fröhlichen Glitzern seiner grünen Augen erhellt wurde und in phosphorhaltigem Licht zu strahlen schien.

„Sogar ein morscher Baumstamm fällt im Dunkeln auf!" dachte Foma wütend. Dann erinnerte er sich an das ruhige und ernste Gesicht von Taras und daneben an die Gestalt von Lubov, die sich hastig vor ihm verneigte. Das löste in ihm Gefühle von Neid und Trauer aus.

„Wer wird mich so ansehen? Es gibt keine Menschenseele, die das tun könnte."

Er erwachte von seinen Grübeleien am Ufer, an den Landungsplätzen, aufgeweckt von der Hektik der Arbeit. Alle Arten von Artikeln und Waren wurden in alle Richtungen getragen und gekarrt; Die Menschen bewegten sich hastig und erschöpft, gaben ihren Pferden aufgeregt die Sporen, schrien einander an und erfüllten die Straße mit unverständlicher Hektik und ohrenbetäubendem Lärm eiliger Arbeit. Sie beschäftigten sich auf einem schmalen Streifen Land, der mit Steinen gepflastert war und auf der einen Seite mit hohen Häusern bebaut war und auf der anderen Seite durch eine steile Schlucht am Fluss abgeschnitten war, und ihr brodelndes Treiben machte auf Foma einen Eindruck, als hätten sie es getan Alle bereiteten sich darauf vor, dieser Mühe inmitten von Schmutz, Enge und Tumult zu entfliehen – bereiteten sich auf die Flucht vor und beeilten sich nun, die unvollendete Arbeit, die sie nicht befreien würde, schneller zu vollenden. Riesige Dampfer, die am Ufer standen und aus ihren Schornsteinen Rauchsäulen ausstießen, erwarteten sie bereits. Das unruhige Wasser des Flusses, das von Schiffen dicht verstopft war, plätscherte sanft und klagend gegen das Ufer, als ob es um eine Minute Ruhe und Erholung flehte.

"Deine Ehre!" Ein heiserer Schrei ertönte neben Fomas Ohren: „Spenden Sie etwas Brandy zu Ehren des Gebäudes!"

Foma blickte den Bittsteller gleichgültig an; Er war ein riesiger, bärtiger Kerl, barfuß, mit einem zerrissenen Hemd und einem verletzten, geschwollenen Gesicht.

„Geh weg!" murmelte Foma und wandte sich von ihm ab.

"Händler! Wenn du stirbst, kannst du dein Geld nicht mitnehmen. Gib mir ein Glas Brandy, oder bist du zu faul, deine Hand in die Tasche zu stecken?"

Foma sah den Bittsteller erneut an; dieser stand vor ihm, mehr mit Schlamm als mit Kleidern bedeckt, und wartete zitternd vor Trunkenheit hartnäckig und starrte Foma mit blutunterlaufenen, geschwollenen Augen an.

„Ist das die Art zu fragen?" fragte Foma.

"Wie sonst? Möchtest du, dass ich für ein Zehn-Copeck-Stück vor dir auf die Knie gehe?" fragte der barfüßige Mann kühn.

"Dort!" und Foma gab ihm eine Münze.

"Danke! Fünfzehn Kopeken. Danke! Und wenn du mir noch fünfzehn gibst, krieche ich auf allen Vieren bis zu dieser Taverne. Willst du, dass ich es tue?" schlug der barfüßige Mann vor.

„Geh, lass mich in Ruhe!" sagte Foma und winkte ihn mit der Hand ab.

„Wer nicht gibt, wann immer er kann, wann er möchte, der wird nichts haben", sagte der barfüßige Mann und trat beiseite.

Foma sah ihn beim Weggehen an und sagte sich:

„Es gibt einen ruinierten Mann und doch, wie mutig er ist. Er bittet um Almosen, als würde er eine Schuld fordern. Woher nehmen solche Leute so viel Kühnheit?"

Und mit einem tiefen Seufzer antwortete er sich selbst:

„Aus der Freiheit. Der Mann ist nicht gefesselt. Was sollte er bereuen? Wovor hat er Angst? Und wovor fürchte ich mich? Was gibt es, was ich bereuen sollte?"

Diese beiden Fragen schienen Fomas Herz zu treffen und lösten in ihm eine dumpfe Verwirrung aus. Er betrachtete die Bewegung der Werktätigen und dachte immer wieder: Was hat er bereut? Wovor hatte er Angst?

„Allein, aus eigener Kraft, werde ich offenbar nirgendwo herauskommen. Wie ein Narr werde ich weiterhin unter den Menschen umherwandern, von allen verspottet und beleidigt. Wenn sie mich nur beiseite schubsen würden; Wenn sie mich nur hassen würden, dann – dann – würde ich in die weite Welt hinausgehen! Ob es mir gefiel oder nicht, ich musste gehen!"

Von einem der Anlegeplätze aus hallte schon seit langem das fröhliche „Dubinuschka" („Dubinuschka" oder „Eichenknüppel", ein bei den russischen Arbeitern beliebtes Lied) durch die Luft. Die Träger erledigten eine bestimmte Arbeit, die flotte Bewegungen erforderte und passten das Lied und den Refrain an sie an.

„In der Taverne sitzen große Kaufleute

Starkes Trinken von Spirituosen",

erzählte der Leiter in einem kühnen Rezitativ. Das Unternehmen schloss sich einstimmig an:

„Oh, dubinushka, heavy-ho!"

Und dann erfüllten die Bässe die Luft mit tiefen Tönen:

„Es geht, es geht."

Und die Tenöre wiederholten:

„Es geht, es geht."

Foma hörte sich das Lied an und richtete seine Schritte darauf am Kai. Dort bemerkte er, dass die in zwei Reihen aufgestellten Träger riesige Fässer mit gesalzenem Fisch aus dem Laderaum des Dampfers rollten. Schmutzig, in rote Blusen gekleidet, am Kragen offen, mit Fäustlingen an den Händen, mit nackten Armen bis zum Ellbogen, standen sie über dem Laderaum und zogen fröhlich scherzend, mit mühevollen Gesichtern, alle zusammen an den Seilen, halten den Takt zu ihrem Lied. Und aus dem Laderaum erklang die hohe, lachende Stimme des unsichtbaren Anführers:

„Aber für unsere Bauernkehlen

Es gibt nicht genug Wodka."

Und die Gesellschaft stieß laut und im Gleichklang wie eine große Lunge aus:

„Oh, dubinushka, heavy-ho!"

Foma war erfreut und neidisch, als er dieses Werk betrachtete, das so harmonisch wie Musik war. Die schlampigen Gesichter der Träger strahlten vor Lächeln, die Arbeit war einfach, sie verlief reibungslos und der Chorleiter war in Bestform. Foma meinte, dass es schön wäre, so im Einklang mit guten Kameraden zu einem fröhlichen Lied zu arbeiten, um müde von der Arbeit ein Glas Wodka zu trinken und fette Kohlsuppe zu essen, die von der kräftigen, lebhaften Matrone von zubereitet wurde das Unternehmen.

„Schneller, Jungs, schneller!" Neben ihm ertönte jemandes unangenehme, heisere Stimme.

Foma drehte sich um. Ein untersetzter Mann mit einem gewaltigen Bauch klopfte mit seinem Stock auf die Bretter der Landungsbrücke, während er mit seinen kleinen Augen die Träger ansah und sagte:

„Weniger heulen und schneller arbeiten."

Sein Gesicht und sein Hals waren mit Schweiß bedeckt; ab und zu wischte er es mit der linken Hand ab und atmete schwer, als ginge es bergauf.

Foma warf dem Mann einen feindseligen Blick zu und dachte:

„Andere arbeiten und er schwitzt. Und ich bin immer noch schlimmer als er. Ich bin wie eine Krähe auf dem Zaun, die zu nichts taugt."

Aus jedem einzelnen Eindruck kristallisierte sich in ihm sofort der schmerzliche Gedanke an seine Lebensunfähigkeit heraus. Alles, was seine Aufmerksamkeit erregte, enthielt etwas Beleidigendes für ihn, und dieses Etwas fiel ihm wie ein Ziegelstein auf die Brust. Neben ihm, bei der Frachtwaage, standen zwei Matrosen, und einer von ihnen, ein stämmiger Bursche mit rotem Gesicht, sagte dem anderen:

„Als sie auf mich losgingen, fing es schon richtig an, mein lieber Junge! Sie waren zu viert – ich war allein! Aber ich habe ihnen nicht nachgegeben, denn ich sah, dass sie mich totschlagen würden! Sogar ein Widder wird austreten, wenn man ihn bei lebendigem Leibe schläft. Wie ich mich von ihnen losgerissen habe! Sie rollten alle in verschiedene Richtungen davon."

„Aber Sie sind trotzdem zu einer ordentlichen Prügelstrafe gekommen?" fragte der andere Seemann.

"Natürlich! Ich hab's. Ich habe ungefähr fünf Schläge geschluckt. Aber was ist der Unterschied? Sie haben mich nicht getötet. Nun, Gott sei Dank dafür!"

"Sicherlich."

„Zum Heck, Teufel, zum Heck, das sage ich euch!" brüllte der schwitzende Mann mit wilder Stimme zwei Frachtern an, die ein Fass Fisch über das Deck rollten.

„Was schreist du?" Foma drehte sich streng zu ihm um, da er bei dem Schrei zusammengeschreckt war.

„Geht dich das etwas an?" fragte der schwitzende Mann und warf einen Blick auf Foma.

„Es ist meine Sache! Die Leute arbeiten und Ihr Fett schmilzt dahin. Du denkst also, dass du sie anschreien musst?" sagte Foma drohend und näherte sich ihm.

„Du – du solltest besser die Beherrschung bewahren."

Der schwitzende Mann eilte plötzlich von seinem Platz weg und ging in sein Büro. Foma kümmerte sich um ihn und verließ ebenfalls den Kai; erfüllt von dem Wunsch, jemanden zu missbrauchen, etwas zu tun, nur um seine Gedanken zumindest für kurze Zeit von sich selbst abzulenken. Aber seine Gedanken hielten ihn fester fest.

„Dieser Seemann dort, er hat sich losgerissen, und er ist gesund und munter! Ja, während ich –"

Am Abend ging er wieder hinauf zu den Mayakins. Der alte Mann war nicht zu Hause, und im Esszimmer saß Lubov mit ihrem Bruder und trank Tee. Als Foma die Tür erreichte, hörte sie die heisere Stimme von Taras:

„Was stört Vater an ihm?"

Als er Foma erblickte, blieb er stehen und starrte ihm mit ernstem, forschendem Blick ins Gesicht. Auf Lubovs Gesicht war deutlich ein Ausdruck der Aufregung zu erkennen, und sie sagte unzufrieden und zugleich entschuldigend:

"Ah! Du bist es also?"

„Sie haben von mir gesprochen", dachte Foma, als er sich an den Tisch setzte. Taras wandte den Blick von ihm ab und sank tiefer in den Sessel. Etwa eine Minute lang herrschte eine unangenehme Stille, die Foma erfreute.

„Gehst du zum Bankett?"

„Welches Bankett?"

„Weißt du das nicht? Kononov wird seinen neuen Dampfer weihen. Dort wird eine Messe abgehalten und dann werden sie eine Fahrt die Wolga hinauf unternehmen."

„Ich wurde nicht eingeladen", sagte Foma.

„Niemand wurde eingeladen. Er verkündete einfach an der Börse: „Jeder, der mich ehren möchte, ist willkommen!'"

„Das interessiert mich nicht."

"Ja? Aber es wird eine große Trinkgelage geben", sagte Lubov und sah ihn schief an.

„Wenn ich möchte, kann ich auf eigene Kosten trinken."

„Ich weiß", sagte Lubov und nickte ausdrucksvoll mit dem Kopf.

Taras spielte mit seinem Teelöffel, drehte ihn zwischen seinen Fingern und sah sie schief an.

„Und wo ist mein Pate?" fragte Foma.

„Er ging zur Bank. Heute findet eine Vorstandssitzung statt. Es soll eine Amtswahl stattfinden.

„Sie werden ihn wieder wählen."

"Natürlich."

Und wieder brach das Gespräch ab. Foma begann, den Bruder und die Schwester zu beobachten. Nachdem er den Löffel fallen ließ, trank Taras langsam seinen Tee in großen Schlucken, reichte das Glas schweigend zu seiner Schwester und lächelte sie an. Auch sie lächelte freudig und glücklich, ergriff das Glas und begann, es eifrig auszuspülen. Dann nahm ihr Gesicht einen angespannten Ausdruck an; sie schien sich auf etwas vorzubereiten und fragte ihren Bruder mit leiser, fast ehrfürchtiger Stimme:

„Sollen wir zum Anfang unseres Gesprächs zurückkehren?"

„Bitte", stimmte Taras kurz zu.

„Du hast etwas gesagt, aber ich habe es nicht verstanden. Was war es? Ich fragte: ‚Wenn das alles, wie Sie sagen, Utopie ist, wenn es unmöglich ist, Träume, was soll dann der tun, der mit dem Leben, so wie es ist, nicht zufrieden ist?'"

Das Mädchen neigte ihren ganzen Körper zu ihrem Bruder, und ihr Blick blieb mit angespannter Erwartung auf dem ruhigen Gesicht ihres Bruders hängen. Er warf ihr einen müden Blick zu, bewegte sich auf seinem Sitz und sagte, den Kopf senkend, ruhig und eindrucksvoll:

„Wir müssen darüber nachdenken, woher diese Unzufriedenheit mit dem Leben kommt. Es scheint mir, dass es in erster Linie auf die Arbeitsunfähigkeit zurückzuführen ist; aus mangelndem Respekt vor der Arbeit. Und zweitens aus einer falschen Vorstellung von den eigenen Kräften. Das Unglück der meisten Menschen besteht darin, dass sie sich zu mehr fähig machen, als sie wirklich können. Und doch wird vom Menschen nur wenig verlangt: Er muss sich einen Beruf aussuchen, der seinen Kräften entspricht, und ihn so gut wie möglich, so aufmerksam wie möglich meistern. Man muss lieben, was man tut, und dann erreicht die Arbeit, sei sie noch so hart, den Höhepunkt der Kreativität. Ein mit Liebe gefertigter Stuhl wird immer ein guter, schöner und solider Stuhl sein. Und so ist es mit allem. Lesen Sie „Lächeln". Hast du ihn nicht gelesen? Es ist ein sehr sinnvolles Buch. Es ist ein Klangbuch. Lesen Sie Lubbock. Denken Sie im Allgemeinen daran, dass das englische Volk die am besten für Arbeitskräfte qualifizierte Nation darstellt, was ihren erstaunlichen Erfolg auf dem Gebiet der Industrie und des Handels erklärt. Bei ihnen ist Arbeit fast ein Kult. Die Höhe der Kultur hängt immer direkt von der Liebe zur Arbeit ab. Und je höher die Kultur, desto befriedigter sind die Bedürfnisse des Menschen, desto geringer sind die Hindernisse auf dem Weg zur Weiterentwicklung der Bedürfnisse des Menschen. Glück ist möglich – es ist die vollständige Befriedigung von Bedürfnissen. Da ist es. Und wie Sie sehen, hängt das Glück des Menschen von seiner Beziehung zu seiner Arbeit ab."

Taras Mayakin sprach langsam und mühsam, als wäre es für ihn unangenehm und ermüdend zu sprechen. Und Lubov beugte sich mit zusammengezogener Stirn zu ihm und lauschte seinen Worten mit gespannter Aufmerksamkeit in ihren Augen, bereit, alles anzunehmen und in ihre Seele aufzunehmen.

„Nun, und angenommen, einem Menschen ist alles abstoßend?" fragte Foma plötzlich mit tiefer Stimme und warf einen Blick auf Taras' Gesicht.

„Aber was ist an dem Mann besonders abstoßend?" fragte Mayakin ruhig, ohne Foma anzusehen.

Foma senkte den Kopf, lehnte die Arme gegen den Tisch und erklärte sich so wie ein Stier:

„Nichts gefällt ihm – Geschäft, Arbeit, alle Menschen und Taten. Angenommen, ich sehe, dass alles Betrug ist, dass Geschäft kein Geschäft ist, sondern lediglich ein Stopfen, mit dem wir die Leere unserer Seelen stützen; dass einige arbeiten, während andere nur Befehle erteilen und schwitzen, dafür aber mehr bekommen. Wieso ist es so? Äh?"

„Ich kann Ihre Idee nicht begreifen", verkündete Taras, als Foma innehielt und Lubovs verächtlichen und wütenden Blick auf sich spürte.

"Du verstehst nicht?" fragte Foma und sah Taras lächelnd an. „Nun, ich formuliere es so:

Ein Mann segelt in einem Boot auf dem Fluss. Das Boot mag zwar gut sein, aber darunter ist trotzdem immer eine gewisse Tiefe. Das Boot ist gesund, aber wenn der Mann diese dunkle Tiefe unter sich spürt, kann ihn kein Boot retten."

Taras sah Foma gleichgültig und ruhig an. Er sah schweigend zu und tippte sanft mit den Fingern auf die Tischkante. Lubov bewegte sich unruhig auf ihrem Stuhl. Das Pendel der Uhr zeigte mit einem dumpfen, seufzenden Ton die Sekunden an. Und Fomas Herz pochte langsam und schmerzhaft, als wäre ihm bewusst, dass hier niemand mit einem warmen Wort auf seine schmerzhafte Ratlosigkeit antworten würde.

„Arbeit ist nicht unbedingt alles für einen Mann", sagte er, mehr zu sich selbst als zu diesen Menschen, die kein Vertrauen in die Aufrichtigkeit seiner Worte hatten. „Es stimmt nicht, dass in der Arbeit eine Rechtfertigung liegt. Es gibt Menschen, die ihr ganzes Leben lang überhaupt nicht arbeiten und dennoch besser leben als diejenigen, die arbeiten. Wie ist das? Und die Werktätigen – sie sind einfach unglücklich – Pferde! Andere reiten darauf, sie leiden und das ist alles. Aber sie haben ihre Rechtfertigung vor Gott. Sie werden gefragt: „Zu welchem Zweck hast du gelebt?" Dann werden sie sagen: „Wir hatten keine Zeit, darüber nachzudenken." „Wir haben unser ganzes Leben lang gearbeitet." Und ich – welche Rechtfertigung habe ich? Und all diese Leute, die Befehle geben – wie sollen sie sich rechtfertigen? Zu welchem Zweck haben sie gelebt? Meiner Meinung nach sollte jeder unbedingt wissen, genau wissen, wofür er lebt."

Er verstummte, warf den Kopf nach oben und rief mit schwerer Stimme:

„Kann es sein, dass der Mensch nur geboren wird, um zu arbeiten, Geld zu verdienen, ein Haus zu bauen, Kinder zu zeugen und – zu sterben? Nein, das Leben bedeutet etwas. Ein Mensch wird geboren, er lebt und stirbt. Wozu? Es ist notwendig, bei Gott, es ist notwendig, dass wir alle darüber nachdenken, wofür wir leben. Es gibt keinen Sinn in unserem Leben. Es hat überhaupt keinen Sinn! Dann sind die Dinge nicht gleich, das sieht man sofort. Manche sind reich – sie haben genug Geld für tausend Menschen und leben im Müßiggang. Andere beugen sich ihr ganzes Leben lang um ihre Arbeit und haben doch nicht einmal einen Grosch. Und der Unterschied zwischen den Menschen ist sehr unbedeutend. Es gibt einige, die nicht einmal Hosen tragen und dennoch denken, als wären sie in Seide gekleidet."

Von seinen Gedanken mitgerissen, hätte Foma sie weiter ausgesprochen, aber Taras rückte seinen Sessel vom Tisch weg, stand auf und sagte leise und seufzend:

"Nein danke! Ich will nicht mehr."

Foma brach seine Rede abrupt ab, zuckte mit den Schultern und sah Lubov lächelnd an.

„Woher haben Sie diese Philosophie?" sie fragte misstrauisch und trocken.

„Das ist keine Philosophie. Das ist einfach Folter!" sagte Foma mit gedämpfter Stimme. „Öffne deine Augen und schau dir alles an. Dann wirst du es selbst denken."

„Übrigens, Luba, richten Sie Ihre Aufmerksamkeit auf die Tatsache", begann Taras, der mit dem Rücken zum Tisch stand und die Uhr musterte, „dass Pessimismus der angelsächsischen Rasse völlig fremd ist." Was sie bei Swift und Byron Pessimismus nennen, ist nur ein brennender, scharfer Protest gegen die Unvollkommenheit des Lebens und des Menschen. Aber den kalten, wohlüberlegten und passiven Pessimismus kann man unter ihnen nicht finden."

Dann, als würde er sich plötzlich an Foma erinnern, drehte er sich zu ihm um, verschränkte die Hände auf dem Rücken und bewegte seine Oberschenkel und sagte:

„Sie werfen sehr wichtige Fragen auf, und wenn Sie sich ernsthaft dafür interessieren, müssen Sie Bücher lesen. In ihnen finden Sie viele sehr wertvolle Meinungen über den Sinn des Lebens. Wie wäre es mit dir – liest du Bücher?"

"NEIN!" antwortete Foma kurz.

"Ah!"

„Ich mag sie nicht."

"Aha! Aber vielleicht können sie dir trotzdem weiterhelfen", sagte Taras und ein Lächeln huschte über seine Lippen.

"Bücher? Da Männer mir in meinen Gedanken nicht helfen können, können Bücher sicherlich nichts für mich tun", rief Foma mürrisch aus.

Er fühlte sich angesichts dieses gleichgültigen Mannes unbehaglich und müde. Er hätte am liebsten weggegangen, aber gleichzeitig wollte er Lubov etwas Beleidigendes über ihren Bruder erzählen und wartete, bis Taras das

Zimmer verlassen würde. Lubov spülte das Geschirr; ihr Gesicht war konzentriert und nachdenklich; Ihre Hände bewegten sich träge. Taras ging im Zimmer auf und ab, ab und zu blieb er kurz vor der Anrichte stehen, auf der das Besteck stand, pfiff, klopfte mit den Fingern gegen die Fensterscheiben und begutachtete die Gegenstände mit halb geschlossenen Augen. Das Pendel der Uhr blitzte wie ein breites, grinsendes Gesicht unter der Glastür des Gehäuses auf und zeigte eintönig die Sekunden an. Als Foma bemerkte, dass Lubov ihn ein paar Mal fragend, mit erwartungsvollen und feindseligen Blicken ansah, verstand er, dass er ihr im Weg stand und dass sie ungeduldig darauf wartete, dass er ging.

„Ich werde hier über Nacht bleiben", sagte er lächelnd. „Ich muss mit meinem Paten sprechen. Und dann ist es in meinem Haus allein ziemlich einsam."

„Dann geh und sag Marfusha, sie soll das Bett für dich im Eckzimmer machen", beeilte sich Lubov, ihm zu raten.

"Ich sollte."

Er stand auf und verließ das Esszimmer. Und bald hörte er, dass Taras seine Schwester mit leiser Stimme nach etwas fragte.

"Über mich!" er dachte. Plötzlich schoss ihm dieser böse Gedanke durch den Kopf: „Es wäre nur richtig, zuzuhören und zu hören, was weise Leute zu sagen haben."

Er lachte leise und ging, auf die Zehenspitzen tretend, lautlos in das andere Zimmer, das ebenfalls an das Esszimmer angrenzte. Dort gab es kein Licht, und nur ein dünner Lichtstreifen aus dem Esszimmer, der durch die offene Tür fiel, fiel auf den dunklen Boden. Leise, mit sinkendem Mut und boshaftem Lächeln ging Foma nah an die Tür heran und blieb stehen.

„Er ist ein tollpatschiger Kerl", sagte Taras.

Dann kam Lubovs gesenkte und hastige Rede:

„Er hat die ganze Zeit hier herumgesessen. Er hat furchtbar weitergemacht! Alles begann irgendwie plötzlich. Das erste, was er tat, war, den Schwiegersohn des Vizegouverneurs des Clubs zu verprügeln. Papa musste sich die größte Mühe geben, den Skandal zu vertuschen, und es war gut, dass der Schwiegersohn des Vizegouverneurs ein Mann mit sehr schlechtem Ruf war. Er ist ein Falschspieler und im Allgemeinen eine zwielichtige Persönlichkeit, dennoch hat es Vater mehr als zweitausend Rubel gekostet. Und während Papa sich mit diesem Skandal beschäftigte, hätte Foma beinahe eine ganze Kompanie an der Wolga ertränkt."

"Haha! Wie ungeheuerlich! Und derselbe Mann beschäftigt sich damit, den Sinn des Lebens zu erforschen."

„Bei einer anderen Gelegenheit zelebrierte er auf einem Dampfer mit einer Gesellschaft von Leuten wie ihm. Plötzlich sagte er zu ihnen: „Betet zu Gott!" Ich werde jeden von euch über Bord werfen!' Er ist furchtbar stark. Sie schrien, während er sagte: „Ich möchte meinem Land dienen." Ich möchte die Erde von niederträchtigen Menschen befreien.""

"Wirklich? Das ist schlau!"

„Er ist ein schrecklicher Mann! Wie viele wilde Streiche hat er in diesen Jahren begangen! Wie viel Geld hat er verschwendet!"

„Und sagen Sie mir, unter welchen Bedingungen regelt Vater seine Angelegenheiten für ihn? Wissen Sie?"

„Nein, das tue ich nicht. Er verfügt über eine Vollmacht. Warum fragst du?"

„Einfach so. Es ist ein solides Geschäft. Natürlich wird es auf rein russische Weise durchgeführt; mit anderen Worten, es wird abscheulich geführt. Aber es ist trotzdem ein großartiges Geschäft. Wenn es richtig gemanagt würde, wäre es eine äußerst profitable Goldmine."

„Foma tut absolut nichts. Alles liegt in Vaters Händen."

"Ja? Das ist in Ordnung."

„Wissen Sie, manchmal fällt mir auf, dass seine nachdenkliche Geisteshaltung – dass seine Worte aufrichtig sind und dass er sehr anständig sein kann. Aber ich kann sein skandalöses Leben nicht mit seinen Worten und Argumenten in Einklang bringen. Ich kann es auf keinen Fall tun!"

„Es lohnt sich nicht einmal, sich darum zu kümmern. Der junge und faule Knochen versucht, seine Faulheit zu rechtfertigen."

"NEIN. Sehen Sie, manchmal ist er wie ein Kind. Das war er vor allem vorher."

„Nun, das habe ich gesagt: Er ist ein Jüngling. Lohnt es sich, über einen Ignoranten und Wilden zu sprechen, der ein Ignorant und Wilder bleiben möchte und dies nicht verheimlicht? Sehen Sie: Er argumentiert, wie der Bär in der Fabel die Pfeile gebogen hat."

„Du bist sehr hart."

„Ja, ich bin hart! Die Leute verlangen das. Wir Russen sind alle verzweifelt los. Glücklicherweise ist das Leben so arrangiert, dass wir uns, ob wir es wollen oder nicht, nach und nach aufraffen. Träume sind für Jungen und Mädchen, aber für ernsthafte Menschen gibt es ernste Geschäfte."

„Manchmal tut mir Foma sehr leid. Was wird aus ihm werden?"

„Das geht mich nichts an. Ich glaube, dass aus ihm nichts Besonderes werden wird, weder Gutes noch Schlechtes. Der fade Kerl wird sein Geld verschwenden und ruiniert sein. Was sonst? Eh, zum Teufel, nimm ihn! Solche Menschen wie er sind heutzutage selten. Jetzt kennt der Kaufmann die Macht der Bildung. Und er, dein Pflegebruder, er wird zugrunde gehen."

„Das stimmt, Sir!" sagte Foma, öffnete die Tür und erschien auf der Schwelle.

Blass, mit zusammengezogener Stirn und zitternden Lippen, starrte er Taras direkt ins Gesicht und sagte mit dumpfer Stimme: „Stimmt! Ich werde zugrunde gehen und – Amen! Je früher desto besser!"

Lubov sprang mit erschrockenem Gesicht vom Stuhl auf und rannte auf Taras zu, der ruhig in der Mitte des Zimmers stand, die Hände in den Taschen vergraben.

„Foma! Oh! Scham! Sie haben gelauscht. Oh, Foma!" sagte sie verwirrt.

„Halt den Mund, du Lamm!" sagte Foma zu ihr.

„Ja, Abhören ist falsch!" rief Taras langsam, ohne seinen verächtlichen Blick von Foma abzuwenden.

„Lass es falsch sein!" sagte Foma mit einer Handbewegung. „Ist es meine Schuld, dass die Wahrheit nur durch Abhören erfahren werden kann?"

„Geh weg, Foma, bitte!" flehte Lubov und drückte sich eng an ihren Bruder.

„Vielleicht hast du mir etwas zu sagen?" fragte Taras ruhig.

"ICH?" rief Foma aus. "Was kann ich sagen? Ich kann nichts sagen. Du bist es, der – ich glaube, du weißt alles."

„Du hast also nichts mit mir zu besprechen?" fragte Taras noch einmal.

"Ich bin sehr erfreut."

Er drehte sich seitwärts zu Foma um und fragte Lubov:

„Was denkst du – wird Vater bald zurückkommen?"

Foma sah ihn an und verließ bewusst das Haus, weil er so etwas wie Respekt vor dem Mann empfand. Er hatte keine Lust, in sein eigenes riesiges, leeres Haus zu gehen, wo jeder seiner Schritte ein hallendes Echo hervorrief, er schlenderte die Straße entlang, die in die melancholische graue Dämmerung des Spätherbstes gehüllt war. Er dachte an Taras Mayakin.

„Wie streng er ist. Er kommt nach seinem Vater. Nur ist er nicht so unruhig. Ich glaube, er ist auch ein gerissener Schurke, während Lubka ihn fast wie einen Heiligen ansah. Dieses dumme Mädchen! Was für eine Predigt hat er mir vorgelesen! Ein regulärer Richter. Und sie – sie war freundlich zu mir." Aber all diese Gedanken lösten in ihm keine Gefühle aus – weder Hass gegen Taras noch Mitgefühl für Lubov. Er trug etwas Schmerzhaftes und Unangenehmes mit sich, etwas, das er nicht begreifen konnte, das in seiner Brust immer weiter wuchs, und es kam ihm vor, als sei sein Herz geschwollen und nage wie aus einem Abszess. Er lauschte diesem unaufhörlichen und unbezähmbaren Schmerz, bemerkte, dass er von Stunde zu Stunde immer schlimmer wurde, und da er nicht wusste, wie er ihn lindern sollte, wartete er auf die Ergebnisse.

Dann kam der Traber seines Paten an ihm vorbei. Foma sah in der Kutsche die kleine Gestalt von Jakow Majakin, aber selbst das löste bei ihm kein Gefühl aus. Ein Laternenanzünder rannte an Foma vorbei, überholte ihn, stellte seine Leiter an den Laternenpfahl und stieg hinauf. Plötzlich rutschte die Leiter unter seinem Gewicht ab und er umklammerte den Laternenpfahl und fluchte laut und wütend. Ein Mädchen stieß Foma mit ihrem Bündel in die Seite und sagte:

"Verzeihung."

Er warf ihr einen Blick zu und sagte nichts. Dann begann es vom Himmel zu nieseln – winzige, kaum sichtbare Feuchtigkeitstropfen bedeckten die Lichter der Laternen und die Schaufenster mit grauem Staub. Dieser Staub machte ihm das Atmen schwer.

„Soll ich nach Joschow gehen und dort übernachten? Ich könnte mit ihm trinken", dachte Foma und ging zu Joschow, ohne die geringste Lust zu haben, den Feuilletonschreiber zu sehen oder mit ihm zu trinken.

Bei Yozhov fand er einen zottigen Kerl, der im Wohnzimmer saß. Er trug eine Bluse und graue Hosen. Sein Gesicht war dunkel wie geräuchert, seine Augen waren groß, unbeweglich und wütend, seine dicke Oberlippe war mit einem borstenartigen Soldatenschnurrbart bedeckt. Er saß auf der Lounge, die Füße in seinen riesigen Armen verschränkt und das Kinn auf den Knien ruhend. Joschow saß seitlich auf einem Stuhl und hatte die Beine über die Armlehne des Stuhls geworfen. Zwischen Büchern und Zeitungen auf dem Tisch stand eine Flasche Wodka und im Raum roch es nach etwas Salzigem.

„Warum trampelst du herum?" Yozhov fragte Foma, nickte ihm zu und sagte zu dem Mann im Wohnzimmer: „Gordyeeff!"

Der Mann warf dem Neuankömmling einen Blick zu und sagte mit rauer, schriller Stimme: „Krasnoshchokov."

Foma setzte sich in eine Ecke des Wohnzimmers und sagte zu Joschow:

„Ich bin gekommen, um hier zu übernachten."

"Also? Mach weiter, Wassili."

Dieser warf Foma einen schiefen Blick zu und fuhr mit knarrender Stimme fort:

„Meiner Meinung nach greifen Sie die dummen Leute vergeblich an. Masaniello war ein Narr, aber was getan werden musste, wurde auf die bestmögliche Weise getan. Und dass Winkelried sicherlich auch ein Narr war, und doch wären die Schweizer verprügelt worden, wenn er nicht die kaiserlichen Speere in sich hineingestoßen hätte. Gab es nicht viele solcher Dummköpfe? Dennoch sind sie die Helden. Und die Schlauen sind die Feiglinge. Wo sie dem Hindernis mit aller Kraft einen Schlag versetzen sollten, halten sie inne und überlegen: „Was wird daraus?" Vielleicht sterben wir umsonst?' Und sie stehen wie Pfosten da – bis sie ihren letzten Atemzug tun. Und der Narr ist mutig! Er stürzt kopfüber gegen die Wand – peng! Wenn sein Schädel bricht – was ist dann? Kälberköpfe sind nicht teuer. Und wenn er einen Spalt in die Mauer schlägt, werden die schlauen Leute ihn aufbrechen und Tore öffnen, vorbeigehen und sich die Ehre zuteil werden lassen. Nein, Nikolay Matveyich, Tapferkeit ist eine gute Sache, auch wenn sie keinen Grund hat."

„Wassili, du redest Unsinn!" sagte Joschow und streckte ihm die Hand entgegen.

„Ah, natürlich!" stimmte Wassili zu. „Wie trinke ich Kohlsuppe mit einem Bastschuh? Und doch bin ich nicht blind. Ich kann sehen. Es gibt viele Gehirne, aber es kommt nichts Gutes dabei heraus. Während die klugen Menschen darüber nachdenken und darüber nachdenken, wie sie am weisesten handeln sollen, werden die Narren sie niederschlagen. Das ist alles."

"Warte ein bisschen!" sagte Joschow.

„Ich kann nicht! Ich habe heute Dienst. Ich bin schon ziemlich spät dran. Ich komme morgen vorbei – darf ich?"

"Kommen! Ich gebe einen Braten!"

„Das ist genau Ihr Geschäft."

Wassili richtete sich langsam ein, erhob sich vom Wohnzimmer, nahm Joschows gelbe, dünne kleine Hand in seine große, dunkle Pfote und drückte sie.

"Auf Wiedersehen!"

Dann nickte er Foma zu und ging seitwärts durch die Tür.

"Hast du gesehen?" fragte Joschow Foma und deutete mit der Hand auf die Tür, hinter der noch immer die schweren Schritte zu hören waren.

„Was ist das für ein Mann?"

„Assistent des Maschinisten, Vaska Krasnoshchokov. Hier ein Beispiel von ihm: Mit fünfzehn Jahren begann er zu lernen, zu lesen und zu schreiben, und mit achtundzwanzig hat er weiß Gott wie viele gute Bücher gelesen und zwei Sprachen perfekt beherrscht. Jetzt geht er ins Ausland."

"Wozu?" fragte Foma.

"Studieren. Um zu sehen, wie die Menschen dort leben, während Sie hier schmachten – wozu?"

„Er hat vernünftig über die Narren gesprochen", sagte Foma nachdenklich.

„Ich weiß es nicht, denn ich bin kein Narr."

„Das war gut gesagt. Der dumme Mann sollte sofort handeln. Vorwärts stürmen und umkippen."

„Da ist er los!" rief Joschow aus. „Sagen Sie mir besser, ob es wahr ist, dass Mayakins Sohn zurückgekehrt ist?"

"Ja."

"Warum fragst du?"

"Nichts."

„Ich kann an deinem Gesicht sehen, dass da etwas ist."

„Wir wissen alles über seinen Sohn; wir haben von ihm gehört."

„Aber ich habe ihn gesehen."

"Also? Was für ein Mann ist er?"

„Der Teufel kennt ihn! Was habe ich mit ihm zu tun?"

„Ist er wie sein Vater?"

„Er ist kräftiger, rundlicher; er hat mehr Ernsthaftigkeit; ihm ist so kalt."

„Das bedeutet, dass er noch schlimmer sein wird als Yashka. Nun, mein Lieber, sei auf der Hut, sonst saugen sie dich aus."

„Nun, lasst sie es machen!"

„Sie werden dich ausrauben. Du wirst arm. Dass Taras seinen Schwiegervater in Jekateringburg so geschickt ausgetrickst hat."

„Wenn er will, soll er mich auch austricksen. Ich werde kein einziges Wort zu ihm sagen außer ‚Danke'."

„Du singst immer noch das gleiche alte Lied?"

"Ja."

„Auf die Freiheit gesetzt werden."

"Ja."

"Lass es fallen! Wofür willst du Freiheit? Was wirst du damit machen? Weißt du nicht, dass du zu nichts tüchtig bist, dass du Analphabet bist, dass du bestimmt nicht einmal einen Baumstamm spalten kannst? Wenn ich mich nur von der Notwendigkeit befreien könnte, Wodka zu trinken und Brot zu essen!"

Joschow sprang auf, blieb vor Foma stehen und begann mit lauter Stimme zu sprechen, als würde er verkünden:

„Ich würde die Überreste meiner verwundeten Seele zusammensammeln und sie zusammen mit dem Blut meines Herzens unserer intelligenten Gesellschaft ins Gesicht spucken, zum Teufel!" Ich würde ihnen sagen:

„Ihr Insekten, ihr seid der beste Saft meines Landes!" Die Tatsache Ihrer Existenz wurde mit dem Blut und den Tränen von Dutzenden Generationen russischer Menschen belohnt. Oh, ihr Idioten! Wie teuer hat Ihr Land für Sie bezahlt! Was tun Sie dafür im Gegenzug? Haben Sie die Tränen der Vergangenheit in Perlen verwandelt? Was haben Sie zum Leben beigetragen? Was haben Sie erreicht? Sie haben sich erobern lassen? Was machst du? Ihr lässt zu, dass ihr euch verspottet."'

Er stampfte vor Wut mit den Füßen, biss die Zähne zusammen, starrte Foma mit brennenden, wütenden Blicken an und ähnelte einem wütenden wilden Tier.

„Ich würde ihnen sagen: ‚Du! Ihr überlegt zu viel, aber ihr seid nicht sehr weise, ihr seid völlig machtlos und ihr seid alle Feiglinge! Eure Herzen sind erfüllt von Moral und edlen Absichten, aber sie sind so weich und warm wie Federbetten; Der Geist der Kreativität schläft in ihnen, ein tiefer und ruhiger Schlaf, und eure Herzen pochen nicht, sie schaukeln nur langsam, wie Wiegen." Indem ich meinen Finger in das Blut meines Herzens tauchte, würde ich die Spuren meiner Vorwürfe auf ihre Stirn schmieren, und sie, arm im Geiste, elend in ihrer Selbstzufriedenheit, würden leiden. Oh, wie würden sie leiden! Meine Geißel ist scharf, meine Hand ist fest! Und ich liebe zu sehr, um Mitgefühl zu haben! Sie würden leiden! Und jetzt leiden sie nicht mehr, denn sie sprechen zu viel, zu oft und zu laut von ihren Leiden! Sie lügen! Echtes Leid ist stumm und echte Leidenschaft kennt keine Grenzen! Leidenschaften, Leidenschaften! Wann werden sie in den Herzen der Menschen aufkeimen? Wir sind alle unglücklich wegen der Apathie."

Atemlos brach er in einen Hustenanfall aus, er hustete lange, hüpfte hin und her und wedelte mit den Händen wie ein Verrückter. Und dann blieb er erneut mit blassem Gesicht und blutunterlaufenen Augen vor Foma stehen. Er atmete schwer, seine Lippen zitterten ab und zu und zeigten seine kleinen, scharfen Zähne. Zerzaust, sein Kopf war mit kurzen Haaren bedeckt, er sah aus wie ein Barsch, der gerade aus dem Wasser geworfen wurde. Dies war nicht das erste Mal, dass Foma ihn in einem solchen Zustand sah, und wie immer war er von seiner Aufregung angesteckt. Er hörte den feurigen Worten des kleinen Mannes schweigend zu, ohne zu versuchen, ihre Bedeutung zu verstehen, ohne den Wunsch zu wissen, gegen wen sie sich richteten, sondern nahm nur ihre Kraft auf. Yozhovs Worte sprudelten weiter wie kochendes Wasser und erhitzten seine Seele.

„Ich werde ihnen, diesen elenden Faulenzern, sagen:

'Sehen! Das Leben geht weiter und lässt dich zurück!'"

„Äh! Das ist in Ordnung!" rief Foma begeistert aus und begann sich im Wohnzimmer zu bewegen. „Du bist ein Held, Nikolay! Oh! Fortfahren! Wirf es ihnen direkt ins Gesicht!"

Aber Joschow brauchte keine Ermutigung, es schien, als hätte er Fomas Ausrufe überhaupt nicht gehört, und er fuhr fort:

„Ich kenne die Grenzen meiner Kräfte. Ich weiß, dass sie mich anschreien werden: „Sei ruhig!" Sie werden mir sagen: „Schweigen Sie!" Sie werden es mit Bedacht sagen, sie werden es ruhig sagen und sich über mich lustig machen, sie werden es aus der Höhe ihrer Majestät sagen. Ich weiß, ich bin nur ein kleiner Vogel. Oh, ich bin keine Nachtigall! Im Vergleich zu ihnen bin ich ein unwissender Mann, ich bin nur ein Feuilletonschreiber, ein Mann, der das Publikum amüsiert. Lass sie weinen und mich zum Schweigen bringen, lass sie es tun! Ein Schlag wird auf meine Wange fallen, aber das Herz wird trotzdem weiter pochen! Und ich werde ihnen sagen:

„Ja, ich bin ein unwissender Mann! Und mein erster Vorteil gegenüber dir ist, dass ich keine einzige Buchwahrheit kenne, die mir lieber wäre als ein Mann! Der Mensch ist das Universum, und möge der ewig leben, der die ganze Welt in sich trägt! Und Sie", werde ich sagen, „um eines Wortes willen, das vielleicht nicht immer eine für Sie verständliche Bedeutung enthält, um eines Wortes willen fügen Sie sich oft gegenseitig Wunden und Wunden zu, um eines Wenn ihr euch gegenseitig mit Galle bespritzt, greift ihr die Seele an. Dafür, glauben Sie mir, wird das Leben Sie hart zur Rechenschaft ziehen: Ein Sturm wird losbrechen, und er wird Sie von der Erde fegen und wegspülen, so wie Wind und Regen den Staub von einem Baum fegen und waschen. Es gibt es nur in menschlicher Sprache ein Wort, dessen Bedeutung jedem klar und lieb ist, und wenn dieses Wort ausgesprochen wird, klingt es so: ‚Freiheit!'"

"Verknallt!" brüllte Foma, sprang aus dem Wohnzimmer auf und packte Joschow an den Schultern. Mit blitzenden Augen blickte er in Joschows Gesicht, beugte sich zu ihm und stöhnte fast vor Kummer und Kummer: „Oh! Nikolay! Mein lieber Freund, es tut mir unendlich leid für Dich! Es tut mir mehr leid, als Worte es ausdrücken können!"

"Was ist das? Was ist los mit dir?" rief Yozhov und stieß ihn weg, erstaunt und aus der Fassung gebracht durch Fomas unerwarteten Ausbruch und seine seltsamen Worte.

"Oh Bruder!" sagte Foma und senkte seine Stimme, die dadurch tiefer und überzeugender klang. „Oh, lebende Seele, warum versinkst du im Verderben?"

"WHO? ICH? Ich sinke? Du lügst!"

"Mein lieber Junge! Du wirst niemandem etwas sagen! Es gibt niemanden, mit dem man reden kann! Wer wird dir zuhören? Nur ich!"

"Geh zum Teufel!" schrie Joschow wütend und sprang von ihm weg, als wäre er verbrannt.

Und Foma ging auf ihn zu und sprach überzeugend und voller Trauer:

"Sprechen! sprechen Sie mit mir! Ich werde deine Worte an die richtige Stelle tragen. Ich verstehe sie. Und, ah! Wie werde ich das Volk verbrennen! Warte einfach! Meine Chance wird kommen."

"Geh weg!" schrie Yozhov hysterisch und drückte unter Fomas Druck seinen Rücken an die Wand. Verblüfft, niedergeschlagen und wütend stand er auf und winkte ab, als Foma ihm die Arme entgegenstreckte. Und zu diesem Zeitpunkt öffnete sich die Tür des Zimmers und auf der Schwelle erschien eine Frau ganz in Schwarz. Ihr Gesicht war wütend und aufgeregt, ihre Wange war mit einem Taschentuch zusammengebunden. Sie warf den Kopf zurück, streckte die Hand nach Joschow aus und sagte mit zischender und schriller Stimme:

„Nikolay Matveyich! Entschuldigung, aber das ist unmöglich! So ein tierisches Heulen und Brüllen. Jeden Tag Gäste. Die Polizei kommt. Nein, ich kann es nicht länger ertragen! Ich bin nervös. Bitte räumen Sie die Unterkunft morgen. Du lebst nicht in einer Wüste, hier sind Menschen um dich herum. Und noch dazu ein gebildeter Mann! Ein Schriftsteller! Alle Menschen brauchen Ruhe. Ich habe Zahnschmerzen. Ich bitte Sie, morgen umzuziehen. Ich werde einen Zettel anbringen und die Polizei benachrichtigen."

Sie sprach schnell und die meisten ihrer Worte gingen im Zischen und Pfeifen ihrer Stimme unter; nur die Worte waren deutlich zu erkennen, die sie in einem schrillen, gereizten Ton schrie. Die Ecken ihres Kopftuchs ragten wie kleine Hörner auf ihrem Kopf hervor und zitterten unter der Bewegung ihrer Kiefer. Beim Anblick ihrer aufgeregten und komischen Gestalt zog sich Foma allmählich in Richtung des Wohnzimmers zurück, während Joschow dastand, sich die Stirn wischte, sie starr anstarrte und ihren Worten lauschte:

„Also wissen Sie es jetzt!" schrie sie und hinter der Tür sagte sie noch einmal:

"Morgen! Was für eine Empörung."

"Teufel!" flüsterte Joschow und starrte stumpf auf die Tür.

"Ja! was für eine Frau! Wie streng!" sagte Foma und sah ihn erstaunt an, als er sich auf die Lounge setzte.

Joschow hob die Schultern, ging zum Tisch, schenkte ein halbes Teeglas voll Wodka ein, leerte es und setzte sich mit gesenktem Kopf an den Tisch. Etwa eine Minute lang herrschte Stille. Dann sagte Foma schüchtern und leise:

„Wie das alles passiert ist! Wir hatten keine Zeit, auch nur mit den Augen zu zwinkern, und plötzlich kam so ein Ergebnis. Ah!"

"Du!" sagte Joschow mit gedämpfter Stimme, warf den Kopf hoch und starrte Foma wütend und wild an. „Bleib ruhig! Du, der Teufel nimmt dich. Leg dich hin und schlafe! Du Monster. Alptraum. Oh!"

Und er bedrohte Foma mit der Faust. Dann füllte er das Glas mit weiterem Brandy und leerte es wieder.

Ein paar Minuten später lag Foma unbekleidet im Wohnzimmer und folgte mit halb geschlossenen Augen Joschow, der in unbeholfener Pose am Tisch saß. Er starrte auf den Boden und seine Lippen bewegten sich leise. Foma war erstaunt, er konnte nicht verstehen, warum Jozhov wütend auf ihn geworden war. Es konnte nicht daran liegen, dass ihm der Auszug befohlen worden war. Denn er selbst hatte geschrien.

„Oh Teufel!" flüsterte Joschow und knirschte mit den Zähnen.

Foma hob leise seinen Kopf vom Kissen. Yozhov seufzte tief und laut und streckte erneut seine Hand nach der Flasche aus. Dann sagte Foma leise zu ihm:

„Lass uns in ein Hotel gehen. Es ist noch nicht spät."

Joschow sah ihn an, rieb sich mit den Händen den Kopf und begann seltsam zu lachen. Dann erhob er sich von seinem Stuhl und sagte knapp zu Foma:

"Zieh Dich an!"

Und als Yozhov sah, wie ungeschickt und langsam er sich im Wohnzimmer umdrehte, schrie er voller Wut und Ungeduld:

„Na, sei schneller! Du verkörperst Dummheit. Du symbolischer Karrenlenker."

„Fluch nicht!" sagte Foma mit einem friedlichen Lächeln. „Lohnt es sich, wütend zu sein, weil eine Frau gackert hat?"

Yozhov warf ihm einen Blick zu, spuckte aus und brach in schallendes Gelächter aus.

KAPITEL XIII

„SIND alle hier?" fragte Ilja Jefimowitsch Kononow, der am Bug seines neuen Dampfers stand und mit strahlenden Augen die Menge der Gäste betrachtete.

„Es scheint alles zu sein!"

Und er erhob sein dickes, rotes, glücklich aussehendes Gesicht und rief dem Kapitän zu, der bereits auf der Brücke neben dem Sprechrohr stand:

„Leinen los, Petrukha!"

"Jawohl!"

Der Kapitän entblößte seinen riesigen, kahlen Kopf, machte das Kreuzzeichen, blickte zum Himmel auf, fuhr mit der Hand über seinen breiten, schwarzen Bart, räusperte sich und gab den Befehl:

"Zurück!"

Die Gäste beobachteten schweigend und aufmerksam die Bewegungen des Kapitäns und begannen, seinem Beispiel folgend, auch das Kreuz zu bekreuzigen, wobei ihre Mützen und hohen Hüte wie ein Schwarm schwarzer Vögel durch die Luft schossen.

„Gib uns Deinen Segen, oh Herr!" rief Kononov gerührt aus.

„Lass achtern los! Nach vorne!" befahl der Kapitän. Der gewaltige „Ilya Murometz" stieß einen mächtigen Seufzer aus, stieß eine dicke weiße Dampfsäule zur Seite der Landungsbrücke hin aus und flog wie ein Schwan leicht stromaufwärts.

„Wie alles begann", rief der Wirtschaftsberater Lup Grigoryev Reznikov, ein großer, dünner, gutaussehender Mann, begeistert aus. „Ohne Köcher! Wie eine Dame im Tanz!"

„Halbe Geschwindigkeit!"

„Es ist kein Schiff, es ist ein Leviathan!" bemerkte mit einem andächtigen Seufzer der pockennarbige und gebeugte Trofim Zubov, Domwächter und wichtigster Wucherer der Stadt.

Es war ein grauer Tag. Der mit Herbstwolken bedeckte Himmel spiegelte sich im Wasser des Flusses und verlieh ihm so eine kalte bleierne Farbe. Der Dampfer glitzerte in der Frische seiner Farbe wie ein riesiger heller Fleck über dem eintönigen Hintergrund des Flusses, und der schwarze Rauch seines Atems hing wie eine schwere Wolke in der Luft. Ganz weiß, mit rosa Paddelkästen und leuchtend roten Rotorblättern, schnitt der Dampfer mit seinem Bug mühelos durch das kalte Wasser und trieb es zum Ufer hin auseinander, und die runden Fensterscheiben an den Seiten des Dampfers und der Kabine glitzerten strahlend. als würde er ein selbstzufriedenes, triumphierendes Lächeln lächeln.

„Meine Herren dieser ehrenwerten Gesellschaft!" rief Kononow aus, nahm seinen Hut ab und verneigte sich tief vor den Gästen. „Da wir jetzt sozusagen vor Gott zurückgezahlt haben, was Gott gebührt, würden Sie zulassen, dass die Musiker jetzt dem Kaiser zurückzahlen, was dem Kaiser gebührt?"

Und ohne die Antwort seiner Gäste abzuwarten, legte er die Faust an den Mund und rief:

"Musiker! Spielen Sie „Be Glorious!"

Die Militärkapelle hinter der Lokomotive donnerte den Marsch.

Und Makar Bobrov, der Direktor und Gründer der örtlichen Geschäftsbank, begann in einem angenehmen Bass zu summen und schlug dabei mit den Fingern auf seinem riesigen Bauch den Takt:

„Sei glorreich, sei glorreich, unser russischer Zar – Tra-rata! Boom!"

„Ich lade Sie an den Tisch ein, meine Herren! Bitte! Hab Glück, he, he! Ich flehe Sie demütig an", sagte Kononov und drängte sich durch die dichte Gästegruppe.

Es waren ungefähr dreißig, allesamt besonnene Männer, die Elite der örtlichen Kaufleute. Die älteren Männer unter ihnen, kahlköpfig und grau, trugen altmodische Gehröcke, Mützen und hohe Stiefel. Aber davon gab es nur wenige; Hohe Seidenhüte, Schuhe und stilvolle Mäntel dominierten. Sie drängten sich alle am Bug des Dampfers und gingen nach und nach, Kononows Bitten nachgebend, zum mit Segeltuch bedeckten Heck, wo mit Mittagessen ausgelegte Tische standen. Lup Reznikov ging Arm in Arm mit Yakov Mayakin und flüsterte ihm, indem er sich an sein Ohr beugte, etwas zu, während dieser zuhörte und lächelte. Foma, der von seinem Paten nach langen Ermahnungen zum Fest gebracht worden war, fand unter diesen ihm abstoßenden Menschen keinen Gefährten für sich und hielt sich bleich und düster von ihnen fern. In den letzten zwei Tagen hatte er mit Joschow viel getrunken und jetzt hatte er schreckliche Kopfschmerzen. Er fühlte sich in der ruhigen und doch fröhlichen Gesellschaft unwohl; das Summen der Stimmen, das Donnern der Musik und der Lärm des Dampfers, all das irritierte ihn.

Er verspürte das dringende Bedürfnis einzuschlafen und fand keine Ruhe bei dem Gedanken, warum sein Pate heute so freundlich zu ihm war und warum er ihn hierher in die Gesellschaft der führenden Kaufleute der Stadt brachte. Warum hatte er ihn so überzeugend gedrängt und sogar überredet, Kononows Messe und Bankett zu besuchen?

„Sei nicht dumm, komm!" Foma erinnerte sich an die Ermahnungen seines Paten. „Warum kämpfst du scheu vor Menschen? Der Mensch erhält seinen Charakter von der Natur, und an Reichtümern sind Sie geringer als die wenigsten. Sie müssen auf Augenhöhe mit den anderen bleiben. Kommen!"

„Aber wann wirst du ernsthaft mit mir reden, Papa?" hatte Foma gefragt und das Spiel im Gesicht und in den grünen Augen seines Paten beobachtet.

„Du meinst damit, dich aus dem Geschäft zu befreien? Ha, ha! Wir werden darüber reden, wir werden darüber reden, mein Freund! Was für ein seltsamer Kerl du bist. Also? Werden Sie ein Kloster betreten, wenn Sie Ihr Vermögen weggeworfen haben? Nach dem Vorbild der Heiligen? Äh?"

„Dann werde ich sehen!" Foma hatte geantwortet.

"Also. Nun ja, und bevor du ins Kloster gehst, komm mit mir! Machen Sie sich schnell bereit. Reiben Sie Ihren Penis mit etwas Nassem ein, denn er ist stark geschwollen. Besprühen Sie sich mit Eau de Cologne, holen Sie es sich von Lubov, um den Kabak-Geruch zu vertreiben. Fortfahren!"

Als Foma während der Messe auf dem Dampfer ankam, nahm er einen Platz an der Seite ein und beobachtete die Kaufleute während des gesamten Gottesdienstes.

Sie standen in feierlichem Schweigen da; ihre Gesichter hatten den Ausdruck andächtiger Konzentration; Sie beteten inbrünstig, seufzten tief, verneigten sich tief und hoben andächtig den Blick zum Himmel. Und Foma blickte bald einen, bald einen anderen an und erinnerte sich daran, was er über sie wusste.

Da war Lup Reznikov; Er hatte seine Karriere als Bordellbesitzer begonnen und war plötzlich reich geworden. Sie sagten, er habe einen seiner Gäste, einen reichen Sibirier, erwürgt. Zubovs Geschäft bestand in seiner Jugend darin, Garn von den Bauern zu kaufen. Er war zweimal gescheitert. Kononov war vor zwanzig Jahren wegen Brandstiftung angeklagt worden, und auch jetzt wurde er wegen Verführung einer Minderjährigen angeklagt. Zusammen mit ihm war Zakhar Kirillov Robustov bereits zum zweiten Mal wegen einer ähnlichen Anklage vor Gericht gezerrt worden. Robustov war ein kräftiger, kleiner Kaufmann mit rundem Gesicht und fröhlichen blauen Augen. Unter diesen Leuten gab es kaum einen, über den Foma nicht etwas Schändliches wusste.

Und er wusste, dass sie alle sicherlich den erfolgreichen Kononow beneideten, der die Zahl seiner Dampfer von Jahr zu Jahr ständig erhöhte.

Viele dieser Menschen lagen im Streit miteinander, keiner von ihnen zeigte auf dem Schlachtfeld des Geschäftslebens Mitleid mit den anderen, und alle wussten Böses und Unehrliches über den anderen. Aber jetzt, als sie sich um Kononov versammelten, der triumphierend und glücklich war, verschmolzen sie zu einer dichten, dunklen Masse und standen und atmeten wie ein Mann, konzentriert und schweigend, umgeben von etwas Unsichtbarem und doch Festem, von etwas, das Foma von ihnen abstieß , und was ihm Angst vor ihnen einflößte.

„Betrüger!" dachte er und ermutigte sich damit.

Und sie husteten leise, seufzten, bekreuzigten sich, verneigten sich und standen, den Klerus mit einer dicken Mauer umgebend, unbeweglich und fest da wie große, schwarze Felsen.

„Sie tun so, als ob!" rief Foma vor sich hin. Neben ihm stand der bucklige, einäugige Pawlin Guschtschin, der vor nicht allzu langer Zeit die Kinder seines schwachsinnigen Bruders als Bettler auf die Straße geschickt hatte, er stand da und flüsterte eindringlich, während er in den düsteren Himmel blickte mit seinem einzigen Auge:

"Oh Gott! Überführe mich nicht in Deinem Zorn und züchtige mich nicht in Deinem Zorn."

Und Foma hatte das Gefühl, dass dieser Mann sich mit tiefstem und feststem Vertrauen an seine Barmherzigkeit an den Herrn wandte.

„Oh Herr, Gott unserer Väter, der du Noah, deinem Diener, befohlen hast, eine Arche zur Erhaltung der Welt zu bauen", sagte der Priester mit seiner tiefen Bassstimme, hob die Augen und streckte seine Hände gen Himmel, „beschütze auch dieses Gefäß und gib ihm einen Schutzengel des Guten und des Friedens. Behüte diejenigen, die darauf segeln werden."

Die Kaufleute machten einstimmig mit weit ausholenden Armen das Zeichen des Kreuzes, und alle ihre Gesichter trugen den Ausdruck eines einzigen Gefühls: des Glaubens an die Kraft des Gebets. Alle diese Bilder wurzelten in Fomas Erinnerung und weckten in ihm Verwirrung über diese Menschen, die zwar fest an die Barmherzigkeit Gottes glauben konnten, aber dennoch so grausam gegenüber den Menschen waren. Er beobachtete sie beharrlich, wollte ihren Betrug aufdecken und sich von ihrer Unwahrheit überzeugen.

Ihre ernste Festigkeit erzürnte ihn, ihr einhelliges Selbstbewusstsein, ihre triumphierenden Gesichter, ihre lauten Stimmen, ihr Lachen. Sie saßen bereits an den Tischen, bedeckt mit Mittagessen, und bewunderten hungrig den riesigen, fast drei Meter langen Stör, der hübsch mit Grünzeug und großen Krabben bestreut war. Trofim Zubov, der sich eine Serviette um den

Hals band, blickte mit glücklichen, süßen, halbgeschlossenen Augen auf den Monsterfisch und sagte zu seinem Nachbarn, dem Mehlhändler Yona Yushkov:

„Yona Nikiforich! Schauen Sie, es ist ein normaler Wal! Es ist groß genug, um als Sarg für Ihre Person zu dienen, oder? Ha, ha! Da könnte man hineinkriechen wie ein Fuß in einen Stiefel, oder? Ha, ha!"

Der kleine und rundliche Yona streckte vorsichtig seine kurze kleine Hand nach dem mit frischem Kaviar gefüllten silbernen Eimer aus, schmatzte gierig mit den Lippen und blinzelte auf die Flaschen vor ihm, aus Angst, er könnte sie umwerfen.

Gegenüber von Kononov stand auf einem Bock ein halbes Vedro-Fass mit altem Wodka, importiert aus Polen; In einer riesigen, mit Silber besetzten Muschel lagen Austern, und ein bestimmter bunter Kuchen in Form eines Turms ragte über all den Speisen hervor.

"Herren! Ich flehe dich an! Bedienen Sie sich, was immer Sie wollen!" rief Kononow. „Ich habe hier alles auf einmal, passend für jeden Geschmack. Es gibt unsere eigenen, russischen Sachen und es gibt ausländische, alles auf einmal! Das ist der beste Weg! Wer wünscht sich etwas? Möchte irgendjemand Schnecken oder diese Krabben, oder? Sie kommen aus Indien, wurde mir gesagt."

Und Zubov sagte zu seinem Nachbarn Mayakin:

„Das Gebet ‚Beim Bau eines Schiffes' ist für Dampfschlepper und Flussdampfer nicht geeignet, das heißt nicht, dass es nicht geeignet ist, es allein reicht nicht aus." Ein Flussdampfer ist ein ständiger Wohnsitz der Besatzung und sollte daher als Wohnhaus betrachtet werden. Daher ist es notwendig, zusätzlich zum Gebet für das Gefäß das Gebet „Beim Bau eines Hauses" zu sprechen. Aber was wirst du trinken?"

„Ich bin kein großer Weinliebhaber. Schenk mir etwas Kreuzkümmelwodka ein", antwortete Jakow Tarasowitsch.

Foma, der am Ende des Tisches zwischen einigen schüchternen und bescheidenen Männern saß, die er nicht kannte, spürte hin und wieder die scharfen Blicke des alten Mannes auf sich.

„Er hat Angst, dass ich einen Skandal mache", dachte Foma. "Brüder!" brüllte der ungeheuer beleibte Schiffbauer Jaschtschurow mit heiserer Stimme: „Ich kann nicht ohne Hering auskommen! Ich muss unbedingt mit Hering beginnen, das liegt in meiner Natur."

"Musiker! stimmen Sie den ‚Persischen Marsch' an!"

"Festhalten! Besser: ‚Wie herrlich!'"

„Schlag ‚How Glorious‘ an.“

Das Heulen des Motors und das Klappern der Räder des Dampfers, vermischt mit den Klängen der Musik, erzeugten in der Luft etwas, das wie das wilde Lied eines Schneesturms klang. Das Pfeifen der Flöte, der schrille Gesang der Klarionetten, das schwere Dröhnen der Bässe, das Kräuseln der kleinen Trommel und das Dröhnen der Schläge auf die große, all das fiel auf die monotonen und dumpfen Geräusche der Räder, Sie schnitten das Wasser auseinander, schlugen rebellisch in die Luft, übertönten den Lärm der menschlichen Stimmen und schwebten wie ein Hurrikan hinter dem Dampfer her, was die Menschen dazu brachte, laut zu schreien. Manchmal ertönte im Motor ein wütendes Zischen des Dampfes, und in diesem Geräusch lag etwas Gereiztes und Verächtliches, als es unerwartet aus dem Chaos des Dröhnens, Brüllens und Rufens hervorbrach.

„Ich werde bis zu meinem Tod nie vergessen, dass du dich geweigert hast, die Note für mich zu diskontieren“, rief jemand mit grimmiger Stimme.

„Das reicht! Ist das ein Ort für Konten?“ erklang Bobrovs Bass.

"Brüder! Lasst uns ein paar Reden halten!“

„Musiker, Busch!“

„Kommen Sie zur Bank und ich erkläre Ihnen, warum ich den Betrag nicht diskontiert habe.“

"Eine Rede! Schweigen!"

„Musiker, hört auf zu spielen!“

„Schlagen Sie ‚In the Meadows‘ an.“

„Madame Angot!“

"NEIN! Jakow Tarasowitsch, wir bitten dich!“

„Das nennt man Straßburger Gebäck.“

„Wir bitten dich! Wir bitten dich!“

"Gebäck? Es sieht nicht so aus, aber ich werde es trotzdem probieren.“

„Tarasowitsch! Start."

"Brüder! Es ist lustig! Von Gott."

„Und in ‚La Belle Helene‘ kam sie fast nackt heraus, meine Liebe“, durchbrach plötzlich Robustovs schrille und emotionale Stimme den Lärm.

"Achtung! Jakob hat Esau betrogen? Aha!"

„Ich kann nicht! Meine Zunge ist kein Hammer und ich bin nicht mehr jung.

„Jascha! Wir alle flehen dich an!"

„Geben Sie uns die Ehre!"

„Wir wählen Sie zum Bürgermeister!"

„Tarasowitsch! Sei nicht launisch!"

"Sch! Schweigen! Herren! Jakow Tarasowitsch wird ein paar Worte sagen!"

"Sch!"

Und gerade als der Lärm nachließ, hörte man jemandes lautes, empörtes Flüstern:

„Wie sie mich gekniffen hat, das Aas."

Und Bobrov fragte mit seinem tiefen Bass:

„Wo hat sie dich gekniffen?"

Alle brachen in schallendes Gelächter aus, verstummten aber bald, denn Jakow Tarasowitsch Majakin erhob sich, räusperte sich und musterte die Kaufleute, seinen kahlen Scheitel streichend, mit ernstem Blick und erwartete Aufmerksamkeit.

„Nun, Brüder, öffnet eure Ohren!" rief Kononow zufrieden.

„Herren der Kaufmannsklasse!" begann Mayakin mit einem Lächeln. „In der Sprache intelligenter und gelehrter Menschen gibt es ein bestimmtes Fremdwort, und dieses Wort ist ‚Kultur'." Deshalb werde ich jetzt in aller Einfachheit meiner Seele mit Ihnen über dieses Wort sprechen."

„Das ist also sein Ziel!" Einige zufriedene Ausrufe waren zu hören.

"Sch! Schweigen!"

"Sehr geehrte Herren!" sagte Mayakin mit erhobener Stimme, „in den Zeitungen schreiben sie immer wieder über uns Kaufleute, dass wir diese ‚Kultur' nicht kennen, dass wir sie nicht wollen und nicht verstehen." Und sie nennen uns wilde, unkultivierte Menschen. Was ist Kultur? Es schmerzt mich, alter Mann wie ich bin, solche Worte zu hören, und eines Tages habe ich es mir zur Aufgabe gemacht, dieses Wort nachzuschlagen, um herauszufinden, was es wirklich enthält." Mayakin verstummte, musterte das Publikum mit seinen Augen und fuhr mit einem triumphierenden Lächeln deutlich fort:

„Meine Nachforschungen ergaben, dass dieses Wort Anbetung bedeutet, das heißt Liebe, große Liebe zum Geschäft und zur Ordnung im Leben. 'Das ist richtig!" Ich dachte: „Das stimmt!" Das bedeutet, dass er ein kultivierter Mann ist, der Geschäfte und Ordnung liebt, der es im Allgemeinen liebt, sein Leben zu gestalten, der es liebt zu leben, der den Wert seiner selbst und des Lebens kennt. Gut!" Jakow Tarasowitsch zitterte, seine Falten breiteten sich wie Strahlen über sein Gesicht aus, von seinen lächelnden Augen bis zu seinen Lippen, und sein kahler Kopf sah aus wie ein dunkler Stern.

Die Kaufleute starrten schweigend und aufmerksam auf seinen Mund, und alle Gesichter zeugten von intensiver Aufmerksamkeit. Die Menschen schienen angesichts der Haltung, in der Mayakins Rede sie eingeholt hatte, wie versteinert.

„Aber wenn dieses Wort genau so interpretiert werden soll und nicht anders, wenn das der Fall ist – dann verleumden und lästern uns die Leute, die uns unkultiviert und wild nennen!" Denn sie lieben nur das Wort, nicht aber seine Bedeutung; Während wir die Wurzel des Wortes lieben, lieben wir sein wahres Wesen, wir lieben Aktivität. Wir haben in uns den wahren Kult des Lebens, das heißt die Anbetung des Lebens; wir, nicht sie! Sie lieben das Denken, wir lieben das Handeln. Und hier, meine Herren der Kaufmannsklasse, hier ist ein Beispiel unserer Kultur, unserer Liebe zum Handeln. Nimm die Wolga! Hier ist sie, unsere liebe eigene Mutter! Mit jedem einzelnen Tropfen ihres Wassers kann sie unsere Ehre bestätigen und die leere Blasphemie widerlegen, mit der wir bespritzt werden. Es sind erst einhundert Jahre vergangen, meine sehr geehrten Damen und Herren, seit Kaiser Peter der Große seine Deckboote auf diesem Fluss zu Wasser ließ, und jetzt fahren Tausende von Dampfschiffen den Fluss auf und ab. Wer hat sie gebaut? Der russische Bauer, ein völlig ungebildeter Mann! All diese riesigen Dampfer, Lastkähne – wem gehören sie? Unsere! Wer hat sie erfunden? Wir! Alles hier gehört uns, alles hier ist die Frucht unseres Geistes, unserer russischen Klugheit und unserer großen Liebe zum Handeln! Niemand hat uns bei irgendetwas geholfen! Wir selbst haben die Piraterie an der Wolga ausgerottet; auf eigene Kosten heuerten wir Truppen an; Wir haben die Piraterie ausgerottet und Tausende von Dampfern und verschiedenen Schiffen auf den Tausenden von Meilen ihres Weges auf die Wolga geschickt. Welche ist die beste Stadt an der Wolga? Derjenige mit den meisten Händlern. Wer sind die besten Häuser der Stadt? Die Händler! Wer kümmert sich am meisten um die Armen? Der Händler! Er sammelt Groschen und Kopeken und spendet Hunderttausende Rubel. Wer hat die Kirchen errichtet? Wir! Wer spendet dem Staat am meisten Geld? Die Händler! Herren! Uns allein ist die Arbeit um ihrer selbst willen teuer, um unserer Liebe zur Gestaltung des Lebens willen, und wir allein lieben Ordnung und Leben! Und wer über uns redet, redet nur, und das ist alles! Lass ihn reden! Wenn der Wind weht, raschelt die Weide; Wenn der Wind nachlässt, schweigt die Weide; Und aus der Weide kann weder ein Karrenstiel noch ein Besen gemacht werden; Es ist ein nutzloser Baum! Und aus dieser Nutzlosigkeit entsteht der Lärm. Was haben sie, unsere Richter, erreicht? Wie haben sie das Leben geschmückt? Wir wissen es nicht. Dabei ist unsere Arbeit deutlich erkennbar! Herren der Kaufmannsklasse! Da ich in Ihnen die herausragendsten Männer im Leben sehe, die fleißigsten sind und Ihre Arbeit lieben, und in Ihnen die Männer sehe, die alles erreichen können und erreicht haben, erhebe ich jetzt von ganzem Herzen, mit Respekt und Liebe für Sie, meinen randvollen Kelch zu den Glorreichen, Starken beseelte, fleißige russische Kaufmannsschicht. Mögest du lange leben! Möge es Ihnen zum Ruhme Mutter Russlands gelingen! Hurra!"

Der schrille, schrille Ruf Mayakins löste bei den Händlern ein ohrenbetäubendes, triumphierendes Gebrüll aus. All diese großen, fleischigen Körper, erregt durch den Wein und die Worte des alten Mannes, bewegten sich und stießen aus ihrer Brust einen so einstimmigen, gewaltigen Schrei aus, dass alles um sie herum zu beben und zu beben schien.

„Jakow! Du bist die Posaune des Herrn!" rief Zubov und hielt Mayakin seinen Kelch hin.

Die Händler warfen die Stühle um, rüttelten an den Tischen, wodurch das Geschirr und die Flaschen klapperten und herunterfielen, und stürmten aufgeregt, entzückt, einige mit Tränen in den Augen, mit Kelchen in den Händen auf Mayakin zu.

"Ah! Verstehen Sie, was hier gesagt wurde?" fragte Kononov, packte Robustov an der Schulter und schüttelte ihn. "Es verstehen! Das war eine tolle Rede!"

„Jakow Tarasowitsch! Komm, lass mich dich umarmen!"

„Lass uns werfen, Mayakin!

„Schlag die Band an."

„Klingt toll! Ein Marsch. „Der persische Marsch."

„Wir wollen keine Musik! Der Teufel nimm es!"

„Hier ist die Musik! Äh, Jakow Tarasowitsch! Was für ein Verstand!"

„Unter meinen Brüdern war ich klein, aber ich hatte Verständnis."

„Du lügst, Trofim!"

„Jakow! Du wirst bald sterben. Oh, wie schade! Worte können nicht ausdrücken, wie leid es uns tut!"

„Aber was wird das für eine Beerdigung!"

"Herren! Lasst uns einen Mayakin-Fonds gründen! Ich habe tausend gezahlt!"

"Schweigen! Festhalten!"

"Herren!" Jakow Tarasowitsch begann erneut zu sprechen und zitterte in allen Gliedern. „Und darüber hinaus sind wir die führenden Männer im Leben und die wahren Herren unseres Vaterlandes, weil wir – Bauern!"

„Richtig!"

"Das ist richtig! Liebe Mutter! Das ist ein alter Mann für dich!"

"Festhalten! Lass ihn ausreden."

„Wir sind ein primitives russisches Volk, und alles, was von uns kommt, ist wirklich russisch!" Folglich ist es das Echteste, Nützlichste und Verpflichtendste."

„So wahr wie zwei und zwei vier ergeben!"

"Es ist so einfach."

„Er ist weise wie eine Schlange!"

„Und so sanftmütig wie ein-"

„Als Falke. Hahaha!"

Die Kaufleute umringten ihren Redner in einem engen Ring, sie sahen ihn mit ihren öligen Augen an und waren so aufgeregt, dass sie seinen Worten nicht mehr ruhig zuhören konnten. Um ihn herum erfüllte ein Stimmengewirr die Luft, und vermischt mit dem Geräusch des Motors und dem Schlagen der Räder auf dem Wasser bildete es einen Wirbelsturm von Geräuschen, der die schrille Stimme des alten Mannes übertönte. Die Aufregung der Kaufleute wurde immer größer; alle Gesichter strahlten vor Triumph; Hände, die Kelche ausstreckten, waren Mayakin entgegengestreckt; Die Kaufleute klopften ihm auf die Schulter, stießen ihn an, küssten ihn und blickten ihm voller Rührung ins Gesicht. Und einige schrien begeistert:

„Der Kamarinski. Der Nationaltanz!"

„Das haben wir alles geschafft!" rief Jakow Tarasowitsch und zeigte auf den Fluss. „Es gehört alles uns! Wir haben Leben aufgebaut!"

Plötzlich ertönte ein lauter Ausruf, der alle Geräusche übertönte:

"Ah! Du hast es also geschafft? Ah, du."

Und unmittelbar danach hallte ein vulgärer Fluch durch die Luft, deutlich ausgesprochen mit großer Groll, mit dumpfer, aber kraftvoller Stimme. Alle hörten es und schwiegen für einen Moment und suchten mit ihren Augen nach dem Mann, der sie misshandelt hatte. In diesem Moment war nichts zu hören außer dem tiefen Seufzen der Motoren und dem Klirren der Ruderketten.

„Wer knurrt da?" fragte Kononov stirnrunzelnd.

„Ohne Skandale geht es nicht!" sagte Reznikov mit einem reuigen Seufzer.

„Wer hat hier zufällig geflucht?"

Auf den Gesichtern der Kaufleute spiegelten sich Besorgnis, Neugier, Erstaunen, Vorwurf, und alle Menschen begannen dumm herumzulaufen. Nur Jakow Tarasowitsch blieb ruhig und schien sogar zufrieden mit dem, was geschehen war. Er stellte sich mit ausgestrecktem Hals auf die Zehenspitzen und starrte irgendwohin zum Ende des Tisches, und seine Augen blitzten seltsam, als sähe er dort etwas, das ihm gefiel.

„Gordjeeff", sagte Yona Yushkov leise.

Und alle Köpfe waren in die Richtung gerichtet, in die Jakow Tarasowitsch blickte.

Dort stand Foma, die Hände auf den Tisch gestützt. Mit zornverzerrtem Gesicht und fest zusammengebissenen Zähnen musterte er schweigend die Händler mit seinen brennenden, weit geöffneten Augen. Sein Unterkiefer zitterte, seine Schultern zitterten und die Finger seiner Hände, die die Tischkante fest umklammerten, kratzten nervös an der Tischdecke. Beim Anblick seines wolfsähnlichen, wütenden Gesichts und seiner zornigen Haltung verstummten die Kaufleute erneut für einen Moment.

„Worauf gaffst du?" fragte Foma und begleitete seine Frage erneut mit einem heftigen Fluch.

"Er ist betrunken!" sagte Bobrow kopfschüttelnd.

„Und warum wurde er eingeladen?" flüsterte Reznikov leise.

„Foma Ignatjewitsch!" „Du darfst keine Skandale schaffen", sagte Kononov ruhig. Wenn dir der Kopf schwirrt – geh, mein lieber Junge, ruhig und friedlich in die Kabine und leg dich hin! Leg dich hin und –"

„Ruhe, du!" brüllte Foma und richtete seinen Blick auf ihn. „Wage es nicht, mit mir zu sprechen! Ich bin nicht betrunken. Ich bin nüchterner als jeder von euch hier! Verstehst du?"

„Aber warte noch einen Moment, mein Junge. Wer hat dich hierher eingeladen?" fragte Kononov und errötete vor Beleidigung.

„Ich habe ihn mitgebracht!" erklang Mayakins Stimme.

"Ah! Na dann natürlich. Entschuldigung, Foma Ignatjewitsch. Aber so wie du ihn hergebracht hast, Yakov, solltest du ihn unterwerfen. Sonst ist es nicht gut."

Foma schwieg und lächelte. Und auch die Kaufleute schwiegen, als sie ihn ansahen.

„Äh, Fomka!" begann Mayakin. „Wieder einmal beschämen Sie mein Alter."

"Pate!" sagte Foma und zeigte seine Zähne. „Ich habe noch nichts getan, daher ist es noch ziemlich früh, mir eine Lektion zu erteilen." Ich bin nicht betrunken, ich habe nichts getrunken, aber ich habe alles gehört. Meine Herren Kaufleute! Erlauben Sie mir, eine Rede zu halten! Mein Pate, den Sie so sehr respektieren, hat gesprochen. Jetzt hör auf seinen Patensohn."

„Was – Reden?" sagte Reznikov. „Warum irgendwelche Diskurse? Wir sind zusammengekommen, um Spaß zu haben."

„Kommen Sie, das sollten Sie besser lassen, Foma Ignatjewitsch."

„Besser etwas trinken."

„Lass uns etwas trinken! Ah, Foma, du bist der Sohn eines guten Vaters!"

Foma wich vom Tisch zurück, richtete sich auf und lächelte ununterbrochen, während er den freundlichen, mahnenden Worten lauschte. Unter all diesen ruhigen Menschen war er der Jüngste und Schönste. Seine wohlgeformte Figur im enganliegenden Gehrock stach zu seinem Vorteil aus der Masse der kräftigen Körper mit markanten Bäuchen hervor. Sein dunkles Gesicht mit den großen Augen war regelmäßiger und voller Leben als die schrumpeligen oder roten Gesichter derer, die voller Erstaunen und Erwartung vor ihm standen. Er warf die Brust nach vorne, biss die Zähne zusammen, warf die Röcke seines Gehrocks auseinander und steckte die Hände in die Taschen.

„Du kannst mir jetzt nicht mit Schmeicheleien und Zärtlichkeiten den Mund verstopfen!" sagte er fest und drohend: „Ob du zuhörst oder nicht, ich werde trotzdem sprechen." Du kannst mich nicht von hier vertreiben."

Er schüttelte den Kopf, hob die Schultern und verkündete ruhig:

„Aber wenn einer von euch es wagt, mich zu berühren, auch nur mit einem Finger, werde ich ihn töten! Ich schwöre es beim Herrn. Ich werde so viele töten, wie ich kann!"

Die Menschenmenge, die ihm gegenüberstand, wich zurück, während die Büsche im Wind hin und her schaukelten. Sie begannen aufgeregt zu flüstern. Fomas Gesicht wurde dunkler, seine Augen wurden rund.

„Nun, hier wurde gesagt, dass Sie das Leben aufgebaut und die aufrichtigsten und richtigsten Dinge getan haben.“

Foma seufzte tief und musterte mit unaussprechlicher Abneigung die Gesichter seiner Zuhörer, die plötzlich seltsam aufgeblasen waren, als wären sie geschwollen. Die Händler schwiegen und drängten sich immer näher aneinander. Jemand in den hinteren Reihen murmelte:

"Worüber redet er? Ah! Aus Papier oder auswendig?“

„Oh, ihr Schurken!“ rief Gordyeeff kopfschüttelnd. „Was hast du gemacht? Du hast kein Leben geschaffen, sondern ein Gefängnis. Du hast keine Ordnung geschaffen, du hast den Menschen Fesseln angelegt. Es ist erdrückend, es ist eng, es gibt keinen Raum für eine lebende Seele, sich umzudrehen. Der Mensch geht zugrunde! Ihr seid Mörder! Verstehst du, dass du heute nur durch die Geduld der Menschheit existierst?“

"Was bedeutet das?" rief Reznikov aus und faltete vor Wut und Empörung die Hände. „Ilya Yefimov, was ist das? Ich kann es nicht ertragen, solche Worte zu hören.“

„Gordjeeff!“ rief Bobrow. „Pass auf, du sprichst unpassende Worte.“

„Für solche Worte bekommst du – oi, oi, oi!“ sagte Zubov unterschmeichelnd.

"Schweigen!" brüllte Foma mit blutunterlaufenen Augen. „Jetzt grunzen sie.“

"Herren!" ertönte Mayakins ruhige, boshafte Stimme, wie das Kreischen einer glatten Feile auf Eisen. „Fass ihn nicht an! Ich flehe Sie eindringlich an, behindern Sie ihn nicht. Lass ihn knurren. Lass ihn sich amüsieren. Seine Worte können dir nichts anhaben.“

„Nun, nein, ich danke Ihnen demütig!“ rief Juschkow. Und dicht an Fomas Seite stand Smolin und flüsterte ihm ins Ohr:

„Hör auf, mein lieber Junge! Was ist los mit dir? Bist du verrückt? Sie werden dich erledigen –!“

„Geh weg!“ sagte Foma bestimmt und blitzte ihn mit seinen wütenden Augen an. „Du gehst zu Mayakin und schmeichelst ihm, vielleicht kommt dir ja etwas in den Sinn!“

Smolin pfiff durch die Zähne und trat beiseite. Und die Kaufleute begannen sich einer nach dem anderen auf dem Dampfer zu zerstreuen. Das ärgerte Foma noch mehr, er wünschte, er könnte sie mit seinen Worten an Ort und Stelle fesseln, aber er konnte keine so kraftvollen Worte finden.

„Du hast Leben aufgebaut!“ er schrie. "Wer bist du? Betrüger, Räuber.“

Ein paar Männer drehten sich zu Foma um, als hätte er sie gerufen.

„Kononow! Werden sie dich bald wegen des kleinen Mädchens ausprobieren? Sie werden dich auf die Galeere bringen. Auf Wiedersehen, Ilja! Sie bauen Ihre Dampfer vergeblich. Sie werden Sie auf einem Regierungsschiff nach Sibirien transportieren."

Kononov sank auf einen Stuhl; sein Blut schoss ihm ins Gesicht und er schüttelte schweigend seine Faust. Foma sagte heiser:

"Sehr gut. Gut. Ich werde es nicht vergessen."

Foma sah sein verzerrtes Gesicht mit den zitternden Lippen und begriff, mit welchen Waffen er diesen Männern die heftigsten Schläge versetzen konnte.

"Hahaha! Baumeister des Lebens! Gushchin, gibst du deinen kleinen Neffen und Nichten Almosen? Geben Sie ihnen mindestens einen Kopeken pro Tag. Sie haben ihnen siebenundsechzigtausend Rubel gestohlen. Bobrow! Warum hast du über deine Geliebte gelogen und gesagt, sie hätte dich ausgeraubt, und sie dann ins Gefängnis geschickt? Wenn Sie ihrer überdrüssig geworden wären, hätten Sie sie vielleicht Ihrem Sohn übergeben. Jedenfalls hat er eine Intrige mit deiner anderen Geliebten begonnen. Wussten Sie es nicht? Äh, du fettes Schwein, ha, ha! Und du, Lup, eröffnest wieder ein Bordell und folterst dort wie zuvor deine Gäste. Und dann wird dich der Teufel ausschmeißen, ha, ha! Es ist gut, ein Schlingel mit einem frommen Gesicht wie deinem zu sein! Wen hast du dann getötet, Lup?"

Foma sprach, unterbrach seine Rede mit lautem, bösartigem Lachen und sah, dass seine Worte bei diesen Menschen Eindruck machten. Als er zuvor mit ihnen allen gesprochen hatte, wandten sie sich von ihm ab, traten beiseite, bildeten Gruppen und blickten ihren Ankläger aus der Ferne voller Zorn und Verachtung an. Er sah ein Lächeln auf ihren Gesichtern, er spürte in jeder ihrer Bewegungen etwas Verächtliches und verstand, dass seine Worte sie zwar verärgerten, sie aber nicht so tief trafen, wie er es sich gewünscht hatte. All dies hatte seinen Zorn gedämpft, und in ihm erwachte bereits das bittere Bewusstsein, dass sein Angriff auf sie gescheitert war. Doch sobald er begann, von jedem einzelnen zu sprechen, veränderte sich die Einstellung seiner Zuhörer zu ihm rasch und auffallend.

Als Kononov schwer in den Stuhl sank, als ob er der Last von Fomas harten Worten nicht standhalten könnte, bemerkte Foma, dass ein bitteres und boshaftes Lächeln über die Gesichter einiger Kaufleute huschte. Er hörte das Flüstern von jemandem voller Erstaunen und Zustimmung:

„Das ist gut gezielt!"

Dieses Flüstern gab Foma Kraft, und er begann selbstbewusst und leidenschaftlich, Vorwürfe, Spott und Beschimpfungen auf diejenigen zu schleudern, die ihm in die Augen sahen. Er knurrte freudig, als er sah, dass seine Worte Wirkung zeigten. Man hörte ihm schweigend und aufmerksam zu; mehrere Männer kamen näher auf ihn zu.

Man hörte Protestrufe, aber diese waren kurz und nicht laut, und jedes Mal, wenn Foma den Namen eines Menschen rief, verstummten alle, lauschten und warfen verstohlene, boshafte Blicke in die Richtung ihres beschuldigten Kameraden.

Bobrov lachte verwirrt, aber seine kleinen Augen bohrten sich wie kleine Bohrer in Foma. Und Lup Reznikov winkte mit den Händen, hüpfte unbeholfen umher und sagte atemlos:

„Seien Sie meine Zeugen. Was ist das! Nein-o! Ich werde das nicht verzeihen! Ich werde vor Gericht gehen. Was ist das?" und plötzlich schrie er mit schriller Stimme und streckte seine Hand nach Foma hin:

„Binde ihn!"

Foma lachte.

„Man kann die Wahrheit nicht binden, man kann sie nicht tun! Auch wenn die Wahrheit gebunden ist, wird sie nicht verstummen!"

„Gut!" „„ sagte Kononov mit dumpfer, gebrochener Stimme.

„Sehen Sie hier, meine Herren der Kaufmannsklasse!" erklang Mayakins Stimme. "Ich frage! Ich bitte Sie, ihn zu bewundern, so ein Kerl ist er!"

Einer nach dem anderen zogen die Kaufleute auf Foma zu, und in ihren Gesichtern sah er Zorn, Neugier, ein bösartiges Gefühl der Befriedigung, Angst. Einer dieser bescheidenen Leute, unter denen Foma saß, flüsterte ihm zu:

"Gib es ihnen. Gott schütze dich. Fortfahren! Das wird Ihnen zugute kommen."

„Robustow!" rief Foma. "Worüber lachst du? Was macht dich glücklich? Du wirst auch auf die Galeeren gehen."

„Bringt ihn an Land!" plötzlich brüllte Robustov und sprang auf.

Und Kononov rief dem Kapitän zu:

"Zurück! Zur Stadt! An den Gouverneur."

Und jemand sagte einschmeichelnd mit vor Gefühl zitternder Stimme:

„Das ist eine Absprache. Das geschah mit Absicht. Er wurde aufgehetzt und betrunken gemacht, um ihm Mut zu machen."

„Nein, es ist eine Revolte!"

„Binde ihn! Binde ihn einfach!"

Foma ergriff eine Champagnerflasche und schwang sie in die Luft.

"Komm jetzt! Nein, es scheint, dass du mir zuhören musst."

Voller erneuter Wut und verzweifelt vor Freude, als er sah, wie diese Menschen unter den Schlägen seiner Worte zusammenschrumpften und zitterten, begann Foma erneut, Namen zu rufen und vulgäre Flüche zu schreien, und der aufgebrachte Tumult verstummte erneut. Die Männer, die Foma nicht kannte, blickten ihn mit gespannter Neugier und Zustimmung an, während einige ihn sogar mit freudiger Überraschung ansahen. Einer von ihnen, ein grauhaariger kleiner alter Mann mit rosigen Wangen und kleinen Mäuseaugen, drehte sich plötzlich zu den von Foma misshandelten Kaufleuten um und sagte mit süßer Stimme:

„Das sind Worte aus dem Gewissen! Das ist garnichts! Du musst es ertragen. Das ist eine prophetische Anschuldigung. Wir sind sündig. Um die Wahrheit zu sagen, wir sind sehr …"

Er wurde ausgezischt und Zubov stieß ihn sogar auf die Schulter. Er machte eine tiefe Verbeugung und verschwand in der Menge.

„Zubow!" rief Foma. „Wie viele Menschen hast du geschröpft und in Bettler verwandelt? Träumen Sie jemals von Ivan Petrov Myakinnikov, der sich wegen Ihnen erdrosselt hat? Stimmt es, dass Sie bei jeder Messe zehn Rubel aus der Kirchenloge stehlen?"

Zubov hatte den Angriff nicht erwartet und blieb mit erhobener Hand wie versteinert stehen. Doch er begann sofort mit schriller Stimme zu schreien, als er schnell aufsprang:

"Ah! Du wendest dich auch gegen mich? Auch gegen mich?"

Und plötzlich blähte er seine Wangen auf und fing wütend an, seine Faust gegen Foma zu schütteln, während er mit schriller Stimme schrie:

„Der Narr sagt in seinem Herzen, dass es keinen Gott gibt! Ich gehe zum Bischof! Ungläubig! Du bekommst die Galeeren!"

Der Tumult auf dem Dampfer wuchs, und beim Anblick dieser wütenden, verwirrten und beleidigten Menschen fühlte sich Foma wie ein Riese im Märchen, der Monster tötete. Sie liefen geschäftig umher, fuchtelten mit den Armen und unterhielten sich miteinander – einige waren rot vor Wut, andere blass, doch alle waren gleichermaßen machtlos, die Flut seiner höhnischen Bemerkungen zu unterdrücken.

„Schickt die Matrosen hierher!" rief Reznikov und zog Kononov an der Schulter. „Was ist los mit dir, Ilja? Ah? Hast du uns eingeladen, uns lächerlich zu machen?"

„Gegen einen Welpen", schrie Zubov.

Eine Menschenmenge hatte sich um Jakow Tarasowitsch Majakin versammelt, lauschte wütend seiner ruhigen Rede und nickte zustimmend.

„Handeln Sie, Jakow!" sagte Robustov laut. "Wir sind alle Zeugen. Fortfahren!"

Und über dem allgemeinen Stimmengewirr ertönte Fomas laute, anklagende Stimme:

„Du hast kein Leben aufgebaut – du hast eine Jauchegrube geschaffen! Du hast durch deine Taten Schmutz und Verwesung hervorgebracht! Hast du ein Gewissen? Erinnerst du dich an Gott? Geld – das ist dein Gott! Und dein Gewissen hast du vertrieben. Wohin hast du es vertrieben? Blutsauger! Du lebst von der Stärke anderer. Du arbeitest mit fremden Händen! Das alles sollst du bezahlen! Wenn du umkommst, wirst du für alles zur Rechenschaft gezogen! Für alles, sogar bis zur Träne. Wie viele Menschen haben wegen Ihrer großen Taten Blut geweint? Und je nach eurem Verdienst ist selbst die Hölle ein zu guter Ort für euch, ihr Schurken. Nicht im Feuer, sondern im kochenden Schlamm wirst du versengt. Deine Leiden werden Jahrhunderte dauern. Die Teufel werden dich in einen Kessel werfen und hineingießen – ha, ha, ha! sie werden hineinströmen – ha, ha, ha! Ehrenwerte Kaufmannsklasse! Erbauer des Lebens. Oh, ihr Teufel!"

Foma brach in schallendes Gelächter aus, taumelte, hielt sich an den Seiten fest und warf den Kopf hoch.

In diesem Moment tauschten mehrere Männer schnell Blicke aus, stürzten sich gleichzeitig auf Foma und schlugen ihn mit ihrem Gewicht nieder. Es kam zu Schlägereien.

„Jetzt bist du erwischt!" rief jemand mit erstickender Stimme.

"Ah! Machst du das so?" rief Foma heiser.

Ungefähr eine halbe Minute lang wuselte ein ganzer Haufen schwarzer Körper auf einer Stelle umher und stampfte heftig mit den Füßen, und man hörte dumpfe Ausrufe:

„Wirf ihn zu Boden!"

„Halte seine Hand, seine Hand! Oh!"

„Am Bart?"

„Holt Servietten, bindet ihn mit Servietten."

„Du wirst beißen, oder?"

"Also! Na, wie ist es? Aha!"

„Nicht zuschlagen! Wage es nicht zuzuschlagen."

"Bereit!"

„Wie stark er ist!"

„Lass uns ihn dort zur Seite tragen."

„An die frische Luft, ha, ha!"

Sie zerrten Foma zur Seite, stellten ihn an die Wand der Kapitänskajüte und gingen von ihm weg, rückten ihre Kostüme zurecht und wischten sich die schweißbedeckten Brauen ab. Erschöpft vom Kampf und erschöpft von der Schande seiner Niederlage lag Foma schweigend da, zerfetzt, mit irgendetwas beschmutzt, fest gefesselt, an Händen und Füßen, mit Servietten und Handtüchern. Mit runden, blutunterlaufenen Augen blickte er in den Himmel; sie waren stumpf und glanzlos wie die eines Idioten, und seine Brust hob sich ungleichmäßig und mühsam.

Jetzt waren sie an der Reihe, ihn zu verspotten. Zubov begann. Er ging auf ihn zu, trat ihm in die Seite und fragte mit sanfter Stimme, ganz zitternd vor Rachefreude:

„Nun, donnerartiger Prophet, wie ist es? Jetzt können Sie die Süße der babylonischen Gefangenschaft schmecken, er, er, er!"

„Warte", sagte Foma heiser, ohne ihn anzusehen. „Warte, bis ich ausgeruht bin. Du hast mir nicht die Zunge gebunden."

Aber als Foma dies sagte, verstand er, dass er nichts mehr tun und nichts mehr sagen konnte. Und das nicht, weil sie ihn gefesselt hatten, sondern weil etwas in ihm ausgebrannt war und seine Seele dunkel und leer geworden war.

Zubov gesellte sich bald zu Reznikov. Dann näherten sich die anderen einer nach dem anderen. Bobrow, Kononow und einige andere, voran Jakow Majakin, begaben sich in die Kabine und besprachen ängstlich und leise etwas.

Der Dampfer fuhr mit voller Geschwindigkeit auf die Stadt zu. Die Flaschen auf den Tischen zitterten und klapperten von der Vibration des Dampfgarers, und Foma hörte dieses schrille, klagende Geräusch über alles andere. In seiner Nähe stand eine Menschenmenge, die bösartige, beleidigende Dinge sagte.

Aber Foma sah sie wie durch einen Nebel, und ihre Worte berührten ihn nicht bis ins Mark. Ein gewaltiges, bitteres Gefühl stieg nun aus der Tiefe seiner Seele in ihm auf; er verfolgte ihr Wachstum und obwohl er es noch nicht verstand, erlebte er bereits etwas Melancholisches und Erniedrigendes.

„Denk mal nach, du Scharlatan! Was hast du dir angetan?" sagte Reznikov. „Was für ein Leben ist für Sie jetzt möglich? Wussten Sie, dass jetzt keiner von uns auch nur die geringste Lust hätte, Sie anzuspucken?"

"Was habe ich gemacht?" Foma versuchte zu verstehen. Die Kaufleute standen in einer dichten, dunklen Masse um ihn herum.

„Nun", sagte Jaschtschurow, „jetzt, Fomka, ist deine Arbeit erledigt."

„Warten Sie, wir werden sehen", brüllte Zubov mit leiser Stimme.

"Lass mich frei!" sagte Foma.

„Na ja, nein! wir danken Ihnen demütig!"

"Binde mich los."

"Es ist alles in Ordnung! So kann man auch lügen."

„Ruf meinen Paten an."

Aber in diesem Moment kam Jakow Tarasowitsch zur Sprache. Er kam näher, blieb neben Foma stehen, musterte mit strengem Blick die ausgestreckte Gestalt seines Patensohns und stieß einen tiefen Seufzer aus.

„Nun, Foma", begann er.

„Befiehl ihnen, mich zu befreien", flehte Foma leise und mit trauriger Stimme.

„Damit du wieder turbulent sein kannst? Nein, nein, du solltest besser so lügen", antwortete sein Pate.

„Ich werde kein weiteres Wort sagen. Ich schwöre es bei Gott! Binde mich los. Ich schäme mich! Um Gottes Willen. Sie sehen, ich bin nicht betrunken. Nun, du brauchst mir nicht die Hände zu lösen."

„Du schwörst, dass du nicht lästig sein wirst?" fragte Mayakin.

"Oh Gott! Das werde ich nicht, das werde ich nicht", stöhnte Foma.

Sie banden seine Füße los, ließen aber seine Hände gefesselt. Als er aufstand, blickte er sie alle an und sagte leise und mitleidig lächelnd:

"Du hast gewonnen."

„Das werden wir immer tun!" antwortete sein Pate und lächelte streng.

Foma bückte sich, die Hände auf dem Rücken gefesselt, und ging schweigend auf den Tisch zu, ohne den Blick auf irgendjemanden zu richten. Er wirkte kleiner und dünner. Sein zerzaustes Haar fiel ihm auf die Stirn und die Schläfen; der zerrissene und zerknitterte Busen seines Hemdes ragte unter seiner Weste hervor, und der Kragen bedeckte seine Lippen. Er drehte den Kopf, um den Kragen unter sein Kinn zu drücken, schaffte es aber nicht. Dann ging der grauhaarige kleine alte Mann auf ihn zu, passte das Notwendige an, sah ihm lächelnd in die Augen und sagte:

„Du musst es ertragen.“

Jetzt, in Mayakins Gegenwart, schwiegen diejenigen, die sich über Foma lustig gemacht hatten, und blickten den alten Mann fragend, neugierig und erwartungsvoll an. Er war ruhig, aber seine Augen strahlten auf eine Weise, die dem Anlass überhaupt nicht angemessen war, zufrieden und hell.

„Gib mir etwas Wodka“, bettelte Foma, setzte sich an den Tisch und lehnte seine Brust an die Tischkante. Seine gebeugte Gestalt wirkt erbärmlich und hilflos. Sie unterhielten sich flüsternd und gingen vorsichtig hin und her. Und alle blickten bald auf ihn, bald auf Mayakin, der ihm gegenüber Platz genommen hatte. Der alte Mann gab Foma nicht sofort den Wodka. Zuerst musterte er ihn aufmerksam, dann schenkte er langsam ein Glas Wein ein und hob es schließlich, ohne ein Wort zu sagen, an Fomas Lippen. Foma trank den Wodka und fragte:

"Etwas mehr!"

"Das ist genug!" antwortete Mayakin.

Und unmittelbar danach herrschte eine Minute vollkommener, schmerzhafter Stille. Die Leute kamen lautlos auf Zehenspitzen an den Tisch, und als sie in der Nähe waren, reckten sie den Hals, um Foma zu sehen.

„Nun, Fomka, verstehst du jetzt, was du getan hast?“ fragte Mayakin. Er sprach leise, aber alle hörten seine Frage.

Foma nickte und schwieg.

„Es gibt keine Vergebung für dich!“ Mayakin fuhr mit fester Stimme fort und erhob seine Stimme. „Obwohl wir alle Christen sind, werden Sie von uns keine Vergebung erhalten. Wisse das einfach.“

Foma hob den Kopf und sagte nachdenklich:

„Ich habe dich ganz vergessen, Pate. Du hast nichts von mir gehört.“

"Hier hast du es!" rief Mayakin verbittert aus und zeigte auf seinen Patensohn. „Sehen Sie?“

Ein dumpfes Protestgrollen brach aus.

„Nun, es ist alles das Gleiche!" fuhr Foma seufzend fort. "Es ist alles das Gleiche! Es ist sowieso nichts Gutes dabei herausgekommen."

Und wieder beugte er sich über den Tisch.

"Was wolltest du?" fragte Mayakin streng.

"Was ich wollte?" Foma hob den Kopf, sah die Händler an und lächelte. "Ich wollte-"

"Säufer! Böser Kerl!"

"Ich bin nicht betrunken!" erwiderte Foma mürrisch. „Ich habe nur zwei Gläser getrunken. Ich war vollkommen nüchtern."

„Folglich", sagte Bobrow, „haben Sie Recht, Jakow Tarasowitsch, er ist verrückt."

"ICH?" rief Foma aus.

Aber sie schenkten ihm keine Beachtung. Reznikov, Zubov und Bobrov beugten sich zu Mayakin und begannen leise zu reden.

"Vormundschaft!" Fomas Ohren fingen dieses eine Wort auf. „Ich bin bei klarem Verstand!" sagte er, lehnte sich in seinem Stuhl zurück und starrte die Händler mit besorgten Augen an. „Ich verstehe, was ich wollte. Ich wollte die Wahrheit sagen. Ich wollte dich beschuldigen."

Erneut wurde er von Gefühlen gepackt, und plötzlich zuckte er mit den Händen, um sie zu befreien.

„Äh! Festhalten!" rief Bobrow aus und packte ihn an den Schultern. "Halte ihn."

„Na, halt mich!" sagte Foma mit Traurigkeit und Bitterkeit. „Halte mich – wofür brauchst du mich?"

"Sitz still!" rief sein Pate streng.

Foma verstummte. Jetzt begriff er, dass das, was er getan hatte, nutzlos war und dass seine Worte die Kaufleute nicht verblüfft hatten. Hier standen sie und umringten ihn in einer dichten Menge, und er konnte nichts für sie sehen. Sie waren ruhig und standhaft, behandelten ihn wie einen Trunkenbold und einen turbulenten Kerl und planten etwas gegen ihn. Er fühlte sich bemitleidenswert, unbedeutend, erdrückt von dieser dunklen Masse starkherziger, kluger und ruhiger Menschen. Ihm kam es vor, als sei eine lange Zeit vergangen, seit er sie misshandelt hatte, eine so lange Zeit, dass er selbst wie ein Fremder wirkte, unfähig zu begreifen, was er diesen Menschen angetan hatte und warum er es getan hatte. Er verspürte sogar ein gewisses Gefühl der Kränkung in sich selbst, das in seinen eigenen Augen einer Scham über sich selbst ähnelte. Er spürte ein Kitzeln im Hals und spürte, dass etwas Fremdes in seiner Brust war, als wäre etwas Staub oder Asche auf seinem Herzen verstreut, und es pochte ungleichmäßig und schwerfällig. Er wollte sich seine Tat erklären und sagte langsam und nachdenklich, ohne jemanden anzusehen:

„Ich wollte die Wahrheit sagen. Ist das Leben?"

"Narr!" sagte Mayakin verächtlich. „Welche Wahrheit kannst du sagen? Was verstehst du?"

„Mein Herz ist verletzt, das verstehe ich! Welche Rechtfertigung habt ihr alle in den Augen Gottes? Zu welchem Zweck lebst du? Ja, ich fühle – ich habe die Wahrheit gespürt!"

„Er bereut!" sagte Reznikov mit einem sarkastischen Lächeln.

"Lassen Sie ihn!" antwortete Bobrow verächtlich.

Jemand fügte hinzu:

„Aus seinen Worten geht hervor, dass er verrückt ist."

„Um die Wahrheit zu sagen, das ist nicht jedermanns Sache!" sagte Jakow Tarasowitsch streng und lehrreich und hob die Hand nach oben. „Es ist nicht das Herz, das die Wahrheit erfasst; es ist der Geist; verstehst du das? Und was Ihr Gefühl betrifft, das ist Unsinn! Eine Kuh spürt es auch, wenn sie ihren Schwanz verdreht. Aber Sie müssen verstehen, alles verstehen! Verstehe auch deinen Feind. Erraten Sie, was er selbst in seinen Träumen denkt, und dann machen Sie weiter!"

Wie es seine Gewohnheit war, ließ sich Mayakin von der Darlegung seiner praktischen Philosophie mitreißen, erkannte jedoch rechtzeitig, dass man einem besiegten Mann nicht beibringen sollte, wie man kämpft, und er blieb stehen. Foma warf ihm einen trüben Blick zu und schüttelte seltsam den Kopf.

"Lamm!" sagte Mayakin.

"Lass mich in ruhe!" flehte Foma klagend. "Es ist alles Deins! Na, was willst du noch? Nun, du hast mich zerschmettert, zerschmettert, das tut mir recht! Wer bin ich? O Herr!"

Alle lauschten seinen Worten aufmerksam, und in dieser Aufmerksamkeit lag etwas Voreingenommenes, etwas Bösartiges.

„Ich habe gelebt", sagte Foma mit schwerer Stimme. „Ich habe beobachtet. Ich habe gedacht; Mein Herz ist von Gedanken verwundet! Und hier – der Abszess platzte. Jetzt bin ich völlig machtlos! Als wäre mein ganzes

Blut herausgeflossen. Ich habe bis heute gelebt und dachte immer noch, dass ich jetzt die Wahrheit sagen werde. Nun, ich habe es gesprochen."

Er redete eintönig, farblos und seine Rede ähnelte der eines Menschen im Delirium.

„Ich habe es ausgesprochen, und ich habe mich nur entleert, das ist alles. Von meinen Worten ist keine Spur zurückgeblieben. Alles ist unverletzt. Und in mir flammte etwas auf; Es ist ausgebrannt und da ist nichts mehr. Was kann ich jetzt hoffen? Und alles bleibt, wie es war."

Jakow Tarasowitsch brach in bitteres Gelächter aus.

„Was hast du dir dann gedacht, einen Berg mit deiner Zunge wegzulecken? Du hast dich mit genug Bosheit bewaffnet, um eine Bettwanze zu bekämpfen, und bist dann auf die Jagd nach einem Bären gegangen, nicht wahr? Verrückter! Wenn dein Vater dich jetzt sehen würde. Äh!"

„Und doch", sagte Foma plötzlich laut und sicher, und seine Augen flammten wieder auf, „und doch ist alles deine Schuld! Du hast das Leben verdorben! Du hast alles eng gemacht. Wir ersticken wegen dir! Und obwohl meine Wahrheit gegen dich schwach ist, ist sie dennoch die Wahrheit! Ihr seid gottlose Kerle! Mögen Sie alle verflucht sein!"

Er bewegte sich auf seinem Stuhl hin und her, versuchte, seine Hände zu befreien, und schrie, wobei seine Augen vor Wut blitzten:

„Binde meine Hände los!"

Sie kamen näher an ihn heran; Die Gesichter der Kaufleute wurden ernster, und Reznikov sagte eindrucksvoll zu ihm:

„Machen Sie keinen Lärm, seien Sie nicht lästig! Wir werden bald in der Stadt sein. Machen Sie sich keine Schande, und bringen Sie uns auch nicht in Schande. Wir werden Sie nicht direkt vom Kai zur Irrenanstalt bringen."

"Also!" rief Foma aus. „Du wirst mich also in eine Irrenanstalt stecken?"

Niemand antwortete. Er blickte in ihre Gesichter und ließ den Kopf hängen.

„Verhalten Sie sich friedlich! Wir werden dich losbinden!" sagte jemand.

"Es ist nicht nötig!" sagte Foma mit leiser Stimme. "Es ist alles das Gleiche. Ich spucke darauf! Nichts wird passieren."

Und seine Rede nahm wieder den Charakter eines Deliriums an.

„Ich bin verloren, ich weiß es! Nur nicht wegen deiner Macht, sondern wegen meiner Schwäche. Ja! Auch Sie sind in den Augen Gottes nur Würmer. Und warte! Du wirst ersticken. Ich bin durch Blindheit verloren. Ich sah viel und wurde blind wie eine Eule. Ich erinnere mich, dass ich als Junge eine Eule in einer Schlucht gejagt habe; es flog herum und schlug gegen etwas. Die Sonne blendete es. Es war alles verletzt und es verschwand, und mein Vater sagte dann zu mir: „So ist es auch mit dem Menschen; Irgendein Mann rennt hin und her, verletzt sich, erschöpft sich und wirft sich dann irgendwo hin, nur um sich auszuruhen.' Hey, ich binde meine Hände los.“

Sein Gesicht wurde blass, seine Augen waren geschlossen, seine Schultern zitterten. Zerfetzt und zerknittert schaukelte er auf dem Stuhl hin und her, schlug mit der Brust gegen die Tischkante und begann etwas zu flüstern.

Die Händler tauschten vielsagende Blicke aus. Einige stießen sich gegenseitig in die Seite und schüttelten schweigend den Kopf. Jakow Majakins Gesicht war dunkel und unbeweglich, als wäre es aus Stein gemeißelt.

„Sollen wir ihn vielleicht losbinden?“ flüsterte Bobrow.

„Wenn wir ein bisschen näher kommen.“

„Nein, das ist nicht nötig“, sagte Mayakin mit gedämpfter Stimme. „Wir lassen ihn hier. Lassen Sie jemanden eine Kutsche holen. Wir bringen ihn direkt in die Anstalt.“

„Und wo soll ich mich ausruhen?“ Foma murmelte erneut. „Wohin soll ich mich werfen?“ Und er blieb wie versteinert in einer gebrochenen, unbehaglichen Haltung, ganz verzerrt, mit einem Ausdruck des Schmerzes im Gesicht.

Mayakin erhob sich von seinem Sitz, ging zur Kabine und sagte leise:

„Behalten Sie ihn im Auge, er könnte sich über Bord werfen.“

„Es tut mir leid für den Kerl“, sagte Bobrow und blickte Jakow Tarasowitsch an, als dieser ging.

„Niemand trägt die Schuld an seinem Wahnsinn“, antwortete Reznikov mürrisch.

„Und Jakow“, flüsterte Zubov und nickte in Richtung Mayakin.

„Was ist mit Jakow? Er verliert dadurch nichts.“

„Ja, jetzt wird er, ha, ha!“

„Er wird sein Vormund sein, ha, ha, ha!“

Ihr leises Lachen und Flüstern, vermischt mit dem Ächzen des Motors, schien Fomas Ohr nicht zu erreichen. Regungslos starrte er mit verschwommenem Blick in die Ferne vor sich, nur seine Lippen zitterten leicht.

„Sein Sohn ist zurückgekehrt", flüsterte Bobrov.

„Ich kenne seinen Sohn", sagte Yashchurov. „Ich habe ihn in Perm getroffen."

„Was ist das für ein Mann?"

„Ein sachlicher, kluger Kerl."

"Ist das so?"

„Er leitet ein großes Unternehmen in Oosolye."

„Folglich braucht Jakow diesen nicht. Ja. Das war's."

„Schau, er weint!"

"Oh?"

Foma saß gegen die Stuhllehne gelehnt und ließ den Kopf auf die Schulter sinken. Seine Augen waren geschlossen und unter seinen Augenlidern liefen Tränen nacheinander hervor. Sie verliefen über seine Wangen bis in seinen Schnurrbart. Fomas Lippen bebten krampfhaft, und die Tränen liefen von seinem Schnurrbart auf seine Brust. Er war stumm und bewegungslos, nur seine Brust bewegte sich ungleichmäßig und mit Mühe. Die Kaufleute blickten auf sein blasses, tränenüberströmtes Gesicht, das vor Leid ausgemergelt war, mit gesenkten Lippenwinkeln, und gingen ruhig und stumm von ihm weg.

Und dann blieb Foma allein, die Hände auf dem Rücken gefesselt, am Tisch sitzen, der mit schmutzigem Geschirr und verschiedenen Überresten des Festes bedeckt war. Manchmal öffnete er langsam seine schweren, geschwollenen Augenlider, und seine Augen blickten unter Tränen trübe und traurig auf den Tisch, an dem alles schmutzig, durcheinander und ruiniert war.

. . . .

Drei Jahre sind vergangen.

Vor etwa einem Jahr starb Yakov Tarasovich Mayakin. Er starb bei vollem Bewusstsein und blieb sich selbst treu; Wenige Stunden vor seinem Tod sagte er zu seinem Sohn, seiner Tochter und seinem Schwiegersohn:

„Nun, Kinder, lebt im Reichtum! Yakov hat alles probiert, also ist es jetzt Zeit für Yakov zu gehen. Sie sehen, ich sterbe, aber ich bin nicht verzweifelt; und der Herr wird das zu meiner Ehre zählen. Ich habe Ihn, den Gnädigsten, nur mit Scherzen belästigt, aber niemals mit Stöhnen und Klagen! Oh Gott! Ich bin froh, dass ich durch deine Barmherzigkeit mit Verständnis gelebt habe! Lebt wohl, meine Kinder. Lebe in Harmonie und philosophiere nicht zu viel. Wisse das, nicht der ist heilig, der sich vor der Sünde verbirgt und ruhig liegt. Mit Feigheit kann man sich nicht gegen die Sünde wehren, so heißt es auch im Gleichnis von den Talenten. Aber wer sein Lebensziel erreichen will, fürchtet sich nicht vor der Sünde. Gott wird ihm einen Fehler verzeihen. Gott hat den Menschen zum Erbauer des Lebens ernannt, ihn aber nicht mit allzu viel Weisheit ausgestattet. Folglich wird er seine ausstehenden Schulden nicht massiv einfordern. Denn er ist heilig und überaus barmherzig."

Er starb nach einem kurzen, aber sehr schmerzhaften Todeskampf.

Joschow wurde aus irgendeinem Grund bald nach dem Vorfall auf dem Dampfer aus der Stadt verbannt.

Unter dem Firmennamen „Taras Mayakin & African Smolin" entstand in der Stadt ein großes Handelshaus.

Von Foma hatte man in diesen drei Jahren nichts gehört. Gerüchten zufolge hatte Mayakin ihn nach seiner Entlassung aus der Anstalt zu einigen Verwandten seiner Mutter im Ural geschickt.

Vor nicht allzu langer Zeit erschien Foma in den Straßen der Stadt. Er ist erschöpft, schäbig und schwachsinnig. Fast immer betrunken, erscheint er bald düster, mit gerunzelter Stirn und mit gesenktem Kopf auf der Brust, bald lächelt er mit dem mitleiderregenden und melancholischen Lächeln eines albernen Fanatikers. Manchmal ist er turbulent, aber das kommt selten vor. Er wohnt mit seiner Pflegeschwester in einem kleinen Flügel im Hof. Seine Bekannten unter den Kaufleuten und Bürgern verspotten ihn oft. Als Foma die Straße entlang geht, ruft ihm plötzlich jemand zu:

„Eh, du Prophet, komm her!"

Dennoch geht er selten zu denen, die ihn anrufen; Er meidet Menschen und möchte nicht mit ihnen sprechen. Doch als er sich ihnen nähert, sagen sie zu ihm:

„Erzählen Sie uns etwas über den Weltuntergang, nicht wahr? Hahaha! Prophet!"